宁波市人民政府与中国社会科学院战略合作项目科技创新与知识产权研究中心成果

知识产权与经济发展系列丛书

Study on the International Systems
of Protecting Plant Variety

国际植物新品种
保护制度研究

李菊丹 著

ZHEJIANG UNIVERSITY PRESS
浙江大学出版社

总　序

　　2009 年，根据宁波市人民政府与中国社会科学院 2008 年签订的《战略合作协议》精神，中国社科院知识产权中心与浙江大学宁波理工学院合作成立了科技创新与知识产权研究中心。其目标是在 3～5 年内，培养一支高水平的研究团队，完成一批有影响、有宁波特色的研究成果，为宁波市相关政府部门决策提供有效的咨询服务，建成一个具有地方特色、国内领先、服务于宁波地方经济、社会和法治发展的研究机构。

　　本系列丛书以"知识产权与经济发展"为主题，缘起于 2010 年年底在浙江宁波举行的"知识产权与区域经济发展研讨会"。部分研究知识产权的专家、学者、政府官员和法官齐聚一堂，围绕知识产权在经济发展中的作用和知识产权保护与国际借鉴两个主题，对知识产权在区域经济转型升级中的作用、企业知识产权战略的实践、企业自主创新与知识产权保护、企业技术创新与知识产权服务体系等内容，进行了热烈讨论。在研讨会过程中，我和其他与会者萌生了一个想法：为什么不能把"知识产权与经济发展"这一涉及领域广泛的问题继续深化、以一种更加长久的形式延续下来。这一想法后来与浙江大学出版社一拍即合，所以才有了此系列丛书的面世。

　　经济全球化和知识经济对传统的工业化模式提出挑战，低廉劳动力和资源成本的传统竞争优势正在被削弱，知识产权成为重要的竞争工具。围绕专利、标准和商标的竞争已经成为衡量国际产业竞争力特别是高新技术产业竞争力的核心因素。企业作为市场的主体，培育其知识产权能力是建设创新型国家的基础和关键，而专利作为知识产权的一种表现形式,在企业战略资源积累和竞争力提高中有重要的作用。李伟的《基于企业能力理论的专利能力影响因素及培育研究》在阐释企业专利能力知识本质的基础上,从知识层和能力层提出了企业专利能力的构成模型;从内外部影响因素入手提出了企业专利能力影响因素模型,并用结构方程的方法进行了验证;通过宁波案例分析,运用多元线性回归等方法提出了培育专利能力的专利促进政策。该书基于企业能力理论研究专利能力影响因素及培育,具有较强的理论意义和实用价值。

商标权不是就标记本身所享有的权利,而是就商标所代表的商誉享有的权利;商标注册是有人已经或者即将使用某一商标的公告,而不是财产权的授予;商标侵权的标准是消费者混淆的可能性,而不是简单的相同、近似和同类、类似的分析。事实上,正是通过这样的一系列创造性智力活动,某一商标及其与之相关的商品或服务,才获得了消费者的积极好评。从这个意义上说,商业标记所代表的商誉,包括商誉的获得和增长,本身就是一系列创造性智力活动成果的结晶。李小武的《商标反淡化研究》对于商标淡化理论的成因、发展进行了梳理,分别介绍了美国的商标淡化理论的演进过程、商标淡化理论在欧共体以及全球其他地区的发展状况,并通过案例搜集以及分析,考察我国司法实践中是否同样存在类似纠纷以及相关应对措施。

与其他知识产权制度动辄数百年的历史相比,植物新品种保护的历史不过80余年,但是近年来却成了知识产权领域的关注热点之一。中国的植物新品种保护历史开始于1997年,目前仍在探索着一条与其他国家有一定差异的创新知识产权保护路径。李菊丹的《国际植物新品种保护制度研究》从比较法的视角,全面系统考察了植物新品种保护的两种典型模式,即美国模式和欧盟模式,包括立法原因、制度特点及其实践运行情况,大量使用典型案例解读美欧植物品种保护制度的相关理论和实务问题,便于读者清晰理解美欧模式的差别和实质。该书还将植物新品种保护问题的研究置于生物技术背景下,将植物遗传资源的惠益分享问题与植物育种创新保护问题结合在一起进行研究,并从国际视野分析未来影响植物新品种保护制度发展的各种因素,为中国植物新品种保护制度的完善提供借鉴。

本系列丛书将以知识产权促进经济发展为主题,深入探讨贯彻实施国家知识产权战略与经济发展之间的关系。首次出版的三本书分别从专利、商标和植物新品种这三个类型的知识产权出发,涉及管理和法学等多个学科,兼及"传统与现代"的知识产权问题,研究方法不乏特色。通过对当前国内和国际知识产权热点问题的微观研究,达到"结知识产权之网、成经济发展之面"的效果,我想这就是本系列丛书的初衷。在此,我也很欣慰地看到,我国年青一代知识产权学者已经活跃在知识产权理论和实践的前沿领域并已有所建树,愿他们走得更远。

是以为序。

李明德
2011 年 7 月

内容摘要

　　植新品种/植物创新的保护制度,由于各种错综复杂的历史原因,美国和欧洲发展出两种各有特色的保护模式,随着经济全球化的进程及 TRIPs 协议的缔结和实施,在植物品种/植物创新保护的问题上,又增加了不少可能影响植物品种保护的国际力量。本书系统地讨论了美国植物品种保护制度、欧盟植物品种保护制度以及植物品种保护的国际法律框架,尤其关注美国和欧盟立法选择的原因、特点及其实践运行情况,以及有可能影响各国植物品种/植物保护制度的国际力量及其原因,从而为中国的植物品种/植物创新的保护制度的完善与发展提供借鉴。本书分为四编对上述问题展开讨论。

　　第一编为"美国植物品种保护制度研究"。分别以 1930 年《植物专利法》、1970 年《植物品种保护法》以及 1952 年修订的《专利法》为对象,探讨美国植物品种保护制度的形成原因以及这些制度在实践中的运行情况,尤其是这三种权利的授权要件、保护范围及其例外,以及侵权认定等具体问题,从而考察这三种制度的相互协调问题。

　　第二编为"欧盟植物品种保护制度研究"。首先考察欧洲对植物育种保护方式的选择历史,探究欧洲当时缔结 UPOV 公约,采用育种者权保护植物新品种的原因及其背后推动力量,然后以欧共体植物品种保护规则(2100/94)和欧盟生物技术发明保护指令(98/44)为线索,考察欧盟现行植物品种保护制度的运行情况,讨论欧盟植物新品种的授权条件、保护范围及其例外以及侵权认定等具体问题,尤其关注欧盟植物新品种保护与生物技术发明保护之间的协调问题。

　　第三部分为"植物品种保护国际法律框架研究"。讨论 UPOV 公约的缔结和修订、育种者权保护的发展趋势、TRIPs 协议所确立的植物品种保护最低标准,还讨论《生物多样性公约》、《粮食与农业植物遗传资源国际公约》所确定遗传资源获取与惠益分享机制与植物品种保护之间的关系,以及 WIPO 关于遗传资源获取与惠益分享机制和知识产权保护关系的讨论,与安第斯共同体和非洲联盟等地区的制度安排。

　　第四部分为"中国植物新品种保护制度研究"。首先考察中国植物新品种保护制度的整体概况,然后围绕中国加入 UPOV 1991 文本的可行性以及欧美及国际植物品种保护实践对中国的启示等问题展开讨论。作者认为,中国未来的植物新品种保护仍应以品种权保护制度为主,专利制度必然会随着生物技术在植物育种领域的广泛运用而参与到植物育种创新的知识产权保护中,遗传资源的获取与惠益分享机制也将在植物新品种权保护制度中得到贯彻。

　　结束语为"植物新品种保护的过去与未来"。简要地叙述植物品种保护制度的整个历史及其作用于其中的各种力量及其利益,从而得出"品种权、专利和植物遗传资源的惠益分享机制将共同作用于未来的植物品种/植物创新保护"这一结论。

　　关键词:植物品种/植物　育种者权/品种权　专利　遗传资源的获取　惠益分享

Abstract

On how to protect plant variety /plant innovation by intellectual property rights, United States and Europe took separately the distinctive approach to this question for various reasons. With the globalization of economy and trade and the implementation of TRIPs, increasing uncertain factors will impact on the existing protection system of plant variety /plant innovation. This book mainly discusses on the protection system of breeders' right in the United State and European, and international agreements on breeders' right and plant genetic resources, especially focus on the reason, characteristic and implementation of the legislation, and the international factors may have an effect on the treaties concerned. Author thinks the study on the above questions will conduce to perfect the related legislation and regulations in China. The book is composed of four parts.

Part 1 concentrates on "the protection system of plant variety in United States". The protection and enforcement strategies for plant innovation are implemented mostly through three different forms of intellectual property: utility patents, plant patents and plant variety protection certificates, sometimes including trade secrets which are not discussed detailedly in this book. This part remarks on the statutory subject matter, the enablement requirement, the application process, the scope of protection, infringement and defenses to infringement according to the aforementioned three kinds rights in detail, reveals the relationships among three kinds rights and the causal factors associated with the US plant protection legislation.

Part 2 discusses chiefly "the protection system of plant variety in European". This part makes a brief historical retrospect to the protection systems of plant innovation in the Europe, especially the influence of the conclusion of UPOV, Strasbourg Convention and the European Patent Convention, then gives a particular argumentation of implementation of the European Directive

on the Legal Protection of Biotechnological Inventions and the Council Regula-
tion on Community Plant Variety Right, the core of which is how to under-
stand the connections between the protection of plant variety and the protec-
tion of biotechnological invention.

Part 3 introduces "the international legal framework on the protection of
plant variety". This part talks separately about the following three interna-
tional agreements: the UPOV Convention for the Protection of New Varieties,
the Convention on Biological Diversity, the International Treaty on Plant Re-
sources for Food and Agriculture, and the Trade Related Aspects of Intellec-
tual Property Issues Agreement, and two regional arrangements: the Common
Regime on Access to Genetic Resources and Common Intellectual Property Re-
gime in Andean Community, and the African Model Legislation for the Protec-
tion of the Right of Communities, Farmers and Breeders, and for the Regula-
tion of Access to Biological Resources. The crux of the discussion is intellectu-
al property issues relating to the disclosure requirement and the benefit sha-
ring arising from the use of genetic resources.

Chapter 4 is about "the protection system of plant variety in China",
mainly analyze the following three issues, including the legislation of protec-
ting plant variety, the feasibility of introducing the protection standards in ac-
cord with UPOV1991 in China, and experiences from the practice of plant in-
novation protection both in United States and Europe. Author believes that
China should take into account to provide protection for plant innovation by
patent and make the regulation of benefit sharing arising from the use of ge-
netic resources.

The topic of the conclusion of the book is "the past and the future of the
protection system of plant variety", recounts briefly the history and develop-
ment of the protection system of plant innovation, and all kinds of relationship
had great influence on the system. In conclusion, plant innovation will be pro-
tected collectively by a variety of forms of intellectual property rights, inclu-
ding breeders' rights and patents, and the system of access and benefit sharing
of genetic resources in the future.

Key words: Plant Variety/Plant Breeders' Right /Plant Variety Right
Patent Access to Genetic Resources Benefit Sharing

目　　录

第二编　欧盟植物品种保护制度研究

第三编　植物品种保护国际法律框架研究

第四编　中国植物新品种保护制度研究

引言 植物新品种保护的缘起与发展

植物新品种的保护问题,确切地说,是关于是否给予植物品种/植物①创新的知识产权保护以及如何保护的问题,这不是一个新近才出现的问题。美国早在 1870 年、欧洲早在《巴黎公约》制定的 1883 年就开始有所讨论。由于各种错综复杂的历史原因,美国和欧洲发展出两种各有特色的保护模式,随着经济全球化的进程及 TRIPs 协议的实施,在植物品种/植物创新保护的问题上,又增加了不少可能影响植物品种保护的国际因素。

美国采用植物专利、植物品种保护证书和发明专利三种方式为植物新品种提供知识产权保护,即通过 1930 年《植物专利法》为无性繁殖的植物(茎块繁殖的植物除外)提供植物专利保护,1970 年《植物品种保护法》为有性繁殖的植物新品种提供植物品种保护证书保护。关于植物发明能否获得发明专利保护的问题,美国经历了漫长的实践探索历程,直到 21 世纪初才得以确认。首先,美国专利商标局通过 1980 年 Diamond v. Chakrabaty 案,正式确认了可以为有生命体发明提供专利保护。其次,1986 年 4 月美国专利商标局根据专利上诉与干涉委员会 Ex parte Hibberd 案的决定,授予美国第一件有关植物的发明专利,专利商标局正式确认植物可以获得发明专利保护。但直到 2001 年,美国联邦最高法院在 Pioneer Hi-Bred 案的判决中才首次确认通过发明专利保护植物品种/植物创新的合法性,并就植物专利法、植物品种保护法以及发明专利法在保护植物品种/植物创新方面的关系进行了清楚陈述。对于这种关系,其经典的表达是"这三部法律提供了重叠保护互不排斥,植物新品种的发明者可以根据

---

① 采用"植物品种/植物"的表达,是由于本书除了讨论 UPOV 公约所规定的"植物品种"(variety)的保护外,还涉及更为广泛意义上的杂交植物、转基因植物、植物群以及植物基因等的保护。

每一法律申请保护,同时从每一种保护中受益"①。

欧洲对于这一问题的实践,自然就会让人们想到 UPOV 公约的缔结,尽管事实上欧洲各国在 1961 年之前就已在国内立法中或多或少地触及了这一问题。即使在 UPOV 公约缔结之后,欧洲关于如何给予植物品种/植物创新以知识产权保护的问题,很多时候仍然应当分别从欧盟及其成员这两个层面进行考察。限于本书的篇幅以及能力所限,相关讨论主要停留在欧盟层面,虽然在相关的讨论中也会涉及欧盟若干成员的具体立法情况。UPOV 公约在 1961 年的缔结,以及欧洲各国随后的不断加入,清楚地表明了在欧洲通过育种者权保护植物品种创新的事实。但植物品种/植物能否获得专利保护的问题,一直以来没有得到明确的澄清。其中有若干原因导致欧洲出现这样的情况。首先,UPOV 公约对专利能否保护植物品种的创新一直保持一种开放的态度。UPOV 1961/1972 文本和 UPOV 1978 文本只是规定"可以通过专门保护或专利保护获得的育种者权利,但对两种保护方式都承认的联盟成员国,对于一种与同一种植物属或种,只能提供其中一种保护"②。UPOV 1991 文本对保护方式没有要求,只要每个缔约方应授予和保护育种者的权利即可③,也就是说,UPOV 1991 文本已经废除了所谓的"双重保护禁止"规定。其次,UPOV 1961/1972 文本和 UPOV 1978 文本均规定成员可以选择符合规定数量的植物属/种进行保护,直到 UPOV 1991 文本才将保护品种的范围延及整个植物王国。因此,在 20 世纪七八十年代,欧洲各国在国内实践中一般采用品种权的方式保护已经列入国家品种名录的植物品种,而除此之外的其他植物品种则有可能获得专利保护。再次,虽然 1963 年制定的《斯特拉斯堡公约》④和 1973 年制定的《欧洲专利公约》⑤明确将"植物或动物品种"规定为专利保护的例外,但确切地说斯特拉斯堡公约的影响非常有限,而 EPC 只是规定欧洲专利不应授予植物品种,并没有阻止授予国家专利保护。另外,虽然许多成员国修订法律以便和 EPC 的规定相吻合,但不是所有国家都立即这样做,并且精确地使用相同的语言。但到了 20 世纪 80 年代之后,尤其是美国联邦最高法院作出 Chakrabaty 案和 Ex parte Hibberd 案判决之后,EPO 在探讨通过专利保护植物发明的问题上变得相当活跃,开始在生物技术领域实施积极的专利政策。到目前为止,EPO 已经对种子、杂交植

---

① Kevin M. Baird. Pioneer Hi-Bred International, Inc v. J. E. M. AG Supply:Patent protection of plants grows under the Supreme Court's latest decision. Journal of Law, Technology & Policy [Vol]20, 2002:280.

② 分别参见 UPOV 1961/1972 Art. 2 (1)和 UPOV 1978 Art. 2 (1).

③ UPOV 1991 Art. 1.

④ Strasbourg Convention([1963] COETS 5 (27 November 1963))Art. 2。

⑤ EPC Art. 53(b).

物、转基因植物、植物基因、基因序列、植物、植物群（只要权利要求没有指向一个特定的植物品种，尽管该权利要求可能包括数个植物品种）以及来自植物的收获材料和使用该收获材料制成的产品授予欧洲专利保护，植物品种①则被明确规定为专利保护的例外。

自国际社会于 1992 年签订《生物多样性公约》以来，尤其是 2001 年缔结《粮食与农业植物遗传资源国际保护条约》以来，有关遗传资源，尤其是粮农遗传资源的获取和惠益分享与相关发明知识产权保护（包括植物品种的育种者权保护）的衔接问题变得日益敏感，发达国家和发展中国家在各个国际论坛展开较量，无论是 WTO 多哈回合中的 TRIPs 议题谈判中还是在 WIPO 主持下的《实体专利法条约》的制定中。总的来说，发展中国家坚持应将专利申请者披露在专利中所使用的生物资源来源国、传统知识的原产地以及有关事先知情同意和公平惠益分享证据等义务纳入 TRIPs 协定；欧盟及其成员支持关于披露应包括所有国家、地区和国际专利适用的遗传资源和相关传统知识的原产地或出产地的强制性要求，但认为应当将没有披露/披露错误的法律效力放在专利体系之外进行解决；美国和日本的立场可以通过包括合同在内的各种办法来确保实现《生物多样性公约》中有关获取和惠益分享的各项目标，但反对通过专利制度实施上述目标。

中国对植物新品种的保护更多地借鉴了欧洲模式，1997 年通过《植物新品种保护条例》为育种者提供"植物新品种权"保护，1999 年正式加入 UPOV 1978文本，初步建立了植物新品种保护体系，同时专利法明确排除对植物品种的专利保护。事实上，中国的专利保护实践从未给予除微生物之外的任何生命有机体以专利保护，基因、DNA 片断以及蛋白质都是作为化学物质获得专利保护的。自 20 世纪 80 年代以来，以欧美为主导的国际社会对植物新品种/植物创新的保护呈强化趋势，同时关于遗传资源获取与惠益分享机制的讨论也越来越受到广泛关注，由此产生的相关公约的修订与缔结对中国目前的植物新品种保护状况提出新的挑战。中国必须面对下列问题的讨论与回答：(1)是否以及何时加入 UPOV 1991 文本？(2)是否将植物新品种/植物创新纳入专利制度保护？(3)如何在相关的品种权②/专利保护制度中落实有关遗传资源的获取与惠益分享机制？对于问题(2)，尽管新专利法已作出否定回答，但并不意味着是最

---

① 这里必须严格根据 UPOV 1991 文本和 *The Council Regulation on Community Plant Variety Right* 中的"植物品种"概念。

② 本书基于讨论的相关背景会分别采用"植物品种保护证书"（美国 1970 年《植物品种保护法》）、"品种权"（欧盟 1994 年《欧共体植物品种保护条例》）、"育种者权"（UPOV 公约）以及"植物新品种权"（中国 1997 年《植物新品种保护条例》）的概念表达，虽然这些概念根据各自相关的法律规定，在概念的外延上会有一些差距，但从概念的内涵来说，基本可以视为相同概念的不同表达。

终回答。

鉴于此,本书试图就美国植物品种/植物保护制度、欧盟植物品种/植物保护制度以及植物品种保护的国际法律框架展开系统讨论,尤其关注美国和欧盟立法选择的原因、特点及其实践运行情况,以及有可能影响各国植物品种/植物保护制度的国际力量及其原因,以便为中国的植物品种/植物创新的保护制度的完善与发展提供借鉴。

本书主要分为四编对上述问题展开讨论。第一编为"美国植物新品种保护制度研究"。该编以 1930 年《植物专利法》、1970 年《植物品种保护法》以及 1952 年修订的《专利法》为对象,探讨美国植物新品种保护相关制度的形成原因和实践运行情况,相关知识产权的授权要件、保护范围及其例外、侵权认定,以及三种保护制度的相互协调等问题。第二编为"欧盟植物新品种保护制度研究"。该编首先考察欧洲对植物育种保护方式的选择历史,探究欧洲当时缔结 UPOV 公约,采用育种者权保护植物新品种的原因及其背后推动力量,然后以《欧共体植物品种保护规则》(2100/94)和《欧盟生物技术发明保护指令》(98/44)为线索,考察欧盟现行植物新品种保护制度的运行情况,讨论欧盟植物新品种权的授权条件、保护范围及其例外以及侵权认定等具体问题,尤其关注欧盟植物新品种保护与生物技术发明保护之间的协调问题。第三编为"植物新品种保护国际法律框架",讨论 UPOV 公约的缔结和修订、育种者权保护的发展趋势、TRIPs 协议所确立的植物品种保护最低标准,还讨论了《生物多样性公约》和《粮食与农业植物遗传资源国际公约》所确定遗传资源获取和惠益分享机制与植物新品种保护之间的关系,以及 WIPO 关于遗传资源获取和惠益机制与知识产权保护之间的关系,以及安第斯共同体和非洲联盟等地区的制度安排等。第四编为"中国植物新品种保护制度研究",首先考察中国植物新品种保护制度的概况,然后就中国加入 UPOV 1991 文本的可行性以及欧美及国际植物新品种保护实践对中国的启示等问题展开专题讨论。通过上述分析,作者认为就未来中国植物品种保护制度设计而言,植物新品种保护制度仍然是植物新品种保护的基本选择,但专利制度和遗传资源的获取与惠益分享机制也将逐步参与植物品种创新的保护。最后,将"植物新品种保护的过去与未来"作为本书的结束语,在简要叙述植物品种保护制度的整个历史及其作用于其中的各种力量及其利益后,可以得出"品种权、专利和植物遗传资源的惠益分享机制将共同作用于未来的植物品种/植物创新保护"这一结论。

第一编 美国植物品种保护制度研究

　　美国是最早将植物新品种纳入知识产权保护的国家,但在早期,美国的植物育种主要通过两种途径完成:一是由农民个人通过传统方法选择和保存具有优良品性的作物品种,另一是农民内部的种子交换活动促成一批适合大规模种植的优良品种。这期间的美国不存在为植物新品种提供知识产权保护的可能性。到了19世纪,美国联邦政府通过农业部种子分配项目向农民免费发放种子,这是美国专利商标局(the U.S. Patent and Trademark Office,USPTO)成立的第一项工作。该种子分配项目直到20世纪20年代才真正终止,成为影响美国种子产业发展的重要因素,也间接地影响了美国植物品种保护制度的形成。富有美国特色的植物品种保护制度是由1930年《植物专利法》、1970年《植物品种保护法》以及1952年修订的《专利法》三部分构成。其中1930年《植物专利法》仅为无性繁殖的植物(不包括茎块繁殖的植物)提供植物专利保护;1970年《植物品种保护法》为有性繁殖的植物(包括茎块繁殖和第一代杂交种)提供由农业部颁发的植物品种保护证书的保护;《专利法》则为所有符合专利授权要件的植物品种/植物创新提供发明专利保护。这样三位一体的富有特色的植物品种保护制度是如何形成的呢? 只有从美国植物品种保护历史以及相关的判例中寻找答案。因此,本编分别以1930年《植物专利法》、1970年《植物品种保护法》以及1952年修订的《专利法》为对象,探讨美国植物品种保护制度的形成原因以及这些制度在实践中的运行情况,尤其是这三种权利的授权要件、保护范围及其例外,以及侵权认定等具体问题,从而考察这三种制度的相互协调问题。

第一章 美国植物专利法

美国最早为植物提供知识产权保护的法律是 1930 年《植物专利法》,这也是世界上第一部专门保护有生命发明的知识产权法律。这部法律何以在美国首先出现,并仅局限于保护无性繁殖的植物发明? 在 1930 年《植物专利法》制定之前,有两大原因阻碍植物品种成为可专利的客体:其一是受"自然产品规则"的限制,植物无法成为专利保护的客体;其二是植物发明通常难以符合专利法"书面描述"充分披露的要求。1930 年《植物专利法》是如何实现对这两大障碍的突破的呢? 植物专利是美国在植物品种保护制度中最具特色的地方,为美国所独有。植物专利的授权要件、保护范围和侵权认定如何进行判定呢? 本章的重点就是要揭开美国植物专利的这些"神秘面纱",将这一美国特有的植物专利产生原因和过程、授权要件以及保护范围和侵权的判定等问题逐一予以展示。

第一节 植物专利法的制定与修订

1930 年《植物专利法》仅为无性繁殖的植物(不包括茎块繁殖的植物)提供植物专利保护,这与美国早期的植物育种状况,尤其是美国政府实施的种子分配制度,以及种子产业与苗圃产业的发展状况密切相关。在整个立法过程中,相关产业利益成为推动立法并作出立法选择的关键力量。

一、立法背景

美国早期的植物育种状况和当时美国种子产业与苗圃产业各自所面临的

发展瓶颈,是促进 1930 年《植物专利法》出台的最重要因素。

(一)美国早期植物育种状况

19 世纪初,美国大部分地区的农业基本处于自足自给状态,直到 19 世纪 20 年代初,美国北部的农村地区大约开始有 1/4 的农产品进入市场①。为了更好地发展农业,美国联邦政府在 19 世纪早期就开始协助农民获得更多的种子和植物品种。如 1819 年财政部部长 William H. Crawford 就曾要求大使和军事长官为美国从世界各地收集种子。1839 年专利专员 Henry Ellsworth 获得联邦资助开始向农民收集和分配植物新品种。这一工作机构就是美国专利与商标局的前身。到 1855 年,专利局免费向农民派送种子每年以 100 万包的基数进行计算。② 1890—1897 年,种子的发放数量快速增长到了最高点,年发放量甚至达到 1000 万包之多③。在当时,向农民提供免费种子,由他们自己进行选种、育种和繁殖成为美国联邦政府在 19 世纪中期鼓励向西移民的一个重要措施。农民通过这些免费种子以及那些由移民带到美国的种子培育出了一批适应当地生态环境的作物品种。后来,这些品种的数量不断增加,成为美国公共和私人育种项目的种质资源之一。1862 年,两部法律的制定加强了联邦政府对于种子的创新和分配的控制力度④。一是议会创建了农业部。相关法案要求农业部"收集新的有价值的种子和植物,繁殖那些有价值的繁殖材料,并分配给农学家"⑤。二是联邦 Land Grant 法案创建了国家农业大学。⑥ 美国南北战争之后,开发和测试国内作物新品种的工作开始由格兰特大学与农业部共同完成。这些种子全部免费发放给农民。

这时候的种子业和苗圃业非常微小,经济力量上也微不足道。尽管当时对植物新品种的种子和种植材料存在实质性的市场需求,但对于某些特定农作物的品种需求基本不存在。在这样的经济和科技环境下,对植物新品种的专利保护立法基本不存在现实基础。随着城市的兴起、铁路的不断延伸以及农业和工

---

① Cary Fowler. The Plant Patent Act of 1930: A Sociological History of Its Creation. Hein Online—82 J. Pat. & Trademark off. Society, 2000:623.

② John R. Thomas. Plants, Patents, and Seed Innovation in the Agricultural Industry. Report for Congress, Order Code RL31568, September 13, 2002:6. https://www. policyarchive. org/bitstream/handle/10207/1505/RL31568_20020913. pdf? sequence=1,2009 年 6 月 1 日访问。

③ Cary Fowler. The Plant Patent Act of 1930: A Sociological History of its Creation. Hein Online—82 J. Pat. & Trademark off. Society, 2000:623.

④ John R. Thomas. Plants, Patents, and Seed Innovation in the Agricultural Industry. Report for Congress, Order Code RL31568, September 13, 2002:6.

⑤ Act of May 15, 1862, ch. 72, 12 Stat. 387.

⑥ Act of July 2,1862, ch. 130, 12 Stat. 503,503-505.

业机械化的快速增长,这些因素都大大推动了农业商业化的进程。农民开始利用更多的农业机器扩大种植面积,这间接地削弱了农民选择和保存种子的能力。在这一过程中,专利办公室支持的农业协会在各州县组织了大量的农业展销会,据称 1868 年就有 1367 个农业协会组织这类展销会。这些展销会促进了农民从农业生产中的经济回报,特别是普遍提高了农民从改进作物与改进品种中获得的利润。用社会学家 Wayne Neely 的话说,"这些展销会试图通过'直接的看得见的标准通过市场要求农民符合'并推动农业的'现代化'"①。

19 世纪 70 年代以后,私人种子公司出现并逐渐取代政府成为种子创新和分配的主要源泉。② 出现这种转变的原因很复杂,其中一个主要原因是育种技术的发展。先进的育种技术不但需要大量的育种专家,还有各种精密的仪器。这远远超出了大多数农民的能力。19 世纪 80 年代,美国就有了数百家公司从事商业性的种子生产,这些公司一直积极捍卫它们在种子生产和创新方面的权益。同时,一系列与育种相关的商业协会也开始建立。如美国苗圃业协会(the American Association of Nurserymen)在 19 世纪 70 年代成立,还有一系列关于特定花卉和水果的协会成立,如美国玫瑰协会(the American Rose Society);等等。1883 年,种子商人成立全美种子贸易联合会(the American Seed Trade Association,ASTA),这是美国最古老的商业组织之一。其使命是为全世界所有与种子产业有关的发展,以及相关产品和服务的销售和自由流通发出有效的声音,促进发展更好的种子,为更好的生活质量以及生产更好的作物。③ 这些从事苗圃和种子生产的商人及其联合会是美国推进给予植物育种法律保护的主要力量。

(二)种子产业与苗圃产业各自的发展瓶颈

到了 20 世纪,美国农业基本完成从自足自给到市场生产的转变。1918—1921 年和 1932—1936 年,15 个主要农作物品种的市场销售率上升 80% 以上④。种子贸易已占所有作物种子的 60%,家庭保存种子的数量大大降低。为了增加特定农作物品种的价值和利润,随着农业商业化的不断提高,人们既需要通过植物品种的知识来控制和预测相关的生产要素,又需要控制各种品种之间的差

---

① Cary Fowler. The Plant Patent Act of 1930:A Sociological History of its Creation. Hein Online—82 J. Pat. & Trademark off. Society 624, 2000.

② John R. Thomas. Plants, Patents, and Seed Innovation in the Agricultural Industry. Report for Congress,Order Code RL31568,September, 2002,CRS-3.

③ 参见 http://www. amseed. com/about. asp,2009 年 5 月 26 日访问。

④ Hopkins. Changing Technology and Employment in Agriculture (U. S. Government Printing Office / USDA Bureau of Agricultural Economics 1941).

异。这就为种子业和苗圃业的发展提供了机遇。苗圃产业和种子产业在美国经历了大致相同的历史:出现之初,两者都显得微不足道,后来在农业商业化的道路上逐渐成为美国农业的技术先驱。但在当时的育种技术条件和法律环境下,由于处理植物材料类型的不同,两者在发展早期所面临的机会与困难各不相同,因而苗圃业与种子业在当时有着各自不同的利益诉求。这成为美国1930年《植物专利法》仅对无性繁殖的植物提供植物专利保护的原因之一。

1. 种子产业的发展瓶颈:争取种子贸易的自由化

我们以 ASTA(全美种子贸易联合会)的相关活动来说明19世纪末20世纪初美国种子产业的相关法律诉求。首先,ASTA 实际上是一个种子商人联合会,正如其名字暗含的那样,其成员一般称自己为"种子商人"(traders)或者"种植者"(growers),很少甚至从不称自己为"育种者"(breeders)。这是由当时特定的历史条件决定的。种子公司没有能力从事正式有效的育种活动,更无法生产需要或值得专利保护的新品种,大部分品种都是由政府资助的试验站或者农民通过传统方式完成育种的。政府每年向农民发放大量免费种子的活动极大地影响了种子产业的发展,因此,ASTA 成立之后的首要任务就是要求政府停止向农民免费提供种子。这项要求没有立即得到公众和议会的支持,直到1924年,由美国农业部主持的免费种子分配项目才告终止。1897—1913年就任美国农业部部长的詹姆斯·威尔逊(James Wilson)曾说,美国农业部种子分配项目越来越被认为是一个"笨重的、不必要的以及奢侈的行为",是对从事合法种子贸易的公民的权利侵犯。

其次,ASTA 一直反对农民保留种子,要求政府从"自由种子项目"(free seed program)中退出。第一次世界大战后不久,美国农业部部长亨利·坎特威尔·华莱士(Henry Cantwell Wallace,1921—1924)决定美国农业部(United States Department Agriculture,USDA)此后将支持旨在发展杂交育种和终止农民参与育种的项目研究。他的儿子亨利·A. 华莱士(Henry A. Wallace)[①]在1924年开始销售美国第一个商业化的杂交玉米种子,1926年成立玉米杂交育种公司(Hi-Bred Corn Company),也就是后来大家所熟悉的先锋公司(the Pioneer Hi-Bred Seed Company)。由于杂交品种的出现,使得农民无法从收获材料中保存下一年种植所需的种子。杂交技术的出现为种子公司提供了一种生物形式的保护。随着20世纪20—30年代植物育种技术的不断成熟,以及杂

---

① 美国第11届农业部部长(1933—1940),后来又担任第33届美国副总统(1941—1945)以及第十届商务部部长(1945—1946)。

交育种方式对种子传播的控制①,孟山都、先锋、杜邦及 Delta & Pine Land 等一批种子公司都在那个时代获得了难得的发展机会。全球农作物多样化信托基金②主席卡里福勒(Cary Fowle r)认为,育种业与农业的分离,杂交作物破坏了农民保存种子的习惯做法和种子的商品化,不能仅仅通过植物育种学与育种技术的进步来解释。当科学培育的种子进入市场时,商业化种植模式就已经取代了过去的农场经营模式。机械化收割和土地集中使得农民没有能力亲自进行育种,而选择从种子商人那里购买。美国的种子工业在经济大萧条之后和第二次世界大战期间得到快速发展。例如,到 1940 年,北美种植的玉米 90％以上来自杂交种子。③

再次,ASTA 一直致力于解决销售掺假种子问题。不诚实种子销售行为在当时非常普遍,几乎延误了整个种子行业的发展。农业部甚至公布不诚实种子商人的名单,但无法解决这一问题,于是引入州种子法。20 世纪 20 年代就有10 个州通过种子法,这些种子法旨在通过规定种质资源的标准、种子标签与命名等来保护农民的利益。但这些州种子法经常被视为是"缺乏考虑和不可执行的"。在 20 世纪 20 年代末,各州开始重新考虑他们的立法,这使得 ASTA 的注意力转向起草和推进统一的州立法和联邦种子法律,而不是寻求作物品种的专利保护。据有关学者研究,当时的种子贸易杂志经常讨论运输费用、邮政体系的不足、不诚实的种子销售、种子的自由贸易以及出口与商业化方面的困难等问题,但没有就品种保护问题展开讨论。这也从一个侧面反映了当时种子产业关注更多的是种子贸易的自由化,而不是种子的知识产权保护。

2. 苗圃产业的发展瓶颈:实现对栽培品种的控制

苗圃业的发展与植物的无性繁殖方式存在密切关系,通过无性繁殖就可以非常方便而有效地克隆果树和许多木本园艺植物。也就是说,简单的嫁接与扦插就足以使果树与玫瑰这些植物得以稳定繁殖。种子产业则与植物的有性繁殖密切相关。正如 Folger 和 Thomson 在 1921 年写道:"种子选择和杂交促成许多栽培植物的改进和许多新品种的发现,但这种情形并不适用于栽培的果树。从实践来看,所有的果树品种都是偶然发现幼苗的结果。"苗圃产业的出现

①　可以说"杂交育种创造了一个种子市场",因为杂交优势在杂种二代无法得到保障。因此,农民无法通过留种的方式获得下一季需要的种子,必须重新购买。这就大大扩大了种子公司渴望的种子市场。

②　全球农作物多样化信托基金是一个独立国际组织,总部设在罗马,由联合国粮农组织(United Nations Food and Agriculture Organisation,FAO)与国际农业研究顾问组织(Consultative Group on International Agricultural Research,CGIAR)合作设立,收集捐赠基金,用于支持作物多样性的保护和利用。2006 年,该基金被列为《粮农植物遗传资源国际条约》(the International Treaty on Plant Genetic Resources for Food and Agriculture)筹资战略的一个关键因素。http://www.croptrust.org/.

③　参见 http://en.wikipedia.orgwikiPioneer_Hi-Bred,2009 年 5 月 26 日访问。

就在于其提供具有特异性和稳定性的植物新品种方面有一定的优势。在 19 世纪早期，美国大部分较大的东部城市都有两到三家苗圃，专门从事水果和花卉品种的栽培。这些公司通过自己声誉和已证明的提供一致稳定品种的能力创立了自己的商业圈。植物无性繁殖为苗圃公司获得纯种的植物品种提供了便利，一旦确认某一优异品种，便可以无限制地进行繁殖。然而，这也带来了一系列问题。

首先，苗圃公司栽培的果树或园艺植物品种，一旦销售给农民，由于每个人都有能力进行精细的品种交叉与嫁接繁殖，因此获得品种的农民即可以进行大规模的繁殖。这将严重威胁苗圃公司的品种市场。但这对于当时的苗圃公司来说，还不是最大的威胁。苗圃公司得到发展是因为他们能以为农民节约近 5 年培育成本的价格向市场提供唯一的、具有明显不同的苗木品种。也就是说，苗圃公司在发现重要品种，及时进行繁殖培育，以及销售与种植的推广新品种方面具有农民不可比拟的商业优势。这里，我们以 20 世纪初全美最大的苗圃公司 Stark Brothers 为例进行说明。该苗圃成立于 1816 年，1889 年在密苏里州成立公司，实际上它并不从事真正的植物育种工作，而是通过购买或偶然发现品质特别的幼苗或者芽变来培育相关的水果品种。据记载，该公司在 1893 年曾以 6000 美元的价格购买了一种美味香甜的原始苹果树（the 'original' Delicious Apple，这一苹果树苗是一株在新泽西州（New Jersey）发现的机遇实生苗（the chance seedling）），通过无性繁殖的方式，若干年之后，它出售了近 1500 万株苹果树苗。① 该公司专门为自己销售的品种建立目录，并在报纸上进行广告宣传。

与当时的种子公司不同，苗圃业的竞争不是来自农民，而是来自那些通过合法购买优良品种苗木并进行大规模繁殖和销售的苗木培育人和那些出售假冒品种的人。由于果树及园艺植物可以通过简单的插扦技术进行大量繁殖，这意味着大量的竞争者可以涌入市场，并且果树一般要数年后才能结果，苗木出售时根本无法鉴别品种的真伪。这种利益的丧失对于苗木公司来说是致命的，苗圃业开始寻求各种途径维护市场秩序和相关的商业利益。19 世纪 70 年代成立的美国苗圃协会，就是为解决品种名称的统一、运输费用的降低以及消除不诚实的商业运作等问题而出现的。同时，每个苗圃公司也都采取一系列措施来控制相关的品种。我们还是以 Stark Brothers 为例，Stark 在购买了前述的最大的红苹果树之后，就在周围竖立高高的篱笆阻止他人获得苹果树的接穗。同时，在品种销售时，与其客户签订合同，要求客户不得繁殖和销售 Stark 品种。

---

① Cary Fowler. The Plant Patent Act of 1930: A Sociological History of its Creation. Hein Online—82 J. Pat. & Trademark off. Society, 2000:625.

但这些做法并不成功,因为一旦某一品种从某一客户手中"逃走",与 Stark 没有合同关系的第三人就可以合法繁殖并销售。因此,那些拥有唯一品种的苗圃公司所享有的品种控制——垄断时间仅限于拥有相同基因植物的其他人进入市场前。这种情形大大削弱了私人对植物育种的投资,并给快速繁殖和销售增加了额外的费用。因此,苗圃业一直渴望对其发现并栽培的品种获得一种排他控制权,以阻止他人未经允许繁殖和销售,并试图将这种想法付诸立法行动。

二、立法选择

在美国最早要求为植物新品种提供专利或商标保护的立法建议是在 19 世纪 70 年代由苗圃产业(the nursery industry)首先提出的[①],1892 年也有要求为有关植物发明提供专利保护的立法建议[②]。尽管这些保护的想法经常在苗圃协会的会议上讨论,但一直没有就采用何种保护形式的问题达成一致意见。

(一)苗圃业为植物专利立法不断努力而种子产业选择放弃

1905 年,美国育种者协会(the American Breeders' Association,ABA)第一次会议上,农业部副部长 W. M. Hays 演讲说:"应尽可能地设计相关的法律或商业实践以给予私人、动物培育者、种子公司和苗圃公司对他们的新品种享有专利权或特别权益。"[③]但是,这一建议没有得到来自议会和行政机关的政治支持。Stark 在推动美国植物品种保护的过程中起了非常重要的作用。1906 年,议员 Champ Clark 提出"关于为了园艺产品原创者的利益修改美国与专利有关法律的议案",要求新品种名称作为商标进行登记。Clark 是一位来自 Stark 苗圃地区的代表,同时也是 Stark 家族的朋友。考虑到美国联邦和州的分工,该法案同时涉及州际和州内商业,一些议员担心无法获得议会通过而反对。还有部分大园艺公司也坚决反对议案通过。因为苗圃业在是否给予品种保护的问题上,形成两派:一是像 Stark 公司这类致力于寻找和获得新改进品种的公司,他们希望能获得品种的控制权;而另一些公司经常"盗窃"并销售其他公司栽培的品种,反对相关品种被排他控制。1907 年、1908 年和 1910 年更多的法案在议会中提出,但均未被通过。在欧洲,也有相似的措施被提出,特别是法国果树业最为积极,但也没有获得成功。

---

① White. A Century of Service: A History of the Nursery Industry Associations of the United State. American Association of Nurserymen, 1975:128.

② H. R. Rep. No. 5435, 52d Cong., 1st Sess, 1892.

③ Hays. Distributing Valuable New Varieties and Breeds. Proceedings of the first meeting of the American Breeders' Association held in St. Louis, Mo.:62(ABA,1905). Hays 是 ABA 一个关键的组织者和推动者。

对植物新品种要求排他性的保护立法之所以失败,主要可以归结为下列原因。首先,相关利益集团推动立法的力量不足。议会记录显示这些议案没有被积极推动。苗圃业的行动也不太积极并且缺乏组织,即使苗圃业内部也有反对的声音。种子公司试图通过品种保护法案的想法也不太确切,因为当时种子公司面临的更大问题不是获得特定品种的排他权,而是争取种子市场的商业化。种子公司必须遵守各州的种子法,而这些种子法的主要目的在于通过规范种质标准、坏种比例、标签以及命名等来保护农民的利益。一旦授予种子公司或苗圃公司以品种的排他权,农民利益必然受到很大冲击,这种做法与美国政府当时奉行的农业政策不符。其次,相关议案没有获得议会,特别是行政机构的支持,尤其是农业部反对态度坚决。自 1862 年以来,美国农业部一直从事资助相关的种子研究项目,以及种子的免费派送项目。因此,农业部认为"任何源于农业部项目研究的植物均不得被专利"①,专利保护主要是为了吸引风险资本②,而政府机构不需要专利的保护,无需商业化支出,使用者也不需要专利的保护。再次,当时育种技术无法达到对植物品种授予专利的程度。即使在孟德尔规律再发现(1900 年)之后的那些年,尽管某些作物品种(主要来自农民试验、简单的大规模选择和发现)不断多样化并且重要性日益增加,但真正的植物育种是很少进行的。当时的植物科学界没有立即接受孟德尔规律,认为孟德尔遗传规则应该只是若干植物遗传机制中的一种,并且怀疑这些遗传规则能否适用于所有的植物。根据 Mayr 的说法,在 20 世纪初第一个十年间,育种界"充满了对进化论的争论,以及对孟德尔遗传规则普遍适用性的怀疑"。这大大影响了当时人们对育种工作科学性的判断。即使著名的育种家路瑟·伯班克(Luther Burbank)③在那种环境下也反对为植物品种授予专利保护。他在 1911 年发表的论文"How to Judge Novelties"中论述道:"任何的植物改进都不能获得专利,对此我很乐意。(植物改进)的回报是处在完成工作的愉悦中,以及那些对劳动和必要牺牲一无所知的人和那些对植物的自然创造和栽培一无所知的人的无力的嫉妒之中,这些人与其称为抱怨者不如说是小偷。"此外,美国专利法不允许对"自然产物"授予专利权,因为既然是自然产物就不存在所谓的发明行为。这是美国法院在 1889 年 Ex parte Laimer 一案确立的"自然产物"规则(the "Prod-

---

① Donald G. Daus. Plant Patents: A Potentially Extinct Variety. 2/7 Publication April 18, 1967.

② Daus, Donald G., Bond, Robert T., and Rose, Shep K. 1966. Microbiological Plant Patents. IDEA (Pat. Trdmk. Copyrt). Jour. of Res. Ed. 10: 87—100.

③ 伯班克是美国当时重要的植物学家、园艺学家以及农业科学的先驱,在其 55 年的职业生涯中,培育了 800 多种植物,包括水果、花卉、谷物、草和蔬菜等。

uct of Nature" Doctrine)①的基本内容。

尽管先前的立法议案没有得到议会和政府的支持,但苗圃公司、Hays 和其他人并不放弃为植物品种寻求专利保护的想法。他们开始引进类似"工业发明人"的"植物育种者"观念,育种者也应得到与工业发明人相似的激励和回报。②当然,像 Stark 这样的公司所面临的问题核心不是怎样保护和促进研究,而是怎样通过法律手段和经济手段控制他们所销售的植物品种。实际上,这些公司销售的植物品种很少是有意识的育种工作的成果,大部分是通过"发现"获得的。美国苗圃协会(the American Association of Nursery, AAN)在 1923 年正式转向品种保护问题,并任命一个委员会专门就该问题展开工作。之后不久,Stark Brothers 苗圃公司的 Paul Stark 被任命为该委员会的主席。

为了更好地争取植物品种获得专利保护,Stark 及其委员会积极开展各项准备工作。首先,他们努力获得科学界对法案的支持。这里特别要提到两个重要人物:伯班克和爱迪生。伯班克是当时最著名的园艺学家和植物育种者,在美国家喻户晓,从 1893 年到 19 世纪 20 年代,他一直为 Stark Brothers 工作。之前,他曾经反对植物专利,但后来改变了看法,并向政府游说应当为植物研究提供激励,并认为如果不鼓励育种将危害整个园艺业的发展③。他在去世前不久写给 Stark 的信中说:"一个人发明的老鼠夹可以获得专利保护,或者一首难听的歌曲可以获得版权保护,但如果一个人给这个世界增添了一种新的水果,这种水果将为世界每年增加数百万元的价值,那么在将其名字与这一成果相联系之外,如能得到同样之多的回报,将非常幸运。尽管植物试验工作在很大程度上仅仅抓到了一点皮毛,在这一领域还有如此之多的重要工作等待完成,但我将很犹豫建议一个年轻人将植物育种工作作为其终生的事业,不管他多么具有天赋和多么具有献身精神,直到美国人采取措施保护他无可置疑的权利:从自己的成就中获益。"④通过伯班克的关系,Stark 向当时最著名的发明家托马斯·爱迪生(Thomas Edison)寻求支持。爱迪生当时正试图培育一种秋麒草来生产橡胶的替代品,对植物专利立法持赞同态度。他向议会发了封电报说:"在支持农业发展方面,议会能做的没有比通过法律使植物育种者获得和机械、化学

①　李剑:《植物新品种知识产权保护研究》,中国人民大学 2008 年博士学位论文,郭寿康教授指导,第 42 页。

②　Hays, supra note 52 of 58. Hays 说:"创造新价值的发明者与提高动物和植物生长效率的、具有创造性的植物品种的育种者之间的相似之处,在于他们经常无法确保自己得到合理的回报。纯种植物的栽培者、纯种动物的饲养者及相关生产者,和社会公众都是对属于发明者和育种者利益的一种自由分享。"

③　H. R. Rep. No. 1129, 71st Cong., 2d Sess. 4 (1930)(House Report).

④　这封信的摘要曾由 Purnell 议员在议会上宣读,以回应有些议员对植物专利法案的反对。

领域的发明者同样地位更具永久价值的了。现在几乎没有育种家。我确信这样的法律将会给我们带来更多的伯班克。"①经过这样的一些努力,改变了学界争论的倾向,反对植物专利的声音也渐渐消退了。

其次,Stark 及其委员会努力寻求来自政府部门、各种农业协会和工业团体的支持。Stark 安排委员会分别与美国农业部官员、ASTA 以及美国花卉商协会(the Society of American Florists)等接触并讨论议案的相关问题,讨论没有立即以专利保护作为苗圃商问题的解决方案,代替方案品种登记也被讨论,但最终被否定了。华盛顿的一位专利律师 Harry C. Robb② 首先有了引进专利法案的想法。据学者研究,Stark 及其委员会可能采用了 Robb 的立法草案。③Stark 和他的委员会还花了六个月的时间在华盛顿进行活动以寻求各方面的政治支持。他们获得了一些产业团体的支持。更重要的是,他们获得专利委员会(the Commissioner of Patents)、农业和商业部部长(the Secretaries of Commerce and Agriculture)、农庄(the Grange)以及农业局(the Farm Bureau)等的支持。尽管这其中的一些支持是通过改变植物专利保护客体的妥协换来的。这一点,接下来进行具体分析。专利委员会提交给议会的报告陈述了那些从事对人类具有不可估量价值的新的植物改进的人却死于贫困的历史。这意味着相关法案将有助于研究者改进生硬的苹果,寻找橡胶的替代以及新类型的植物,并且这"对维持公共健康与社会繁荣、促进公共安全与国防建设具有不可估量的价值。最后,植物专利将意味着带给社会公众以更多实际价值的更好的农业产品"④。当然,现实的情况是,法案的支持者将植物专利法案看做对植物品种作为品种进行法律控制,将政府排除出育种业以及确保私人利润的机会。专利委员会的报告则是这样陈述的:"今天,植物育种和研究在很大程度上依赖于政府资助的政府试验站,或者有限的业余育种者的努力。希望这一法案将为植物育种的私人投资提供一个可靠的基础,并通过私人资金促进植物研究与发明的进步。"⑤

再次,为了避免植物专利法案受到阻碍,Stark 及其委员会充分运用了立法技巧。1930 年初,Stark 确信 ASTA 已经放弃了植物专利的努力,说道:"确立议会承认植物育种者和原创者权利的原则似乎是明智的。然后,根据经验努力

---

① S. Rep. No. 315, 71st Cong., 2d Sess. 3 (1930) (Senate Report)。

② Harry C. Robb 是华盛顿一位专利律师,数年前他曾努力为一个新的李子品种注册商标,但是没有成功,之后一直没有放弃关注这一问题。

③ Cary Fowler. The Plant Patent Act of 1930: A Sociological History of its Creation. Hein Online—82 J. Pat. & Trademark off. Society, 2000:635.

④ U. S. House of Representatives Committee on Patents, supra note 72, at 3.

⑤ Id. at 2.

为种子繁殖的植物也提供保护,在基本原则确定的情况下,这一努力将会容易得多。"①Paul Stark 议案决定从植物专利的保护范围中删除有性方式(种子)繁殖的植物,诸如谷物和蔬菜等。事实上,法案的保护客体仅覆盖了水果和一些花卉,如玫瑰。土豆和洋姜也没有列入保护范围。专利委员会向参议院代表的报告解释了这一例外,"做出这种例外是由于土豆和洋姜虽属于无性繁殖的植物,但很特别,植物相同的部分既可用作繁殖,也可以用作食物"②。将种子作物和茎块作物从植物专利保护客体中排除成为此次法案获得专利委员会、农庄以及政府各部支持的关键,因为大部分粮食作物均属种子作物。这种删除妥善地处理了来自农民群体对植物专利法案的强烈反对。

法案的支持者们认为,现阶段是为植物获得专利权的最好机会,因为经过1929 年的大萧条,行政部门正渴望和打算为农业做点事。正是在这样的大背景下,1930 年 2 月 11 日,来自美国东部的特拉华州(Delaware)的 Hon. J. G. Townsend③ 和来自印地安纳州(Indiana)的 F. S. Purnell 向议会提交了相同的法案,即 Townsend-Purnell 植物专利法案。一些代表质疑了法案的实践性和合宪性,其他人则表达了对粮食作物专利保护的关注。总之,法案的通过基本没有遭到有关组织的反对。相关法案经听证和辩论之后,于 1930 年 5 月 12 日通过,1930 年 5 月 23 日胡佛(Hoover)总统签署后生效。

(二)产业利益与育种技术的发展最终选择《植物专利法》

美国 1930 年《植物专利法》是世界上第一个授予植物育种者专利权的立法,其目的在于"在实际可能的情况下,赋予农业以相同的机会,分享专利制度已经给工业带来的好处,并促进农业获得与工业同等的经济基础"④。尽管该法案称为"植物专利法",其实完全是发明和工业外观设计专利法的增补,⑤从保护范围来说,其仅包括无性方式繁殖的植物,但不包括茎块繁殖的植物。从当时的立法过程来看,美国选择植物专利的方式保护植物品种,并将保护范围仅限于无性繁殖的植物,排除对茎块植物的保护,这是经过各方一系列利益博弈而做出的立法选择。

---

① American Seed Trade Association, supra note 57, at 66.

② U. S. House of Representatives Committee on Patents, Report to Accompany H. R. 11372. Report No. 1129. April 30, 1930:6.

③ Townsend 本人就拥有数千亩苹果园和桃园,同时还有几个罐头厂。一段时间,他还曾将一种草莓从田纳西州引进到特拉华州,进行草莓的培育和繁殖工作。

④ S. Rep. No. 315, 71st Cong., 2d Sess. 3 (1930) (SenateReport),同时参见李明德:《美国知识产权法》,法律出版社 2003 年版,第 47 页。

⑤ Donald G. Daus. Plant Patents:A Potentially Extinct Variety. publication April 18, 1967:388. http://www. springerlink. com/content/9672785767472408/fulltext.pdf(2009 年 6 月 1 日访问).

1. 苗圃业商业实践的选择

苗圃业寻求对其栽培的植物品种法律保护，最初并没有立即选择专利的保护方式。在苗圃业发展的初期，苗圃商们①主要通过积累的商誉以及被证明的提供统一、稳定植物品种的能力来建立商业交易圈。② 随着苗圃市场的扩大，苗圃商们不但竞争更加激烈，而且商业竞争秩序经常受到一些苗圃商不诚实销售的影响③，以及那些通过合法购买品种然后进行大规模繁殖销售的竞争性苗圃商④，这些情况大大增加了那些从事"发现"加"培育"品种的苗圃商们的运营风险和成本，而且损害了整个苗圃业正常的发展秩序。光靠商业信誉来维持一个开放市场中的竞争秩序是行不通的。为此，苗圃商们希望通过成立一些商业协会来协调相关的商业利益与竞争秩序。在 19 世纪 70—80 年代成立的美国苗圃商协会（ANN）、美国果树栽培协会（the American Pomological Society）、花卉商人保护协会、美国玫瑰协会、国家菊花协会等众多协会的任务之一就是致力于品种命名的标准化和治理本行业的不诚实运作等。⑤ 美国花卉商协会在1889 年的年会上就"插图目录中的夸张描述"问题进行报告，试图建立经核定的品种目录颁发证书的制度。一些协会，如菊花协会建立了正式的品种登记制度。⑥ 半岛园艺协会（特拉华和切萨皮克半岛）授权一委员会建议品种登记计划。该委员会报告说，"那些值得尊敬的苗圃人"对于老的植物品种以新的名称进行出售的做法感到非常不安。"原创者正寻求类似于专利的保护。"⑦AAN 和ASTA 与美国花卉商协会在 1926 年举行联合会议时，也还讨论将品种名称登记作为解决苗圃业问题的替代方案，但最终还是被否决了。

苗圃商个人也努力采取一系列措施控制新的水果或园艺植物品种的流失。还是以 Stark Brothers 为例，Stark 在 1893 年购买前述美味红苹果树之后，就在周围竖立高高的篱笆阻止他人获得苹果树的接穗。在现在看来，这是一种商业秘密的保护方式。在品种销售时，Stark 与客户签订合同，要求客户不得繁殖和销售 Stark 品种。但这些做法并没成功，因为商业秘密的保护形式只适用在新植物品种的培育阶段，合同义务只能约束相关合同的相对方，通过合法手段获

---

① 这里指的是发现某一特别品种的原始植物后，经数年培育繁殖，然后出售相关苗木的苗圃商。

② Cary Fowler. The Plant Patent Act of 1930: A Sociological History of its Creation. Hein On-line—82 J. Pat. & Trademark off. Society, 2000:625.

③ Cary Fowler, ibid:626.

④ Cary Fowler, ibid:627. 通常来说，这些苗圃商并不亲自从事有关新植物的"发现"工作，而是看到市场上某一品种的销售行情好，然后购买一定的植物数量进行繁殖，占领销售苗圃商首次销售后的市场。

⑤ Cary Fowler, ibid:627-628.

⑥ Cary Fowler, ibid:627.

⑦ Committee on Registration of the Peninsula Horticultural Society, Registration of New Fruits, 12 the American Garden 338 (1891).

得品种的第三人不受该合同义务约束,依然可以利用手中的植物进行大规模的繁殖和销售。

议院 Champ Clark 在 1906 年曾提交一个议案,要求将新的植物品种名称作为商标进行登记,从而获得商标的保护。这一议案既遭到一些议员的反对,也遭到一些苗圃商的反对,[①]最终使得通过商标保护植物新品种的做法彻底失败。

经过上述尝试,从由商誉建立的商业关系,到品种登记制度、商业秘密保护以及合同约束,再到商标保护,苗圃商们最终选择以专利的方式保护自己"发现"并"培育"的植物新品种,基本上达到了苗圃商们试图通过法律控制品种的愿望。

2. 产业利益较量的结果

美国 1930 年《植物专利法》出台过程,不但是植物新品种保护方式的选择过程,也是植物专利保护范围的确定过程,保护范围的问题甚至成为影响法案通过与否的关键。经考察可以发现,美国植物专利法将保护范围限定为无性繁殖的植物,排除茎块繁殖的植物,这是美国社会各产业利益较量的结果。

从 19 世纪 70 年代植物品种保护最初的立法建议到 20 世纪的一系列立法运动,美国苗圃业始终都是要求植物品种保护最核心的力量。苗圃业发展的最大敌人就是因植物品种流失所形成的恶性竞争。而只有品种保护给予苗圃商以控制其品种的权利,否则植物无性繁殖的简便性和不规范的竞争将使苗圃业陷入发展的绝境。尽管当时的种子产业也同苗圃业一道寻求植物的品种保护,但他们面临的更大问题不是获得特定品种的排他权,而是争取种子市场的商业化,也就是废除政府的免费发放种子活动。因此,种子业关注和斗争的焦点不在争取植物品种的保护上,而是反对农民保存种子和种子的自由贸易上。从植物分类学的角度看,苗圃业所培育和销售的植物,包括果树与园艺类植物,大部分都是无性繁殖的植物,而种子业培育和销售的植物,大部分都是有性繁殖的农作物。因此,一直以来的植物品种保护立法普遍遭到来自农民的反对,一旦为农作物新品种提供专利保护将大大增加农业种植的成本。1923 年之后,Stark 及其委员会在与农业部、专利委员会、农庄、农业局等部门的交涉中,逐渐意识到对广大农作物给予专利保护将会遭到极为强大的反对,初步决定修改植物专利的保护范围以获得上述机构的支持。1930 年初,Stark 确信 ASTA 也已经放弃了种子作物进行专利保护的努力,最终决定将有性繁殖植物从植物专利

---

① Cary Fowler, ibid:631.

的保护范围中删除。① 这种删除基本上解除了来自农业领域的反对,法案最后还将土豆从保护范围中删除。因为,土豆是美国最重要的粮食作物之一,通过无性方式繁殖。议会明显不愿意对土豆授予专利保护,美国农业部支持这一做法,而专利局反对。② 1959 年,曾有人试图将土豆撤出植物专利的"排除范围",但是没有成功。与 1930 年通过植物专利法时的情况相反,专利局支持这种撤除,而农业部反对③。正如 Rossman 所指出的那样,在通过植物专利法的道路上的妥协,首先是从法案的保护范围中删除种子作物,其次是删除用作食物的茎块作物。④ 议会最后的折中方案既考虑了以无性繁殖方式为主的园艺业和果树行业的利益,又考虑了以有性繁殖方式为主的从事农作物种植和生产的农民群体的利益。

法案的最初草案包括对"仅仅发现"的植物给予专利保护,一些行政机关和议会提出反对。专利委员会对此也极不赞成,说我们的法案似乎旨在"鼓励国民发现由自然产生的品种,也就是通过自然的偶然异体受粉",法案的宗旨应该是"鼓励植物育种者、苗圃商以及园艺学家"⑤。然而那个时代,由于苗圃业很少进行真正的育种,Stark 及其委员会必须关注如何使"自然偶然异体授粉的结果"获得专利保护。最后,妥协的结果是允许对发现的植物给予保护,只要发现的不是一种完全的野生植物或者一种长在野外未经培育的植物。1953 年 1 月美国专利法进行法典化时,植物专利部分就成为《专利法》第 15 章(第 161—164 条)。1954 年 9 月 3 日,对上述规定,也就是第 161 条进行修订,排除了未培育状态下发现的植物品种获得专利保护的可能性,规定:"发明或发现并以无性方式繁殖任何显著而新颖的植物品种者,包括培育芽变、变异体、杂种,以及新发现秧苗者,但不包括茎块培育的植物和未培育状态下发现的植物,可依据本卷所规定的条件和要求获得专利。本卷与发明专利有关的规定,应适用于植物专利,除非另有规定。"⑥

3. 育种技术的影响

将有性繁殖的植物排除出植物专利的保护范围,除了由于来自农业领域的

---

① Cary Fowler. The Plant Patent Act of 1930: A Sociological History of Its Creation. Hein Online—82 J. Pat. & Trademark off. Society, 2000:635.

② Donald G. Daus. Plant Patents: A Potentially Extinct Variety. Publication, 1967:388. http://www.springerlink.com/content/9672785767472408/fulltext.pdf(2009 年 6 月 1 日访问).

③ Donald G. Daus. Plant Patents: A Potentially Extinct Variety. Publication, 1967:389. http://www.springerlink.com/content/9672785767472408/fulltext.pdf(2009 年 6 月 1 日访问).

④ Cary Fowler. The Plant Patent Act of 1930: A Sociological History of its Creation. Hein Online—82 J. Pat. & Trademark off. Society, 2000:641.

⑤ Robertson:Memorandum for Secretary of Commerce R. P lamont,1930.

⑥ 35 USC 161 Patent for plants.

强烈反对之外,还或多或少地受到当时育种技术的影响。种子产业之所以对寻求专利保护不甚感兴趣的原因,除了发现阻力多大之外,还由于当时的种子公司很少能培育出真正值得专利保护的新品种,种子的生产在很大程度上依靠传统的育种方法(品种的选择与纯化),人工干预植物育种的成分很小。无性繁殖在当时被认为是保持植物纯种的唯一方法,有性繁殖基本上无法保持品种的纯化。另外,20 世纪 20 年代杂交技术的发展不但为种子业提供了发展的新契机,也为种子公司生产的杂交种子提供了一种生物形式的保护。杂交作物的收获材料由于缺乏基因的稳定性而无法直接用于再次耕种,使得农民再次购买种子成为可能。这使得种子公司追求专利保护缺乏必要的商业价值,成为多余。①而对于从事果树和园艺植物繁殖与销售的苗圃公司来说,则基本依靠农民选择和机会芽变的偶然发现获得品种,然后通过插扦、嫁接等无性手段进行大规模的繁殖和销售。无性繁殖方法为苗圃公司获得统一稳定的植物品种提供了便利,但也为品种的商业化带来致命的确定:品种一旦市场公开销售,任何第三人均可轻而易举地利用合法获得的品种植株进行大规模的繁殖和销售,分享原属于品种"原始"苗圃商的商业利益。因此,相对于种子产业来说,苗圃业的发展更依赖于对植物品种的控制。商业秘密、合同以及品种名称登记等做法相继被证明无效后,苗圃业只好紧紧抓住"专利"这一植物品种控制的最佳手段了。

三、立法突破与立法效果

在植物专利法制定之前,有两大原因阻碍植物品种发明成为可专利的客体。第一个原因是植物即使是人工培育的,同时也是自然的产物。第二个原因是植物通常难以符合专利法的"书面描述"要求②。在制定植物专利法的过程中,议会充分考虑了上述两大障碍,并最终实现了突破性立法。

(一)两大立法突破

1. "自然产品规则"(the product of nature doctrine)

在很长一段时间内,美国专利商标局基于"自然产品规则"拒绝对植物授予专利权。这一规则在 1889 年的 Ex parte Laimer 案中首先得到陈述,美国联邦最高法院在 Fruit Grower v. Brogdex Co. 案和 Funk Bros. Seed Co. v. Kalo Inoculant Co. 案中继续采用。在这些陈述中,最高法院没有将植物看做普通专利法意义上的产品,而是认为植物是自然产品,因此不得授予专利,将植物生命

---

① Fitzgerald. The Business of Breeding: Hybrid Corn in Illinois, 1890—1940(Cornell University Press, 1990).

② [美]Robert P. Merges, Peter S. Menell, Mark A. Lemley, Thomas M. Jorde. 齐筠、张清、彭霞、尹雪梅:《新技术时代的知识产权法》,中国政法大学出版社 2003 年版,第 115—116 页。

赋予专利保护就等于对自然力的使用授予专利保护,毫无疑问,这一做法对促进科学进步没有任何益处。[①]

那么,1930 年《植物专利法》是如何突破这一法律规则,将经人工培育的植物新品种纳入专利保护的呢? 对此,参议院作了如下解释。"发现一种植物新品种与发现某个无生命的物体,如一种新型而有用的自然矿物,存有明显而有逻辑的区别。矿物是在没有人力帮助的情况下,完全由自然创造而成,并可能在国内的不同地方发现。……其由相关所有人自由使用当然是可以允许的。而源于人工培育的植物发现则是唯一的、独立的,自然无法进行重复,也无法在没有人协助的情况下进行繁殖。只有通过鼓励那些拥有这一植物样本的人进行无性繁殖并提供充足数量,公众才能分享这样的发现。""很明显,自然最初创造了植物,但不能否认人经常控制并指导了这一自然过程,从而获得了期望的结果。在这种情况下,自然和人共同作用,两者不能完全分离或进行独立评价。没有人的帮助,自然无法实现植物品种的纯种繁殖。""……发明物质合成的化学家必定利用这些物质内在的物理和化学特性及其自然规律。他是否意识到这些规律并不影响专利性的问题。……正如许多重要的发明,发明者可能在其常规的工作过程中,偶然发现这种产品。例如,发明者不必证实他混合了相关元素并期望它们产生特定的物质合成。他可能只是单纯地找到了最终产品,有能力理解和预见这种可能性,并且采取措施保存了这种物质。""相同的情形同样适用于育种者。他利用了基因以及种子和芽变的自然规律。……他可以运用一个已知的品种检测并试验这些规律。他可以通过母本植物并列生长的方式促进自然的异花传粉。……在芽变培育时,育种者不仅培育植物而且通过不同的培育条件促进植物变异,例如最近发展通过 X 射线或非正常的受精方式来控制植物。最后,育种者必须承认这种新的品种,以及理解其将来为公众所用或者作为选种技术进一步发展的基础。"[②]因此,植物育种者"经由自然帮助"的工作可获得专利的发明[③]。

我们还可以用 Chakrabarty 案中法院的观点来说明什么称为"经由自然帮助"的工作。在该案中,法院认为,在地球上发现一种新的矿产或者一种野生的新植物[④]不属于可专利的对象,但是一种被改变了基因的细菌则可以成为专利保护的对象。也就是说,自然之物未经人手改变属于自然产物,而不具有可专

---

① Geertrui Van Overwalle. Patent Protection for Plants: a Comparison of American and European Approaches. the Journal of Law and Technology, 1999, 39 J. l. & TECH 149—150.

② Mellin, Hanscom & Hursh. Plant Patents. California Avocado Society 1951 Yearbook 36: 49—52。

③ Imazio v. Greenhouses,李明德:《美国知识产权法》,法律出版社 2003 年版,第 49 页。

④ 这里的"新植物"指的是新发现的植物,而不是植物的特征通过培育活动获得新的发展。

利性；一些自然之物如经人手改变，就不再是自然产物，而可以成为专利保护的对象。① 众议院同时也通过这一修订案，认为"这些经培育的芽变、变异体和杂交种均纳入法案，并且可能包括其中的每个新品种。将野生品种与植物探险者偶然发现从植物专利法中排除，绝不是对那些以农业和园艺业为生的人以及根据法案可以对其发现申请专利的人施以限制"。② 也正是基于上述原因，1954年的《植物专利法》对原第161条进行了修订，排除对未经人工培育状态下发现的植物品种授予专利保护，将植物专利的授权范围界定为"在培育状态下发现并随后得以无性繁殖的植物"。③

美国1930年《植物专利法》给予符合一定条件的植物新品种以植物专利的保护，与其说这一立法是对"自然产品规则"的突破，不如说是对专利法的宗旨在植物育种技术环境下的进一步认识，或者不如说是对保护人类智力活动成果这一知识产权法理论起点④的深刻思考。无论是通过育种技术培育成功的新植物品种，还是在培育状态下发现的新植物品种，都有人类智力创造的痕迹。正如在Chakrabaty案中，法院引用参议院和众议院的委员会报告对发现一种新的矿物质和发现一种新的植物品种之间的区别这一分析，由此得出"国会意识到相关的区别不在于有生命体与无生命体之间的区别，而在于自然产品，无论是否有生命，与人造发明之间的区别"⑤。因为没有人的帮助，自然无法实现植物品种的纯种繁殖。实际上，植物专利法所保护的并非所谓的自然产品，而是人的智力创造成果。正是基于这样的一种理解，"在制定1952年《专利法》时，参议院和众议院的报告都明确说，专利的保护客体应当'包括阳光下人所制造出来的一切东西'"⑥。

2. 书面描述要求(the requirement of a written description)

关于植物专利的"书面描述"要求的问题⑦，这是植物发明者想要获得专利授权所面临的另一重大问题，因为植物申请中的说明书无法达到《专利法》第

---

① Richard Seth Gipstein. The Isolation and Purification Exception to the General Unpatentablity of Products of Nature. Columbia Science and Technology Law Review,2002.

② Mellin, Hanscom & Hursh. Plant Patents. California Avocado Society, 1951 Yearbook 36：49—52。

③ Act of Sept. 3, 1954, Pub. L. No. 83—775, 68 Stat. 1190.

④ 李明德：《知识产权法》，法律出版社2008年版，序言。

⑤ "Congress thus recognized that the relevant distinction was not between living and inanimate things, but between products of nature, whether living or not, and human made inventions".

⑥ 李明德：《美国知识产权法》，法律出版社2003年版，第33页。

⑦ Imazio v. Greenhouses,69 F. 3d 1560(Fed. Cir. 1995).

112条规定的披露要求①。专利授权就相当于发明者个人与社会公众之间达成一个社会契约,作为协议的一方,发明者必须通过专利文献详细披露自己的技术发明,以换取社会公众赋予自己一定期限的专利权。这种强制性的详细披露要求说明书必须以全面、清楚、简洁和准确的术语描述有关发明及其制造和使用的方法与过程,使得相关领域中的一般水平的技术人员可以实施该发明。但这种描述要求对于植物发明而言,实在太过严格了。因为基因太过复杂以致无法进行书面描述,也就是说,没有办法在一张四角见方的纸片上全面地描述一项植物发明。即使发明人知道其植物的全部遗传来源,但在随后的有性繁殖中基因会以新的方式结合,与同科植物之间的差别相似,这样就出现了两种具有相同遗传来源的不同植物。从实践来说,确保后续发明者实施发明的唯一方法是"克隆",也就是以插枝或嫁接等方式进行无性繁殖。因此,用于植物发明申请的说明书永远无法达到《专利法》112条规定的授权要件。②

国会制定植物专利法,修订了植物专利的书面描述要求,明确规定"如果对有关植物的描述是尽可能合情合理的完整,则不得以不符合本卷第112条为由宣告任何植物专利为无效"③。这表明,植物专利的书面描述要求应该遵守的是35 U. S. C. 162,而不是35 U. S. C. 112。事实上,在20世纪30年代,不存在足以实施植物发明的书面描述,正如上文所言,即使知道植物的母本和父本,以及异花授粉技术,即使根据《专利法》第112条为其他类型发明设定的披露要求,同样也无法实施相关的植物发明。也就是说,一个关于植物新品种的尽可能合情合理的描述就是所能要求的全部了。一般来说,发明专利的描述要求具有多种目的,除了能够使其他人制造和使用相关的技术发明之外,还具有证实相关的发明在实践中得以完成的功能。④ 在 in Bourne v. Jones 中,法院就承认了书面描述的第二种功能,认为想要获得一项植物专利就必须要求申请人:(1)发明

---

① 35 U. S. C. 112 (2004)Specification:

The specification shall contain a written description of the invention, and of the manner and process of making and using it, in such full, clear, concise, and exact terms as to enable any person skilled in the art to which it pertains, or with which it is most nearly connected, to make and use the same, and shall set forth the best mode contemplated by the inventor of carrying out his invention. e specification shall conclude with one or more claims particularly pointing out and distinctly claiming the subject matter which the applicant regards as his invention.

② Alicia L. Frostick. Planting A Standard: Proposing A Broad Reading Of In Re Elsner. Michigan Law Review [Vol. 104:345]:357.

③ 35 U. S. C. 162.

④ Max Stul Oppenheimer. the "Reasonable Plant" Test: when progress outruns the constitution. MINN. J. L. SCI&TECH. 417—452(2008):430.

或发现了一种新的独特的植物品种;(2)能够无性繁殖这一植物。① 发明专利要求一项发明必须具备两个步骤,即思想上的步骤(a mental step)和物理上的步骤(a physical step),前者指的是关于发明的观念,后者指的是付诸实施。② 法院认为在植物专利的情形下,一项植物新品种的发明没有完成直到相关的培育活动能够决定植物的特征,没有人能够对一种植物获得专利权直到其描述和宣称的植物特征确实出现在该植物上。因此,申请人必须确保清晰地、精确地描述那些能够定义新品种的特征,并且充分披露出现在相关植物上的这些特征。

植物新品种的这些特征既包括其生长的习性,抗病的免疫力,或者生长的土壤条件,花朵、叶子、果实或茎秆的颜色,风味,产量;也包括持续不断结果的特性、贮存期限、香味、形状以及无性繁殖的容易程度等。在上述这些特征中的任一一个存有差异就满足使这一品种成为独特品种的条件,这也是必须达到的差别程度。正如专利局行政规章中所总结的那样,专利申请"必须包含尽可能全面和完全地关于植物的描述,区别于已知的有关相同品种及其后代的特征,并且必须特别指出在哪里,以什么方式对相关的植物品种完成无性繁殖"。③ 该规章要求一个"详细的植物学上的描述"④以及一项权利要求⑤,尽管专利法上并没有类似要求。尽管植物的样本在通常情况下"不必提交除非专利审查员明确要求"⑥,但有时候也需要提交植物,或者它的花朵或果实样本,作为上述描述要求的补充,如在检疫中,或者在植物生长的某一阶段必须进行研究和检查时。在 Ex parte Solomons 一案⑦中,法院就要求向公共贮藏库提交微真菌样本才满足 35 U. S. C. 第 162 规定的"尽可能合情合理的完整"这一要求。在 In re Greer 案中,申请人被要求做出一个有关植物的选定特征的显性描述(a pheno-typical description of selected characteristics),这些描述只有披露相关植物的物理特征并证明这些特征如何使得相关植物区别于其他植物,才被视为可以接受。

由上可见,美国 1930 年的《植物专利法》不但以较为缓和的方式(只要达到尽可能合情合理的完整)成功地突破了专利所要求的书面描述要件,并且随着植物育种技术的发展以及多年的司法实践,"尽可能合情合理的完整"这一书面描述要求标准显示了越来越丰富的内涵。尽管法律条文的文字本身没有任何

①　Bourne v. Jones,114 F. Supp. 413(D. C. Fla. 1951).

②　Frazer v. Schlegel, 498 F. 3d 1283,1287(Fed. Cir. 2007).

③　37 C. F. R. § 1.163(a)(2006). (C. F. R. :Code of Federal Regulations).

④　37 C. F. R. § 1.163(c)(9)(2006).

⑤　37 C. F. R. § 1.163(c)(10)(2006).

⑥　37 C. F. R. § 1.166(2006).

⑦　Ex parte Solomons,201 USPQ 42 (Bd. Pat. App. & Interf. 1978).

改变,但关于植物专利的书面描述却经历"描述的不可能",到"充分披露植物的特征",再到"证明特征所具有的区别性",甚至附上了植物样本的要求。这是一个植物专利书面描述标准日趋严格的过程。

3. 相关启示

由此可见,美国 1930 年《植物专利法》对"自然产品规则"和书面描述要求达到的"充分披露规则"的突破,是通过不断的议会解释和法院解释来实现的。而这些解释得以在实践中实施并成为相关立法的基础,关键在于这些解释是紧紧遵循知识产权法,或者说是专利法的基本原则进行的。如:植物专利法为植物新品种提供专利保护,实际上并不是对"自然产品规则"的否定,而是立法者理解到植物育种的实质是人们借助各种技术手段利用和改变植物遗传规则的活动,由此产生的植物新品种这一发明成果实质上与一般的发明成果没有本质区别。这种突破可以称为是"自然产品规则"在现代植物育种技术环境下得到了一种更为全面的理解,就像植物专利的书面描述要求达到"尽可能合情合理的完整"一样,这也是立法者在植物专利情况下对 35 U. S. C. 112 的具体理解。在立法者和法官眼中,法律规则和法律概念首先是一种开放性的思想体系,其内涵和外延并不总是一成不变的,而必须根据不同的历史阶段、不同的社会环境以及不同的技术背景进行合乎逻辑的解释。基于这样的考虑,我们就完全可以理解庞德教授所宣称的"现代世界,似乎没有别的制度像我们英美法律传统那样富有活力和坚忍顽强。我们称之为普通法。尽管它主要是一种司法和法学思想的模式,一种解决法律问题的方法而非许多一成不变的具体规定,但它总是成功地按照自己的原则铸造种种规定"[1],这就是"普通法的精神"。支撑这种"普通法的精神"并使其永葆活力的秘诀就是"法律的解释"。

(二)立法效果

美国专利制度至少有两大目标,即促进思想和发现的披露,鼓励这些思想和发现的商业化利用以提供可消费的产品。Donald G. Daus 认为,从经济学的角度看,后者才是主导性的因素。[2] 只是单纯思想的披露,如果没有商业化的辅助,对经济产生的影响将是很有限的。典型的例子就是盘尼西林(penicillin),它首先在 1929 年发现,但是 10 年内没有人对此进行投资将其进行商业生产。专利的授予就好比给予农民自耕地,将会给它的所有者带来发展的动力。[3] 从

---

① 〔美〕罗斯科·庞德:《普通法的精神》,唐前宏、廖湘文、高雪原译,法律出版社 2001 年版,第 1 页。

② Donald G. Daus. Plant Patents: A Potentially Extinct Variety. Publication, 1967:389。http://www. springerlink. com/content/9672785767472408/fulltext. pdf(2009 年 6 月 1 日访问).

③ Mellin, Hanscom & Hursh. Plant Patents. California Avocado Society 1951 Yearbook 36:49—52。Donald G. Daus, ibid:389.

《植物专利法》的整个立法过程看,苗圃业就是对专利给予植物品种的保护怀着这样的期望,才执著地坚持了半个多世纪的努力——从 1870 年到 1930 年。那么植物专利法在 1930 年制定之后,它对农业和园艺业的商业化促进作用到底如何呢?

据 Wuesthoff 注意到,在植物专利法制定以前,在美国销售的玫瑰 90％来自进口,到 1956 年,这一比例下降到 10％。[①] 而在当时,据称向市场提供一种新的玫瑰至少需要 7 至 10 年,培育及商业化的费用大约为 5 万至 10 万美元。[②] 毫无疑问,《植物专利法》确实为美国玫瑰行业的发展提供了动力机制。还有一组数据同样值得注意。在《植物专利法》实施后的第一个 14 年中,授予的植物专利总数不到总专利的 0.1％。截至 1950 年 12 月 12 日,专利商标局共授予植物专利 999 件,而同期授予的机械发明专利为 773,349 件;期间,只发生了一件植物专利侵权案件,而与机械发明专利有关的诉讼则不计其数。[③] 1961—1965年这一比例有所上升,达到 0.2％以上。当时的植物专利还存在下列特点:(1)植物专利授权范围相当集中:大部分植物专利属于苗圃业,大约 75％的植物专利属于蔷薇科植物。玫瑰品种的植物专利就达 50％左右,其他花卉观赏植物约占 1/4,可食用的果树品种(主要是桃树)约占 1/5。没有观赏性树木品种授予植物专利。[④] (2)工业产业和大学几乎没有申请植物专利,在发明专利主导领域出现这种情况是很不寻常的。从上述的这些数据可以看出,《植物专利法》的主要作用领域在苗圃业和园艺业,而对除此之外的农业其他领域作用很小。也许正是出于这一原因,20 世纪 60 年代中期之后一份总统委员会关于美国专利制度的报告中,曾试图废除植物专利。当然,这一想法没有得到落实,由于"缺乏充分的时间进一步研究最恰当的保护方式"。甚至,在那时,有学者将植物专利制度称为"一种即将灭绝的品种"。

根据美国专利商标局 2009 年 4 月公布的数据,到 2008 年底共授予植物专利约 19400 件,从 1963 年到 2008 年植物专利的授权量基本呈递增趋势,其中自 2002 年后共有 5 年年授权量突破千件。虽然植物专利的年授权量在数量上有所增加,但占当年的专利年授权总量比例仍然很低,以 2008 年(植物专利授

———————

① Wuesthoff, Freda. Patent of Plant Trans, Chartered Inst. Pat. Agent. , 1956, 64;B19−34, C13−31. 转引至 Donald G. Daus. Plant Patents;A Potentially Extinct Variety;389.

② Robb,Harry C. Jr. Plant Patents,Encyc. Of Pat. Prac. And Inv. MGMT. , Reindhold 641−655. 1964. 转引至 Donald G. Daus, ibid;389.

③ 具体数据参见 Mellin, Hanscom & Hursh. Plant Patents. California Avocado Society 1951 Yearbook, 1951, 36;49−52.

④ 相关数据参见 Donald G. Daus, ibid;392.

权量为历史最高,达 1240 件)为例,该比例仅为 0.67% 左右。[①]尽管没有更为确切的数据表明这些植物专利的具体分布领域,但从上述数量和比例来看,《植物专利法》对农业发展的作用的确有限。

那么,到底何种原因导致植物专利在美国如此不受青睐呢?这里有多种原因需要分析。首先,植物专利保护的对象范围过于狭窄,仅对限于无性繁殖植物,且不包括茎块繁殖植物。关税与专利上诉法院在 In re Arzberger 中,将"植物"解释为一种通常的、不含技术观念的概念,不包括细菌,其经常用于丙酮发酵。[②]这就意味着将土豆以及大量具有经济价值的农作物均排除在植物专利的保护对象之外了。一个具有讽刺意义的例子是,在植物专利法正式施行后授予的第一批植物专利为 18 件,其中 6 件属 Stark 苗圃公司,均由伯班克培育。但是,作为伯班克一生最为成功的发明"伯班克"土豆却无法获得专利保护。[③]因此,许多真正与农业相关的群体和个人无法通过这一机制方便地利用相关技术并获得更多的利润。也就是说,他们不但没有将植物专利视为一种能促进投资和利润的机会,反而认为狭窄的保护范围使得获取这样的专利保护显得很不经济。

其次,植物品种专利的授权标准过于模糊。也就是说,到底需要多少培育工作才使相关植物脱离"野生品种"的范畴呢?一个宽松的解释是只要有一点浇水或是轻微的培育工作就足以,而一个严格的解释是培育一个新品种需要投入相当大的费用和努力。从实际来看,只要该植物是芽变的结果,或是偶然发现的幼苗经无性繁殖后就能被专利局授予植物专利。从专利局统计的数据看,大约只有不到 10% 的申请无法获得专利授权。但法院是否承认专利局的这种标准一直模糊不定,因为从植物专利法生效直到 1951 年只有一件植物专利诉讼,即 1936 年 5 月的 Cole Nursery Co. v. Youdath Perennial Gardens 案。在该案中,相关的植物专利是基于该植物在 1930 年 5 月之前已经被公众使用而被宣告无效,没有为植物专利的授予标准提供参考。尽管如此,俄亥俄州的地区法院在判决中陈述道,"对植物生命繁殖知识和规律的利用是培育直立的黄檗品种背后的力量。本案不打算依据利用直立黄檗有关繁殖知识与规律产生的发明问题来判定,但本来并非如此。1930 年 5 月之前相关的植物及其知识就

---

① 相关数据来自 U. S. Patent and Trademark Office, U. S. Patent Statistics, Calendar Years, 1963—2008(available at www. uspto. gov).

② In re Arzberger, 112 F. 2d. 834 (1940).

③ Cary Fowler. The Plant Patent Act of 1930:A Sociological History of its Creation. Hein Online—82 J. Pat. & Trademark off. Society, 2000:637.

已存在的事实,并已有在先的公共使用,这将致命地损害相关植物专利的有效性"。①尽管法院的上述陈述不具有法律效力,因为本案是依据其他理由进行判决的。但从中可以看出法院对于植物专利显著性的要求,明确地说,俄亥俄州的地区法院是支持法律的严格解释的,也就是要求有大量的培育活动。这就出现了问题,专利局以一种宽松的标准授予植物专利,而法院的一个案件却显示了这样的植物专利有可能被宣告无效。

再次,从美国农业部的角度来看,并不希望植物专利法的保护过多地涉及农业的产业发展,特别是主要粮食作物,因此不但努力将土豆等茎块繁殖的粮食作物排除出保护范围,而且认为所有源于农业部研究的植物均不得被专利。美国政府部门很少申请专利的情况,直到目前也是如此。根据美国专利商标局于 2009 年 3 月发布的"植物专利报告 1/1/1977－12/31/2008"显示,在此期间美国政府所有的植物专利仅为 18 件。②

此外,植物专利法所呈现的局限还应当从《植物专利法》制定年代的政治经济和技术环境来解释。尽管在美国专利制度一直受到广泛而持久的政治支持,但在 1929 年经济大萧条之后,"人们认为垄断销售所执行的僵化的价格下调抑制了经济从大萧条中复苏,这一看法促使对垄断的敌视日益增加"③,专利制度被认为是在"协助维护垄断"而在 20 世纪 30 年代备受攻击④。这就使得人们对植物专利的保护范围持十分谨慎的态度,将主要农业作物,包括土豆等主要粮食作物均排除在保护范围之外。当然,当时的育种技术也是限制植物专利保护范围的一大因素。随着植物育种技术的发展,科学育种代替植物的自然进化与选择成为可能,制定法律保护这一新的发明群体似乎是符合逻辑的。但在当时,大部分苗圃公司并没有从事典型的发明活动,培育新的品种,而是新发现品种并将其商业化。因此,立法者理解但并不十分承认植物育种者在育种活动中的努力。法案被视为"控制植物和从植物中受益斗争"的一个阶段性成果,所谓的新技术,也不过是相关利益群体为创制法案而利用的一个"政治工具"。⑤

---

① Cole Nursery Co. v. Youdath Perennial Gardens, Inc., District Court N. D. Ohio E. D. May 1936, 17 F. Supp. 159.

② U. S. Patent and Trademark Office Electronic Information Products Division/ PTMT. Plant Patents January 1, 1977——December 31, 2008.

③ F. M. Scheer. the Political Economy of Patent Policy Reform in the United States. September, 2007.

④ A Brief History of the Patent Law of the United States. http://www. ladas. com/Patents/US-Patent History. html.

⑤ Cary Fowler. The Plant Patent Act of 1930: A Sociological History of its Creation. Hein Online—82 J. Pat. & Trademark off. Society,2000:643－644.

四、修订与完善

(一)1954 年修订

1952 年美国重新颁布《专利法》,将 1930 年植物专利法作为该法的第 15 章,第 161—164 条这 4 个条文分别规定了"植物专利"、"说明书,权利要求"、"授权"以及"农业部之协助"等内容。最高法院在 J. E. M. Supply v. Pioneer Hi-bred International① 案中解释说,这仅仅是一次"家务整理措施"(a house-keeping measure),对植物专利的实质性权利和要求未作任何改变。② 《植物专利法》后经 1954 年和 1998 年两次修订。1954 年的修订主要是将未培育状态下发现的植物排除出保护范围③,由此能够获得植物专利保护的必须是无性繁殖的植物,不包括茎块繁殖和未培育状态下发现的植物。

(二)1998 年植物专利修订法案

1998 年的修订则是为了弥补第 163 条之规定留下的一个漏洞(loophole):原第 163 条规定"就植物专利的授权来说,应当是有权排除他人无性繁殖植物、销售和使用如此繁殖的植物"④,这就意味着一个人如果有性繁殖授权的植物品种,或者独立繁殖相似的品种,或者使用、销售授权植物的部分,则不构成对专利的侵权。据称,正是"这一法律漏洞在过去的 5 年到 10 年间(1987—1997)造成美国高达 5000 万美元到近 1 亿美元的专利许可费的丧失"⑤。在修订讨论中,众议员 Robert Smith 指出,"外国植物栽培者可以来到美国获取已获美国专利授权的植物,进行种植,然后在美国市场上销售相关植物的果实或花卉,无需支付任何专利许可费"。参议员 Orrin Hatch 强调植物《专利法》应吸收 UPOV 公约授予育种者以禁止他人销售、进口或出口源于受保护植物的收获材料,如植物的部分等这一权利。⑥ 议会认为,美国法典第 35 部分这一"没有预见的模糊规定正在破坏应当给予持有美国植物专利的育种者专利许可费的收取","产自受美国植物专利保护的植物的植物部分正从非法繁殖的植物上获得,并在美

---

① 534 U. S. 124(2001).

② J. E. M. AG Supply, INC. v. Pioneer Hi-Bred International INC. , 534 U. S. 124 122 S. Ct. 593 151L. Ed. 2d.

③ Act of Sept. 3, 1954, Pub. L. No. 83—775, 68 Stat. 1190. 转引于 Imazio v. Greenhouses, 69 F. 3d 1560(Fed. Circuit 1995).

④ 35 U. S. C. §163 Grant "In the case of a plant patent, the grant shall include the right to exclude others from asexually producing the plant or selling or using the plant so reproduced".

⑤ Phillip B. C. Jones. Scope of Plant Patent Protection Blooms. ISB News Report published by Information Systems for Biotechnology, 1998. http://www. isb. vt. edunews1998/Dec98. pdf.

⑥ Phillip B. C. Jones. Scope of Plant Patent Protection Blooms.

国市场上销售,这一做法损害了植物专利持有人的利益","许可费收入的丧失(大大)抑制了国内对一系列与植物品种有关的育种和研究活动的投资——这是美国在历史上就享有很强国际地位的领域,这样的研究是一个强大的园艺产业的基础","侵权者从未授权植物上生产这样的植物部分,对于那些为受美国植物专利保护的品种支付许可费的生产者而言,享有了一种不正当竞争的优势",基于上述原因,"应当清楚明白地规定美国法典第 35 部分可以赋予植物专利权人禁止未经许可销售那些来自非法繁殖植物的植物部分","使得这一标题下的保护规定与根据植物品种保护法获得的有性繁殖的植物育种者之权利更加一致,正如《植物品种保护法》在 1994 年所进行的修订一样",[①]于是,第 163条修改为"就植物专利的授权来说,应当是在全美国有权排除他人无性繁殖植物,禁止使用、为销售而提供(许可销售)、销售如此繁殖的植物或植物的任何部分,或者禁止进口如此繁殖的植物或植物的任何部分"。[②] 这一修订案对任何已授予或在法案生效后授予的所有植物专利有效。这样,植物专利权人的权利范围不但及于整株植物,而且包括植物的任何部分,以及通过该植物进行无性繁殖的植物及其植物的任何部分。这一权利对象范围与 UPOV 公约中的育种者权涉及的对象范围基本一致。从植物专利权人权利的行使形式来说,权利人不但有权排除他人无性繁殖、使用、销售或为销售而提供相关植物及其任何部分,而且还有权禁止进口相关植物及其任何部分。

(三)2002 年植物育种者平衡法案

有关植物专利权利的保护范围以及植物专利与植物育种者权利及发明专利间关系协调问题的讨论并未结束。2002 年众议员达雷尔·D. 伊萨(Darrell E. Issa)提交了一份试图修订植物专利指南中"新颖性"(novelty)定义的议案,即"2002 年植物育种者平衡法案"(Plant Breeders Equity Act of 2002, H. R. 5119)。议案规定,"任何植物专利申请均不得根据出版物上描述的发明驳回,除非该项发明在美国或在外国出版物上公开的时间比在美国申请专利之日早10 年"。[③] 而根据现行《专利法》第 102(b)款的规定,这种宽限期仅为 1 年。也就是说,议案将用以判定植物发明新颖性的现有技术时间点大大推前,将自植

---

① Plant Patent Amendments Act of 1998(Oct. 27, 1998),H. R. 1197.

② Title 35 U. S. C. §163 Grant(1998 amendment)

In the case of a plant patent, the grant shall include the right to exclude others from asexually reproducing the plant, and from using, offering for sale, or selling the plant so reproduced, or any of its parts, throughout the United States, or from importing the plant so reproduced, or any parts thereof, into the United States.

③ Plant Breeders Act of 2002, H. R. 5119.

物专利申请之日起向前 10 年内所有公开的有关植物品种发明的书面描述均从现有技术中排除。该项立法的支持者是植物育种者,这就是 Issa 这位来自加利福尼亚的共和党人提出这项议案的主要原因。据一项园艺业普查,加利福尼亚州约占了美国整个园艺业销售的 1/4。植物育种者们认为将现有技术判定的时间点推至植物专利申请的 10 年之前是为了补偿花费在进口植物检疫程序上的时间,他们声称这种耽搁曾达到 8 年之久,但根据当时的植物检疫规则,"大部分植物专利下的植物检疫时间甚至不用一天"。植物育种者们还指出,该项立法时为了平衡美国专利商标局在 2001 年的一项决定。该项决定"毫无预警地适用园艺业,专利局推翻了其长期坚持的关于现有技术的判定标准",即在 2001 年 1 月之前,用于否定专利的在先出版规则(pre-publication basis)基本不用于反对植物专利,因为一个植物品种的在先出版不足以使相关技术领域的技术人员实施该项专利并培育目标植物。Issa 也在议会陈述说:"美国商标专利局突然改变其一贯稳定而可信赖的审查程序正给园艺业带来破坏性的后果,…… 这项立法建议正是纠正这种不公正的最迅捷的方法。"①但更多的人反对该项立法,首先认为该项立法将改变专利制度鼓励原创和发明的观念,因为根据该议案,所核准的植物专利都不是新的;其次,该项立法将使过去 10 年所有试图通过植物知识文献化作为破坏专利新颖性的做法毫无成果,因为植物知识文献化的做法可以阻止不恰当地利用传统知识,包括生物海盗。如果改变植物专利法,仅仅承认至少 10 年前的现有技术文献才能影响相关专利的新颖性,将导致生物海盗更加自由而公开。该项法案没有被议会通过。

(四)2005 年植物育种者平衡法案

2005 年 1 月 5 日,众议员伊萨(Darrell E. Issa)向议会内务司法委员会重新提交了一项关于修改《植物专利法》第 162—163 条的议案,即"2005 年植物育种者平衡法案"(Plant Breeders Act Equity of 2005,H. R. 121),旨在延长国外销售后的植物专利申请宽限期以及植物专利的保护范围。② 该项议案指出,尽管美国已经加入 UPOV 公约,但植物专利制度并没有与 UPOV 公约的重要规定相衔接,将无性繁殖的植物育种者与美国其他类型植物的育种者以及与外国的育种者置于同等的保护地位,为使植物专利制度与 UPOV 公约的协调统一,促进园艺业植物品种的创新和发展,应对 35 U. S. C. 第 162 条和 163 条进行如下修改:

(1)在提出美国植物专利申请的一年以前,相同的发明已经在美国销售,则

---

① Justin W. VanFleet. Patenting Plant. published in Science+Technology in Congress,2002.
② Plant Breeders Act of 2005,H. R. 121,109ᵗʰ Cong,2005.

不得对该申请授予植物专利。

（2）规定发明人自该项发明在外国销售后开始，拥有一个 4 年的宽限期在美国提出植物专利申请。

（3）在林木和藤本植物的情况下，规定发明人自该项发明在外国销售后开始，拥有一个 6 年的宽限期在美国提出植物专利申请。

（4）将植物专利的保护范围从单个植物及其无性繁殖获得的植物扩展到那些"与受保护植物没有明显区别的植物"。

该法案于 2005 年 3 月 2 日提交到有关法院、网络和知识产权的小组委员会（the Subcommittee on Courts，the Internet，and Intellectual Property）进行讨论。法案没有共同的提案人，几乎没有受到关注，也没有获得议会多数票。[①] 美国知识产权法协会（the American Intellectual Property Law Associate，AIPLA）明确反对延长植物专利申请的宽限期和扩大植物专利保护的植物范围，其下属的专利法委员会（Patent Law Committee）就上述修订进行了讨论。[②]

首先，根据 35 U.S.C. 第 161 规定，"本卷与发明专利有关的规定，应适用于植物专利，除非另有规定"，这些规定包括 35 U.S.C. 第 102（b）款。根据该款规定，一个人有权获得一项专利，除非在申请人提出美国专利申请的一年以前，该项发明已经在美国或外国获得专利，已经见于美国或外国的出版物上，已经在美国公开使用或销售。从表面上看，法案对专利授权的一年销售障碍没有产生影响，但委员会认为植物专利申请的宽限期延长对植物专利申请实践产生重要影响，法案实际上绕过了 35 U.S.C. 第 102（b）款对植物专利的效力，大大降低了该款原本具有的公共政策效果。第 102（b）款设置专利申请法定障碍的一般目的，在于要求发明人勤勉地通过提交专利申请的方式宣称其对发明的权利，具体体现在以下三方面：其一，发明人如果没有履行该项勤勉义务将剥夺社会公众通过公布专利申请文件或专利技术这一途径尽早了解发明的权利，这一修改违背了第 102（b）款促进有用信息公开披露的政策目标；其二，过分迟延提交专利申请将大大推迟专利排他性垄断权的届满期限；其三，第 102（b）款迟延提交法定障碍可以避免损害公众信赖，因为如果在一重要的期限内没有提交专利申请，人们可以相信任何人可以制造、使用或销售该项发明，而过长的专利申请宽限期直接损害了这种信赖。

---

① Alicia L. Frostick. Planting a standard：proposing a broad reading of in re Elsner. Michigan Law Review，Vol. 104：345.

② 参见 Patent law committee 关于"Amendments to the plant patent act of 1930：H. R. 121"，http://www.aipla.org/MSTemplate.cfm? Section＝AMENDMENTS_TO_THE_PLANT_PATENT_ACT_OF_1930 __ H_R __ 121&.Site＝Patent_Law&.Template＝/ContentManagement/ContentDisplay.cfm&.ContentID＝8083

正如联邦巡回法院在 In re Elsner 案中陈述的那样,"在任何情况下,发明人控制着与其发明相关的行为,可以通过及时提交专利申请避免第 102(b)款设置的障碍"。① 因此,只要植物新品种的发明人或发现人及时提交植物专利申请就可以轻易破除这一申请障碍。在 In re LeGrice 案②中,根据 35 U. S. C. 第 102(b)之规定,将申请人提交植物专利申请一年以前的书面出版物作为现有技术(prior art)是存有争议的。法院在分析中考虑了议会将植物专利法(35 U. S. C. 第 161—164 条)放入专利法的意图,认为"35 U. S. C. 第 161 条将植物专利法嵌入一般专利法中,即要求我们应用一般专利法中的所有规则和规定,除了35 U. S. C. 第 162 条明确规定外,一项植物专利不能被宣布无效如果其描述是'尽可能地合情合理'的"。"正如委员会的报告和法律规定的那样,植物专利的法律与早期的一般专利法是如此不可分割地联系在一起,以至于不考虑一般专利法就无法理解植物专利法,正如 35 U. S. C. 第 161 条规定那样,'与发明专利有关的第 35 章的规定应适用于植物专利,除非另有规定'。"因此,很明显,议会的意图是植物专利和其他发明的专利均适用相同的法律规定,"除非另有规定"。这样,在考虑 35 U. S. C. 第 102(b)款适用于植物专利时,第一考虑的是议会没有规定例外,因此,应推定该条款应该应用于植物专利犹如其之前适用于其他发明的专利那样。换句话说,我们认为议会没有为植物专利制定 35 U. S. C. 第 102(b)款的例外规定,该条款对植物专利与其他发明专利应作相同的解释。否则,在"植物改进者与工业发明人"之间"歧视将继续存在",这一点,正如委员会报告所显示的那样,是议会试图通过植物专利法的规定来消除的。

在植物专利法中明确的唯一例外是 35 U. S. C. 第 162 条之规定,这一观点在最近的 In re Elsner 案判决中得到强化,联邦巡回法院坚持 35 U. S. C. 第 102(b)款同样适用于植物专利。从 Le Grice 和 Elsner 案中可以得出这样的结论,议会认为专利法中的所有规定,除了 35 U. S. C. 第 112 条第一段所规定的描述性要求外,均可以适用于植物专利。不存在独特的、区别于其他专利类型的申请宽限期。因此,2005 年植物育种者平衡法案根据植物专利类型来设置 4 年和 6 年的宽限期,是与议会制定植物专利法的原初目的是相违背的。

其次,关于植物专利保护范围的扩展问题,专利法委员会认为这一新规定与植物专利法的初衷相反,而且将增加专利纠纷。在 Imazio 案③中,联邦巡回法院对植物专利的保护范围作了详细分析。考虑到法规上的语言描述、立法历史、判例法、评论者的观点,以及《植物品种保护法》的相关规定,法院认为植物

---

① In re Elsner,72 USPQ2d (Fed. Cir. 2005), at 1041.

② In re LeGrice,133 USPQ 365 (CCPA 1962).

③ Imazio Nursery Inc. v. Dania Greenhouse,69 F. 3d 1560 (Fed. Cir. 1995).

专利的权利要求范围是被专利植物品种的无性繁殖后代,也就是在说明书(specification)①中所显示和描述的单一植物。正如前述讨论的那样,新法案的第 163(b)款将植物专利的保护范围从专利植物的无性繁殖后代扩大到那些"与受保护植物无明显区别的植物"。该项修改与议会颁布植物专利法的目的相违背。再者,"无明显区别的植物"这一用语的含义是什么,如何决定这些区别的特征都是不清楚的。因此,如该修正议案通过的话,必将产生更多的诉讼纠纷。

再次,专利法委员会认为这一修改法案为选定的植物专利申请人创设特殊的例外这一做法割裂了美国专利法的整体规定,设立了一个不受欢迎的先例。美国专利法 35 U.S.C. 第 102(a)—(g)款规定的要求同样适用于发明专利和工业外观设计专利,除了根据 112 条缓和了植物专利的描述性要求外,国会没有在《植物专利法》中为植物专利创设其他例外。对第 162 条的修订,专门为无性繁殖的植物品种发明人提供 4 年和 6 年的宽限期,干扰了美国专利法对专利申请要求的统一规定,支持了部分发明人超越其他法定群体,并且增加了法律的复杂性。为植物专利授权条件设置例外可能形成一个不受欢迎的先例,将鼓励其他工业群体根据相关工业的特殊性要求专利法上的特殊待遇。H.R. 第 121 条中的 4 年或 6 年宽限期没有反映由于在特定条件下进行的边境检疫和植物品种测试造成的实际耽搁。

很明显,相对于发明专利申请来说,每年只有少量的植物专利申请。尽管延长宽限期的立法建议只影响少数专利,但对社会公众却产生不相称的影响。正如一位既是专利律师又是商业果园主的人士所指出的那样,果树和藤本植物是植物专利中的一小部分。例如,在 2003 年时,没有过期的美国葡萄植物专利总数约为 35 件,换句话说,只有 35 件专利利用超过 20 年,大约 180 件苹果品种的专利达到这一期间。与这些数字相反的是华盛顿州农作物的根种面积:美国农业部报告说,在 2001 华盛顿州大约有 2300 万英亩的土地种植大约 30 种不同品种的美味红苹果。在那一年,该州种植苹果的总亩数达 7500 万英亩。这些数字意味着什么呢?首先,从字面上,HR121 规定的 6 年宽限期仅仅对少数专利产生影响,但如果一个人按照潜在的植物侵权诉讼被告来考虑的话,来自农业方面的数字反映了宽限期的延长对公众产生不相称的影响。专利法委员

---

① 美国《专利法》中的说明书(specification)内容与我国《专利法》中的说明书含义不同,我国的说明书是与权利要求书并列的专利文件,而美国说明书则包括发明的背景、对发明的披露、对附图的简要描述、最佳实施例以及权利要求。从世界各国的实践看,中国和日本的专利文本是将专利权利要求从说明书中独立出来,而美国、德国和英国的专利文本则将权利要求包括在说明书中。英国的附图包括在说明书中,中国、美国、日本和德国的附图与说明书是独立的。因此,虽然同样是说明书(specification)一词,在各国的《专利法》中含义是不一样的。参见阎文军:《专利权的保护范围:权利要求解释与等同原则适用》,法律出版社 2007 版,第 23—25 页。

会认为,HR121 提出的 6 年宽限期可能应用于一个很小的范围,如果 AIPLA 支持这一措施的话,那就等于支持一个特别的利益群体,而不是 AIPLA 所有成员的利益,或者是社会公众的整体利益。

综上所述,尽管 HR121 法案在延长植物专利申请宽限期和扩宽植物专利保护范围方面促进了美国植物专利法与 UPOV 公约的协调统一,但同时,它造成了植物专利法与美国专利法第 102(b)款的政策取向和国会颁布植物专利法初衷之间的紧张。修改案中的第 163(b)款①将为植物专利提供类似等同原则的保护(doctrine of equivalents-like protection),但其没有对什么是"与受保护植物无明显不同",以及如何判定进行解释,毫无疑问,这将造成更多的诉讼。鉴于上述考虑,AIPLA 明确反对该修正案的通过。

第二节　植物专利授权要件

1952 年美国重新颁布专利法(Patent Statues)时,1930 年《植物专利法》成为该法的第 15 章,共 4 条,即第 161—164 条。《植物专利法》仅为无性方式繁殖的植物提供植物专利保护,不包括茎块繁殖的植物,该法后经 1954 年和 1998 年两次修订②。1954 年的修订主要是将未培育状态下发现的植物排除出保护范围③,1998 年的修订主要是扩大植物专利权利人的权利范围④。虽然美国植物专利法属于专利法中的一章,但植物专利在美国是一种独立的专利类型,有其特定的授权要件,这些要件与发明专利法⑤中的授权要件含义明显不同。35 U.S.C. 第 161 条⑥是规定植物专利获得要件的最主要法条,根据规定,要获得植物专利就必须具备特异性(distinctness)⑦、新颖性(novelty),非显而易见性(non-obviousness)⑧,以及必须是无性繁殖(asexually produce)并在培育状态下

---

① 也就是上文中的第(4)项修改点。

② 除这两次正式修订外,"2002 年植物育种者平衡法案"(Plant Breeders Equity Act of 2002,H. R. 5119)与"2005 年植物育种者平衡法案"(Plant Breeders Equity Act of 2005,H. R. 121)也试图对《植物专利法》的相关规定进行修改,但均未获得通过。

③ Act of Sept. 3, 1954, Pub. L. No. 83-775, 68 Stat. 1190. 转引于 Imazio v. Greenhouses, 69 F. 3d 1560(Fed. Circuit 1995).

④ Plant Patent Amendments Act of 1998, Oct. 27, 1998, (H. R. 1197).

⑤ 美国的发明专利(Utility Patent)相当于中国的发明专利。

⑥ 35 U.S.C. §161. Patent for plants。译文可参见李明德:《美国知识产权法》,法律出版社 2003 年版,第 47 页。

⑦ 即 35 U.S.C. §161 中的显著性要求。

⑧ 这是将发明专利的要求适用于植物专利的结果。

发现(found in a cultivated state)的植物。在 Yoder Brothers 案[1]中,法院也明确指出植物专利的获得要件是新颖性、特异性和非显而易见性,而不是一般专利所必须具有的新颖性、实用性和非显而易见性。虽然 35 U. S. C. 第 161 条明确了植物专利的获得要件,但未就如何在具体的判例中运用这些要件进行规定。

植物专利是美国在植物品种保护制度中最具特色的地方,尽管为美国所独有,但作为第一部将植物新品种纳入知识产权体系保护的法律,并且至今仍然是美国保护植物新品种发明的重要制度之一,值得中国的立法界与学术界所关注。从实践角度出发,美国植物专利制度同样是任何一个跨国性的植物产品企业进军美国市场所必须了解的知识产权制度。这样,相关企业除了可以尽量避免发生植物专利侵权,还可以充分运用相关制度保护在美国市场上的合法权益。当然,相关企业还可充分运用公开的植物专利信息,作为企业植物产品研发的信息指南,也可避免未来研发的植物新品种落入他人的专利保护范围。

一、特异性

特异性(distinctness)是植物专利的特别要求,发明专利对此没有要求,但植物专利法对如何才能达到一项植物新品种的特异性没有作出明确规定。植物专利法的立法史表明,"要使一个新品种具有显著区别,也就是特异性,该品种就必须具有清楚地区别于现有植物品种的特征,……这些能够将新品种从其他品种中区别出来的特征包括,植物的生长习性,抗病虫的免疫能力,抗冷、抗涝、抗热和抗风的耐力,或者生长的土壤条件,花朵、叶子、果实或茎秆的颜色,风味,产量,还包括持续不断结果的特性,果实的贮存期限、香味、形状以及无性繁殖的容易程度,等等。在上述这些特征中的任一特征或者其他类别的特征存有差异就满足使这一品种成为独特品种的条件,这也是必须达到的差别程度"。[2] 在 Yoder Brother 案中,第五巡回上诉法院对特异性也曾有过类似论述,"专利局对于相关植物所具有的新特征低于或高于现有植物品种的判断是不重要的。经验表明,根据新品种在创造时的价值来判断特异性的观点是荒谬的"。[3] 因此,将"特异性"视为"相关植物所具有的区别性特征的集合,对我们而言似乎是一个明智而可行的定义"[4]。

那么,如何在植物专利申请文件中体现植物新品种的特异性呢? 联邦行政

[1]　Yoder Brother Inc. v. California—Florida Plant Corp. ,537 F. 2d 1347 (5th Cir. 1976).

[2]　Imazio Nursery Inc. v. Dania Greenhouse, 69 F. 3d 1560 (Fed. Cir. 1995).

[3]　Yoder Brother Inc. v. California—Florida Plant Corp. ,537 F. 2d 1347 (5th Cir. 1976).

[4]　S. Rep. 315, 71st cong. 2d Sess(1930).

规章（37 CFR-Code of Federal Regulations-Title 37：Patents，Trademarks，and Copyrights）对植物专利的特异性要求散落地规定在说明书的要求中，规定"说明书应尽可能完整全面地披露植物及其区别于已知同种植物的特征，以及这一植物的祖先，并且应特别指出在哪里以怎样的方式进行无性繁殖"，"对于一新发现的植物而言，说明书应特别指出该植物被发现的地点以及植物被发现地方的特征"①。在植物附图的规定中，也同样要求附图必须"披露植物能以可视方式表现的全部区别特征"②，"如果颜色是植物新品种所具有的区别性特征，则附图必须是彩色的。并且，两份彩色的图画或相片必须提交"。③ 事实上，植物专利的权利要求中也强调了对植物特异性的描述，"权利要求应以正式术语描述和说明指定的显著而新颖的植物品种，也可以列举其主要的具有区别性的特征"。④ 必要的时候，审查员还可以要求"在植物生长的某一阶段提供一定数量植物、花卉或者果实的样本"⑤用作专利申请中对植物特异性的检测。

由上可见，关于植物新品种特异性的界定基本是从植物学的角度来界定的，而不是这些特征所具有的经济价值，这与发明专利的创造性判断是从技术角度而非经济价值角度出发一样，所以，在植物专利说明书中要求的是"详细的植物学上的描述"（detailed botanical description）⑥。简而言之，植物专利所要求的特异性主要通过使相关植物明显区别于其他现有植物的那些特征来表达⑦，如植物的生长习性、健康情况、土壤要求、颜色、芳香、外形以及产量等。相关植物所具有的特异性并不意味着该植物必须是有用的，也不意味着相关的植物比现有的其他植物高级。只要所要求的植物明显区别（distinctively different）于现有的其他植物就达到了"特异性"这一要件。

二、新颖性

新颖性（novelty）问题在德国和荷兰曾被一些评论者认为是阻碍植物受专利保护的障碍之一，但大多数学者并不将其看做是植物和专利保护之间的根本冲突，在美国同样也很少将其作为反对植物获得专利保护的理由。⑧尽管如此，

① Consolidated Patent Rules 37 C. F. R. § 1. 163(a)(2009).
② Consolidated Patent Rules 37 C. F. R. § 1. 165(a)(2009).
③ Consolidated Patent Rules 37 C. F. R. § 1. 165(b)(2009).
④ Consolidated Patent Rules 37 C. F. R. § 1. 164(2009).
⑤ Consolidated Patent Rules 37 C. F. R. § 1. 166(2009).
⑥ 37 C. F. R. § 1. 163(c)(9)(2006).
⑦ ［美］阿瑟·R. 米勒 迈克·H. 戴维斯：《知识产权法：专利、商标和著作权》（第 3 版），法律出版2004 年版，第 37 页。
⑧ Geertrui Van Overwalle. Patent Protection for Plants：a Comparison of American and European Approaches. The Journal of Law and Technology，1999，39 J. l. & TECH 152.

新颖性要件问题却是美国植物专利诉讼涉及较为频繁的领域。植物专利法条文本身没有新颖性如何判定这一问题作出明确规定。① 根据 35 U. S. C. 第 161 规定,本卷与发明专利的有关规定,应适用于植物专利,除非另有规定。这表明国会的意图是植物专利和其他类型的发明专利应由相同的法律予以规范,除非另有规定。② 这就是说,用以规定新颖性标准的 35U. S. C. 第 102 条的内容同样可适用于植物专利新颖性的判断。下面我们首先讨论 35 U. S. C. 第 102 条有关发明专利的新颖性要求。35 U. S. C. 第 102 条③的标题为"专利获得要件;新颖性和专利权的丧失",总的来说,规定了他人行为(第 a、e、g 款)和发明人自己行为(第 b、c、d 款)破坏新颖性的两类情况,无论是他人行为还是自己行为破坏了相关发明的新颖性,都遵循着美国专利法第 102 条的基本原则,即"一旦某一项发明或技术或者已由他人获得专利,或者由于申请人或其他人而进入了公有领域,则申请人不能就有关的发明获得专利"。④

事实上,植物专利的"新颖性"与发明专利的"新颖性"在理解上是略有不同的。简单地说,对植物专利而言,所谓的"新"是指"该植物品种在此前不存在"⑤。美国专利局上诉委员会认为一个"新的"植物品种必须是以前在字面上没有存在的植物,并且"仅仅在以前出现过的植物芽变这一事实不足以破坏相关植物的新颖性"⑥。在 1973 年的 Application of Greer 案中,美国关税上诉法院指出上诉委员会认为新颖性应当通过与其他已知品种的详细比较来决定。上述这些关于植物专利"新颖性"的论述仍然比较模糊和抽象,但归结了一个关于植物专利新颖性判断的基本原则,即植物专利的新颖性并不意味着相关的植物之前在事实上不存在,而仅仅是没有被人们以植物新品种的方式纳入到现有植物品种的范围当中。

在 35U. S. C. 第 102 条规定的各项新颖性判断标准中,引起争议最多的是 35 U. S. C. 第 102(b)款的"出版物公开标准"(a printed publication)。下面我们将通过两个案例,即 In re LeGrice 案和 In re Elsner 案,对这一标准在植物专利上的应用展开讨论。

---

① 参见 35 USC 第 161—164 条。

② In re LeGrice,133 USPQ 365 (CCPA 1962).

③ 35 U. S. C. 第 102 条具体规定限于篇幅不作阐述,详细的译文可参见李明德:《美国知识产权法》,法律出版社 2003 年版,第 35—37 页。

④ 李明德:《美国知识产权法》,法律出版社 2003 年版,第 35 页。

⑤ Keith Aoki,Malthus, Mendel, and Monsanto. Intellectual Property and the Law and Politics of Global Food Supply. The paper at the Malthus, Mendel, and Monsanto Conference,2004:420,注 84.

⑥ Yoder Brother Inc. v. California-Florida Plant Corp. ,537 F. 2d 1347 (5th Cir. 1976),注 33.

（一）In re LeGrice

美国关税与专利上诉法院在 1962 年的 In re LeGrice 案[①]判决中，详细讨论了 35 U. S. C.第 102(b)款出版物公开在判定植物专利新颖性上的适用。该案要解决的问题关键在于，英国公开出版物是否构成 35U. S. C.第 102(b)款意义上的法律事实，阻碍了申请人获得植物专利的权利？美国关税与专利上诉法院认为根据 35 U. S. C.第 161 条及其植物专利法的立法史表明，国会没有打算为植物专利提供有关新颖性的例外判定规则，35 U. S. C.第 102(b)款适用于植物专利就像其之前应用于其他发明专利一样。之前的一些判决显示，适用 35U. S. C.第 102(b)款的基本前提是公开出版物上的有关发明的描述"必须达到充分地将相关发明置于公众的掌控之下"(must be sufficient to put the public in possession of the invention)的要求。[②] 为了达到这种效果，出版物必须具备以下条件:(1)具有公共属性，可供大众使用;(2)能够为公众所获得;(3)在发明之日前出版;(4)对相关技术与工具的描述是完整而可实施的;(5)精确而详细的描述可以让相关发明领域的技术人员无需试验与进一步创造就可实施与操作相关的发明。除非该项出版物全部具有上述特征，否则该项发明就不得认为已由公众占有，也就不能作为驳回发明人专利申请的理由。公开出版物所具有的上述五点特征，其核心可以归结为"在先公布，公布必须将发明与公众全面地联系起来"。

但是，法院承认，对于 35 U. S. C.第 102(b)款中"公开出版物上的描述"这一术语的理解在植物专利和机械发明专利之间是存有本质区别的。在植物育种领域，人们即使知道相关植物的母本和父本以及相关的异花授粉技术，但也不可能繁殖出相同的植物。而对于机械领域的制造品、制造工艺和化学品来说，一旦披露就很容易进行人工复制。因此，法院认为，"在植物专利文件中或在公开出版物中的有关植物的描述最好是仅仅当作一种历史事实的陈述:在某一时间存在过某一植物，曾经以某种方式发现，并且可以被无性繁殖。这些信息是一些有趣的历史，但不能使他人繁殖该种植物。……一种植物的在先使用和销售才是该种植物进入公共领域的道路"。[③] 因此，尽管国会在制定植物专利法时并没有打算从政策目标的角度给予植物专利以例外的待遇，但植物专利本身的特性却显示了只有根据植物专利的特性来解释 35 U. S. C.第 102(b)款的意义，才能符合统一的专利保护政策目标。这就意味着在先公开出版物中的植

---

① In re LeGrice,301 F. 2d 929(1962).

② In re LeGrice,301 F. 2d 929(1962).

③ In re LeGrice,301 F. 2d 929 (1962).

物描述是否达到破坏相关植物专利新颖性的判断标准应有别于法律专家和法院长期以来所承认和执行的标准。35 U.S.C. 第102(b)款要求发明人必须在其将发明置于公共领域后的一年内或者其他任何人可以从公共领域中获得发明的一年之内提出专利申请,否则将使其发明丧失新颖性而无法获得专利。发明"已经获得专利"和已经"公开使用或者销售"本身均足以证明发明已经处于公有领域,唯一比较含糊的是"已经见于公开出版物"的意义。根据上述分析,这里的"已经见于公开出版物"必须解释为相关植物发明的这种公开必须已经达到将发明的知识置于公有领域之中,并且公众能够真正占有发明,即相关领域的技术人员能够直接根据该公开出版物上的描述实施该项植物发明。

本案中,上诉人认为专利审查员和上诉委员会据以驳回专利申请的英国玫瑰协会年刊的在先公布不是"有效的"公布,因为相关公布的信息不足以使植物育种领域的普通技术人员实施该项发明,并繁殖所披露的植物品种 Rosa floribunda plants。上诉法院考察了当时玫瑰育种者培育玫瑰的一般技术之后认为,在判定在先公布是否构成授予植物专利的法律障碍这一问题时,专利审查员和上诉委员会没有理解一些在先判决加在 35 U.S.C. 第102(b)款"已经见于公开出版物"这一条款上的合法限制,判定是否构成法定障碍的关键在于相关技术领域的一般技术人员能否根据公开出版物上关于发明的描述,结合自身关于特定领域的知识来占有寻求专利保护的那项发明。如果不具备这一条件,公开出版物上的描述就不足以构成该项发明获得专利的障碍。也就是说,仅仅对植物的描述不足以构成妨碍该植物品种获得专利保护的法定障碍。法院还论述说这并不意味着赞成在处理植物专利时,要求植物专利的在先公开"统统忽略公开出版物上的披露",因为国会没有为植物专利的新颖性提供例外的判定标准。

针对上诉委员会决定中关于"没有比这个更为荒谬的了:无法利用公开出版物上的披露作为专利授予的法定障碍,却可以根据这样的披露授予专利权;专利申请文件中说明书的披露被承认与公开出版物上的披露同样不可能"这一论述①,美国关税与专利上诉法院解释说,这一明显不同的答案在于,国会在 35 U.S.C. 第162条中明确允许植物专利申请中的描述可以"另有规定",而制定 35 U.S.C. 第102(b)款时却没有对公开出版物关于植物新品种的披露程度作例外规定。这就是说,法院明确承认植物专利申请文件关于植物发明的披露遵

---

① 正是基于这样的原因,一些学者认为新颖性的披露问题实际上是植物专利申请书面描述要求问题的一个镜像,唯一区别是新颖性所涉及的披露是指所有关于相关植物及其培育技术的书面描述,包括申请人过去提交专利或植物新品种权利申请文件中的相关描述,而专利申请文件的书面描述仅指申请人用以描述其在本次植物专利申请中的植物或权利要求范围的描述。

循的是"尽可能合情合理的完整"这一标准,而在判定公开出版物上的披露是否破坏植物专利新颖性时,遵循的则是相关领域的技术人员能否根据这一披露直接实施该项发明的标准。

（二）In re Elsner

有关植物专利新颖性的出版物公开标准也是 In re Elsner 案①讨论的核心,只是本案的问题比 In re LeGrice 显得更为复杂,即相关植物品种的外国销售事实是否能使一项无法实施的关于植物的书面披露得以实施,从而成为 35 U. S. C. 第 102(b)款项下的法定障碍。对于这一问题,联邦巡回上诉法院认为,作为35 U. S. C. 第 102(b)款规定的一项披露障碍的恰当测试是"发明相关领域的技术人员能否根据书面披露中有关发明的描述,结合其特定的知识占有正在寻求专利保护的发明",特别是该技术人员无需过度试验就能实施该项发明。② 植物育种者的权利申请在上诉人提出美国专利申请一年以前就被公布了,并且这些申请全面披露了相关的植物,这是本案无可争议的事实。同时,关于天竺葵花和玫瑰的外国销售本身不属于 35 U. S. C. 第 102(b)款规定的现有技术范围,也就是说,这些外国销售行为本身不构成 35 U. S. C. 第 102(b)款上的销售障碍。一项植物发明的外国销售与一项不可实施的植物发明书面披露相结合同样不能构成排除专利的障碍,因为这样结合的结果超越了已创立的规则:无法实施的书面披露和外国销售均不能阻碍专利的获得。③ 法院认为,专利商标局关于占有测试的理解是不对的,只有以与法律规定一致的方式使相关领域的技术人员能够实施无性繁殖相关植物的行为,才能使一项不可实施的披露和外国销售行为成为 35 U. S. C. 第 102(b)款规定的障碍。④

在本案中,法院不认为相关判决创造了一项涉及不可实施的披露与外国销售行为结合的新颖性障碍。正如在 LeGrice 案中相关法院就注意到"在植物发明与工业发明之间存有本质区别"⑤,对于植物专利而言,法定客体的检验标准是关于一种独特生物机体的无性繁殖。当一项披露确定相关的植物就是发明或发现的对象,并且一项外国销售行为的发生使得在该领域的普通技术人员占有了该植物本身,根据该领域的一般技术,该技术人员无需过度试验就可以实施无性繁殖。这样的一种事实和事件的结合,直接传递了该项发明的基本知识,因而构成了法定障碍。本案中,上诉人的植物新品种权利申请披露了所要

---

① In re Elsner,381 F. 3d 1125(2004).

② In re Elsner,381 F. 3d 1125(2004).

③ In re Elsner,381 F. 3d 1125(2004).

④ In re Elsner,381 F. 3d 1125(2004).

⑤ In re LeGrice,301 F. 2d 929(1962).

求的植物,虽不能使相关技术人员实施繁殖植物的行为,但公众可以通过相关植物的外国销售获得该植物本身,这就使得该植物新品种权利申请成为一项可实施的披露。因此,法院认为公开的申请文件与植物的外国销售结合构成35U.S.C.第102(b)款的专利获得障碍。关于上诉人声称外国销售本身不属于现有技术的范畴,不应考虑在熟练技工的知识范围内,法院认为这一分析的真正核心并不在于外国销售本身是否属于35U.S.C.第102(b)款的现有技术,而在于相关披露是否将所要求的发明在关键日期之前置于公众的占有之下。本案中,所要求植物的外国销售可以考虑在熟练技工的知识范围内,可以被认为是其为公众得到相关发明提供了途径。

对于上诉人认为本判决与LeGrice案的判决不一致,法院表达了不同的看法。在LeGrice中,上诉委员会根据英国玫瑰协会年刊目录中披露了相关植物同意驳回植物专利的申请,关税与专利上诉法院详细讨论了35 U.S.C.第102(b)款应以相同的方式对植物专利和发明专利加以适用,但承认植物专利与其他专利客体之间的区别:关于机械领域的产品、工艺甚至化学合成物发明的文本描述通常可以使他人实施该项发明,而在一个目录中仅仅关于一种植物的描述无法使该领域的技术人员重新创造该种植物,于是撤销了上诉委员会的驳回决定。但法院仍然声明同意议会没有对植物专利和其他类别专利区别运用35 U.S.C.第102(b)款的意图,并再次强调"关于书面披露的描述条款应被解释为该项书面披露是否在事实上将发明的相关知识传达给公众就好像公众已经占有了发明一样"。LeGrice判决仅仅涉及一项关于植物专利的不可实施的书面披露是否可以构成一项专利获得阻碍这一狭窄的问题,正如专利商标局所言,这一判决没有一项可以实施的书面披露方式作出明确,也没有明确其他事实,如通过外国销售获得相关发明能否使该项披露成为一项可以实施的披露这一问题。联邦上诉法院解释说,LeGrice案所留下的问题是具有开放性的,本案判决没有与之相悖。在本案中,尽管我们同意专利商标局认为外国销售可以使另一项不可实施的书面披露得以实施的观点,但我们发现外国销售中相关植物的可获得性与相关植物的可繁殖性依然是一个事实问题。上诉委员会无法具体说明在该领域的技术人员如何从已公开的植物育种申请文件中恰当了解外国销售。在本案中,审查员通过搜索相关的植物育种者权利资料数据库发现了在先的申请文件,随后要求上诉人提供文件副本以及有关该植物品种的其他信息,因此两上诉人提供了国外销售的信息。但是,在实践中,该领域的技术人员是否知道该外国销售的存在是不清楚的。这里所要求的外国销售不是一个没有为该领域技术人员注意的模糊的、孤立的事件,它必须为该领域所熟悉和了解,就像书面披露必须为公众所知晓一样。现有技术的"可获得性可以转化为相关公众中的利害关系人能否获得他们想要的信息这一问题"。① 此外,上诉委员会没有查明,相关的利害关系人即使可以轻易地了解外国销售,这些外国销售的行为能否使该领域的普通技术人员无需过度试验就能繁殖相关植物。这一问题是外国销售能否使书面披露得以实施这一问题的关键。因此,联邦巡回上诉法院撤销了上诉委员会的决定,要求其通过另外程序进一步查明本案相关植物在外国销售中的可获得性以及从出售植物中繁殖所要求植物的可行性。

(三)公众占有的技术不得授予专利保护

通过前文的阐述,我们首先可以做出这样一个结论:美国植物专利的新颖性判断标准与发明专利的新颖性判断一样,均适用 35 U. S. C. 第 102 条的相关规定,对这一条款内容的解释也同样严格遵守暗含在专利法条文后的政策目标。因此,可以说非歧视性成为植物专利新颖性判断的首要关注②,这一点法院在 In re LeGrice 和 In re Elsner 案的判决中也阐述得非常清楚。

其次,尽管植物专利的新颖性判断采用与一般专利相同的评价标准,但法院也"承认植物与其他可专利客体之间的区别"③,LeGrice 和 Elsner 案就是法院对"出版物公开"标准在植物专利领域的"特殊"解释和运用。在 LeGrice 案中,美国关税与专利上诉法院根据能否将所相关植物发明置于公众的占有之下,将出版物的公开区分为可实施的出版物公开和不可实施的出版物公开。只有可实施的出版物公开才能真正使生产相关植物品种的技术成为公有领域的知识,从而起到破坏植物专利新颖性的效果。由于植物发明的特殊性,只有通过无性繁殖才能保持相关品种的纯种,因而法院指出只有"一种植物的在先使用和销售才是该种植物进入公共领域的道路"④,仅仅只有相关植物的书面描述根本无法使相关领域的技术人员实施相关的发明。也就是说,单纯的书面描述是无法将植物专利所要求的发明纳入到公共领域之中。Elsner 案讨论的问题则要比 LeGrice 案更进一步,在既存在外国出版物公开也存在外国植物销售的情况下是否可以判定这样的外国出版物公开是一项可实施的书面披露,从而成为破坏相关专利的新颖性。美国联邦巡回上诉法院承认了外国出版物公开书面描述的事实结合相关植物的外国销售事件,即相当于"直接向公众传递了该项发明的基本知识"⑤,因此可以成为法定障碍。但问题是这种结合必须是一个

---

① In re Elsner,381 F. 3d 1125(2004).

② Alicia L. Frostick,Planting a standard: proposing a broad reading of in re Elsner,Michigan Law Review, Vol. 104:363.

③ In re Elsner,381 F. 3d 1125(2004).

④ In re LeGrice,301 F. 2d 929(1962).

⑤ In re Elsner,381 F. 3d 1125(2004).

经过证明的事实。法院在这里强调了"可获得性"（accessibility）这一概念，而不仅仅是在 LeGrice 案中强调的"占有"（possession）。无论是外国出版物所披露的信息，还是外国销售的植物本身，均必须在相关领域技术人员能够知晓并获得的情况下，才能将"披露的信息"与"销售的植物"结合，作为破坏专利新颖性的法定障碍。否则，这两者仍然是相互独立的事实，没有形成共同作用使相关发明进入公有领域的支点。

　　再次，抽象地说，无论是 LeGrice 案中对出版物公开信息进行能否实施的区别，还是 Elsner 案中植物发明的书面披露必须植物本身相结合，并且这种结合能为相关领域技术人员所掌握的论述，其实质都在于遵循"已属于公众占有的技术不得专利"这一原则，同样也就意味着任何未全面披露相关发明使公众真正占有的事实或事件均无法破坏相关专利的新颖性。从这一点上来说，我们就可以理解在 Elsner 案中，法院首先陈述说"一项发明的外国销售与一项书面披露结合同样也不能构成排除专利的障碍，因为这样结合的结果超越了已创立的规则：无法实施的书面披露和外国销售均不能阻碍专利的获得"，而判决后文又称"对于植物而言，一项相关植物的外国销售与书面披露的结合可以作为法定障碍，因为这样的结合已经可以使那些相关领域的技术人员获得植物发明"[1]，有学者认为这种相互矛盾的陈述使得在 Elsner 案中出版物公开的判定标准难以甄别[2]，而我们认为这看似相互矛盾的陈述恰恰反映了美国联邦上诉巡回法院在解释 35 U.S.C. 第 102 条新颖性判定标准上的逻辑。在先的陈述表明法院对于 35 U.S.C. 102 条文的理解必须遵从条文的原意，不得超越条文本身创造规则。在后的陈述实际上是法院进行的一种事实性说明，纵观判决全文，法院并没有创造外国销售和书面披露结合就破坏专利新颖性的规则，而是对植物专利而言，植物的外国销售有可能使一项原本无法实施的书面披露得以实施，其前提是相关领域的技术人员在通常情况下，同时能够轻易知晓两者的情况。从这一情况看，与其说外国销售与书面披露破坏了相关专利的新颖性，不如说是一项可以实施的书面披露破坏了植物专利的新颖性。因为，一项可以实施的书面披露为相关公众获得相关的植物发明提供了途径，使其成为公共领域的知识。

三、非显而易见性

　　根据 35U.S.C. 第 161 条规定，有关的植物发明也必须符合美国发明专利

---

　　① In re Elsner, 381 F. 3d 1125(2004).

　　② Alicia L. Frostick. Planting A Standard: Proposing A Broad Reading Of In Re Elsner. Michigan Law Review [Vol. 104:345]:347.

所要求的非显而易见性要求。非显而易见性(创造性)(non-obviousness)是早期反对给予植物品种以专利保护的障碍之一,因为利用传统育种技术获得的植物品种已经超出了普通技术人员的控制能力,而交由自然本身完成。也就是说,这样的育种活动在传统上被认为缺乏欧洲专利法所称的发明步骤,也不具有美国专利法所称的对于相关领域的一般水平技术人员来说是非显而易见性。[①]尽管德国和荷兰的一些学者坚持育种方法缺乏发明步骤,而在美国这一障碍很少被认为是阻碍植物获得专利保护的理由。美国关于植物发明能否成为专利保护对象的焦点主要集中在对植物发明无法超越专利保护的"自然产品规则"和"书面描述要求"。就司法实践而言,几乎很少有判例在植物专利法的框架下讨论植物发明的非显而易见的要求,Yoder Brother Inc. v. California-Florida Plant Corp.[②]是其中极为稀少的一个。学者们认为,缺乏这样案例的原因在于法院分析植物专利的显而易见性要件是为了严肃讨论显而易见性要件的标准还是为了例行公事,这并不清楚。[③] 当专利审查员必须分析诸如颜色的增加或含糖量增加等新的植物品质时,就会出现根据非显而易见要件驳回专利情形。一些人认为,这些特征对于熟练的育种者来说是显而易见的,另一些人则认为,即使这些表面特征是显而易见的,但其内在的基因结构无从知晓,因此获得这些特征增加的成功是无法预测的,因而拥有这些特征就表明相关的植物发明已经具备非显而易见的要求。他人试图为获得相关植物所描述的这些特征是否有过失败的经历也可以作为相关植物专利是否具备非显而易见性的另一判断标准。

在司法实践中,法院是如何展开关于植物专利的非显而易见性要求讨论的呢? Yoder Brother 案会给我们一些明确的答案。美国第五巡回上诉法院称非显而易见性是植物专利诸要件中最难应用的。在 Graham v. John Deere Co. 一案[④]中确立了关于非显而易见性的传统三步检测法,要求查明:(1)现有技术的范围与内容;(2)现有技术与专利保护要求的区别;(3)现有技术下一般技术水平的人员。另外的一些辅助因素也通常可以用作说明寻求专利保护客体的非显而易见性,如商业性的成功,长期存在但未能解决的需求,以及其他人的失败等。将上述 John Deere 三步检测法运用于植物领域,就要求查明:(1)相同类型在先植物的特征,包括已授予专利和未授予专利的;(2)在先植物与相关植物

① Geertrui Van Overwalle. Patent Protection for Plants: a Comparison of American and European Approaches. The Journal of Law and Technology, 1999, 39 J. l. & TECH:152.

② Yoder Brother Inc. 和 California-Florida Plant Corp.

③ Geertrui Van Overwalle. Patent Protection for Plants: a Comparison of American and European Approaches. The Journal of Law and Technology, 1999, 39 J. l. & TECH:181.

④ Graham v. John Deere Co. ,383 U. S. 1, 86 S. Ct. 684, 686, 15 L. Ed. 2d 545(1966).

的区别。但没有恰当的方法检测第三个要素,即现有技术下一般技术水平的人员。检测的第一个要素和第二个要素与已经在植物专利法中规定的"特异性"紧密联系。因此,上诉法院认为,如果我们将给显而易见性以一个独立意义的话,则它可以指的是某些不同于可以看得见特征的东西。对于植物领域来说,培育或者发现一个保留有母本植物优良特征的新品种,然后进行了重要改进,并能以无性繁殖方式保存这一新的植物品种,这就取得了一个不小的功绩。

在 Yoder Brother 案中,法院认为那些处理以药物为例的化学合成物的专利判例,能提供一些如何将"发明"要件运用于新客体的经验。在化学药物领域,最轻微地改变原子结构和分子复杂的空间结构也会导致截然不同的药物效果,并且这些效果缺乏预测性,因此无法利用相关物质的结构来判定产品的非显而易见性。于是法院采用治疗效果来检测新药物而不是它的化学成分来解决这一明显的难题。这一逻辑表明,隐含在真正发明中的新颖性、有用性和非显而易见性是以该化学合成物所展示新的急需的治疗效果所体现出来的,而不在于相关发明的物质结构是否很接近已知的或已获专利的药物。这种考察视角的转变给上诉法院判定植物专利的非显而易见性带来很大的启发,"如果相关的植物是一种粮食作物,最终的问题就是它的营养成分和产量。药用植物通过改变或增加的治疗效果进行判断,相似地,观赏植物就通过与这一类型的其他植物相比所增加的美感和合意性、工业上的有用性以及提高的程度等,综合所有这些特征进行判断"。[1]

由此可见,美国法院对植物专利非显而易见性的判断,没有生硬地套用发明专利的三步检测法,而更多地考虑了植物"发明"本身的特性,借鉴了在先判例中化学药品的"疗效"检测法,得出根据相关植物的特定功能判断植物专利是否具有非显而易见性。用米勒教授的话来描述,就是"植物专利的非显而易见性是通过新植物比现有植物所具有更大的进步或更多的差别,这种进步或差别的程度来体现的"[2]。

四、无性繁殖

根据 35 U. S. C. 第 161 条规定,能够获得植物专利保护的植物新品种必须是能以无性繁殖方式进行繁殖的植物。在 Imazio 案中,法院为界定"品种"的含义而专门就"植物专利无性繁殖要件的重要性"展开讨论。[3] 植物专利法的立法

①　Yoder Brother Inc. v. California-Florida Plant Corp. ,537 F. 2d 1347 (5th Cir. 1976).

②　[美]阿瑟·R. 米勒 迈克·H. 戴维斯:《知识产权法:专利、商标和著作权》(第3版),法律出版社2004年版,第37页。

③　Imazio Nursery Inc. v. Dania Greenhouse, 69 F. 3d 1560 (Fed. Cir. 1995).

史定义"无性繁殖",是指通过嫁接、芽变、插条、压条、扦插以及其他类似方法,但不是通过种子进行的植物繁殖。不管新的植物品种是芽变、变异体还是杂种,专利授予的权利是以无性方式繁殖植物新品种的权利,不包括通过种子繁殖的权利。在授予权利上的这种限制是一种对实际情况的承认,即无性繁殖是当时保持纯种植物的唯一手段,这也大大缩小了法案的适用范围。在制定植物专利法的时代,国会承认无性繁殖要件大大缩小了植物专利的保护范围,但认为这一限制条件对于那些受专利保护的植物保留其特征来说是必要的。此外,无性繁殖要件也肯定了因环境条件变化引起隔离变异而产生的新的品种的存在。

在 Chakrabaty 案中,法院指出植物专利法对无性繁殖的要求是因为人们在那时认为新的品种无法通过种子进行纯种繁殖。[①] 法院在 In re LeGrice 案中强调"通过无性繁殖,植物以分株或扦插的方式进行繁殖形成克隆体,每一植株均与母本相同,并且所有的插条或克隆体均取自母本"[②]。法院在 Yoder 案中,认为无性繁殖差不多是育种者确保其繁殖的植物与其母本完全相同的唯一方法,只要使用了来自受专利保护的砧木就可能发生对植物专利的侵权。如果被指控的侵权人能以某种方式证明争议的植物是其独立培育的,则无须承担赔偿及禁令的法律责任。这些例子充分说明"无性繁殖是目前植物专利法体系的核心:关于一个新植物发明的整个关键就是发现植物的新特征并进行无性繁殖"[③]。

从实践来看,既然植物的无性繁殖是授予植物专利保护的基本前提,那么同样也意味着植物专利所保护的植物"品种"指的是在基因上完全相同的植物,即相关植物及其无性繁殖的后代。法院在 Imazio 案中认为,35 U. S. C. 第 161 条中规定的"品种"仅指单一植物,即说明书中所显示和描述的单个植物(a single plant),而不是 Imazio 根据 1970 年植物品种保护法中的"品种"定义所断定的一系列植物(a range of plants)。由此可见,植物专利的无性繁殖要件对于植物专利的保护范围以及侵权的认定具有重要的价值。

五、必须经过培育

根据 35U. S. C. 第 161 条规定,"未培育状态下发现的植物"与"茎块培育的植物"均被排除出获得植物专利保护的范围,因此能够获得植物专利保护的植物除了必须满足上述的"特异性"、"新颖性"、"非显而易见性"与"无性繁殖"要

---

① Diamond v. Chakrabaty, 447 U. S. 303 (1980), at 312.

② In re LeGrice,301 F. 2d 929(1962).

③ Yoder Brother Inc. v. California—Florida Plant Corp. ,537 F. 2d 1347 (5th Cir. 1976).

求外,还必须考虑"是否经过培育"的问题。这一要件主要是针对新发现的秧苗这一植物专利客体而设的。美国专利上诉与干涉委员会(the Board of Patent Appeals and Interferences)于 2008 年 7 月 31 日做出决定的"Ex parte Walter Beineke"案①讨论的核心问题就是"所要求的橡树 AFTO-2 是否在未培育状态下发现并是否因此不符合 35 U. S. C. 第 161 条规定的植物专利授予要求"。

该案中,申请人 Walter Beineke 在说明书中描述"申请人在印第安纳州杰克逊县的一家前院发现的一个白色橡树的新品种"。权利要求书称"正如显示和说明的那样,AFTO-2 是一个显著而新颖的白色橡树品种,一种优质的木料,成材速度非常之快,有相当强壮的中心树干,每年能长丰富的橡子。"专利审查员认为,说明书陈述 AFTO-2 在被发现时已生长了 108 年,长在房屋前树木繁茂的草地上,说明书中没有任何关于精心培育 AFTO-2 活动的描述,如浇水、施肥、围栅栏或修剪等,这些档案表明相关植物在未培育状态下发现的可能性极大。上诉委员会支持审查员的结论。申请人不同意上述推理,认为 AFTO-2 是在培育状态下发现的,因为当发明人发现 AFTO-2 时,它正处在一个草坪上因劳动和关注而保持良好的院子里,这些劳动和关注有利于 AFTO-2 的生长,因为这棵树正被其他植物所环绕,并且它的根部一直延伸到草坪。专利审查员承认对草坪的培育必然到达这棵树,但单就这一点无法证明 AFTO-2 是在培育状态下被发现的。上诉委员会也同意审查员的这一看法,尽管说明书确实陈述 AFTO-2 是在一住户的前院里被发现的,也可以证明这棵树至迟不晚于 1994 年 8 月被发现,但申请人仅提供了在 2004 年 3 月 2 日生长情况,没有证据显示这棵树在 1994 年发现时或发现之前的情况。上诉委员会还认为,即使有证据证明 AFTO-2 是在一块被修剪过的草坪上发现的,也并不必然意味着 AFTO-2 属于 35U. S. C. 第 161 条规定的范围。植物专利法不是排除"在一个未耕种地区发现"(found in an uncultivated area)的植物,而是排除"在未培育状态下发现"(found in an uncultivated state)的植物。这"状态"是指一个事物"存在的方式或状态"(mode or condition of being),而不是指它的物理环境(physical surrounding)。AFTO-2 周围的环境条件不能决定 AFTO-2 本身的"未培育"或"培育过"状态。所以,是否符合 35 U. S. C. 第 161 条规定的"培育"要件应由被发现植物本身的存在或状态是否受到人的行为影响(或培育)来决定的。

为了证实上述观点,上诉委员会还专门追述了 35U. S. C. 第 161 条的立法历史。35U. S. C. 第 161 条源于 1930 年的植物专利法,由 R. S. 4886 议案修订 35 U. S. C. 第 101 条而来,"凡发明或发现任何新颖而有用的工艺、机器……或

---

① Ex parte Walter Beineke,Application 10/919,902,Appeal 2007—4215,Decided：July 31, 2008.

者凡发明或发现并无性繁殖任何显著而新颖的植物新品种,不包括茎块繁殖的植物……可以获得专利"。在 Chakrabaty 案中,法院引用参议院和众议院的委员会报告对发现一种新的矿物和一种新的植物品种之间的区别这一分析,由此得出"国会意识到相关的区别不在于有生命体与无生命体之间的区别,而在于自然产品,无论是否有生命,与人造发明之间的区别"这一结论。国会并没有意图将未经人工干预的植物纳入 1930 年植物专利法的保护范围。1930 年植物专利法的最初法案规定应包括两类植物:(1)任何显著而新颖的植物品种;(2)任何显著而新发现的植物品种。参议院专利委员会修改了这一法案,将(2)剔除,从而使得"那些被植物探险者或其他从未从事过植物培育或从未利用自然之力创造新品种的人发现的野生品种"从法案的保护范围中被删除。① 1952 年植物专利法在专利法中独立成章,只不过是一种"家务整理"措施,并未改变植物专利的实质要件。1954 年,35U.S.C.第 161 条被修订为现行规定的模样,参议院委员会报告陈述说此次修订意在"消除任何关于国会立法意图的怀疑,国会的立法意图在于从事农业和园艺业工作的人所发现的芽变、变异体、杂种以及秧苗均可以获得专利"②。参议院报告还包含了一份专利办公室提交给商务部的备忘录,专利办公室在这份备忘录中质疑了允许那些"仅仅发现以前不知道的一种植物并没有对相关植物的出现作出贡献,只要这种植物是在培育状态下发现的"的人授予专利的合宪性。参议院报告对这一备忘录作出了反应,认为该项立法是合宪的,"这是一项经过研究者们慎重考虑的观点,植物栽培者没有经过特别努力培育了一新的品种,不同于偶然发现,毕竟还是由于栽培者的行为,应该授予这样的植物以专利保护就好像栽培者精心计划培育相关植物的一样"。专利上诉委员会由此认为,国会并没有意图使那些未经人干预就出现并成长的植物纳入植物专利法保护范围,仅仅发现的植物没有被 1930 年植物专利法所包括,不管是否经过培育,1954 年的修订扩大了法律的保护范围,但明确排除了未培育状态下发现的植物。这表明该法的适用条件是相关植物的存在或生长是人们在植物育种、园艺栽培等方面努力的结果,不管这种努力可能是间接的或者无意的。就 AFTO-2 的情况看,既然上诉人在其申请文件中没有提供显示 AFTO-2 在发现时处于培育状态的证据,因此上诉委员会支持专利审查员的决定,驳回上诉人的上诉请求。之后,上诉人曾要求重新审理 2008 年 7 月 31 日的决定,但这一请求没有得到支持。③

　　上诉委员会在这一案中还专门讨论了 35U.S.C.第 161 条中"发现"的含

① S. Rep. No. 71—315, at 7 (1930).
② S. Rep. No. 83—1937 (1954).
③ Ex parte Walter Beineke. Application 10/919,902,Appeal 2007—4215. Decided, 2008,11.

义。Ex parte Moore 案[1]就涉及了谁是桃树新品种的真正发明人这一问题。在该案中,桃树的所有人在其院子里发现这棵桃树并保护这棵树"免受伤害,进行浇水和施肥",但是他"没有意识到在他院子里的这棵桃树是一个新的品种"。他的一位园艺师朋友"看见在院子里的这棵树并且意识到这是一个新品种"。专利上诉委员会认为,"尽管一个人发现了一株植物,如果他没有意识到这株植物是一种显著而新颖的品种的话,那么他就没有发现这一新的品种"。这表明,发现一种植物新品种并不要求发明人是眼光落到这株植物上的第一人,而仅仅要求发明人是第一个将这株植物作为新品种看待的人。从这一推理过程也可以看出,上诉委员会对 35 U. S. C. 第 161 条中"处于培育状态"的理解就像对"发现"的理解一样,必须根据法律特定的目的进行解释,而不仅仅局限于法条或概念的字面含义。

根据专利上诉委员会在 Ex parte Walter Beineke 案中的解释,35 U. S. C. 第 161 条规定新发现的植物必须处在培育状态下才符合授予植物专利的要求,并且这种培育状态必须是针对植物本身,而不是植物周围的环境。专利上诉委员会对"培育状态"这一理解与专利法强调保护"人造发明"(human made inventions)而非"自然之物"(products of nature)的基本理念是一致的,也可以说是"自然产品规则"[2]在植物专利要件上的显示。

综上所述,美国植物专利的获得要件应包括特异性、新颖性、非显而易见性以及无性繁殖,对于新发现的植物,还必须强调这一植物是在培育状态下发现的。植物专利的特异性要求是指该植物所具有的区别于现有植物的有关植物学上的特征,可以通过说明书、植物附图以及植物样本进行显示。新颖性要求则与发明专利同,应根据 35U. S. C. 第 102 条规定进行判断,但由于植物育种的特殊性,单纯的植物品种书面披露不足以破坏相关植物专利申请的新颖性,只有在相关领域的一般技术人员既可以获得相关书面披露又可以获得相关植物的情况下,才构成社会公众真正占有相关的植物品种,在符合法律规定的期限条件后才能构成对相关植物专利新颖性的破坏。与发明专利的非显而易见性相比,植物专利的非显而易见性更侧重于通过相关植物的特定功能来判断,如相关植物的营养成分、产量、药用价值以及观赏价值等。无性繁殖要件是植物专利法保护体系存在的核心,由此表明植物专利所保护的植物"品种"是指基因完全相同的植物,即植物专利所覆盖的是单个植物及其无性繁殖的后代。35U.

---

[1]　Ex parte Moore,115 USPQ 145(Pat . Off. Bd. App. 1957).

[2]　即 the product of nature doctrine,这一规则在 1889 年的 Ex parte Laimer 案中首先得到陈述,自然界的产物,不是人为的产物,不属于专利法意义上的发现,不能授予专利保护。美国专利商标局也曾基于"自然产品规则"拒绝对植物授予专利权。

S. C. 第 16 条规定新发现的植物必须处在培育状态下,并且这种培育状态必须是针对植物本身,而不是针对植物周围的环境。植物专利对这一要件的强调,与专利法强调保护"人造发明"(human made inventions)而非"自然之物"(products of nature)的基本理念是一致的,重在强调植物新品种产生过程中人的创造活动的重要性。

第三节　植物专利保护范围与侵权认定

《植物专利法》的核心就是植物专利的保护范围与侵权认定。详细了解这一内容对目前的中国至少存有两大方面的必要。首先,尽管中国已经初步选择采用植物新品种保护制度来保护植物新品种的发明,新修订的专利法也将植物新品种排除出可专利的范围,但随着植物育种技术的发展,是否将植物新品种纳入发明专利保护,或者像美国那样将无性繁殖的植物通过植物专利保护,仍然是一个未知的问题。因此,详细考察美国植物专利制度对我们未来选择何种植物新品种保护方式具有十分重要的价值。其次,知识产权已经成为目前国际市场竞争的重要规则,任何一个企业想要进入国际市场,首先要了解的就是有关知识产权规则。作为美国保护植物新品种的重要制度之一——植物专利制度,就是这样一个任何打算进入美国市场分享植物产品市场份额的企业所需要掌握的规则。

一、保护范围

这里的保护范围(scope of protection)与一般专利法中的保护范围(scope of patent claims)的意义不同,前者主要是指植物专利保护的对象范围和权利人的权利行使范围,后者则专指专利的权利要求范围。由于"专利的保护范围是由专利权利要求来界定的,法院在确定专利保护范围的过程中始终离不开对权利要求的解释。因此,人们习惯上将确定专利保护范围的过程称为'权利要求解释'(patent claim construction)"[1]。在植物专利中,不存在专利中的权利要求解释问题,因为植物专利中只允许存在一项权利要求[2],并且这项权利要求被明确地指向说明书中所显示和描述的显著而新颖的植物品种本身。下面,我们将分别从植物专利的保护对象范围和植物专利权人的权利行使范围两方面来界定植物专利的保护范围。

---

① 闫文军:《专利权的保护范围:权利要求解释和等同原则适用》,法律出版社 2007 年版,前言。
② Consolidated Patent Rules 37 C. F. R. §1.164(2009).

（一）保护对象

既然植物专利中只有一项指向说明书中所显示和描述的显著而新颖的植物品种本身的权利要求，那么"植物品种"（variety）将成为确定植物专利保护对象的范围的关键术语。纵观植物专利法全文，其并没有对"品种"进行定义，但植物专利的立法史作了这样的陈述："新颖而显著的植物品种分成三类：芽变（sports）、变异体（mutants）和杂交种（hybids）。"[①]参议院的报告说，经 1954 年植物专利法修改之后，议会增加了另一类植物：新发现的秧苗，但未培育状态下发现的秧苗不得获得专利。这样，可以受植物专利保护的植物种类有四种：培育状态下的芽变、变异体、杂交种和新发现的秧苗。

根据 35 U. S. C. 第 161 条之规定，"凡发明或发现并以无性方式繁殖任何显著而新颖的植物品种者，包括培育芽变、变异体、杂种以及新发现秧苗者，但不包括茎块培育的植物和未培育状态下发现的植物，可依据本卷所规定的条件和要求获得专利"。在 Yoder Brother 案中，美国第五巡回上诉法院也谈到了植物专利的授权要件问题，指出"既然 35U. S. C. 第 161 条规定一般专利法可以适用于植物专利，除非另有规定，那么一般专利的可专利性要件同样也适用于植物专利。正常情况下，专利应具备三性，即新颖性、实用性和显而易见性，对于植物专利而言，特异性要件代替了实用性，另外引进无性繁殖要件"[②]。可见，想要获得植物专利保护，相关植物品种就必须具有特异性、新颖性以及非显而易见性[③]，能以无性方式繁殖，但不包括茎块繁殖的植物，并且是经过培育的。这些正是上文所分析的植物专利的授权要件。因此，植物专利保护的对象是植物专利说明书中所显示和描述的单个植物及其无性繁殖后代，而这一植物必须具备特异性、新颖性和非显而易见性，并是经过培育的。

（二）权利行使范围

对植物专利权人的权利行使范围进行规定的主要是 35 U. S. C. 第 163 条。1930 年制定的《植物专利法》规定"就植物专利的授权来说，应当是有权排除他人无性繁殖相关植物，排除销售和使用以无性繁殖相关植物所获得的植物"[④]。这表明植物专利权人有权排除他人未经允许无性繁殖相关植物，有权排除他人未经许可销售和使用通过无性繁殖相关植物而获得的植物，但不包括通过种子

---

① Imazio Nursery Inc. v. Dania Greenhouse, 69 F. 3d 1560 (Fed. Cir. 1995).

② Yoder Brother Inc. v. California—Florida Plant Corp. ,537 F. 2d 1347 (5ᵗʰ Cir. 1976).

③ Keith Aoki. Malthus, Mendel, and Monsanto: Intellectual Property and the Law and Politics of Global Food Supply. The paper at the "Malthus, Mendel, and Monsanto"Conference, 2004,6:420. 李明德教授在其《美国知识产权法》中也明确阐述了植物专利应具备上述要件。

④ 35 U. S. C. §163 Grant(1930).

繁殖的权利。也就是说,"如果他人从受保护的植物上获得种子,然后以种子培育(有性繁殖)植物,植物品种专利权人无权禁止"[①]。在 Imazio 案中,法院还专门讨论了植物品种独立创造的问题,地区法院认为"独立创造不是植物专利侵权抗辩的恰当理由"[②],而上诉法院认为这一论断与法律的原意相反,因为无性繁殖是植物专利体系的核心,法律也仅保护相关植物及其无性繁殖后代,因此如果被指控侵权的植物不是受专利保护植物的无性繁殖后代,而是来自独立培育活动的结果,那么专利权人就无权禁止。[③]

根据 1930 年制定的 35 U. S. C. 第 163 条规定,植物专利权人的权利似乎仅限于所要求植物及其无性繁殖后代的整株,而不及于这些植物的部分。这正是 1930 年第 163 条之规定留下的一个漏洞(loophole)。据称,正是"这一法律漏洞在过去的五年到十年间(1987—1997 年)造成美国高达 5000 万到近 1 亿美元的专利许可费的丧失"[④]。国会认为美国法典第 35 部分这一"没有预见的模糊规定正在破坏应当给予持有美国植物专利的育种者专利许可费的收取","产自受美国植物专利保护植物的植物部分正从非法繁殖的植物上获得,并在美国市场上销售,这一做法损害了植物专利持有人的利益","侵权者从未授权植物上生产这样的植物部分,对于那些为受美国植物专利保护的品种支付许可费的生产者而言,享有了一种不正当竞争的优势"。为了弥补这一漏洞,美国国会在1998 年将 35 U. S. C. 第 163 条修订为"就植物专利的授权来说,应当是在全美国有权排除他人无性繁殖植物,禁止使用、为销售而提供(许可销售)、销售如此繁殖的植物或植物的任何部分,或者禁止进口如此繁殖的植物或植物的任何部分"。[⑤] 这一修订案对任何已授予或在法案生效后授予的所有植物专利有效。这样,植物专利权人的权利范围不但及于整株植物而且包括植物的任何部分,以及通过该植物进行无性繁殖的植物及其植物的任何部分。从植物专利权人权利的行使形式来说,权利人不但有权排除他人无性繁殖、使用、销售或为销售而提供相关植物及其任何部分,而且还有权禁止进口相关植物及其任何部分。

二、侵权认定

《植物专利法》对植物专利的侵权认定没有直接规定,根据"本卷与发明专

---

① 李明德:《美国知识产权法》,法律出版社 2003 年版,第 48 页。

② Imazio Nursery Inc. v. Dania Greenhouse, 69 F. 3d 1560 (Fed. Cir. 1995).

③ 相关论述还可参见李明德:《美国知识产权法》,法律出版社 2003 年版,第 48 页。

④ Phillip B. C. Jones: "Scope of Plant Patent Protection Blooms", ISB News Report published by Information Systems for Biotechnology(December 1998). http://www.isb.vt.edunews1998/Dec98.pdf.

⑤ Title 35 U. S. C. §163 Grant(1998 amendment).

利的有关规定,应适用于植物专利,除非另有规定"①这一规定,植物专利的侵权认定标准应与发明专利的侵权认定标准同,然而有关判例却给出了不同的看法。在 Imazio 案中,地区法院专门讨论了这一问题,认为植物专利法"禁止无性繁殖与销售任何与受专利保护植物相同(或主要特征相同)的品种,无论侵权植物是否源于对专利植物的克隆"②,并拒绝将独立创造作为植物专利侵权的抗辩理由。联邦上诉巡回法院认为,就一般的专利而言,认为判定是否构成侵权一般应分为两步,第一步是确定被侵权专利的权利要求范围,第二步是将经过解释的权利要求与被指控的进行比较。如果按照这一规则,被侵权专利的权利要求范围就是说明书中所显示和描述的植物及其无性繁殖后代,在对规则的第二步进行分析时,上诉法院认为应当返回 35 U. S. C. 第 163 条规定的内容,"就植物专利的授权来说,应当是有权排除他人无性繁殖植物、销售和使用如此繁殖的植物"来理解,对地区法院所坚持的"只要专利权人能证明被指控侵权的植物具有与专利植物相同的主要特征就可以证明无性繁殖的发生"这一观点表示不同意。上诉法院认为,初审法院根据 Pan-American Plant 案确立的侵权判定规则进行本案的侵权分析是不恰当的,因为在那个案件中的侵权是根据其他理由被否定的,而且那个案件的审判法院也明确指出"无需详细讨论无性繁殖的问题"。然而,无性繁殖问题却是植物专利侵权分析的关键。在解释 35 U. S. C. 第 161 条规定时,认为植物专利保护的范围是说明书所显示和描述植物的无性繁殖,无性繁殖即意味着专利植物通过嫁接、芽变、扦插、压条、分株以及类似方法培育的后代,但不是通过种子。在这里,上诉法院强调 35 U. S. C. 第 161 条和 35 U. S. C. 第 163 条规定中的"无性繁殖"这一术语含义相同,这样专利权人必须证明被指控侵权的植物是专利植物的一个无性繁殖后代。法院 Yoder 案中也陈述过这一看法,"其他人任何植物不可能发生事实上的侵权,只有获得相关植物的苗木才可能发生植物专利的侵权"③。

　　法院的上述观点也得到大多数研究这一问题的学者赞同。如 Donald S. Chisum 指出"一般认为,只有被控侵权植物是植物专利权人原始植物母本的无性繁殖的直接或间接后代才构成侵权"(Patent 第 1.05 [1][d](1994))。Peter F. Langrock 在其著作中也谈到"什么样的测试将用于植物专利侵权的认定呢? ……必须从受专利保护的植物上获取某种实体,只有存在这样的实体占有专利权人的权利才受到侵犯"(Plant Patents-Biological Necessities in Infringement Suits, 41 J. Pat. Off. Soc'y 787,788—789 (1959))。David B. Bernstein 也认

---

① 　35 U. S. C. § 161.

② 　Imazio Nursery Inc. v. Dania Greenhouse, 69 F. 3d 1560 (Fed. Cir. 1995).

③ 　Yoder Brother Inc. v. California-Florida Plant Corp., 537 F. 2d 1347 (5th Cir. 1976).

为"相关法院的判决已经表明，如果不存在一个对专利权人所发现植物的实际的物理上的占有，就没有一个植物专利侵权的发生"（Is a Plant Patent a Form of Copyright? 27 IDEA 31,35 (1986)）。因此，无论是司法实践还是学者的观点，都表明只有证明被控侵权的植物是专利植物的无性繁殖后代才足以证明侵权的发生。

在 Imazio 案中，法院还专门讨论了与植物专利侵权有关的另一问题：独立创造可否成为植物专利侵权的抗辩？在该案的初审阶段，由于地区法院坚持认为植物专利法"禁止无性繁殖与销售任何与受专利保护植物相同（或主要特征相同）的品种，无论侵权植物是否源于对专利植物的克隆"这一观点，认为"独立创造不是植物专利侵权抗辩的恰当理由"，并断言"如果法院承认独立创造这一抗辩，将不注意地引诱故意侵权的发生，以所谓的独立创造作为欺骗的抗辩理由"，因为专利权人很难反驳被告提出的独立创造证据，这些证据均掌握在被告手中。上诉法院反对地区法院的这一分析，认为这种分析与法律的原意相反，因为法律规定专利植物的无性繁殖是构成侵权的必要条件，因此宣称被指控侵权的植物不是受专利保护植物的无性繁殖后代，而是来自独立培育活动，作为植物侵权的抗辩也是合理的。被告独立创造涉嫌侵权植物的证据当然由被告承担举证责任，就像无性繁殖的必要性必须由专利权人证明一样。

由此看出，植物专利的侵权认定与一般的专利侵权认定不同，只有证明被控侵权的植物是专利植物的无性繁殖后代才足以证明侵权的发生，因为无性繁殖是植物专利制度存在的关键。也正是基于这样的理由，独立创造可以成为植物专利侵权抗辩的恰当理由。

第二章　美国植物品种保护法

　　继美国于 1930 年制定植物专利法之后,其他一些国家也纷纷制定了一些相似的法律用以规制植物育种活动,如德国在 1934 年制定了专门的植物保护法①,在理论上允许植物获得专利保护,荷兰于 1941 年制定植物育种和种子材料法令②,为培育出具有新颖性和一致性的品种育种者提供保护,意大利也为植物提供有限的专利保护但几乎没有应用,等等,然而这些法律均没有将专利保护扩展至有性繁殖的植物③。1970 年,美国议会根据美国宪法第一条之(八)(3)和(8)制定了一种保护植物法定专有的新法规,即《植物品种保护法》(the Plant Variety Protection Act, PVPA),旨在"通过为那些从事育种、改进和发现有性繁殖植物的人提供保护,鼓励发展有性繁殖的植物和促进社会公众对这些植物的获得,从而促进农业领域的公共利益的增加"④。

　　如果简单地将法律视为是一种富有逻辑地、一步一步展示法律思想的结果,那我们将制定的是一部模仿法律思想的平衡制度,但在现实中,法律往往是通过社会关系的发展变化进行揭示,人们努力通过创建新的规则来改变现存的

---

　　① Margaret Llewelyn & Mike Adcock. European Plant Intellectual Property. Hart Publishing, 2006:137.

　　② Margaret Llewelyn & Mike Adcock. European Plant Intellectual Property. Hart Publishing, 2006:140.

　　③ Cary Fowler. Unnatural Selection: Technology, politics, and Plant Evolution. Gordon and Breach Science Publishers S. A. , 1994:99.

　　④ Keith Aoki. Malthus, Mendel, and Monsanto: Intellectual Property and the Law and Politics of Global Food Supply. The paper at the "Malthus, Mendel, and Monsanto"Conference, 2004,4:421. 转引于 Blair,supra note 80,at 312.

社会关系。从这一意义上说,一部新的财产法即意味着产生新的社会关系。为植物育种提供法律保护的活动无疑就是大的种子公司与小的种子公司之间,种子公司与农民之间,以及私人育种者与公共育种机构之间努力为改变相互关系而进行的角逐。这种角逐在美国 1930 年植物专利法的制定过程中表现得非常明显,美国 1970 年《植物品种保护法》的制定同样也充满了这样的较量。在美国,通过 1930 年植物专利法到 1970 年通过植物品种保护法期间的 40 年,并没有显示出所谓的植物品种保护"逻辑"。事实上,人们甚至认为,如果将制定植物专利法的逻辑起点为了保护植物育种者的话,那么根据这一逻辑,它就应该排除那些正受其保护的植物品种(无性繁殖的植物),而应将那些被其排除在保护范围之外的植物品种纳入保护范围,因为在 20 世纪 30 年代,与有性繁殖植物的育种相比,无性繁殖植物领域几乎没有真正的育种行为发生。与其说这期间的 40 年间所发生的一切,不如说是其他一系列更为具体的社会因素揭示了为种子作物提供品种保护的真正意图。尽管某些作物种子继续保存的做法意味着还存在进一步的商业机会没有加以利用,但农业的商业化和农民保存种子的减少大大便利了种子产业商业化的进一步发展。科学的育种方法变得更加实用,并不是由于经济环境的变化大大增加了这些育种方法的使用。正如在制定 1930 年 PPA 过程中所考察到的那样,并不是单单是一门新技术的"发现"推动了 PPA 的制定,更为重要的是,私人种子产业所运作的有组织的日益强大的政治技术和政治权力。其他的一些因素,如农民和公共部门,则是很少能影响相关的立法选择。为植物育种活动及其成果提供知识产权保护已经成为不可扭转的趋势,但在保护形式、保护范围的选择方面,参与立法各方的较量成为决定性因素。下面,我们将详细考察美国 1970 年《植物品种保护法》的立法背景及其过程,从中寻找影响美国植物品种保护法制定的关键因素。

第一节   植物品种保护法的制定与修订

美国植物品种保护法的制定,与当时美国种子市场的混乱现实和来自欧洲的 UPOV 公约的影响直接相关。

一、立法背景

在 1930 年,在美国仍然存在数千种所谓的"农民品种"(farmer varieties),美国农业部详细记录了农民在 20 世纪所使用的有关小麦、燕麦、西红柿以及豆类品种等的数百个品种。在无性繁殖植物与有性繁殖植物之间存在的生物性差别,已经对种子产业和苗圃业的植物材料商业化产生冲击,苗圃业已经建立统一的品种名称和保护体系,而种子作物的育种仍然是一个单调而昂贵的过程,大部分作物的同系繁殖与杂交方法的应用仍停留在试验阶段。在这样的情况下,种子产业既没有要求专利保护的渴望,也不具备达到专利法规定的非常高的一致性要求的能力。植物育种者关注创造新的、具有特异性和统一性的作物品种时代还没有到来,种子公司仍然从事着那些将农民与市场园丁们从早些时候保存下来的品种继续传承下去的典型行为。

(一)种子市场混乱的竞争秩序

到了 20 世纪 40 年代,种子公司面临着比缺少品种保护更为棘手的问题——不择手段的种子销售方式严重损害了一些有声望的种子公司以及农民的利益。这也是美国苗圃业所曾经历过的发展阶段。在 1947 年的春季,约44％的种子公司曾被农业部发过警告函,被指控明显违反联邦种子法所禁止的误导其目录中所列种子的培育历史和品质。[①] 管理该产业的规章开始增多,1955 年成立一个专业管理组织,即美国种子控制官协会(the association of American seed control officials,AASCO)。美国最早的种子法于 1912 年制定,1916 年和 1926 年进行修订。新的联邦种子法于 1939 年通过,在 1956 年和1958 年进行修订,主要监管州际间的种子运输。此外,几乎所有的州都颁布了成文的种子法,其中许多受到了美国农业部制定的统一州种子法模板的影响。种子公司所面临的来自种子管理规章的最大困扰是要求作物品种的“强制登记”,“强制登记”意味着可以要求那些州际间销售的品种不同于或好于已经销售的品种。但是,这样就将“销售什么”这一本来属于种子公司的选择权力转移到了政府官员手中。在当时,曾有公司抱怨说,“数年的劳动和数千美元的投资所换来的种子上的一点精致而重要的改进将付之一炬,如果政府官员规定这种进步是毫无差别的话”。AASCO 部分支持“强制登记”,作为政府管理和控制品种的明确标准,但一些大型的有声望的种子公司却面临两难选择:一方面政府的“种子控制”有助于清理行业、消除那些坏的因素;另一方面,这种做法将威胁公司业务的扩大和降低公司对其品种的控制能力。种子公司控制其品种并从中获利的能力,大大受到财政补助所导致的价格下降的影响,并且许多育种者发现大多数种子公司总是在相同项目上相互竞争,这也直接导致了价格下降。因此,种子产业陷入了一种恶性发展的境地,唯有种子价格的上升才能解决这一产业所面临的困难。

---

① Cary Fowler. Unnatural Selection:Technology, politics, and Plant Evolution. Gordon and Breach Science Publishers S. A. ,1994:100.

　　为了解决上述问题,加上育种技术的发展和普及,以及市场对诸如豆类、黄瓜、西红柿等适于机械收获的新鲜蔬菜新品种的需求,种子公司开始发展更深层次的室内培育项目。在这些新的育种项目中,种子公司首先感兴趣的是作物的杂交项目。在 20 世纪 50 年代末 60 年代初,通过高成本而精细的多作物培育项目获得的自由授粉蔬菜并不是当时种子产业的主要部分,尽管现在看来,这些项目的基础性作用非常明显。植物育种已经不是一个偶然的个人努力的行为了,而成为商业企业的一个理性的、有计划的、具有明确科学目标的商业决策。这种变化非常重要,这表明了种子作为一种新的商品形式、作为一种资源以及一种原材料将面临的一系列可能性:种子产业发展的机会和面临的障碍。这些根植于不断变化的社会关系中并受科技发展影响的变化,也将成为进一步影响这些领域发展变化的众多因素的一部。与上述变化相关的是,园艺业逐渐为生产、运输和罐头产业所代替,这些产业十分重视微小的进步,在 20 世纪 60 年代早期,豆类的罐头企业会拒绝从"盗版者"(pirates)手中购买种子,即使这些种子与育种者提供的种子基本相同,并且价格仅为一半左右。这些做法使得种子公司意识到,只有从品种的改进中获利,育种改进项目成为许多大型育种公司在当时摆脱经济压力的有效途径。其他的一些事件也大大刺激了私人育种行为的增加,最明显的是黄豆的种植,在 20 世纪 50 年代早期,黄豆已经成为美国继小麦之后最具经济价值的作物和主要的高蛋白饲料;到 70 年代,黄豆的种植面积已增长了近 2700 万英亩。[①] 在当时,育种公司已经逐渐从早期以"简单的选择"和"过滤培育"为特征的育种工作转向从事更为严格和科学的品种培育,特别是杂交技术。这些育种公司将从事"私有品种"(proprietary varieties)研发的优势看做是对当时的市场竞争、更低价格销售种子以及市场对适于机器收获品种需求日益增加的一种应对措施,当时不存在确认这些"私有品种"财产状态的法律。尽管私有品种的重要性对部分种子产业日益增加,并且缺少对这些品种进行保护的法律,但是种子产业对保护品种的新法律并没有表现出明显的渴望。

　　(二)欧洲 UPOV 公约的影响

　　在欧洲的此时,各国已经开始形成保护品种的法律,但在美国的育种者眼中,这些法律总是与严格的强制性登记体系紧密相关,这一点为美国的育种者所深恶痛绝。因此,ASTA 的主席在 1963 年写道:"欧洲所创建的类似专利保护新的有性繁殖的植物品种的法律是'一个用以规定未经批准和未经官方名录公布的品质就不得进行任何种子销售这一大项目下的必要组成部分'",他甚至

　　① Cary Fowler. Unnatural Selection: Technology, Politics, and Plant Evolution. Gordon and Breach Science Publishers S. A. ,1994:103.

认为,育种者权的获得是以育种者自由的丧失为必要条件的。[1]

当然,在欧洲发生的一切也不是没有得到种子公司的注意,尤其是那些致力于开拓国际市场的,或已经是跨国企业的种子公司。尽管在当时的美国专利很明显是保护品种的首要选择,但 UPOV 提出的类似专利保护的专门保护形式(sui generis form of protection)对美国的种子产业来说并不是一个新的事物。关于 UPOV 的植物育种者权的小册子在美国十分畅销,一些美国农业部的官员参加了 1961 年在巴黎召开的 UPOV 会议。美国的种子产业在没有法律规定的情况下,开始尝试以不同的品种保护方法。有的种子公司尽量发展杂交育种项目以避免采用其他的保护方式。有的公司通过育种者与种植者协议要求种植者承认育种者对其品种的所有权,并同意支付相应的许可费。这些协议也用于处理种植者在属于育种者的品种上发现一个有价值的变异体的问题,实质上,这是一个没有发现行为的育种者与一个没有育种行为的发现者之间争议,双方均要求获得对这一变异体的所有权。在这种情况下,大多数合同均要求进行许可费的分割。有种子公司称这一安排使得政府的进一步介入成为不必要,但必须承认这些非立法措施的执行不太容易。另外,这些一致反对非法者协议的执行有时容易遭到反垄断审查。品种名称的保护建议也曾得到认可,只是这样的保护不能及于种质资源本身。试图通过扩大 PPA 保护范围的做法遭到法院的挑战。联邦最高法院在那时正攻击缺乏创造性的专利,而植物育种的创造性尤其不足。当时的一位法官评论说,那个唯一真正有效的专利还没有在法庭上出现。相关产业的官员也认为植物品种很难达到法院所解释的专利法规定的标准。因此,试图为有性繁殖的植物品种寻找专利保护的做法被证明在政治上很难行通。议会能否批准为"粮食"提供专利保护? 土豆产业在 1959年曾要求将土豆纳入 PPA 的保护范围,但是没有成功,1960 年发生的另一次运动同样没有成功。

二、立法选择

(一)从专利到品种权

1960 年 ASTA 总部从芝加哥迁往华盛顿,并向其成员公司施加压力要求它们更加关注国际国内层面的政治事务,这些措施大大有助于 ASTA 更深层次地参与立法事务。通过这些成员公司的选举运作,直接导致了一系列地方法规的修订。ASTA 决定其员工应当加强与农业部、其他机构和议会的联系,并且

---

[1]　Cary Fowler. Unnatural Selection: Technology, politics, and Plant Evolution. Gordon and Breach Science Publishers S. A., 1994:104.

认为 ASTA 的领导应该成为一位娴熟的并富有资源的政府与工业代表之间的政策解读人。1963 年,一些专业人士与商贸组织在科罗拉多州(Colorado)组织了一个 4 小时的论坛,大约 600 多家私营企业和公共部门的官员参加,这次论坛显示了大家在如何保护有性植物育种方面的不同观点,但很少人对什么是育种者权有清楚的了解。一些人认为这是政府暗中构建进行品种测试和批准的品种强制登记体系,甚至宣称种质资源控制实际上就是对育种者的控制。种子公司不希望成为这种品种控制体系的一部分,在这一体系中,政府仅仅允许那些它认为比现有品种有进步的品种进入市场。在这一论坛上,Allenby White 列举了他所了解的有关育种者权的优点和缺点。其中缺点是:(1)管理和测试的费用;(2)品种销售将会迟延;(3)种子价格将会上涨。优点是:(1)公众将了解一个新品种必须具有特异性;(2)将激励自花传粉植物的育种创新,但不鼓励杂交。这个论坛最后得出一致结论:参加该论坛的作物专家就 UPOV 公约规定的植物育种者权制度列举了比优点更多的缺点。ASTA 于 1963 年创立一个委员会推动 Allenby White 植物品种保护领域的研究,委员会还包括 Harold Loden,其致力于德克萨斯州的棉花育种者权保护,并最终通过州立法为一些植物品种提供保护。关于公共育种机构与私人育种者的关系,关于种子证书保护与登记的关系问题已经讨论了近十年,大部分种子公司希望获得某种形式的保护,但不愿承担证明他们的品种优于老的品种的责任。然而育种产业的立场出现分裂:饲料作物公司十分渴望得到保护,因为他们的种子易于保存并进行繁殖;从事杂交育种的公司保持旁观的态度,因为他们知道如果无法获得杂交品种所具有的生物形式保护,那么这种法律保护将更没有意义;那些小的育种公司最初将品种保护视为一种威胁,认为这种保护将限制他们品种的销售。ASTA 工作人员,如 John Sutherland 积极与育种公司接触,并试图使小的育种公司们相信,品种保护将鼓励新品种的研发,并且他们可以通过合同的方式获得新的植物品种。

在这段时间,White 开始主持 ASTA 育种者权委员会的工作。先锋杂交育种公司的首席律师 Dale Porter 开始领导 ASTA 立法委员会的工作,但该委员会主要关注联邦种子法和强制登记的威胁。由于 Porter 受雇于一个从事杂交育种的公司,因此其没有意识到在促进育种者权保护上的利益,尽管品种保护有助于先锋公司进入大豆育种领域,但 Porter 和先锋公司对确保强制登记制度不会成为最终创立的育种保护体系的一部分更为感兴趣。这基本是一个防卫性的立场。到 1967 年,ASTA 的立场仍然明显集中在专利的保护方式上,并提出了一个植物专利法的简单修正案。在该修正案中,将 PPA 中的“无性繁殖植物”后加上“或者有性繁殖”,并将法律效力拓展到所有的植物。这一提议遭到来自公共育种机构和农业部的实质性反对,而在参议院司法委员会被否决。美国农业部认为,执行这样的保护是很困难的,因为相关的信息和遗传材料的免费交换将被禁止,这对小型商业育种者和种子生产者不利。更为重要的是,园艺业对此毫不同情,认为将有性繁殖植物纳入《植物专利法》保护,对《植物专利法》本身来说,如果不是一个威胁的话,将最终是一个负担。因为根据当时的总统委员会对专利制度的评估,对于保护有性繁殖或无性繁殖的植物来说,专利制度不是一项好的机制。由于政治上的困难和避免法律上的分歧,ASTA 开始考虑利用专利制度保护有性繁殖的植物是否是一个好的选择。

USDA 对专利保护有性繁殖的植物品种仍然明显保持敌意,因为官员们认为有性繁殖的植物品种无法保持纯种使得相关保护无法实施,并且他们担心专利保护将限制在育种科学家之间存在的育种材料与信息自由流通的传统。US-DA 向议会强烈地陈述了上述两点,没有陈述的是 USDA 内部部门的某些利益,如种子控制官员将种子产业的压力视为是一种威胁。尽管如此,USDA 内部研究人员得出结论,随着培育新品种产业力量的加强,某种形式的保护将不可避免。在 1968 年年底到 1969 年年初,ASTA 在联邦—州品种保护工作小组的全国会议上提出四种选择方案,其中前三个涉及修改 PPA,第四个涉及修改联邦种子法。植物品种保护法案(the Plant Variety Protection Act,PVPA)是 ASTA 在 1969 年 1 月初由 ASTA 制定的。1 月中旬,ASTA 决定放弃其他方案选择 PVPA。简而言之,PVPA 将为一个有性繁殖的植物新品种授予一个 17 年的"类似专利"证书,不包括杂交品种,但一个开放传粉的玉米新品种可以获得保护证书,如果政府接受育种者的申请并经证实该品种是新的、具有特异性、一致性和稳定性。法律的执行由证书持有者通过民事法院进行。同时要求建立一个独立的品种保护办公室与品种保护委员会。根据 ASTA 的未来的主席 James Chaney 的说法,"品种保护办公室将从 USDA 负责执行联邦种子法的消费者与市场服务中心完全独立出来,具有非常重要的意义,这一权力分离对于我们产业的发展具有重要影响"。正如 Chaney 和种子产业内的其他人所认为的那样,确保相关的法律由那些与种子控制官(种子产业所无法信任的群体)相比,对种子产业的发展更具同情心的人来执行是非常重要的。

(二)种子产业内外的利益较量

ASTA 为通过 PVPA 积极进行了各种努力。Sutherland,White,Loden 以及其他人多次在全国范围内就品种保护问题与种子商和农民团体举行了许多次会谈。Loden 曾写道,"任何时候,只要听到有反对(品种保护)的声音我们就停下来与他们交谈",积极参加州种子协会的会议,宣传法案不会损害小型种子商的利益。ASTA 也积极与农业部的相关官员进行会谈,尽管最初没有达成任何协议,但这种交流一直保持到所有与品种保护体系和保护程度有关的主要区别达成一致为止。经过这些努力,USDA 开始潜在地同情 ASTA 的立场,因此,PVPA 最终成功地列入农业委员会的听证计划,这是一个比众议院有关专利的司法委员会更友好的论坛。White 重申了 7 年前论坛上发表的立场,分析了管理与测试的费用,新品种生产销售的耽搁以及种子价格的上升等影响品种保护的因素,在谈到植物育种者权对公共育种的威胁时说,法案将允许我们政府的农业试验站在基础研究上增加投入,允许用于植物育种的公共支出将投向那些商业产业所无法经营的重要领域。White 强调,法案将给予农民和园艺界以更多的选择,尤其是在产量和品质上更好的品种,但拒绝通过登记和品质检测的方式作为获得保护的条件。随后,一些公司也纷纷要求通过法案保护品种。1930 年 PPA 的主要缔造者 Stark Brothers 的 Paul Stark 也表示支持 PVPA。

但种子产业内部也有反对品种保护的声音。Campbell Soup(金宝汤公司)就是持反对态度的典型代表。它认为,PVPA"将严重阻碍植物新品种培育上的进步","耽搁新品种的市场销售和限制种质资源的获取",并且"法律的执行体系将是非常昂贵和困难的"[①],建议所有的蔬菜和真菌类品种从 PVPA 的保护范围中删除。经过协商,Campbell 代表同意支持 PVPA 的通过,如果 PVPA 排除对三种蔬菜的保护。这种保护的例外随后又增加到六种蔬菜,包括胡萝卜、芹菜、黄瓜、秋葵、胡椒以及西红柿。这一排除获得大家认可,因为一些种子公司也担心品种保护的条件和申请保护的过程会耽搁新品种的生产销售,而农业部也担心一旦 PVPA 通过之后会出现品种保护的"申请潮"。1970 年 12 月 24 日尼克松总统签署了法案。终于,美国种子产业经过漫长的斗争终于获得了品种权的保护。

(三)立法启示

从根本上说,美国 1970 年 PVPA 的制定是美国科技进步和商业发展的必然结果。1930 年至 1970 年的 40 年间,美国种子产业的发展继续推动着农业的进一步商业化和种子的商品化。在这一过程中,农民和公共育种部门被视为是育种产业私有化的两大障碍。而 PVPA 被视为是一种有助于公共部门和私人公司出现劳动分工、减少公共部门介入品种培育和作物发放领域的有力工具。尽管植物育种中的某些技术进步使得承认和分配专业植物育种者的创新利益成为可能,但 Cary Fowler 认为,1970 年 PVPA 的通过不能简单地解释为是经济体系或者新的育种技术所产生的结果,也不能将其视为是 1930 年 PPA 法律

---

① Cary Fowler. Unnatural Selection: Technology, politics, and Plant Evolution. Gordon and Breach Science Publishers S. A. ,1994: 112.

逻辑拓展的不可避免的结果,应当说,1970 年 PVPA 的出台是利益相关方一系列具体行动的结果,尤其是 1960 年以来一系列积极的立法努力。从 PVPA 的酝酿产生到 PVPA 最终内容的确定都明显体现了政府部门与私人种子产业及公共育种部门之间、种子产业内部以及种子产业与农民等相关利益群体之间的较量。

首先,以 ASTA 为代表的种子产业自 1870 年以来就一直试图摆脱政府对种子的绝对控制,寻求种子贸易的自由化,当美国苗圃业在为制定 PPA 进行努力的时候,它关注更多的是种子贸易的自由化,直到 20 世纪 60 年代才真正开始寻求种子的知识产权保护。在 1969 年之前,ASTA 提出的种子保护方案中,专利的保护方式是绝对的首选,其目的之一就是为防止政府通过"强制登记"和"品种测试"程序来控制种子的市场销售。这一方案最终没有获得美国农业部、农民以及公共育种机构的支持,他们担心对种子的专利保护会阻碍种质资源的自由交流,从而阻碍育种创新的发展。种子价格会因此上涨也是一个重要的反对理由。苗圃业也没有支持通过专利保护种子的做法,他们主要担心将有性繁殖的植物加入植物专利的保护范围将最终损害植物专利本身的效力。因此,ASTA 只能寻求 PVPA 实现对种子的知识产权保护。

其次,为了 PVPA 的顺利通过,ASTA 必须获得农业部的支持。美国农业部对种子的知识产权保护做法进行否定的关键,是认为品种的私有化将限制种质资源的自由获取,为此 PVPA 法案专门允许农民保留自己的种子用于再次耕种,甚至可以向邻居出售部分受保护的种子,只要这不是他们的主要业务。这就是所谓的"农民特权",同时还规定了育种者的豁免,以获得农业部的支持。但在"强制登记"和"品种测试"的问题上,PVPA 要求建立独立的"品种保护办公室"和"品种保护委员会"来执行,独立于农业部的市场与服务办公室。

同时,ASTA 还必须协调种子产业内部的分歧,比如消除小型育种企业对获得种质资源和品种的担心,以及来自一些食品加工企业的反对,如 Campbell Soup 公司。进行这种协调的结果是将六种主要的农作物排除出 PVPA 的保护范围。

将六种农作物从 PVPA 的保护范围中排除,既表明了那些寻求种子保护的产业力量所能达到的权力限度,从另一方面也显示了那些代表不同利益的反对者的力量。Cary Fowler 分析说,"这不是一种工业与反工业力量之间的较量,而是更为广泛的种子行业中的不同利益群体的较量:从事育种的公司很少使用私有的品种,他们更关心类似专利的品种保护将阻碍在育种项目中所利用的种质资源的自由全面流通;而其他以向农民出售商业品种为目的从事育种的公司对品种保护更感兴趣,他们希望通过品种保护来维持自己的市场竞争地位"。[①]

---

① Cary Fowler. Unnatural Selection: Technology, politics, and Plant Evolution. Gordon and Breach Science Publishers S. A., 1994: 122.

这两种类型的企业,分别以当时的 Campbell 和 Northrup-King 为代表,在 20 世纪 70 年代进行了激烈的斗争,其结果就是 PVPA 中所展示的某些看起来有些不合逻辑的规定。如果不理解当时立法的斗争情况,我们根本无法理解为何 PVPA 将看起来似乎最需要知识产权保护的 6 种作物排除在保护范围之外。这明显是产业利益斗争和妥协的结果。由于"来自某些食品生产者的强烈游说,以及担心授予植物品种权后将增加获得商业价值高的农作物的成本,因此将(西红柿、黑胡椒和胡萝卜等)关键作物品种从一开始就排除在保护范围之外,真菌、细菌、茎块繁殖植物以及未经培育的植物品种也不在保护范围之列"[1]。当然,我们从 PVPA 的制定过程中也可以看出美国未来的种子斗争将围绕这 6 种农作物展开。

三、修订与发展

1970 年的 PVPA 至今已经过若干次修订,其中较为重要的主要是 1980 年和 1994 年的修订案。下面重点讨论相关的修订内容及其原因。

(一)1980 年的修订

美国 1970 年 PVPA 为大部分有性繁殖的植物提供了类似专利的保护,由于部分公司的游说,议会最终拒绝将这种保护延伸至六种主要的农作物上。正如 Cary Fowler 所认为的那样,"法律受时代与环境的影响而不是简单地建立在先例的基础上"[2],在 1970 年至 1980 年的 10 年间,美国的社会环境已经发生根本性的变化。首先,美国的种子产业日渐成长并不断趋于成熟,在跨国企业并购浪潮的冲击下,种子产业进行了重组,并且获得了运用政治权力的经历,尤其是通过商业联合会进行政治运作的经历。其次,某些类型的种子企业的市场范围不再局限于某一个国家或者某一个地区,而是开始在全球范围内寻找合适的市场。到了 20 世纪 70 年代末,PVPA 将六种主要蔬菜排除出保护范围的做法日益成为一个恼人的阻碍—— 一个对于美国参加确保海外专利互惠保护条约的障碍。如果美国企业想要在海外最大的出口市场获得知识产权保护的保障,那么美国的法律必须改变。从某种意义上来说,1970 年的 PVPA 所建立的财产关系规则已经不能适应 1980 年美国企业所面对的市场环境了。因此,1979 年 ASTA 提出"很小的家务整理式的立法"(minor housekeeping legistion)建议将排除在 1970 年 PVPA 保护范围之外的六种主要农作物重新纳入保护范

---

① Margaret Llewlyn & Mike Adcock. European Plant Intellectual Property. Hart Publishing, 2006:81.

② Cary Fowler. Unnatural Selection:Technology, politics, and Plant Evolution. Gordon and Breach Science Publishers S. A. ,1994:129.

围。根据相关资料①,在农业部提交议会的立法建议共包括 21 项修改中,H. R. 999 其中 12 项主要是明确词义并不涉及规定的实质性改变,4 项涉及规定的改变但不会产生规定和经济上冲突,5 项建议在于删除和改变已经过时的规定,其中两项具有重要价值,将品种保护期限从 17 年延长至 18 年,以及将 PVPA 原先排除在保护范围之外的 6 种蔬菜品种纳入品种权保护范围。

这个修正案原先被认为是毫无争议并计划在一小时形式上的听证之后即被通过,然后根据惯例呈交给全体议员批准。想不到的是,数百封反对的信件涌向议会,大部分不是来自传统的反对派,而是来自小城镇和农村地区,来自那些购买了种子指南并期望找到童年时种植品种的人们。美国农业部支持这次修订,但议会方面暂时停止法案的通过。一些反对者将这次关于 PVPA 修订的争论看做是教育社会公众和政策制定者思考基因多样性丧失问题的机会。种子产业通过各种不同的渠道处理这个被一位农民记者称为"豆荚里的风暴" (tempest in a peapod)事件,并尽量淡化这一法案的重要性。当时的美国种子协会的 Harold Loden 在接受纽约时报采访时辩护说:"这是最不重要的几乎算不上立法的事件。这一修正案只是允许保护 6 种蔬菜品种,当你已经得到 222 多种其他粮食作物保护的时候。"农业部发表陈述说,一系列社会变化使美国必须符合 UPOV 的相关要求,这有助于美国加入 UPOV 公约并便利有关国际贸易。这 6 种蔬菜品种纳入 PVPA 保护没有受到大型调料公司的阻止,此次修正案也没有影响到社会安全、健康、民事权利或其他与人有关的问题,因此将不再考虑公众的意见。加入 UPOV 和便利国际贸易是 PVPA 1980 年修正案的最重要的原因。1980 年 12 月,卡特总统签署 PVPA 修正案,1983 年美国加入 UPOV公约。

随着卡特总统的签字,种子产业为新品种的育种者提供两种保护,通过 1930 年植物专利法规定的植物专利保护和通过经 1980 年修订的 1970 年 PVPA规定的特别权保护。从生物学的角度看,这两部法律都是为品种,也就是为某些基因的组合提供保护。这些基因本身不具有可专利性。育种者可以利用受专利保护的品种产生新的基因组合或者新的可专利的植物品种。从本质上看,PVPA 更多地被看做是一种市场工具,而不是作为一种民事权利或者如产业界所宣称的作为鼓励科研的一种方式。这一法律的重要性在于控制市场上销售的品种及品种名称。修正案也有助于美国的法律符合以 UPOV 为代表的国际标准,这就便利了美国参与 UPOV 以及获得互惠保护,这对在欧洲市场

① Hearinng before the subcommittee on department investigations, oversight, research committee on agriculture house of representatives 96congress 1ˢᵗ and 2nd session on H. R. 999, July 19, 1979 and April 22 1980, Serial No. 96—CCC:7.

上销售的美国种子品种非常重要。此次修正案没有解决有关生物材料(biological material)的知识产权保护问题。

在 PVPA 1980 年修订过程中,就出现了很多新的影响法律修改的因素。到 1980 年左右,种子产业在美国已经形成一个庞大的商业体系,种子大规模地由一些跨国企业集团,如孟山多和 Shell Oil 等进行生产。这些私有产业集团将植物品种权保护视为保护科研投资和提供可预测的有序的商业秩序的一种保障,这就是他们努力争取 1980 年修正案通过的原因。

(二)1994 年的修订

直到 1980 年,美国种子产业一直没有挑战农民保存受保护品种的种子用于再次耕种或者出售的权利,只要这些农民没有将从事销售受保护品种种子作为主要业务。但随后,种子产业开始通过限制农民豁免来强化对品种权的保护。根据种子产业的说法,实在有太多的农民正在利用 PVPA 规定的农民豁免例外培育和销售用于种植的受保护的品种,这种情况将迫使种子产业退出某些小型市场,因为这些市场运作太不经济了。公司的主管们表示希望禁止农民在其土地上再次种植受保护的品种。也正是基于这样的原因,相关产业的出版物将 1970 年 PVPA 中明确规定的这种"农民权利"(Farmers' right)称为"农民特权"(Farmers' privilege)。因此,种子产业开始努力将农民和种子分离,并更进一步试图通过专利体系推动种子的商业化运作,种子彻底成为一种商品。

从 20 世纪 80 年代美国知识产权保护的整体状况看,对知识产权的保护政策明显开始强化。例如,1982 年根据《联邦法院改革法》创建了一个专门受理专利上诉案件的联邦巡回上诉法院,加强了专利法的实施;1984 年通过了《半导体芯片保护法》,将半导体芯片的保护与贸易紧密挂钩。在国际上,美国于 1987 年在 GATT 的乌拉圭回合谈判中提出将知识产权纳入议题,1988 年通过综合贸易与竞争法作为美国参与乌拉圭谈判的准则,从而将知识产权与国际贸易挂钩,成为国际贸易的重要法则之一。与此同时,UPOV 公约开始进行修订,加强了对育种者权的保护,扩大了育种者的权利控制范围,并将农民豁免纳入非强制性例外。正是在这种背景下,美国国内的种子产业开始推动进一步加强品种权的保护和限制农民保留种子的立法。

当然,直接促成美国 1993 年修改 PVPA 的原因是"为了实施 UPOV 公约 1991 文本,对植物品种提供统一保护"[①]。美国是 UPOV 公约当时的 24 个成员国之一,当时正在讨论的是谁对特定的种子、遗传特征或者遗传特征的组合拥有权利,以及育种者权的权利范围到底有多大等这些问题。1993 年的 PVPA

---

① H. R. 2927, the Plant Variety Protection Act Amendments of 1993, 103d Congress 1st Session:1.

修订主要包括：(1)将茎块繁殖的植物与第一代杂交种 F1 纳入 PVPA 的保护范围；(2)增加了实质性派生品种(essentially derived varieties)的保护；(3)将植物新品种的保护期限从 18 年延长至 20 年,并增加树木和藤本植物的保护期限为 25 年；(4)农民自己收获的受保护品种种子仅限于用于自己再次耕种,不得再次销售,包括不得出售给另一个农民用作耕种的种子；(5)受保护品种必须以品种名称进行销售；(6)扩大了育种者权利的保护范围,将未经许可为繁殖目的处理受保护品种的行为,以及将对相关收获材料的利用行为,如果这些收获材料来自未经许可的繁殖材料,均纳入侵权行为的范畴；等等。1994 年 PVPA 的这些修正条款到 1995 年 4 月 4 日之后颁发的植物品种保护证书生效。修订后的 PVPA 被认为是美国版本的类似 UPOV 的育种者权保护制度(Miranda 和 Levontin,1997)[1]。1999 年 2 月 22 日,美国加入 UPOV 公约 1991 文本。

从美国议会代表农业委员会下的营养与经营分委会的听证情况[2]看,农民是否有权销售收获的种子成为听证过程中的一大热点,1970 年通过的 PVPA 没有将农民传统的保存种子和销售种子行为纳入侵权范畴,这一立场与 UPOV 1991 文本所规定的农民例外仅将农民权利限于保存种子,未经育种者许可不得进行受保护品种种子的销售这一规定不同。大部分代表都坚持农民有权保留种子用于再次耕种,但不应保留销售种子的权力,认为这将损害种子产业回收为培育种子进行的科研和投资积极性,最终损害美国农业的国际竞争力。ASTA 主席 Dietrich Schmidt 认为,H. R. 2927 为美国提供了一个继续加强知识产权保护的机会,有利于美国推进生物多样性公约、关贸总协定等相关公约的落实。就实质性派生品种的保护而言,H. R. 2927 仍然强调研究豁免并支持种质资源的自由交换。

第二节　品种权的申请与授权

美国现行 PVPA 为有性繁殖或茎块繁殖的植物品种,不包括真菌和细菌提供品种证书的保护,农业部植物品种保护办公室 (the plant variety protection office)负责对申请品种保护的文件进行审核,并对符合授权条件的品种颁发品种保护证书。同时,农业部部长还会任命一个由 PVPA 所包括的来自不同领域

① Ruiz, J. J., Holtmann, M. and Nuez, F. International trends in plant patent and plant breeder's rights. http://www.actahort.org/books/524/524_5.htm(2009 年 12 月 20 日访问).

② Hearinng before the subcommittee on department operations and nutrition of the committee on agriculture house of representatives 103congress 2cd session on H. R. 2927, May 24,1994, Serial No. 103－70.

的品种培育专家组成的植物品种保护委员会(plant variety protection board)，其成员包括农民代表，以及大致相同比例的私营企业、种子产业、政府部门或公共机构的代表组成。委员会的职责主要是建议农业部制定便于实施 PVPA 的规章制度，对来自审查员的上诉作出建议决定，以及其他一些职责。植物品种保护办公室的雇员在其雇用期间，不得直接或间接地申请品种保护证书，除非获得继承或遗赠，品种保护委员会的组成人员，如果不属于植物品种保护办公室的雇员，则不受该规则限制。如果所有申请人在相同日期内达到 PVPA 规定的所有条件，如果所提交的植物品种无法进行区别，则所有申请人共同获得一个品种保护证书，除上述情况外，农业部应对每一品种分别授予品种保护证书。

一、申请程序

对植物新品种的保护非自动产生，必须经过设在农业部的植物品种保护办公室的审查和登记。根据相关规定，如果两个或两个以上申请人在同一申请日就没有明显区别的两个植物品种提交申请，并均符合相关的授权要件，最先符合 PVPA 规定所有条件的申请人获得品种保护证书，排除其他的申请人。美国是 UPOV 公约成员国中唯一通过书面材料进行实质性审查的国家。[①] 植物新品种保护办公室主要依据申请人提交的新品种描述信息和实验数据进行是否符合授权条件的判断。在审查过程中，审查员可以随时要求申请人补充相关数据，申请人在提供相关信息的同时，还必须要求在申请书上签字确保其提供信息的真实性。要求品种保护的所有人必须向农业部提交要求品种保护证明的书面申请，申请包括以下内容[②]：

（1）根据农业部相关规则进行的品种命名。

（2）关于植物品种所具有的特异性、一致性和稳定性的描述，以及在了解的情况下，对品种系谱和育种过程的描述；如果上述描述没有充分或者尽可能合情合理的完整的话，农业部也可以要求提交其他一些材料，包括反映植物全貌的照片、图片或者植物样本。申请人可以在品种保护证书颁发之前的任何时候，以农业部可以接受的方式提交添加和修正上述描述，这些描述具有溯及既往的效力。法院应当保护其他人因此受到了不公正。农业部可以接受育种记录以及美国领域内的任何官方种子鉴定机构所出具的证明品种具有稳定性的证明。

（3）申请人关于品种具有新颖性的陈述。

---

① 康志河、唐瑞勤、吴凤兰：美国植物新品种保护模式及对我国的借鉴，《农业科技通讯》2007 年第 12 期，第 6 页。

② United States Plant Variety Protection Act (Revised September2005)，Chapter 5，Sec 55.

（4）一份关于向依法设立的公共保藏中心，提交用于保藏或定期补充对繁殖品种必需的具有活力的基础种子（或者任何繁殖材料）的声明。

（5）一份关于申请人具有所有权的陈述。

二、优先权

申请人在外国自第一次提出品种保护申请之日起 12 个月内，又在美国提出就相同品种提出品种保护申请的，可以享有优先权[①]。申请人要求优先权的，应在申请时提交该外国申请及其修正文本，如果农业部要求，还应附上相应的副本或翻译或者上述两者。享有优先权的申请人应当在优先权届满之日起 2 年内，或者如果首份申请被拒绝或者撤回的情况下，由农业部决定的恰当期限内提交审查申请所需的任何必要信息、文件或者其他材料。优先权期限内发生的事件，如就第一份申请保护的品种被提交申请或者使用的，都不得成为拒绝此份申请的理由或者导致第三方权利的产生。本国申请也可以享有同样的优先权。优先权的效力主要是将在后申请的新颖性审查截止到优先权日。

三、授权要件

根据 PVPA 的规定，育种者可以就其培育的有性繁殖或茎块繁殖的植物品种，不包括真菌或细菌，符合下列条件的，可以申请品种保护。

（1）新颖性（novelty）：申请品种保护的植物新品种的繁殖或收获材料在申请日前未被销售，或进行处理，或者经育种者许可，或者继承人为育种者的利益，利用相关品种的，①在美国申请日前不超过 1 年的。②在美国境外，（a）申请日前不超过 4 年，茎块繁殖植物的情况下，农业部可以推迟 4 年的限制到 1996 年《联邦农业提高和改革法》生效后的 1 年；（b）林木或藤本植物申请日前的销售不超过 6 年。

（2）特异性（distinctness）：申请保护的植物品种应当明显区别于提交申请之前已知的植物品种，也就是说相关品种应当至少拥有一个或者多个具有识别性的外形、生理或其他由遗传性原因导致的明显特征，如某种小麦具有在磨面和加工面包方面的优质特性等。

（3）一致性（uniformity）：相关品种的变异是可描述的、可预见的并且是商业化过程中可以接受的。

（4）稳定性（stability）：相关品种经繁殖后仍保留相关品种所具有的实质性和特异性特征。

---

① 美国 1970 年《植物品种保护法》将"优先权"称为"因早期申请提交日享有的利益"（benefit of earlier filing date）。

上述这些特征当中，特异性是最为关键的[1]，这也是植物品种办公室审查员审查工作的重点，但与植物专利法中的特异性要件相比，明显要容易满足。至于相关品种的特异性、一致性和稳定性的审查基本遵循申请人在申请文件中的披露进行判断。1981 年的 In re John Walker 案[2]表明，相关植物只要具有一个特异性、一致性和稳定性特征就可以满足 PVPA 的保护条件。1987 年 Heart Seed Co. Inc. v. Seeds Inc. 案[3]认为，植物品种所具有的外形差别与种子已承认的系谱、种子样本具有的黑色素含量以及通过电泳疗法获得的种子蛋白质特征一样，可以被认为是符合 PVPA 保护条件的。PVPA 没有规定植物品种保护证书的获得必须具备类似发明专利和植物专利的书面描述要件，没有发明专利和植物专利申请文件中必须写明的权利要求，也没有规定所谓的"非显而易见性"要件，但申请人必须向农业部提交大约 3000 颗种子。[4][5]这些种子成为植物品种保护办公室的财产，在品种保护证书有效期间储存在位于 Colorado（科罗拉多州）Fort Collins（科林斯堡）的国家种子储存实验室（National Seed Storage Laboratory）。如果种子在这段时间失去活力的话，申请人必须继续补充。一旦种子证书期限届满，这些种子就成为美国种质收集的一部分。[6]

四、农业部的审查

对申请人提供的材料，植物品种保护办公室进行审查，决定申请人能否获得品种保护证书。审查员首先进行作物的文献检索，收集那些通过试验得到的关于品种的描述信息、发售信息、种子目录、PVP 申请书以及其他可以从公开渠道获得的信息。审查员将这些信息保留在关于作物的审查数据库中，然后将申请文件中有关品种特征特性的信息录入到审查数据库中，通过比较来判断相关品种的新颖性。相关品种的特异性、一致性和稳定性是由申请人提供的申请文件进行披露的，植物品种保护办公室并不自己进行或委托进行品种试验或鉴定。因此，申请人必须提供有关品种的完整的信息，包括完整的关于相似品种

---

[1] Michael R. Ward, Morrison & Foerster. Protecting and Defending Inventions Involving Plants. The 2nd annual spring meeting of the business law section and the intellectual property section of the state bar of California, April 27—29, 2001, Hilton Jolla, Torrey Pines.

[2] In In re John Walker, 40 Agric. Dec. 1017(1981).

[3] Heart Seed Co. Inc. v. Seeds Inc., 4 U. S. P. Q. 2d 1324,1325 6 (E. D. Wash. 1987).

[4] 参见 http://www. ams. usda. gov。

[5] John R. Thomas. Plants, Patents, and Seed Innovation in the Agricultural Industry(Report for Congress,Order Code RL31568), 2002,9:13.

[6] Michael R. Ward, Ph. D. Protecting and Defending Inventions Involving Plants. The 2nd annual spring meeting of the business law section and the intellectual property section of the state bar of California, April 27—29, 2001, Hilton Jolla, Torrey Pines.

的描述、颜色记录参考、统计分析、图片、植物样本,或者审查员需要的其他信息。如果相关品种的审查结果符合关于植物品种证书的授权要件,然后审查员将检索结果与审查意见一并送办公室主任审核,审核意见肯定,经农业部部长同意,办公室主任和农业部部长将共同签发授权决定并签署品种权证书,同时在植物新品种保护公报上予以公告。如果申请被驳回,或者审查员作出任何反对或要求,农业部应通知申请人陈述原因并提交有助于判断申请正当的信息和证据,申请人收到通知时可以要求复议。

根据 1992 年的一篇文章披露[1],PVP 办公室大约每年接受 270 份申请,自 1971 年以来已经为 100 多个作物品种颁发了超过 2700 份植物品种保护证书,其中的 75% 基本都是在申请日期 24 个月之内完成授权。一些品种证书不再有效是由于品种权人的放弃、撤回以及期限届满,但没有一个品种保护证书是由于法院推翻而无效的。到 2000 年已将近颁布 5000 个植物品种保护证书,包括 2001 年的 495 件证书。[2]

第三节　品种权的侵权救济

植物品种保护办公室对那些符合新颖性、特异性、一致性以及稳定性的有性繁殖或茎块繁殖植物品种经审查认为符合授权要件的,授予保护证书。相关品种的保护证书即意味着该品种的育种者在受保护期间,有权排除他人销售、为销售而提供、繁殖相关品种,进口或出口、处理、存储或者利用该品种生产杂交品种或不同的品种。根据相关规定[3],除法律另有规定外,在植物品种保护证书颁发之后至品种保护期限届满之前,行为人未经品种权人许可在美国境内行使或在议会规定的相关商业中行使下列行为,或影响相关商业的,应该被认为构成侵权:①销售受保护品种,或者为销售而提供、传递、运输、托运、交换,或者引诱销售,或者以任何其他方式转移占有的;②将该受保护的植物品种进口到美国,或者从美国出口的;③有性繁殖,或者茎块繁殖的相关品种用于市场销售

① Janice M. Strachan(Plant Variety Examiner,Plant Variety Protection Office,USDA, Agricultural Marketing ServiceBeltsville, MD). Plant Variety Protection:An Alternative to Patents. Published in Probe Volume 2(2):Summer 1992. http://www. nal. usda. gov/pgdic/Probev2n2plant. html(2009 年 9 月 4 日).

② John R. Thomas. Plants, Patents, and Seed Innovation in the Agricultural Industry(Report for Congress,Order Code RL31568),2002,9:13.

③ United States Plant Variety Protection Act (Revised September2005),Chapter 5, Sec 111(a),即 7 U. S. C. 2541(a).

的;④利用该品种生产杂交品种或者不同品种的;⑤利用标有"未经授权禁止繁殖"、"未经授权使用种子繁殖"的种子或者后代进行繁殖品种的;⑥向他人分发可供繁殖的品种种子,没有根据收到该品种时知道是受保护品种的情况告知相关的品种为受保护品种;⑦为繁殖目的进行种子处理,除了这种处理是法律所允许的农民保存收获种子用于再次耕种;⑧为上述①至⑦的目的贮存种子;⑨进行前述行为即使相关的品种不是通过有性繁殖的方式获得,除非按照一个有效的美国植物专利进行繁殖;⑩鼓动或者引诱实施上述行为的。

一、侵权认定

在具体案例中是如何进行侵权认定的呢? 我们将以 Delta and Pine Land Company v. The Sinkers Corporation① 一案为例,具体讨论该案所涉若干侵权行为的认定。该案的具体案情为,Delta and Pine Land 公司("DPL")和密西西比农业与林业试验站(Mississippi Agriculture and Forestry Experiment Station,"Mississippi"),两者合称"Delta"为本案原告。其中 DPL 是棉花种植种子的培育人,拥有若干 PVP 证书,通过经授权的批发商向种植户销售受保护的棉花种子。这些种植户种植购买的种子,收获棉花后会保存所有剩余的棉花种子。Mississippi 也从事商业棉花的培育工作,其培育的 DES-119 品种申请了植物品种保护证书,并独家授权于 DPL 进行销售。本案被告 Sinkers 总部设于密苏里州的 Kenntt,主要从事剥绒和处理种植用的棉花种子。棉花的种植者将为剥绒的棉花种子送到 Sinkers 处,然后 Sinkers 根据他们的要求进行处理,再将这些种子交给指定的种植者。剥绒是棉花种子准备用于种植的实质性步骤,在美国几乎所有的棉花种植户均利用剥绒过的种子进行种植。1992 年,Delta 获得信息说 Sinkers 正处理他们受保护的棉花种子并进行违法销售,因此于 1993年 4 月 29 日向密苏里州东部地区法院起诉指控 Sinkers 违反 PVPA(7 U. S. C.第 2321—2581 条)侵犯了相关的植物品种保护证书赋予的权利,要求经济赔偿和禁令救济。具体来说,主要有下列三项指控:①Sinkers 未经许可也不属于PVPA 规定的豁免转移受保护棉花种子的占有;②Sinkers 将剥绒好的棉花种子交给种植户的包装上没有标明正销售的种子属于受保护品种;③大量的Delta拥有品种保护证书的棉花种子通过 Sinkers 进行集中剥绒,构成积极引诱他人侵犯 Delta 品种权。地区法院认为 Delta 未能提供证明 Sinkers 侵犯 Delta 品种保护权利的优势证据,并认为本案中的 Sinkers 只是作为一个消极的种子管道,根据客户的指示进行转移,其不承担责任,因此驳回 Delta 的赔偿和禁令请求。

---

① Delta and Pine Land Company v. The Sinkers Corporation, 177 F. 3d 1348, 50 USPQ2d, 1749 (Fed. Cir. 1999).

Delta 向美国联邦巡回上诉法院提起上诉。上诉法院分别就上述问题进行了评论。最终,上诉法院支持地区法院关于被告 Sinkers 没有构成积极引诱他人侵犯品种权的判决,同时撤销地区法院对其他两项指控的驳回判决,认为本案被告 Sinkers 的行为违反 7U. S. C. 第 4541(8)款(1994 年修订前)未经许可大量转移受保护品种,以及违反 7U. S. C. 第 4541(6)款(1994 年修订前)没有告知相关品种为受保护品种,因而侵犯了 Delta 的受保护品种。下面将具体分析上诉法院在本案中如何判定原告这三项指控。

（一）未经许可转移受保护品种(transfer of possession without authority)

在 Sinkers 案中,地区法院根据 Peoples 案[①]中第五巡回法院的相关论断认为,Sinkers 的消极种子转移行为没有构成 7U. S. C. 4541(1)所规定的侵权行为,上诉法院认为地区法院擅自在解释 7U. S. C. 4541(1)的含义中加上“积极”的语言限定,是不正确的。根据 7U. S. C. 4541(1)的相关规定,未经品种权人许可销售受保护品种,或者为销售而提供、传递、运输、托运、交换,或者引诱销售,或者以任何其他方式转移占有的,构成对相关受保护品种的侵权。上诉法院解释说,在根据客户要求所进行种子的转移行为,只有在明知(scienter)转移的种子为受保护品种但未经许可的,才承担侵权责任。如果没有明知这一条件,相关的行为人完全可以引用 7U. S. C. 4545 规定的中介豁免(intermediary exemption)来免除相关的法律责任。本案中的被告 Sinkers 作为棉花种子的剥绒者,正是在明知其剥绒的大量的棉花种子用于种植的、但不属于 PVPA 规定的农民豁免范围,仍然根据客户指示进行种子的转移。用以证明 Sinkers 明知的例子就是 Nodena 例子。Nodena 是在密西西比县从事农业种植的几个种植公司和农户的家庭合作社,其棉花种子均由 Sinkers 进行剥绒,是 Sinkers 的一个大客户。其在 1993 年就向其他农民销售了超过 122 吨用于种植的棉花种子,而这些种子都是由 Sinkers 进行剥绒的。根据 Sinkers 的经验完全可以判定,这些种子的销售数量大大超出 PVPA 所规定的 Nodena 合作社成员用于再次种植棉花所需的种子数量,也就是农民种植和销售种子的豁免范围。

（二）违反受保护品种的告知义务(the notice requirement)

关于受保护品种的通知义务,上诉法院在 Delta and Pine Land Company v. The Sinkers Corporation 一案也进行了讨论。上诉法院认为,地区法院在判决中将受保护品种的告知义务限于“以标签的形式告知收到的种子为受保护品种”是不对的,7U. S. C. 4541(6) (1994 年修订前)所规定的告知义务,并没有限定于实在的告知,或者以种子标签形式告知收到的种子为受保护品种,应该包

---

① Delta and Pine Land Co. v. Peoples Gin Co. ,694 F. 2d 1012 (5th Cir. 1983).

括其他方式的告知,本案中的 Sinkers 就属于知道或应当知道相关种子是受保护的品种的情形。上诉法院通过 Delta 案中的一个例子来说明这一点。在上述提及的 Nodena 例子中,地区法院认为 Sinkers 根据 Nodena 对相关种子的命名使用"Lot 5"这一标签,尽管 Nodena 的这种命名方式暗示了这些种子就是 DPL-50 种子,但种子到达 Sinkers 处的时候并没有实物标签表明这些种子就是受保护的 DPL-50 棉花种子,因此 Sinkers 没有义务告知相关的受让人关于转让的种子是受保护的种子。但上诉法院并不认可这一说法。因为在整个种子处理过程中,为了保持棉花种子的活性和出芽能力,剥绒者和轧棉者都需要知道确切的棉花种子类型从而进行相应的处理,如正确的贮存方法、保存的湿度以及有可能导致早期发芽的最低温度等。也就是说,要求进行剥绒的合作社或种植户一定会清楚告知 Sinkers 有关品种的信息,以便进行特定的处理,以免损害种子的活性。这样,作为剥绒者的 Sinkers 一旦经历了棉花种子的处理过程,就有责任告知其返回种植户或进行运送的棉花种子为受保护品种。因此,地区法院关于"原告没有以优势证据证明被告分发的棉花种子为受保护的 Deltapine品种,也没有充分证据证明被告没有在种子处理后将相关标明为受保护品种"的判定需要重新进行考虑。由此可知,尽管 Sinkers 没有得到合作社或农户以标签形式告知相关的品种为受保护品种,只要它在事实上知道或者应当知道其所处理的种子为受保护品种,不管 Sinkers 是否为相关的销售提供了经纪服务或者积极介入了销售安排,都必须根据 PVPA 规定在转移种子过程中告知相关种子为受保护品种。

在美国联邦上诉法院于 2006 年审结的 Syngenta Seeds, Inc., and Syngenta Participations AG v. Delta Cotton Co-Operative, Inc. 一案①中,也专门就 7U. S. C. 4541(a)(6)的相关规定展开了讨论。在该案中,初审法院将 7U. S.

---

① Syngenta Seeds,Inc. and Syngenta Participations Ag v. Delta Cotton Co-Operative, Inc. No. 3: 02-CV-00309 (E. D. Ark. July 5, 2005)(1505－1507),25 Biotechnology Law Report 586,Number 5 (October 2006)。Syngenta Seeds 是一个从事生产农产品和种子商业的国际公司。本案涉及的是由 Syngenta 通过全美独立批发网络进行销售的 Coker 9663 小麦品种,该品种获得植物品种保护证书,同时 Syngenta 也申请了联邦商标"COKER"。涉诉被告 Delta Cotton 在阿肯色州的 Greene 县开办了一家谷物仓库,主要从事三方面的业务:(1)为当地农民谷物销售提供服务,如为谷物进行测试、评估和存储,以及为农民寻找高价收购商等;(2)自己直接收购农民收获的粮食,包括小麦,再标上(feed wheat)和"Delta Co-Op feed"进行出售,用于饲养动物;(3)有时也零售某些受保护品的种子。2001 年向一位受 Syngenta 雇佣的人出售了 3 包用于种植的小麦种子,每包 3.5 美元,标明"feed wheat" "Delta Cotton Co-Operative",经鉴定其中的 90% 属于 Coker 9663 小麦种子。据此,Syngenta 向阿肯色州东部地区法院(the United States District Court for the Eastern District of Arkansas)起诉 Delta 违反 PVPA 和《哈姆兰法》,要求下达永久禁令、三倍损害赔偿及其他费用,地区法院作出支持 Syngenta 的判决,同时驳回 Delta 提出重新审理的动议。Delta 于 2005 年 7 月 29 日向联邦巡回上诉法院提起上诉。

C. 4541(a)(6)理解为一种严格责任的规定,认为只要向他人发送任何受保护的植物品种,没有在收据上告知相关的品种为受保护品种,即构成侵权,从而作出本案被告 Delta 侵权的判决。上诉法院认为,初审法院对 7U. S. C. 4541(a)(6)的解释和应用是不对的。7U. S. C. 4541(a)事实上包含了四个要素:①分发的是受保护的品种(dispensation of a protected variety);②以可繁殖的形式(in a propagatable form);③没有告知相关的品种为受保护品种(without the notice that it is a protected variety);④根据分发者收到相关品种的情况(under which it was received by the dispenser)。只有上述四个要件均符合的情况下,分发人才构成侵权。尽管在 Delta and Pine Land Company v. The Sinkers Corporation 一案中,法院强调了分发受保护种子没有履行告知义务的法律责任,但这一责任的追究是有前提的,即分发人在收到进行分发的种子时知道这是受保护的种子。初审法院的解释错误地忽略了该项侵权构成的一个必要因素,即被控侵权人必须知道其正分发的是受植物品种保护证书保护的品种,因为法院没有要求原告 Syngenta 证明被告 Delta 知道进行分发的种子是受保护的种子,并且没有向种子接受方告知发送的相关种子为受保护品种。

(三)中间人的积极引诱(active inducement by brokerage)

在该案中,原告 Delta 指控被告 Sinkers 故意忽视明显是大量受保护的棉花品种而积极引诱他人未经许可进行非法转移,违法了 7U. S. C. 4541(8)(1994年修订前),即上述第⑩之规定,构成侵权。地区法院认为在本案中 Sinkers 没有作为第三方干预受保护品种的转移活动。上诉法院同意地区法院的判断,并分析说,被告 Sinkers 仅仅是将剥绒的棉花种子移交给确定的客户,7U. S. C. 4541(8)(1994 年修订前)也就是现行规定 7U. S. C. 4541(10)中的"鼓动或积极引诱"(instigate or actively induce)这一表达明显反映了议会试图限制在独立的买卖关系中安排种子运输的中间经纪人,如本案中的棉花剥绒者,根据本条规定所应承担的责任。地区法院认为 Sinkers 没有实施上述"鼓动和积极引诱"行为,这是没有争议的事实,Delta 仅指控 Sinkers 轻率或故意漠不关心地转移大量受保护的棉花种子从而侵害品种权人的利益,即使这一陈述是真的,也不足以违反现行 7U. S. C. 4541(10)的规定,因为 Sinkers 并没有以中间人的身份安排任何受保护品种的买卖和运输,也没有鼓动或积极引诱其他人从事侵权活动。

(四)实质性派生品种的保护

1994 年的 PVPA 修订案将品种权人的权利延伸至下列品种:①受保护品种的实质性派生品种,但受保护品种本身不是派生品种;②与受保护品种没有明显区别的品种;③需要反复利用受保护品种繁殖的品种;④从未经许可繁殖受保护品种上获得的收获材料（包括植物整体和部分），除非品种所有人对该繁殖材料已有合理机会根据本法行使相关权利。上述延伸是美国根据 UPOV 1991 文本的相关规定进行的拓展。在上述拓展中涉及一个实质性派生品种的概念，对此 PVPA（2005 年修订）作了明确界定①，"实质性派生品种"意味着这样的一个品种：①从另一个品种（原始品种）实质性派生，或者从其本身就是该原始品种的实质性派生品种产生，同时保留了表达由原始品种基因型或基因型组合产生的基本特性；②与原始品种有明显区别；③除了派生引起的形状差别外，在表达由原始品种基因型或基因型组合产生的基本特性方面与原始品种相同。对实质性派生品种的产生方法，PVPA 也进行了说明，实质性派生品种可以通过选择天然或诱变株或体细胞无性变异株，从原始品种中选择变异体，进行回交或经遗传工程转化或者其他方法获得。通过单种植物选择而获得新品种很可能被认为是另一个品种的实质性派生品种，当然对受保护品种进行选择培育新品种的行为基于研究豁免的例外不会构成侵权，但销售这一新品种种子的行为将可能构成侵权，只要该原始受保护的品种本身不属于实质性派生品种。换句话说，如果 PVPA 证书授予通过但种植物选择培育而成的品种，那么行为人销售由这一品种选择而培育的新品种种子将不构成侵权，因为受保护的种子本身就是实质性派生品种。事实上，实质性派生品种的保护与判定是一个非常复杂的实践问题，上述解释仍然是一种比较宏观和抽象的看法。后文将会进行全面和详细的分析，在此不作过多讨论。

二、品种权的限制与例外

现行 PVPA 也规定了若干品种权的限制和例外规定，也就是说在下列几种情况下，虽然从形式上看似乎符合植物品种的侵权构成条件，但在符合法律相关规定的条件下，不视为侵权。

（一）履行生产受保护品种合同的相关行为

根据 7 U. S. C. 2401(b)规定，在种子生产商与草坪草皮种子、饲料草种子和苜蓿草种子的受保护品种所有人之间存有生产受保护品种协议的情况下，可以认为生产商已获得所有人关于销售和利用相关品种的许可，只要：①生产商已经履行了协议规定的条件；②所有权人在协议明确规定的支付日期后的 30 日内，拒绝根据协议受领种子或者拒绝支付适当费用；③在上述期限届满后，生产商通知所有人自己打算销售种子的意图，并且除非所有人没有根据协议支付适当费用，也没有在上述通知后的 30 天内受领种子。这里的"所有人"也包括

---

① 7 U. S. C. 2401(a)(3).

所有人的被许可人。在这种情况下,生产商销售相关品种种子的行为不构成侵权,并且相关规定不影响生产商和所有人依据其他联邦和州法获得的权利和救济。

（二）权利用尽

根据 7 U.S.C. 2401(d)规定,对已经销售的受品种证书保护的品种或者其他经所有人同意在美国进行销售的受保护品种行使任何与该品种繁殖材料或收获材料,包括植物的整株或部分有关的行为均不构成侵权,除非相关行为涉及品种的进一步繁殖,或者涉及该品种材料的出口,使得相关品种的繁殖材料进入一个对其不受保护的国家。这是权利用尽原则在品种权保护过程中的具体体现,也就是说,当受保护品种以商品形式被合法销售之后,品种权对相关品种的控制就终止了,合法购买人可以对相关品种自由行使所有权,但不得进行繁殖或者影响品种繁殖的相关行为。换句话说,购买人所获得的对相关品种的所有权限于用作消费或生产的利用,但不得进行作为繁殖材料的利用。

（三）私人非商业性目的利用

美国 PVPA 明确规定,任何私人非商业目的的品种利用行为均不构成侵权。

（四）在先培育和生产

美国 PVPA 明确规定[①],有关 PVPA 的任何规定不得减损在先育种者及其利益继承人繁殖和销售,由其在相关品种保护证书申请日一年之前就培育和生产的品种的权利。该条在美国 PVPA 中明确规定为祖父条款（Grandfather Clause）。该条规定类似于专利法中在先使用权规定,作为品种权的保护采用在先申请原则的一种利益平衡机制。当行为人采用该条款作为侵权抗辩时,需要承担相关品种在先培育和生产的证明责任。

（五）农民保存种子权利和种植豁免（right to save seed and crop exemption）

根据 PVPA 相关规定,一个人可以保存由其通过合法获得的种子进行生产得到的种子用于种植的目的,或者利用这些保存的种子在自己的农场里生产粮食,或者用于以消费目的的销售,不构成对相关受保护品种所有人的侵权。一个人真心实意地销售经合法授权用于种植目的的种子通过农场种植生产获得的种子,或者保存从上述农场种植获得的种子进行再次耕种获得的种子及其后代,而不是用作繁殖目的的销售,不构成侵权。购买人从这些渠道获得相关种

---

① 7 U.S.C. 2401(d).

子的,应被认为已经得到 7 U.S.C. 2567 所规定的"未经授权不得繁殖"的信息提示,如将这些种子用于种植目的的,则被认为构成侵权。该规定就是美国PVPA 的农民保存种子权利条款,也就是我们通常所说的"农民豁免"条款。美国 PVPA 在 1994 年修订之前,不但规定农民有保存自己农场收获种子用于种植的权利,还有将保存的种子出售给邻居种植的权利。1994 年的修订保留了农民保存收获的种子用于再次种植的权利,取消了向其他农民(邻居)出售种子的权利。

1. 种植户之间销售受保护品种的限制:Asgrow v. Winterboer

1995 年 Asgrow v. Winterboer 一案①是一个关于农民出售自己种植的受保护品种种子是否有限制的典型案例。在该案中,原告指控根据 7 U.S.C. 2541(1)销售或者为销售而提供 Asgrow 的受保护品种,根据 7 U.S.C. 2541(3)有性繁殖 Asgrow 所有的保护品种用于种植目的的销售,以及根据 7 U.S.C. 2541(6)没有告知相关品种为受保护品种而向他人提供用作繁殖目的新品种种子,Winterboers 的相关行为构成侵权。Winterboers 没有否认 Asgrow 所有的A1937 和 A2234 品种保护证书的有效性,并承认所售种子产自 Asgrow 的A1937 和 A2234 品种供给他人用作种植,但认为自己有权享有 7 U.S.C. 2543规定的法定豁免,一个农民可以"保存……和利用在其土地上进行作物种植保存的种子,或者根据本部分的规定进行销售",只要买卖双方均为农民,即其主要从事以销售为目的而不是以繁殖为目的的作物种植,这些保存的种子可以进行销售用作繁殖。本案的核心问题是农民根据豁免所享有的出售受保护种子的数量是否有限制。

地区法院认为,Winterboer 所提出的法定豁免允许农民保存和向其他农民出售种植他自己土地所需的种子数量。联邦巡回上诉法院撤销地区法院的判决,认为符合 7 U.S.C. 2543 规定条件的农民可以以种植目的出售种子,只要这些种子是其为再次耕种自己土地(相应的英亩数)而保存的。上诉法院分析说,

---

① Asgrow v. Winterboer, 513 U.S. 179, 33 USPQ 2d, 1430 (1995)。具体案情如下:本案原告Asgrow 种子公司是两种大豆新品种 A1937 和 A2234 的植物品种保护证书的所有人,被告 Dennis Winterboer 和 Becky Winterboer 是美国艾奥瓦州(Iowa)两位种植近 800 英亩土地的农民,他们组建了公司从业商业经营,同时也种植粮食和饲料作物。从 1987 年开始,他们就向其他农民销售"灰色口袋"的种子并获一定收益。所谓"灰色口袋"(brown-bag),是指一个农民向类似 Asgrow 的种子公司购买种子后,将这些种子在自己的土地上进行种植,收获和清理这些作物的种子,然后将这些种子销售给其他农民种植在他们的土地上。1990 年,Winterboers 种植了 265 英亩的 A1937 和 A2234 品种,并以适当价格出售收获的种子 10,529 蒲式耳(Bushel),足以种植 10,000 英亩,出售的平均价格为 8.70 美元每蒲式耳,而当时直接从 Asgrow 公司的价格为 16.20—16.80 美元每蒲式耳。经鉴定,Winterboers 所销售的这些种子就是 A1937 和 A2234。于是,Asgrow 向艾奥瓦州北部联邦地区法院起诉要求损害赔偿和法院下达永久禁令。

本案中的被告不能适用 7 U.S.C. 2543① 所规定的豁免，如果这些种植和收获大豆的行为被作为是 7 U.S.C. 2541(3)②规定的"销售的一个环节"(as a step in marketing)，因为双方对被告的这些行为构成对新品种的"有性繁殖"没有异议。PVPA 没有对"销售"(marketing)作出定义，"销售"就应以通常意义进行解释，指的是将财产进行出售，以及相关的准备行为，但不要求必须存在大规模的促销或与出售相关品种的商业行为。7 U.S.C. 2543 所规定的豁免是有条件的，这一豁免的授权不能延伸到为种植目的进行销售的种子保存，因为这将违反 7 U.S.C. 2541(3)的规定。也就是说，只有农民为自己再次耕种土地的目的而保存的种子才能进行销售。最高法院在 Asgrow v. Winterboer 一案中分析

---

①　议会对 7 U.S.C. 2543 进行了修订，主要是删除了农民向其他农民为繁殖目的的出售受保护品种的侵权豁免，但在本案中该修正案 尚未生效，因此本案仍然采用 7 U.S.C. 2543 修改前的规定，如下：

"Except to the extent that such action may constitute an infringement under subsections (3) and (4) of section 2541 of this title, it shall not infringe any right hereunder for a person to save seed produced by him from seed obtained, or descended from seed obtained, by authority of the owner of the variety for seeding purposes and use such saved seed in the production of a crop for use on his farm, or for sale as provided in this section: Provided, That without regard to the provisions of section 2541(3) of this title it shall not infringe any right hereunder for a person, whose primary farming occupation is the growing of crops for sale for other than reproductive purposes, to sell such saved seed to other persons so engaged, for reproductive purposes, provided such sale is in compliance with such State laws governing the sale of seed as may be applicable. A bona fide sale for other than reproductive purposes, made in channels usual for such other purposes, of seed produced on a farm either from seed obtained by authority of the owner for seeding purposes or from seed produced by descent on such farm from seed obtained by authority of the owner for seeding purposes shall not constitute an infringement⋯⋯"

②　Asgrow v. Winterboer 一案起诉时 7 U.S.C. 2541 还没有修改，其全文如下：

Except as otherwise provided in this subchapter, it shall be an infringement of the rights of the owner of a novel variety to perform without authority, any of the following acts in the United States, or in commerce which can be regulated by Congress or affecting such commerce, prior to expiration of the right to plant variety protection but after either the issue of the certificate or the distribution of a novel plant variety with the notice under section 2567 of this title:

(1) sell the novel variety, or offer it or expose it for sale, deliver it, ship it, consign it, exchange it, or solicit an offer to buy it, or any other transfer of title or possession of it;

"(2) import the novel variety into, or export it from, the United States;"(3) sexually multiply the novel variety as a step in marketing (for growing purposes) the variety; or

(4) use the novel variety in producing (as distinguished from developing) a hybrid or different variety therefrom; or

(5) use seed which had been marked "Unauthorized Propagation Prohibited" or "Unauthorized Seed Multiplication Prohibited" or progeny thereof to propagate the novel variety; or

(6) dispense the novel variety to another, in a form which can be propagated, without notice as to being a protected variety under which it was received; or

(7) perform any of the foregoing acts even in instances in which the novel variety is multiplied other than sexually, except in pursuance of a valid United States plant patent; or

"(8) instigate or actively induce performance of any of the foregoing acts."

1922 年 10 月，议会对 §2541 进行了修正，在上述条款之前增加(a)，同时增加了(b)条款，但这些条款对本案没有影响。因此，法院仍然适用修改之前的法条进行审理。

"作物豁免"(the Crop Exemption)时也认为①,①农民的种植和收获受保护种子是销售种子公司受保护品种的一个环节,并且农民的这一行为不能适用PVPA侵权豁免的规定;②农民可以根据豁免进行出售的受保护种子仅限于那些农民为再次耕种自己土地而保存的种子。

2. 为农民之间销售受保护品种提供服务的第三人能否享有农民特权的豁免:Delta v. Sinkers

在 Delta and Pine Land Company v. The Sinkers Corporation 一案中,原告 Delta 根据 7 U. S. C. 2541(1)指控被告 Sinkers"不能享有 PVPA 的责任豁免而转移受保护种子的占有",构成侵权,被告则以 PVPA 所明确规定的农民之间种子销售的豁免(the express exemption for the farmer-to-farmer sales)进行抗辩,认为它只是参与农民之间品种销售活动的消极第三方,农民之间的种子销售是法律所允许的,因此根据安排进行相关种子转移不需要承担侵权的法律责任。地区法院认可被告的主张,而上诉法院则有不同看法。在本案中,地区法院曾引述 1983 年的 Delta and Pine Land Co. v. Peoples Gin Co. ②进行说明,当时第五巡回法院在讨论该案的核心问题——第三方介入农民之间销售受保护品种时能否享有豁免的问题时,强调本案中的农民合作社 Peoples Gin Co. 为成员间的种子交换提供服务,不能享有 PVPA 规定的农民特权豁免,因为 7 U. S. C. 2543"仅对一个农民与另一个农民直接进行的、没有第三方积极介入的受保护品种的销售进行豁免"。在 Delta 诉 Sinkers 一案中,地区法院特别强调 Peoples 案中法院使用"积极介入"(active intervention)的表达来区分是否属于农民之间销售的豁免,认为 Sinkers 没有积极安排受 Delta 指控的种子销售和转移,因此 Sinkers 的相关行为没有构成 7 U. S. C. 2541(1)意义上的传送、运输或转移种子占有的侵权行为,不论所涉种子是否属于受保护品种,也不论所涉销售或运输的客户是否属于 7U. S. C. 2543 所规定的豁免。上诉法院认为地区法院的这一判定标准是不恰当的,因为地区法院对 7U. S. C. 2541(1)的解释既不符合该条的真实意思,"任何其他未经许可转移……(受保护品种的)占有",也不符合议会制定该法律的明显意图,更为重要的是,7U. S. C. 2541(1)中没有要求相关的转移行为是"积极",而只是规定未经品种保护证书持有人的授权转移相关种子的占有。尽管在 Peoples 一案中,第五巡回法院曾说,"如果(种子)出售者指示合作社将相关种子送往特定购买作者,在这种情况下,合作社没有

① Michael R. Ward, Ph. D. Protecting and Defending Inventions Involving Plants. The 2nd annual spring meeting of the business law section and the intellectual property section of the state bar of California, April 27—29, 2001, Hilton Jolla, Torrey Pines.

② Delta and Pine Land Co. v. Peoples Gin Co. , 694 F. 2d 1012 (5th Cir. 1983).

安排销售,也没有在销售中扮演积极角色,其仅被视为是转移(种子)占有的汽车"。但这一规则并不适用于解释 Sinkers 是否享有 PVPA 的豁免问题。在 Sinkers 案中,Sinkers 是否享有豁免的问题应转化成另两个问题:①Sinkers 转移的种子是否属于 PVPA 规定的豁免范围? ②Sinkers 本身是否明知其转移的种子不属于 PVPA 规定的豁免范围? 对于第一个问题,上诉法院认为如果转移的种子属于豁免范围,Sinkers 当然无需承担侵权责任。如果转移的种子不属于豁免范围,则就引出第二问题。如果 Sinkers 明知其转移的种子不属于 PV-PA 规定的豁免范围,即使其根据客户的指示进行种子转移,也应承担侵权责任。如果 Sinkers 确实不知其转移的种子不属于 PVPA 规定的豁免范围,即使实施了转移种子的行为,也不用承担相关的侵权责任,因为议会并不希望让一个无辜的第三方为侵权承担责任。在本案中,有众多的数据表明 Sinkers 明确知道其所转移的种子大大超过了 PVPA 规定的豁免范围,如 Sinkers 的一个客户 Nodena 在 1993 年就向其他农民销售了超过 122 吨棉花种子用于种植目的,而这些种子都是由 Sinkers 进行剥绒的。根据 Sinkers 和 Nodena 之间的合作关系,Sinkers 完全有能力推测这些种子的数量大大超出了 Nodena 合作社成员再次种植棉花的种子数量。联邦最高法院在 Asgrow v. Winterboer 案中明确解释,农民根据 PVPA 豁免规定可以销售的种子数量仅限于其在再次耕种自己土地所需的种子数量。

综上分析,为农民之间销售受保护品种提供服务的第三人能否享有农民特权的豁免,首先取决于相关的种子销售是否真正属于 PVPA 规定的豁免范围,如果销售属于 PVPA 的豁免范围,那么第三人的服务当然属于合法。如果相关的销售不属于 PVPA 的豁免范围,那就要考察该第三人的主观状态,只有在第三人明知相关销售构成侵权的情况下才承担侵权责任。

（六）研究豁免（research exemption）

根据 7 U.S.C. 2544 规定,利用受保护品种进行品种培育或者真心实意地研究不应构成根据本法所提供保护的侵害。这一规定为确保种子资源的自由交流,促进植物育种创新提供保障。研究豁免允许育种者在其育种项目中利用受植物品种保护的种子,但未经植物品种保护证书持有人的许可,该育种者不能销售该受保护的品种。育种者可以自由利用受保护品种作为培育新品种的种质资源,但不得在育种项目中利用受专利保护的植物品种,否则就构成侵权。由于发明专利和植物品种保护证书在保护范围上存在的这一差别,育种者通常选择同时利用发明专利和植物品种保护证书为他们的新品种提供保护。

（七）中介豁免（intermediary exemption）

7 U.S.C. 2545 专门规定了所谓的中介豁免,即一个运输商在正常的商业运输中的运输行为,或者广告商在其正常的广告业务中的广告行为不应构成对相关受保护品种的侵权。其实这一豁免在实践中的运用需要附加一定的条件，即相关的运输人或广告商不知道或应当不知起所运输的或进行广告的品种是侵权品种。美国联邦巡回上诉法院在 Delta and Pine Land Company v. The Sinkers Corporation 一案中就明确指出，只有第三人在明知相关行为构成侵权的情况下，仍提供中间服务的第三方才承担侵权责任。

三、侵权救济

（一）民事诉讼

在美国，对受植物品种保护的品种的侵权有不同的救济方式，这取决于品种权人是否参加由全美官方种子认证机构协会管理的种子认证活动。如果品种权人没有参加全美官方种子认证机构的种子认证，那么这种情况下可由品种权人向法院提起侵权诉讼，由法院对相应的侵权行为进行认定。如果构成侵权，法院则根据权利人的诉讼请求以及平衡原则下达禁令或者判定赔偿损失。根据 7 U.S.C. 2561 之规定，如果一个品种在市场上以品种保护证书上的品种名称进行销售的，这就形成一个表面上证据确凿的假定，该销售的品种与受保护的品种为同一品种。在诉讼过程中，相关的植物品种保护证书应当被推定为有效，该证书无效的举证责任应由宣称无效的一方当事人承担。在任何侵权诉讼中，被控侵权人可以提出相关侵权抗辩，如：①没有侵权，缺乏侵权的责任能力或行为能力；②根据 7 U.S.C. 2402 之规定，涉诉品种因不符合品种保护要求应具备的新颖性、特异性、一致性和稳定性等实质性要件而使相关品种保护证书无效；③根据 7 U.S.C. 2422 之规定，涉诉品种因不符合品种保护申请所要求的品种命名，有关品种特异性、一致性和稳定性以及品种系谱和育种过程的描述，有关品种具有新颖性的陈述，提交和定期补充品种活性样本，以及有关品种所有权的陈述等要求，使相关品种保护证书无效；④被控侵权是执行与被宣称的品种保护证书相反并在侵权通知之前就存在的品种保护证书的结果；⑤任何其他可以根据植物品种保护法用以抗辩的事实或行为。

经审理认为侵权成立的，法院应判决充分补偿因侵权造成的损失，绝不少于侵权者利用该品种所应支付的权利金，及其相应的利息和法院确定的费用。当陪审团没有决定赔偿数额时，法庭应当作出决定，可以判决三倍赔偿金。在决定损害赔偿金或者合理权利金数额时，法院可以启用专家证人进行帮助。对于相关品种在其植物品种保护证书颁发之前发生的侵权或者因种植导致的侵权，法院调查认定侵权人没有恶意，应谨慎判决赔偿金。一般情况下，由各方当事人各自承担自己的费用①，在特殊情况下，法庭可以判决给胜诉方以合理的律

---

① 可以参看 Delta and Pine Land Co. v. Peoples Gin Co., 694 F. 2d 1012 (5th Cir. 1983) 的判决。

师费。一般来说,判给律师费的依据是当事人一方的恶意,即当被控侵权人恶意侵犯原告的权利或者权利人明显不合理地评估侵权或在法庭上继续主张侵权时,可以根据相应情况判决具有恶意的一方承担律师费。

但权利人通过民事诉讼方式维护品种权是具有一定的期限和条件限制的。权利人对于其提出诉讼或者在侵权诉讼中提出反诉前已超过 6 年的,或者权利人知道超过 1 年的,无法得到赔偿。权利人负有向公众通告相关的品种属于受保护品种的义务,通过实物标签或者附在种子包装上或植物上的标示进行,这些标示可以是"未经授权禁止繁殖"(unauthorized propagation prohibited)或"未经授权的种子禁止繁殖"(unauthorized seed multiplication prohibited)。在植物品种保护证书颁布后,还应标明"美国受保护品种"(U. S. Protected Varity)字样。如果根据权利人授权分发并且侵权人收到相关品种时,没有这样的标示,则权利人在任何侵权诉讼中不得要求这样的侵权人进行赔偿,除非侵权人已经实际得到通知或者知道禁止进行相关的繁殖或该品种是一个受保护品种,在这种情况下,权利人只能针对告知之后的侵权行为要求赔偿。对于获得相关通知以前正当获得的品种材料的处理,法庭应慎重适用禁令和赔偿。

(二)种子执法

种子认证是美国种子质量控制的一个体系,由全美官方种子认证机构协会负责管理,为出口到有关国家的种子按照国际种子认证机构的标准进行认证,也为州际间贸易的种子提供认证,但这样的认证在美国并不是强制性的。如果相关品种进行过全美官方种子认证机构协会管理的种子认证,对于侵犯植物品种保护的违法行为,除了通过民事诉讼的方式,权利人还"可以在侵权案件中请求联邦种子法的执行机构处理那些以受保护品种名义销售但基因纯度不符的种子侵权案件"[①]。权利人一旦选择通过联邦种子法进行救济,就不会再涉及植物品种保护办公室,除非通过法院诉讼。在这种情况下,相关的费用不需要权利人负担,直接由相关的行政机关负担。很多州的种子法也协助监管那些未经种子认证的种子违法行为。

《联邦种子法》主要用于管理进出口以及州际间农业和蔬菜种子的销售和运输。它要求进行贸易的种子必须有正确的标签,用以向买主提供购买种子所需了解的信息,从而选择适当的品种和质量,但没有设置种子的最低质量要求。很多州种子法则对种子的质量设置了最低标准。根据《联邦种子法》和各州种子法的不同规定与具体要求,美国的种子管理体制也分为联邦级和州级两个层

---

① 　Don Brewer. Understanding the plant variety protection law. Oregon State University Extension Service Special Report, 1985,2:724.

次。在联邦层次,农业部设有种子管理处,负责种子法的实施与管理,还设有国家种子测试中心、国家种子协会和官方种子认定协会等管理机构。在州层次,农业厅设有相应的种子管理机构,负责联邦和州种子法的实施与管理,还在州立大学设有种子检测室,有的州还设有种子改良协会和品种认证委员会等管理机构。① 联邦和州种子管理处经常会派遣种子检察员前往各地检查种子的批发与零售情况,检查种子包装的准确性,同时也收集市场上销售的种子,然后送往种子测试中心进行官方测试,以了解相关的种子质量。州种子检察员有权责令标签错误的种子停止销售,直到该违法行为得以纠正为止。与州种子检察员不同,联邦种子检察员一般不会提取事实销售中的种子样本。当他们接到州种子检察员有关可能违反种子法的通知后,相关的种子样本分别由联邦和州种子实验室进行检测和信息交换。一旦违法确定,州种子管理官员应将所有信息和可能的证据提交到农业部的种子管理处。根据违法程度的不同,种子管理处可能发布禁止令(a cease and desist order),也可以根据法院的命令查封相关种子,作为诉讼中的证据,此外还可能判处罚金或监禁。②

事实上,"美国每年违反联邦种子法的案例寥寥无几"③。美国种子贸易协会副总裁马克·康顿在 2002 年访华接受采访时,就"美国种业界制止违法行为的有效途径是什么"? 这一问题,曾回答说:"联邦种子法虽然是制止市场违法的一种工具,但是在美国更有效的工具是种子市场竞争的水平。"因为所有种子公司都要投入大量资金开发市场以确保公司利润的增长,任何公司如果长期违法,从事不道德的商业活动,种子质量低劣,其结果必然是失信于市场,最后导致公司破产倒闭。因此,为控制种子质量,维持公司竞争力,绝大多数种子公司都根据种子纯度、种子净度和种子发芽率等质量指标建立了严格的商品种子生产标准和商品种子上市标准。例如,先锋国际良种公司就规定其商品种子的标准纯度不能低于 90%;泽蒙玉米研究所也规定其一级种子标准纯度为 99%,发芽率必须大于 93%。④

---

① 霍学喜:国外种子产业发展特征及其管理体制,《农业经济导刊》2002 年 10 月。http://www. zjagri. gov. cnhtmlgjjl/knowledgeForumView/2006012556957. html.

② 相关信息参见"American Seed Legislation and Law Enforcement"(Translation by Dr. Wiejun Zhao, Michigan State University, Institute of International Agriculture),http://www. amseed. comdoc-sCFDarticle4. doc.

③ 宋逊风:《美国种业发展新趋势》,《农民日报》2002-12-19。http://www. ntem. tj. cnntemshowa. jsp? informationid=2003010610125010208classid=200706041622209192。

④ 霍学喜:国外种子产业发展特征及其管理体制,《农业经济导刊》2002 年 10 月。http://www. zjagri. gov. cnhtmlgjjl/knowledgeForumView/2006012556957. html.

第三章　美国植物发明专利保护制度

　　植物能否获得专利保护在美国一直是专利法讨论的问题之一,由于多种原因,如自然产品规则和专利披露要求等,使得人们普遍认为专利制度不是用于保护植物新品种的恰当方法,因此创建了专门的植物品种保护制度——植物专利制度和植物品种保护制度。随着这些制度的实施,能否根据一般专利法(就是美国的《发明专利法》)为植物提供专利保护的问题讨论在美国暂告一段落,直到 20 世纪 70 年代末,要求为植物提供专利保护的呼声再次掀起。美国专利商标局在 1985 年的 Ex parte Hibberd 一案中最终支持植物可以获得发明专利保护的做法,从而为这一问题的讨论画上句号。

　　从实践来说,虽然 1930 年的 PPA 为无性繁殖的植物提供了植物专利的保护,1970 年的 PVPA 为有性繁殖和茎块繁殖的植物提供了植物品种保护证书的保护,但对于育种者和种子产业来说"仍存有敞开的漏洞"(a gaping hole still remained)①。基因工程方面的进步使得科学家可以精确辨别那些之前通过肉眼无法予以区别的植物品种,同时基因技术可以根据种子的基因构成来确认植物品种。这一技术的出现和发展使得相关的植物发明可以满足《发明专利法》第 101 条所规定的书面披露要求。从技术上来说,一旦可以确认和分析基因构成,相关的种子和植物就比较容易在育种项目中用于培育新的植物品种。由于 PPA 所规定的植物专利权和 PVPA 所规定的特别权利的保护对象,从生物学的角度看,都只是作为植物品种存在的植物,也就是为某些基因的组合提供保护。但这些基因本身不受保护,育种者可以利用受保护的植物品种基因培育新

---

① Keith Aok. Malthus, Mendel, and Monsanto: Intellectual Property and the Law and Politics of Global Food Supply. Conference, 2004, 4:423.

的基因组合或者新的植物品种。因此,种子产业认为需要一种保护形式为通过两个或多个近交系品种培育而成的近交系或近交系杂种提供保护,这一保护旨在阻止独立育种者或者其他种子公司轻易利用相关育种者/创新者的研究与培育成果。

第一节　植物发明专利保护的合法性论证

美国 1952 年《专利法》第 101 条规定,"凡发明或者发现任何新颖而实用的方法、机器、产品、物质合成,或其任何新颖而实用之改进者,可按本法所规定的条件和要求获得专利"。[①] 可见,发明专利的客体包括方法、机器、产品以及物质合成,没有明确包括也没有明确排除植物以及其他生物性客体作为可专利的客体。一直以来,严格的书面披露要求和自然产品规则历来被视为是植物获得专利保护的两大障碍。在美国,生命有机体客体能否获得发明专利保护的问题一直处于休眠状态,直到美国专利商标局上诉委员会在 1973 年通过严格解释 35U. S. C. 101 使覆盖一个有生命有机体的专利无效。委员会认为可获得专利保护的客体范围仅限于专利法明确列举的范围,有生命机体没有落入专利法所列举的任何一类。上诉委员会的这一决定最终被关税与专利上诉法院所推翻。[②] 在 1980 年之前,美国专利商标局根据植物为自然产品这一理由,普遍拒绝要求为植物提供专利保护的申请。1980 年美国联邦最高法院作出的 Diamond v. C hakrabaty 案则是真正确认可为有生命体发明提供专利保护的里程碑式的判例。

一、1980 年:Diamond v. Chakrabaty

该案[③]的基本情况如下:1972 年,一位在通用电器公司工作的微生物学家 Chakrabaty 向美国专利商标局就其一项细菌发明(该细菌由至少包含两个可产生能量的质粒的假单细胞菌组成,上述每种质粒具有独立的碳氢化合物的分解功能),提交一份含有 36 项权利要求的专利申请。这种人造的、通过基因工程制造的细菌具有分解原油多种成分的功能,因此这一发明被认为对处理原油泄

---

① 35 U. S. C. 101Inventions patentable,翻译参见李明德:《美国知识产权法》,法律出版社 2003 年版,第 31 页。

② In re Bergy, 563 F. 2d 1031, 1033,195 U. S. P. Q. (BNA)344,346(C. C. P. A. 1977)(Reversing the USPTO Board of Appeals).

③ Diamond v. Chakrabaty, 447U. S. 303, 1980.

漏事故具有重要意义。这 36 项权利要求可以分成三类：①关于制造细菌方法的权利要求；②对包含有带菌材料，如稻草和新细菌的接种物的权利要求；③对该细菌本身的权利要求。专利审查员核准了 Chakrabaty 的前两类权利要求，但根据：①该微生物属于"自然产品"（products of nature）；②有生命机体不属于 35U. S. C. A. 101 所规定的可专利的客体这两个理由，驳回了 Chakrabaty 对该细菌本身的权利要求。Chakrabaty 对这一驳回决定上诉至专利局上诉委员会，委员会认为该新细菌不属于"自然产品"，因为包含两种或多种不同能量质粒的假单细胞菌不是自然产生的，但同意审查员的第 2 条驳回理由，认为 35U. S. C. A. 101 没有打算将类似实验室创造的微生物这类有生命的物体包含在可专利的客体中。Chakrabaty 就此上诉到关税与专利上诉法院。上诉法院根据在 In re Bergy 案中在先判例的授权推翻了委员会的决定，认为"微生物是活的这一事实"对于专利法的目的来说"没有法律上的重要性"。美国专利商标局不服上诉至美国联邦最高法院。最高法院认为，本案的核心问题是被告 Chakrabaty 发明的微生物是否构成 35U. S. C. A. 101 规定意义上的"产品"（manufacture）或者"物质合成"（composition of matter）。经审理，同意关税与专利上诉法院的判决。

联邦最高法院认为：

1. "产品"（manufacture）或"物质合成"（composition of matter）含义

在进行法定解释的情况下，必须根据法律所规定的语言进行解释，"除非另有定义，相关语词将根据同时期的普通意义进行解释"。法院"不应在理解专利法时加进立法没有明确表达的限制和条件"，因此必须根据字典中的定义来理解"产品"和"物质合成"。"产品"在字典中解释是"由人工或机器通过利用原材料的新形式、品质、特性或组合制成的物品"。"物质合成"的意思为"两种或两种以上的所有物质合成，以及所有的合成物，不管是化学合成还是机械合成的结果，不管是气体、液体、粉末还是固体"。议会选择"产品"和"物质合成"这一可拓展的术语，并用"任何"加以修饰，表明议会非常清楚地意识到专利法的保护范围应非常广泛。相关的立法史支持了这一广义的解释。1793 年专利法规定的法定客体是"任何新的有用的技艺、机器、产品或者合成物，或者任何新的有用的改进"，这体现了杰斐逊"创造力应当给予慷慨的激励"这一哲学思想。随后的几部专利法均采用类似宽含义的语言。1952 年修订专利法时，议会用"process"代替"art"，同时阐述说专利法的保护客体"包括阳光下任何人造之物"①。

---

① S. Rep. No. 1979, 82d Cong. , 2d SSess. , 5(1952)；H. R. Rep. No. 1923, 82d Cong. , 2d SSess. , 6 (1952).

Chakrabaty 发明的微生物显然属于可专利的客体。他的权利要求不是针对一个迄今未知的自然现象,而是针对非自然产生的产品或物质合成——一个具有独特名称、特征和用途的人类智慧的产物。这与在 Funk 案中的专利申请人不同,在 Funk 案中,申请人发现了自然界已经存在的、但不能在一起共存的某些根瘤细菌,并利用这一发现生产一种混合培养为豆类植物的种子进行接种。法院认为这一产品不具可专利性,因为申请人只是发现了"自然的工作成果"(some of the handiwork of nature)。Chakrabaty 则不同,他生产了一种有别于任何在自然界已发现的新的细菌,并具有潜在的重要实用性。他的发现不是自然产物,而是他自己的,因此这一新细菌属于 35U. S. C. A. 101 规定的可专利客体。

2. PPA 和 PVPA 的制定是否意味"产品"或者"物质合成"排除有生命物体

1930 年 PPA 为某些无性繁殖的植物提供植物专利保护,1970 年 PVPA 为某些有性繁殖的植物提供类似专利的保护,但不包括细菌。美国专利商标局认为,这两部法律的通过证明议会对"产品"或者"物质合成"的概念理解没有包括有生命的物体,如果这两个概念包括了有生命的物体,则就没有必要再另行通过法律了。美国联邦最高法院这一看法不予赞同,指出在 1930 年之前有两个因素阻碍了植物发明的可专利性。第一是植物,即使是那些人工培育的,仍然是专利法上的自然之物。这一立场最早源于专利局于 1889 年在 Ex parte Latimer 案中的决定。第二是植物发明无法满足专利法上的"书面披露要求",因为新植物可以只是在颜色或香味上有别于过去的植物,通过书面描述来表达这种区别通常是不可能的。议会后来意识到相关的区别不在于有生命物体与无生命物体之别,而在于自然之物(不管有无生命)与人造发明之间的区别。Chakrabaty 的微生物是人类智力创造和研究的成果。因此,PPA 的制定不能为专利局的观点提供支持。

1970 年的 PVPA 的通过同样不能为专利局的观点提供支持。有性繁殖的植物没有纳入 PPA 的调整范围,原因是植物新品种无法通过秧苗进行纯种繁殖,到了 20 世纪 70 年代,已经普遍认可纯种繁殖的可能性以及植物专利的保护是恰当的。1970 年 PVPA 拓展了这种保护,但法案中的没有语言、也没有相关的立法历史表明,这一法案的制定是由于 35U. S. C. A. 101 没有包括有生命的物体。

3. 微生物属于专利保护客体是否需要议会明确授权

美国专利商标局认为微生物不属于可专利客体,直到议会明确授予这样的保护。这一观点是基于这样的一个事实:国会在制定 35U. S. C. A. 101 当时无法预见基因技术的出现。也就是说,专利商标局认为类似被告的微生物发明的可专利性问题应当留给议会解决,议会在立法过程中应当恰当评价相关的竞争性的经济、社会和科学因素,然后决定通过基因工程产生的有生命机体是否应获得专利保护,并以最近的 Parker v. Flook(437 U. S. 584(1978))案的判决来支持上述观点,认为司法"应谨慎地将专利权的保护范围推进那些议会所完全没有预见的领域"。联邦最高法院认为是议会而不是法院确定可专利性的范围,但同时议会也强调"解释法律是什么是司法部门的职责"(Marbury v. Maadison,1 Cranch 137,177 (1803))。议会在制定 35U. S. C. A. 101 定义可专利客体时履行其宪法性角色,而联邦最高法院则在解释议会所使用的语言。在这一过程中,法院的职责是采用所发现的法律,如果出现语义模糊,则根据立法历史和法律目的进行解释。在适用 35U. S. C. A. 101 的过程中,最高法院认为不存在任何模糊,专利法关于保护客体的规定以宽泛的术语实现宪法和法律促进"科学与艺术的进步"这一目标。宽泛性语言并不必然具有模糊性,尤其是当议会的目的本身就要求宽泛的时候。

专利商标局采用顾问的观点来巩固上述论点,认为像 Chakrabaty 这类研究将产生巨大的危害,一些科学家,甚至是诺贝尔奖获得者曾建议说基因研究可能对人类构成严重威胁,或者这些危险实在太大了以致现在不能丝毫允许进行这些研究。基因研究和相关技术可能带来污染和疾病的传播,可能导致基因多样性的大量损失,可能贬低人类生活的价值。这些说法急切地提醒人类智慧似乎无法完全控制自己所创造的东西。这些观点旨在要求法院在考虑被告 Chakrabaty 的发明是否可以根据 35U. S. C. A. 101 获得专利保护时,应当评估这些潜在的危险。最高法院不予赞同。对微生物发明的专利授权或否定,不可能是对基因研究及其所附的危险的一个了断。当没有研究人员能够确定其研究成果可以获得专利保护的时候,大量的研究已经展开,这意味着立法和司法关于可专利性的命令将无法阻止科学家探索未知世界的趋势。Chakrabaty 的权利要求能否获得专利保护只是决定相关的研究成果能否通过奖励加速或者缺乏激励而迟延。

更为重要的是,法院在没有能力考虑这些观点的情况下,只能将这些观点或者看做是对未知世界恐惧产生的幻想而撇在一旁,或者根据这些观点行动。这种选择是在立法过程中经调查、审查和研究之后需要的高度政策性抉择,应由立法机关而不是法院进行这一工作。这一过程需要平衡各种竞争性的价值和利益,在我们的民主体系中,一般是通过选举产生的议会代表来履行这一职责的。现在强加到法院头上的这些问题应由政府的政治性机构,如议会和行政机关,而不是法院来解决。"特定立法过程中的明智或不明智的个人评价在解释法律的过程中将被抛在一边。"(TVA v. Hill，437 U. S. 153，194（1978））法院的任务是通过议会在法律中所使用的词汇来判定议会的意图这一狭窄的问题，一旦这样做了，法院的权力就用尽了。议会可以自由修改 35U. S. C. A. 101，将基因工程制造的有机体排除在专利的保护范围之外，或者制定一部专门规范类似有生命物体的法律。但是，直到议会采取这样的行为，法院就必须按照 35U. S. C. A. 101 的意思来解释这一条款，这一条款相当明确地包括了被告 Chakrabaty 的微生物发明。

4. 判决意义

虽然 Chakrabay 一案是就微生物可否获得发明专利这一问题做出的判决，但其将基因工程制造的微生物解释在 35U. S. C. A. 101 规定的"产品"或"物质合成"之中，"产品和物质合成没有将有生命的东西排除在外，却具有超越微生物的含义"[①]。这意味着 35U. S. C. A. 101 规定的"产品"或"物质合成"可以从更为广泛的意义上予以理解。在裁决中，联邦最高法院再次重申专利法所规定的专利保护客体不是以有生命物体与无生命物体为标准进行区别，而在于相关的发明是自然之物（不管有无生命）还是人造发明之物之间的区别。只要是人类智力创造和研究的成果，只要符合专利的授权要件就可以获得专利的保护。此外，在裁定中也明确理清了专利法与 1930 年 PPA 和 1970 年 PVPA 之间的关系，指出 1930 年 PPA 和 1970 年 PVPA 的制定并不意味着 35U. S. C. A. 101 将有生命物体排除在专利保护范围之外。虽然这一裁决没有直接涉及植物的可专利性问题，"更为复杂的生命有机体，包括有性繁殖的人造植物是否属于专利法的可专利客体仍然是不明确的"[②]，但很多学者将这一裁定视为可以利用发明专利保护植物发明的一个信号。"毫无疑问，Chakrabaty 案是一个清晰的信号，意味着生物技术领域可以获得更为广泛的专利保护，这一裁决为生物技术产业打开了华尔街的保险柜"，并且"信号比结果更为重要"（more a signal than a result）。[③] 这一信号为接下来为基因工程生物材料和植物/植物品种授予专利保护打开了大门。Chakrabaty 案之所以引起巨大的社会反响，其原因"不仅在于社会公众关注联邦最高法院将决定有生命机体能否授予专利保护，而且在于允许微生物获得专利保护，将大大激励基因工程尤其是 DNA 重组技术的商

[①] 李明德：《美国知识产权法》，法律出版社 2003 年版，第 49 页。

[②] Keith Aoki. Malthus, Mendel, and Monsanto：Intellectual Property and the Law and Politics of Global Food Supply. The paper at the"Malthus, Mendel, and Monsanto"，Conference，April 6 2004：424.

[③] Martin J. Adelman, Randall R. Rader. Essential Cases of U. S . Patent Law. NPO for Promotion of Research on Intellectual Property，November 2007：29.

业性运用"①。可见,生物技术工业的明显增长是联邦最高法院最终确认通过基因工程获得的微生物具有可专利性的关键因素。

有性繁殖的植物能否获得发明专利保护? 美国加入 UPOV 1978 文本之后还是否可以通过发明专利保护植物品种? 等等这些问题则是在 1985 年的 Ex parte Hibberd 案中得到解决的。

二、1985 年:Ex parte Hibberd

该案②基本情况如下:1984 年,Kenneth A. Hibberd、Paul C. Anderson 和 Melanie Barker 共同向美国专利商标局提交一份关于包含高色氨酸的玉米植株专利申请,权利要求包括玉米种子、玉米植株、玉米组织、杂交种子、杂交植株、繁殖玉米植株的方法以及繁殖杂交种子的方法,专利审查员驳回涉及玉米种子、玉米植株和玉米培养组织的三类权利要求。这些驳回不是基于现有技术的问题,而仅仅是根据 35U. S. C. A. 101 予以驳回。审查员认为,这些涉及种子和植株的权利要求包含的客体不属于 35U. S. C. A. 101 的保护范围,因为这些客体是种子和植物,属于美国农业部主管的 1970 年《植物品种保护法》的规制范围。涉及玉米组织权利要求也不属于 35U. S. C. A. 101 的保护范围,因为这是 1930 年《植物专利法》的范围。这些权利要求的客体可以根据 1970 年 PVPA 或 1930 年 PPA 获得保护,但无法获得发明专利的保护。Hibberd 等人不服,向美国专利商标局专利上诉与干涉委员会提出上诉。委员会撤销审查员的决定,认为联邦最高法院在最近的 Chakrabaty 一案中,对 35U. S. C. A. 101 进行了明确的解释,应在宽泛的意义上理解"产品"或"物质合成"的含义,1952 年的一份委员会的报告也明确专利法的客体"包括阳光下任何人造的东西",通过基因工程获得的微生物属于专利法上"产品"或"物质合成"。这意味着这里的"产品"或"物质合成"也不排除人造的生命形式,包括植物。因此,上诉人对有关玉米种子及其植物的权利要求可以获得专利保护。

委员会认为:

1. PPA 和 PVPA 的制定没有缩小 35U. S. C. A. 101 的适用范围

审查员在答辩中承认,根据联邦最高法院在 Chakrabaty 一案中的裁决明确指出了 35U. S. C. A. 101 包括了人造的生命形式,也包括植物这一生命形式,其允许玉米杂交种子和玉米杂交植株可以获得专利保护就是承认 35U. S. C.

---

① Karen Goodyear Krueger. Building a Better Bacterium: Genetic Engineering and the Patent Law after Diamond v. Chakrabarty. Columbia Law Review, Vol. 81, No. 1 (Jan., 1981):159−178, Published by: Columbia Law Review Association, Inc. http://www.jstor.org/stable/1122189.

② Ex parte Hibberd, 227 U. S. P. Q. 443(1985).

A.101 包括人造生命形式的进一步证明。但是,他认为在 1930 年制定 PPA 和在 1970 年制定 PVPA 时,议会已专门就这些法律所规定的植物设立了如何保护以及怎样保护的条件,唯一合理的法律解释 PPA 和 PVPA 是在 35U. S. C. A.101 之后制定并且比 35U. S. C. A.101 更为具体,将各自保护的客体从 35U. S. C. A.101 中分离出来,做专门的处理。因此,审查员认为这些植物专门法 (PPA 和 PVPA)对其所覆盖的保护客体(植物)是一种排他的保护形式。委员会不赞成这一解释:认为 35U. S. C. A.101 规定的专利保护客体范围由于 PPA 和 PVPA 的制定而受到限制或缩小,并且这些植物专门法对其所覆盖的保护客体(植物)是一种排他的保护形式的观点。委员会认为审查员所坚持的立场提出了一个关于 35U. S. C. A.101 专利保护客体范围的法律解释问题,也就是植物专门法(PPA 和 PVPA)的颁布是否限制或缩小了 35U. S. C. A.101 规定的专利保护客体的范围。根据联邦最高法院在 Chakrabaty 一案中对 35U. S. C. A.101 的范围解释包括阳光下人造的任何东西,PPA 和 PVPA 的具体内容均没有明确从 35U. S. C. A.101 中排除任何植物客体,PPA 和 PVPA 的立法史也没有显示议会打算从 35U. S. C. A.101 的客体范围中剔出任何保护客体专门纳入 PPA 和 PVPA 的保护,甚至参议院司法委员会在 1970 年 9 月 29 日推荐通过 PVPA 的报告(Senate bill s. 3070)中指出"这没有改变在专利制度中现在可以获得的保护"。因此,审查员没有能够提出支持其观点的法律内容依据,也没能指出相应的立法史来证明他的观点,只是强调"当议会为某些植物创立独特的保护形式时,他们就'隐含'地将这些植物从 35U. S. C. A.101 的客体范围中排除"。

委员会认为,审查员所坚持的这种 35U. S. C. A.101 被"隐含"地缩小或部分撤销的说法不具有说服力,而压倒性的权威说法是暗示性地撤销效果是不恰当的,并且只有"当两部法律规范相同的客体时,其规则是两部法律均有效,除非有'明显的不一致'或者'不可调和的矛盾'存在以至于两部法律无法并存"①。法律解释的最重要原则是以暗示方式废除是不恰当的。当两部法律规范相同的客体,规则是只要可能两部法律均有效(有若干判例支持这一观点,如 United States v. Tynen,11 Wall. 88,92 等)。立法性的废除也必须清楚而明示(如 Red Roch v. Henry, 106 U. S. 596,601,602),通过后法的创制不足以覆盖根据前法做出的一些或者全部判例,因为这些法律之间仅仅是肯定、递进或者是补充的关系(Wood v. United States,16 Pet. 342,362,363)。如果新旧法规定上存在明显不一致,尽管如此,旧法被暗示性废除的程度也只能是相互矛盾的

① 相关译文可参见李明德:《美国知识产权法》,法律出版社 2003 年版,第 50 页。

部分（Posados v. National City Bank，296 U. S. 497，504）。专利审查员在其补充答辩中一方面宣称植物专门法暗示性地缩小了35U. S. C. A. 101 的客体范围，另一方面又认为这种法律没有规范相同的客体，这是不合逻辑并且自相矛盾的。在法律之间没有不能共存的"明显不一致"或"不可调和的冲突"的情况下，委员会应当认定35U. S. C. A. 101 和植物专门法均有效，简单地由于后法的制定在某些方面影响了前法就要求改写前法是一个很差劲的理由。"法院没有权力选择议会制定的法律，两部法律可以共存时，议会没有明确表达相反的意图，法院的责任是认定每一部法律均有效力。"（Morton v. Mancari，417 U. S. 535，551，94 S. Ct. 2474，2483，41 L. Ed. 2d 290（1974））因此，1930 年 PPA 和 1970 年 PVPA 的制定没有缩小 35U. S. C. A. 101 的适用范围。

2. PPA 和 PVPA 与 35U. S. C. A. 101 不存在"明显的不一致"或"不可调和的冲突"

专利审查员在答辩中也试图就 35U. S. C. A. 101 和植物专门法之间的不同作了列举①：①PVPA 中包含了两项豁免，研究豁免和农民（种植）豁免，35U. S. C. A. 101 则没有这样的豁免；②PVPA 规定了排除侵权，包括强制许可的规定，35U. S. C. A. 101 没有这一规定；③PVPA 的保护限于一个单独的植物品种，而 35U. S. C. A. 101 的保护范围和排他性更强；④PPA 的申请书针对所描述的植物只有一项权利要求，35U. S. C. A. 101 没有这种限制；⑤根据 PPA 植物专利所有人可以排除他人无性繁殖相关的植物以及销售和利用由此繁殖的植物。委员会认为，上述分析只是显示了 35U. S. C. A. 101 和植物专门法在保护范围方面具有区别，但这些区别远远不足以用来判定 35U. S. C. A. 101 和植物专门法之间存在不可调和的冲突或明显不一致，以至于暗示性地部分废除 35U. S. C. A. 101。

35U. S. C. A. 101 的可专利客体与植物专门法规定的可保护客体存有重合的事实不能作为这些法律之间出现不可调和矛盾的事实基础。美国司法历史上有丰富的在先判例表明得到一种法律保护不能据此排除另一种法律保护形式的获得，例如在 In re Yardley 案②中，版权法的保护客体与外观设计专利法的保护客体就存在重合，法院认为这样的重合不能认为是一个不可调和的冲突，而应视为是议会意图使相关的客体获得两种保护形式。议会根据宪法的授权通过立法解释宪法允许某类发明创造重叠的领域可以成为版权法与外观设计法的保护客体，在这样的立法中，没有看到与制宪者的意图相冲突或不一致的东西。议会没有要求作者/发明者必须在为所涉客体提供排他性保护的两种方

① 这些区别的论述同样可以参见李明德：《美国知识产权法》，法律出版社 2003 年版，第 50 页。
② In re Yardley，493 . 2d 1389，181 USPQ 331（ccpa 1974）.

式中选择其一,如果有的话,同时获得两种排他性权利的保护更加有助于实现宪法所陈述的目的。

根据专利上诉委员会的分析,我们还可以将 1930 年 PPA 和 1970 年 PVPA 与 35U.S.C.A.101 是否存在"明显的不一致"或"不可调和的冲突"这一问题,更向前推进,也就是在承认 1930 年 PPA 和 1970 年 PVPA 与 35U.S.C.A.101 的保护客体上具有一致性的前提下,解决植物发明能否同时获得这三种形式保护的问题。有学者在研究中提到了这一问题①,认为专利上诉委员会在 Ex parte Hibberd 一案中已经论证了"无论是有性繁殖还是无性繁殖的植物新品种,也无论是可以受到植物专利法的保护还是受到植物新品种保护法的保护,都可以作为发明专利的客体,受到一般专利法的保护",但没有解决植物新品种的培育者只能选择一种形式的保护还是可以同时选择两种或者三种形式的法律保护这一问题。根据委员会的论述,如果符合相关保护条件的情况下,培育者没有被排除可以同时获得植物专门法(PPA 或者 PVPA)与发明专利法的保护的可能性。由于 PPA 和 PVPA 分别适用于无性繁殖的植物与有性繁殖的植物,这两个法律所规范的客体一般不会有重叠的问题。至于 PPA 与发明专利法以及 PVPA 与发明专利法之间,则是有重叠的可能性。但由于植物专利、植物品种保护证书以及发明专利的获得条件以及权利保护范围是不一致的,因此权利人需要根据相关植物发明的特点来决定选择一种保护方式或者两种保护方式。即使相关权利人在实践中同时采用植物专利/发明专利或者植物品种保护证书/发明专利,也很少会出现真正的"双重保护"。因为,植物专利的保护范围限于所描述品种的同一种植株(必须通过无性繁殖获得,只有一项权利要求),植物品种保护证书的保护范围限于相关植物品种(有性繁殖和茎块繁殖的植物)及其实质性派生品种以及第一代杂交种 F1,而发明专利的保护范围由相关的权利要求来决定,可以是相关植物的植株、种子、培养组织和繁殖方法,甚至其中有特定功能的基因链。这些保护虽然都着眼于保护相关的植物品种,但实际上保护的具体部分以及权限是不同的。再者,上述保护方式的保护范围和保护效力虽有所差别,与之相关联的是受保护条件也有所不同:发明专利的保护范围最为广泛,效力似乎最强,但需要的非显而易见性的要求和披露要求也最高;植物专利限于无性繁殖的植物,非显而易见性和披露的要求均不如发明专利的严格;植物新品种保护证书限于有性繁殖的植物品种,在美国这一保护方式从排他效力的角度来说是比较弱的,但其无需创造性和披露要求,比较容易获得。

---

① 李明德:《美国知识产权法》,法律出版社 2003 年版,第 51 页。

3.35U.S.C.A.101 效力高于 UPOV 公约"双重保护禁止"的规定

专利审查员认为 35U.S.C.A.101 的规定违反 UPOV 公约 1978 年文本第 2 条之规定,"各联盟成员国可根据本公约通过提供专门保护或专利,承认育种者的权利。但是对这两种保护方式在本国法律上都认可的联盟成员国,对一种和同一种植物属或种,仅提供其中一种保护方式"①。委员会认为,UPOV 是一个未经参议院批准的执行公约。这样的公约不是宪法意义上的条约,不属于本国领土内的最高法律。议会制定的生效法律,如 35U.S.C.A.101,将优先于国际执行公约的冲突性规定进行适用,不管哪一个规定首先制定(Unite States v. Capps,Inc.,204 F 2d 655(4th Cir. 1953))。审查员进一步指出,尽管其承认这样的一个执行公约不能修改联邦法律,但强调尽管如此,在解释相关法律时能够并且应该考虑这一公约。委员会认为,审查员的这一看法忽视了联邦最高法院在 Chakrabaty 案中已经解释了 35U.S.C.A.101 的客体范围是阳光下任何人造的东西这一事实,他要求根据公约对 35U.S.C.A.101 进行暗示性的部分废除,这就等于提升了公约的法律地位,高于议会制定的法律。这违背了在 Unite States v. Capps,Inc.案中确定的精神,委员会无法进行这样的解释。因此,不能根据 UPOV 公约"双重保护禁止"的规定来解释 35U.S.C.A.101 的客体范围。

UPOV 公约 1991 文本已经删除了 UPOV 1978 文本的双重保护禁止条款,仅规定"每个缔约方应授予和保护育种者的权利"②,但对育种者权的保护方式保持沉默,不管是通过育种者权、专利或者其他权利的方式,只要符合被公约规定的最低内容即可。UPOV 1991 文本甚至还专门规定了一个"可能的例外",即"尽管有第 3 条(1)的规定,任何国家在成为本公约的缔约方时,已经是 UPOV 1978 文本的缔约方,并且已经通过一种工业产权而不是育种者权为无性繁殖的植物品种提供了保护,有权继续其原有保护而不采用本公约对这些植物品种进行保护"。这些规定表明即使美国已经批准加入 UPOV 1991 文本,但其仍有权采用植物专利的方式为无性繁殖的植物品种提供相应保护,仍然可以根据已经建立的 PPA、PVPA 和发明专利的方式为植物品种提供保护。

4. 植物培养组织(tissue culture)不属于"植物"(plant)

专利审查员驳回针对玉米培养组织的权利要求 260 到 265,理由是玉米培养组织属于"无性繁殖材料",因此这些权利要求应当属于 PPA 的保护范围。委员会不同意这一看法,对权利要求 260 到 265 的驳回决定应当被撤销,因为

---

① 即对植物品种保护的双重保护禁止条款。

② UPOV 1991 Art. 2。

这些玉米培养组织不属于 PPA 的保护客体"植物"的范围。关税与专利上诉法院在 In re Bergy 一案中就曾撤销过这样的决定,联邦最高法院在 Chakrabaty 案中解释了 PPA 中"植物"这一术语的含义和范围,根据其通常和普通的意思,植物应当被限定为有根、有茎、有叶以及花朵或者果实这些东西。很明显,玉米培养组织不符合"植物"的上述普通含义,因此这不属于 PPA 的保护客体。

5. 判决意义

1985 年 Ex parte Hibberd 案是美国种子产业寻求发明专利保护植物/植物品种发明的敲门砖,并获得了美国专利商标局的初步认可。关于美国种子公司为什么开始求助于发明专利保护植物品种/种子的原因,有学者做了分析,认为主要有下面三点原因①:①随着生物技术和转基因品种的发展,生物技术发明专利化的可能和盗用植物品种证书保护的植物品种的可能导致了"育种者例外"成为大大减小传统育种研究重要性的一个理由;②发明专利的保护禁止农民保存种子,而美国 1970 年《植物品种保护法》对农民保存种子没有限制,只要其用于自己的土地上再次种植;③发明专利法删除"育种者例外",可以为种子产业提供了更强的保护,还可为种子产业的市场竞争提供更完善的保护机制。可以说,美国采用发明专利保护植物/植物品种是美国种子产业做出的利益选择,更多的是一种市场选择,而不是法律逻辑的结果。

1985 年 Ex parte Hibberd 案中的专利上诉与干涉委员会的这一决定,从效力上来说,不是法院的判决,"却是第一次从专利商标局内部确认了植物可获得发明专利",并由此开始"专利商标局开放有关植物发明的发明专利申请资格"②。1986 年 4 月,美国专利商标局根据专利上诉与干涉委员会 Ex parte Hibberd 案的决定,授予了第一件有关植物的发明专利。自此,美国开始了授予植物/植物品种以发明专利保护的历史,但通过发明专利保护植物/植物品种的合法性问题是在 2001 年联邦最高法院在 Pioneer Hi-Bred 案的判决中得以解决的。同时,Pioneer Hi-Bred 案也证实了 PPA、PVPA 和 35U. S. C. A. 101 对同一植物品种的保护并不相互排斥,并且有可能对相同的植物品种给予重叠保护。如在 Pioneer Hi-Bred 案中就玉米种子授予 17 项专利。③

---

① Bernard Le Buanec. Protection of Plant -Related Innovations: Evolution and Current Descussion. IP Strategy Today No. 1999—2004:3.

② 李剑:《植物新品种知识产权保护研究》,中国人民大学 2008 年博士学位论文,郭寿康教授指导,第 48 页。

③ Margaret Llewelyn & Mike Adcock. European Plant Intellectual Property. Hart Publishing, 2006:87.

三、2001 年：J. E. M. AG v. Pioneer Hi-Bred

该案①基本情况如下：Pioneer Hi-Bred International 是世界最大的玉米种子公司，持有针对有性繁殖杂交玉米和近交系玉米种子的 17 项发明专利。其根据有限的许可标签销售由这些专利覆盖的玉米品种，这些授权生产的谷物和饲料为独占许可，不允许被许可人重新包装或转售相关的 Pioneer 产品。Pioneer 在每一个含有其专利种子的包装上标明了相关的注意事项。被告 J. E. M. AG Supply Inc 未经 Pioneer 授权，也没有与 Pioneer 签订任何许可合同关系，其从 Pioneer 处购买种子然后进行转售，对相关种子没有进行重新包装，同时也没有改变 Pioneer 的种子包装。

1. 地区法院的判决

Pioneer 针对被告的行为在 Iowa 州北部地区法院提起诉讼，指控 J. E. M. 侵犯其 17 项专利。J. E. M. 在答辩中提出专利无效的反诉，认为有性繁殖的植物，如 Pioneer 的玉米种子不属于 1952 年专利法 35U. S. C. A. 101 所规定的可专利客体，因为 1930 年的 PPA 和 1970 年 PVPA 为植物生命设立了法定的排他性保护方式，因此应从 35U. S. C. A. 101 规定的可专利客体中排除。其提出如下理由：①有性繁殖的植物没有为 35U. S. C. A. 101 所规定；②PPA 和 PV-PA 是一种排他性的联邦法定植物发明保护机制；③35U. S. C. A. 101 应作一个暗示性的缩小解释因为 1952 年专利法与 PVPA 之间存有明显的冲突。地区法院依次反驳了上述论点，做出否认 J. E. M. 反诉的简易判决。

（1）有性繁殖的植物属于 35U. S. C. A. 101 的可专利客体

地区法院认为，在 Chakrabarty 案中，联邦最高法院已经根据 35U. S. C. A. 101 所规定的具有广泛含义的语言，判定有生命体可以授予专利保护，基因被修正的细菌是一个具体的法定可专利客体的例子。通过引用 Chakrabarty 案，法院很快驳回 J. E. M. 的第一个请求，并得出结论"35U. S. C. A. 101 的客体范围包括人造的生命形式，很明显也包括植物"。

（2）PPA 和 PVPA 不是一种排他性的联邦法定植物发明保护机制

J. E. M. 认为，PPA 和 PVPA 在 35U. S. C. A. 101 之后制定并且更为具体，议会的意图是将这两部法律所规范的客体从 35U. S. C. A. 101 中独立出来，因此这些植物专门法是这些植物发明的唯一的联邦法定保护机制。对于这一说法，地区法院首先考察了每一法律的字面意思，并参考 Chakrabarty 案中法院解

---

① 　J. E. M. AG Supply, inc. v. Pioneer Hi-Bred International, Inc, 534 U. S. 124, 122 S. Ct. 593, 151 L. Ed. 2d (2001).

释 35U. S. C. A. 101 的意思为"阳光下任何由人制造的东西",然后得出结论,PPA 和 PVPA 中没有明确的语言将植物从 35U. S. C. A. 101 的客体范围排除。在缺少明确语言的情况下,法院转向通过 PPA 和 PVPA 的立法史来判定议会是否有意图将植物从 35U. S. C. A. 101 的客体范围排除。O'Brien 法官审核了参议院处理 PVPA 的一份报告。J. E. M. 认为这份报告中的语言明显表明1952 年专利法没有为有性繁殖的植物提供专利保护,这就是为什么制定 PVPA 是必要的原因。法院承认这份报告的语言显示有性繁殖的植物无法得到专利保护,但在 PVPA 制定之前,专利商标局已经对有性繁殖的植物授予专利。法院还另一份以相似语言讨论 PVPA 的议会报告,O'Brien 法官仍然拒绝 J. E. M. 的看法,根据最高法院在 Chakrabarty 案关于 PPA 和 PVPA 立法史和制定目的的分析,地区法院指出议会制定 PPA 和 PVPA 的意图是为了将保护延伸到植物领域,因为植物发明通常因无法符合 1952 年专利法第 112 条所规定的严格要件而无法获得专利保护。一旦植物发明能够符合第 112 条的条件,是可以根据第 101 条授予专利保护的。

(3)1952 年专利法与 PVPA 没有冲突,35U. S. C. A. 101 不应被暗示性的缩小

J. E. M. 认为,35U. S. C. A. 101 应作一个暗示性的缩小解释,由于 1952 年专利法与 PVPA 之间存有不可调和的冲突。这是因为 PVPA 比 35U. S. C. A. 101 更为具体,并且 PVPA 不允许根据 35U. S. C. A. 101 进行授权,因此两法存有冲突,后法效力优于前法。O'Brien 法官陈述了两个理由对上述论点作了反驳。第一,被告的论述只是指出了根据 PVPA 和 1952 年专利法所提供保护的区别。第二,J. E. M. 的论述忽略了根据每个法律所获得保护标准上的差别,根据 35U. S. C. A. 101 获得专利保护的标准明显较高,而且比根据 PVPA 获得植物品种保护证书的条件也更难达到。O'Brien 法官认为,这两种保护形式是不同的,并且"一种保护形式的获得没有排除另一种保护的获得"。

此外,法院指出,自美国专利商标局上诉与干涉委员会对 In re Hibberd 案的决定,法律已经承认植物可以作为专利客体。O'Brien 法官评论说,自 1980 年以来,PVPA 已经修改了 18 次之多,并且议会从未增加任何具体语言限制 35U. S. C. A. 101 在有性繁殖植物上的应用。按照这样的逻辑,如果议会不同意专利商标局授予植物以发明专利保护的做法,其已有超过 15 年的时间可以通过立法来表明态度,但是其没有这样做。这说明,议会已经同意并赞成专利商标局的做法。在反驳了 J. E. M. 的每一条论点之后,地区法院否定了要求简易判决的动议。J. E. M. 向联邦巡回上诉法院提交关于中间上诉的动议。

2. 联邦巡回上诉法院的判决

在联邦巡回上诉法院,J. E. M. 提出了被地区法院驳回的同样论点。Newman 法官简要地描述了这些论点并一致引用地区法院的驳回理由,然后美国联邦巡回上诉法院认为 J. E. M. 未能显示地区法院的不当,并且判决"35U. S. C. A.101 的可专利客体包括种子和由种子长成的植物"。在全体复审动议被 CAFC 否决之后,J. E. M. 提交了由联邦最高法院授予的要求移送诉讼文件的命令。

3. 联邦最高法院的判决

在上诉中,J. E. M 没有就植物是否落入 35U. S. C. A.101 的范围,也没有就涉诉的 Pioneer 专利没有符合发明专利要件进行争议,而仅针对 PPA 和 PV-PA 是植物发明的唯一保护方式提出三个论点。首先,在 1930 年之前植物没有为一般专利法所覆盖;其次,如果议会意图 35U. S. C. A.101 对有性繁殖的植物授予专利保护,那么 PPA 限于保护无性繁殖植物将变得没有意义;再次,如果议会意图使 35U. S. C. A.101 允许植物获专利保护,那么在 1952 年专利法中就不必将植物从发明专利规定移到第 161 条。联邦最高法院同意联邦巡回上诉法院的判决,Thomas 法官清楚而简要地阐述了本案的关键问题是"能否根据 35U. S. C. A.101 授予植物以发明专利保护"。最高法院承认 Chakrabarty 案的在先判决,考虑到 35U. S. C. A.101 所规定的广泛范围以及适用性,同时也注意到专利商标局自 Hibberd 案以来根据 35U. S. C. A.101 向植物发明授予发明专利的实践。针对 J. E. M 上述论点,联邦最高法院依次做了陈述。

Thomas 法官首先讨论了 PPA 的制定及其历史。他说,根据 35U. S. C. A.161-164,PPA 授予无性繁殖植物以植物专利保护,这一范围非常有限,而且比 35U. S. C. A.101 的发明专利要求要低,PPA 中没有规定植物专利是授予保护植物新品种的唯一方式。J. E. M 认为,1930 年前一般专利法没有授予植物以专利保护,这一看法忽略了在 1930 年制定 PPA 时专利法与植物育种状况。Thomas 法官引用了最高法院 Chakrabarty 案中的论述,1930 年之前有两大原因阻碍植物获得专利保护,一是植物是自然产物的观念,二是植物无法达到专利法规定的披露要求。当时的议会考虑到这些原因从而制定了 PPA,给予植物育种者以克服这两大障碍的机会,使相关的植物发明获得植物专利保护,使相关植物育种者从这一知识产权的保护中获得回报。但是,PPA 的制定并不意味着在 1930 年之前植物没有落入 35U. S. C. A.101 的客体范围,而仅仅意味议会相信植物在那时不具有可专利性。Thomas 认为,1930 年以来的生物知识和植物育种技术的进步可以使植物发明符合第 101 条的要求,也就是说,植物本来已经潜在地落入了第 101 条规定的可专利客体范围,该条专门设计用来包含那些"新的不可预见的发明"。J. E. M 的这一看法的实质是"否认为有性繁殖植物提供发明专利保护,因为在 1930 年无法预见这样的植物能够根据第 101 条获得保护"。这一观点遭到驳回,因为这与发明专利法的前瞻性视角是不一致的。

J. E. M 在上诉中认为,如果议会意图 35U. S. C. A. 101 对有性繁殖的植物授予专利保护,那么 PPA 限于保护无性繁殖植物将变得没有意义。法院不同意这一看法,在 20 世纪 30 年代成功繁殖植物的基本方式是无性繁殖,有性繁殖的植物在当时的议会看来是不稳定的,因此议会当时决定只保护有性繁殖方法。根据 20 世纪 30 年代的植物育种产业情况,J. E. M 没有提出任何证据证明议会通过 PPA 这一行为,有排除有性繁殖植物获得发明专利保护的意图。Thomas 法官认为,1952 年修订专利法将植物专利从发明专利法分离纳入第162 条规定,是因为第 101 保护不同属性的客体,而且比第 162 条规定的要件更为严格。事实上,议会在 1952 年的修订并没有对实体权利或者植物专利要求作实质性的变化,这"基本上是一次家务整理措施"。

法院也审查了 J. E. M 关于 PVPA 的制定,即证明议会否定通过第 101 条保护有性繁殖植物的看法。Thomas 法官基于两个理由否决上述看法:第一,PVPA 没有指出 PVPA 是保护有性繁殖植物的唯一法定方式;第二,PVPA 与发明专利法是可以协调的,因为发明专利的获得要件比植物品种保护证书的获得要件严格得多,这也意味着发明专利可以获得更广泛的保护范围。专利商标局自 1985 年 Hibberd 案已经连续对植物授予发明专利,这一事实再次核实了植物发明落入第 101 条的客体范围。由于授权要件和保护范围的不同,PVPA和发明专利法之间不存在明显的矛盾,知识产权的重叠保护在其他知识产权领域也是允许的。

总之,美国法院认为在面对近年来植物发明专利的发展情况,议会没有通过立法表明其不同意专利商标局对第 101 条的解释,而且通过修订 35U. S. C. A. 119[①] 表明其已经承认植物可以获得发明专利的保护。因此,联邦最高法院判决"所有新培育植物品种均落入 35U. S. C. A. 101 规定的可专利客体范围,PPA 和 PVPA 均没有对植物发明的发明专利保护构成限制"。

这一判决清楚地表明,只要植物新品种的发明者能够符合 35U. S. C. A.101 和 112 所规定的严格的可专利标准,他们就有权获得发明专利的保护。"PPA、PVPA 和发明专利法这三部法律提供了重叠保护互不排斥,植物新品种的发明者可以根据每一法律申请保护,同时从每一种保护中受益。"[②]至此,美国

---

① 议会在 1999 年修订 35U. S. C. A. § 119(f),在 WTO 成员方提交的植物育种者权申请应与专利申请一样具有优先权的效力,相关的条件和要求与关于专利申请同。

② Kevin M. Baird. Pioneer Hi-Bred International, Inc v. J. E. M. AG Supply:Patent protection of plants grows under the Supreme Court's latest decision. Journal of Law, Technology & Policy [Vol]20, 2002:280.

正式通过法院的判例确认了植物发明获得发明专利保护的合法性。

第二节　植物发明专利授权要件

根据美国专利法的相关规定,一项植物发明要获得发明专利保护就必须符合:①一定的实用性;②与现有技术下相比具有新颖性;③与作出发明时的现有技术相比,对于在该领域的普通技术人员来说不是显而易见性;④相关的披露要求:专利文件中必须包含一个有关发明的说明书,使具有相关知识的人能够实施该项发明,以及披露实施该项发明的最好模型①。美国专利法没有就上述授权要件为植物发明提供特殊的标准,也就是说,一旦采用发明专利保护植物品种/植物,就必须执行一般发明专利所要求的严格的创造性和披露要求。事实上,发明专利的授权要件问题本身是一个非常复杂而专业的问题,已经超出本论文所要讨论的范围,而且在为植物品种/植物申请发明专利保护的申请中,有关植物品种/植物的权利要求只是专利申请的其中一项权利要求,通常与相关育种方法、特定的基因技术以及基因等一起构成一项完整的专利申请。下面仅涉及植物发明专利的特殊之处结合相关的案例予以说明。

一、实用性

实用性这一要件要求相关发明必须具有一些有用的目的,并且这些有用的目的必须是可以实施,而不仅仅只停留在说明书中的描述。1995 年美国专利商标局出台了新的实用性审查指南(new utility guidelines),并且美国联邦巡回上诉法院的一些观点也有助于厘清有关技术发明如何满足实用性要件的问题。在该指南出台以前,一些专利审查员通常要求专利申请人提供临床数据来克服专利审查过程中因缺乏实用性而导致的驳回问题,但事实上这样的驳回是有问题的,因为对于很多申请人来说,相关的生物技术发明如果没有获得专利,就根本无法筹集到资金开展审查员所期望的临床试验。1995 年的实用审查指南适用所有的专利申请,不仅仅包括那些涉及生物技术发明的主题。根据这一版本的实用审查指南,对于任何主题的发明,要求专利申请人必须提供至少一个可信的具体实用的主张②,也就是所谓的"two-prong"判断方法:是否为一个特定

---

① 参见 35 U. S. C. 102,35 U. S. C. 103 和 35 U. S. C. 112 相关规定。

② Richard H. Kjeldgaard and David R. Marsh. Recent Development in the Patent Protection of Plant Based Technology in the United States. [1997] 1 EIPR(Vol 19 issue 1):17.

的目的描述了一个具体的用途？该用途是否可信？[①] 要证明一项专利申请不具有实用性,专利商标局就必须证明一个相关领域的技术人员往往不认为专利申请中所宣称的具体实用性是不可信的,并且这一陈述是由合乎逻辑的事实构成。有学者认为该实用性审查指南对生物技术发明的实用性要求比原来审查指南规定的实用性要求更低[②]。1997 年,美国专利商标局对"ESTs"作为探针使用而授予专利,这引起广泛争议,认为只是公开 ESTs 作为一种核苷酸的鉴别工具,但在相关核苷酸或基因的具体用途尚不知晓的情况下,这一发明上不满足专利授予的实用性条件,并由此认为相关的使用审查指南所确定的非具体的和非实在的实用性审查标准应当改变。2001 年美国专利商标局公布了新的实用性审查指南[③],并专门为与生物技术发明相关的实用性作了规定。该指南要求,一项为有生命物质寻求专利保护的发明必须具有一个具体的、实在的和可信的实用性[④]。在专利申请文件中,"申请人不需要证明相关的发明已经获得商业性的成功,但必须指明该项发明具有某些确定的用途"[⑤]。比如,申请人可以说明其相关的发明可以为作物的生长减少杀虫剂或除草剂,或者有助于药物的配制。或者是实验或研究的一个必要元件,或者能与环境更好地协调等。

二、新颖性

一项可专利的发明必须具有新颖性,要具有新颖性就意味着该项发明在某些方面必须不同于以前存在的东西。因此,新颖性是通过要求获得专利保护的发明与现有技术进行比较来评价的。也就是说,要使一项发明具有新颖性,即要求该项发明不能与一项单个的现有技术所披露或描述的相等同。一般来说,美国的植物发明专利新颖性要求同一般发明专利的没有实质差别,均必须符合 35 U. S. C. 102 的规定。具体来说,美国采用双重标准来评价相关发明的新颖性问题。首先,相关发明在提交专利申请的 12 个月之前在美国没有为公众所知或者见于出版物;其次,相关发明在提交专利申请的 12 个月之前在美国以外的任何地方没有见于出版物,包括专利申请文献和网络上的披露。相关发明在美国以外地方的被知晓或者被使用(knowledge about or use)不得构成第二种

---

① 张晓都:《专利实质条件》,法律出版社 2002 年版,第 301 页。

② 张晓都:《专利实质条件》,法律出版社 2002 年版,第 301 页。

③ 66 Fed. Reg. 1092 (Jan. 5, 2001).

④ 有学者将这种实用性的判断方法称为"three-prong"判断法:发明是否具有具体的实用性(specific utility)？发明是否具有实在的实用性(substantial utility)？发明是否具有可信的实用性(credible utility)？

⑤ Jo Lynn Jeter:"Agricultural Biotechnology: U. S. Policy Regarding Patent Applicationn". http://www. okjolt. com/articles/2004okjoltrev20. cfm.

含义上的新颖性破坏。这意味着相关发明可以在美国之外处于公知公用状态，只要在美国国内没有处于公知或公用状态，该项发明就不丧失新颖性，只要上述知晓或者使用没有采用书面形式予以记录。"这种美国中心主义的新颖性判断方法已经遭受那些关注生物盗窃问题的人的广泛批评，尤其是对那些涉及传统医药的专利申请。"①

　　上述新颖性的判定方法在植物发明专利上的适用，同样会面临与前文所讨论的植物专利新颖性相同的问题。简单地说，一个"新的"植物品种"与其说是以前在字面上没有存在过，不如说在自然界中已经存在但新近被发现"②。1992年 Ex parte Thomson 案③是一个典型的有关植物发明专利的新颖性问题的判例。在 Ex parte Thomson 中，专利上诉与干涉委员会受理了一个因棉花品种发明专利保护申请被驳回的上诉。审查员认为在该申请提交一年之前，相关的客体已经在公众可以获得的公开出版物上披露，因而根据 35U. S. C. 102(b)新颖性要求驳回相关申请。尽管被引用的文献没有披露申请人的育种步骤，但在该申请提交一年之前一个前往澳大利亚的人能够购买到这个棉花品种。因此，审查员驳回该申请，因为相关公众已经占有了该项发明，可以让相关领域的技术人员无需进一步实验，就能够通过相关种子获得和复制该项发明。申请人认为专利上诉与干涉委员会以前没有采用审查员所依赖的多个来源作为提供了充分披露的驳回根据，因此这种披露不能让相关技术人员能够实施发明，这样的话，所要求的发明就没有落入 35U. S. C. 102(b)规定的范围。委员会在审议审查员的决定时，对以 35U. S. C. 102(b)为由驳回申请的标准作了陈述："根据 35 USC 102(b)规定，在先技术必须充分描述所要求的发明使得相关的公众占有该项发明，如果一个普通技术人员能够结合出版物上有关发明的描述与其自身的知识能够实施该项发明，这样的公众占有是有效的。相应地，即使该项发明在出版物上披露，如果无法使相关技术人员实施，那么这种披露无法作为在先技术。"④委员会认为在本案中，相关的棉花培育技术人员在阅读了公开流通的文章后，为了获得利润而在澳大利亚购买到棉花种子，通过传统的育种技术进行培植从而获得了所要求的发明。因此，审查员根据 35 USC 102(b)驳回专利申请是恰当的。同时，委员会和审查员一再强调没有证据证明事实与相关的种子和参考资料可以公开获得这一情况相反。委员会拒绝了申请人依据 LeG-

---

① Margaret Llewelyn & Mike Adcock. European Plant Intellectual Property. Hart Publishing, 2006：93.

② Yoder Bros. , Inc. v. California-Florida Plant Corp. , 537 F. 2d 1347，1378 (1976).

③ Ex parte Thomson，24 USPQ 2d 1618 (BPA 1992).

④ In re Donohue，766 F. 2d 531，226 USPQ 619 (Fed. Cir. 1985).

rice 案提出的一系列理由。首先，受理 LeGrice 法院也承认每一个案子必须根据自身的特定情况，如植物遗传和植物优生学领域的科技进步将会增加相关领域技术人员的知识，用以假定占有相关发明所需。记录中没有证据表明申请人对相关技术人员培育相关棉花品种提出怀疑。其次，这是无可辩驳的，在申请人提交专利申请一年之前所要求的棉花品种能在澳大利亚购买获得。需要强调的是种子本身的商业性获得能够用于繁殖，这一情况与 LeGrice 案中所讨论的玫瑰的无性繁殖有很大不同。最后，委员会指出 LeGrice 案关注的是一个植物专利，而 Thomson 寻求的是一个发明专利保护，发明专利拥有更为广泛的保护范围。申请人没有就委员会的这一决定提出上诉，因此联邦巡回上诉法院也没有就该案中专利上诉与干涉委员会的决定发表意见。

综上可知，美国专利上诉与干涉委员会在 Ex parte Thomson 中认为，在提交美国申请的 12 个月之前，如果相关的植物曾在美国或美国以外地方出现在出版物上，并且相关的植物品种可以在世界某个地方商业性获得，那么该项专利申请将丧失新颖性。即使这个公开出版物本身没有对该项植物进行充分描述，使相关领域的技术人员能够繁殖这一植物，只要当这种出版物公开与相关繁殖材料的获得共同出现，那么该技术人员将被推定为有能力复制该项发明。这一分析曾被认为"委员会拒绝适用海关与专利上诉法院的早先判例 In re LeGrice 所确定的原则"[①]。AIPLA 甚至认为 PTO 关于 35 USC 102(b)应用于植物发明专利的解释是不恰当的。如果承认一个外国销售与公开出版物的结合可以使相关的植物发明专利丧失新颖性的话，那么一些人就可以挑战很多已获 PTO 授权但相关发明已在提交美国专利申请一年之前就在国外销售的专利（不仅仅是植物专利），这种做法只会促进大量的外国培育和拥有的植物品种进入美国，导致一些美国植物生产商因外国销售而丧失权利金，而不会促进美国的植物研究。正是基于这种观点，AIPLA 提出要给予植物专利以 10 年宽限期的立法修改意见[②]，但这一建议至今尚未通过。

从专利上诉与干涉委员会在 Ex parte Thomson 案中的观点，美国专利与商标局在审查植物发明专利新颖性要件时，基本坚持 In re LeGrice 案中关于植物专利的新颖性标准，但又往前推进了一步，不但考虑到科技发展为社会公众获取相关发明信息的能力提供了支持，还考虑到植物发明专利与植物专利在保

---

① Statement of Vincente. Garlock, Deputy Executive Director American Intellectual Property Law Association(AIPLA) before the Subcommittee on courts, the Internet And Intellectual Property Committee On The Judiciary United States House of Representatives on H. R. 5119, "the plant breeders equity act of 2002", September 19, 2002:3.

② 参见"the plant breeders equity act of 2002"(H. R. 5119).

护范围上的差异,应该说植物发明专利更强的保护效力和更大的保护范围也要求相关的植物发明以更为严格的新颖性要件。美国专利商标局的这种态度,也在督促着所有植物发明的发明人尽早提交发明专利申请。

三、非显而易见性

申请发明专利保护的植物品种必须具有非显而易见性,被"议会明确称为发明的宪法性标准"①。专利授予的非显而易见性要求一项发明必须比一个在实践和商业中所具有普通知识水平的人要有更多的技术和智慧,在决定一项工艺或者方法的显而易见性时,必须从一项发明的权利要求的各个方面来考虑所要求的发明与发明完成时的现有技术之间的不同。根据 35 U. S. C. 103 规定:"相关发明,尽管与本法第 102 条所描述和披露的技术不同,但如果寻求专利保护的客体与现有技术之间的不同是这样一个程度:该客体所处技术领域的一般技术水平的人员看来,该客体作为一个整体,在发明完成时是显而易见的,则不能获得专利。"②如何理解显而易见性在植物专利审查中的具体运用呢? 在 1992 年,美国专利商标局就以非显而易见性为由驳回一项通过传统植物育种技术获得的大豆植株和种子的专利要求,因为按照现有技术的标准这一新的大豆是显而易见的③。该专利申请所要求的大豆植株与作为现有技术下的大豆植株比较,区别之处在于豆荚颜色、软毛颜色以及植株根部抗腐性。专利局认为,在这一技术领域,大豆根部的抗腐性和表型特征能够通过一种大豆与另一种带有希望获得的特征的大豆进行杂交获得,这是众所周知的。

1995 年美国联邦上诉法院审理的 In re Sigco 案④讨论的也是一个植物品种发明专利的非显而易见性问题,但该案的发明所具有的新颖性受到肯定。In re Sigco 案涉及的是美国专利第 4、627、192 号,该项专利在 1986 年 11 月被美国专利商标局授予 Sigco 研究所的 Fick 博士,由 Lubrizol 拥有。在复审修改后,该项专利的权利要求针对遗传稳定不分离的葵花品种系(genetically stable、true-breeding sunflower lines),用该品种生产的食用油,其中的油酸含量丰富。一般来说,传统的葵花油中亚油酸的含量均大大超过油酸含量。油酸含量的增加是人们期望的,因为油酸的抗氧化性比亚油酸的要强,这延长葵花油在高温下的使用寿命以及实用价值。该项专利申请中的所有权利均要求葵花

---

① Jo Lynn Jeter. Agricultural Biotechnology: U. S. Policy Regarding Patent Applicationn. http://www.okjolt.com/articles/2004okjoltrev20.cfm.
② 35 U. S. C. 103,译文参见李明德:《美国知识产权法》,法律出版社 2003 年版,第 39 页。
③ Ex p. C. , 27 U. S. P. Q. 2d 1492 (P. T. O. Bd. App. & Inter. 1992).
④ In re Sigco, 48 F. 3d 1238 36 U. S. P. Q. 2d 1380(Fed. Cir. 1995).

油中的油酸含量大约 80％或者更多,而且纯系育种。大多数权利也要求第三个要素,即亚油酸和油酸比(linoleic acid/oleic acid,L/O)少于 0.09。其他的一些权利要求有诸如种子颜色、细胞质雄性不育或者育性恢复等限制。最后一组权利要求(权利要求 4、5、47、48、56 和 57)还要求油酸含量约为 92％或 94％。1988 年,Lubrizol 的竞争者根据 7 项资料发起对 192 号专利的复审程序,只有三项在审议中:①Fick 在 1985 年曾在美国发表一个关于葵花培育的概述,披露葵花能生产高达 80％的油酸,个别葵花可以高达 90％;②Pukhalsky 在 20 世纪 60 年代和 20 世纪 70 年代公布苏联的葵花培育概述,包括通过化学诱剂技术培育的反常品种可以获得油酸含量高达 70％～75％的葵花品种;③Johnson 披露利用常规同系繁殖技术获得具有半矮特征纯种特征的母本,这可以通过单个主导基因控制获得。复审中,审查员根据 Fick、Pukhalsky、Johnson 和 Barabas 披露的资料,以 35 U. S. C. Sec. 102(a) or (b)新颖性要求为由驳回权利要求 1—6、26—28、43—48、51—57、60、64 和 70,以 35 U. S. C. Sec. 103 的非显而易见性要求为由驳回权利要求 7—25、29—42、49—50、58—59 和 61—62。专利权人修改了所有的权利要求,包括对油酸高含量的纯种培育限制,审查员撤销依据新颖性要求的驳回决定,但将非显而易见性要求的驳回扩展到新修改的权利要求 1—6、26—28、43—48、51—57、60、64 和 70。因此,专利权人上诉至联邦巡回上诉法院。

上诉法院认为,根据 35 U. S. C. Sec. 103,如果所要求的客体与现有技术之间的差别,将所要求的客体作为整体来看,对于该领域的一般技术水平的人来说,在发明时不是显而易见的,该项发明可以获得专利保护。尽管显而易见性是一个法律问题,认为专利上诉与干涉委员会根据一个明显错误的标准作出了显而易见性的判断。上诉中的决定性问题是所要求专利保护的发明与应用 Johnson、Pukhalsky 等披露的传统育种技术达到油酸含量至少高达 80％的现有技术相比,是否是显而易见的。专利所有人认为成功确保高油酸含量的纯种培育特征具有不可预测性,而委员会则认为根据 Fick、Pukhalsky 和 Johnson 的披露认为这一区别是显而易见的。上诉法院认为,专利局应当负责证明相关技术领域的一般水平的技术人员能够根据现有技术结合相关的文献披露实施该项发明,而委员会承认不能将 Fick 看做披露了纯种培育的具有高油酸含量特征的葵花品种,但其同意审查员的结论“在发明产生时,对于该领域的一般水平技术人员来说,进行纯种培育高油酸含量(这一非常渴望的特征)的葵花品种本该是显而易见的”。被引用的技术没有表明油酸含量的特征是纯种培育的,正如委员会所承认的,Fick 披露的资料没有表明 80％的油酸含量是纯种培育的,在 Pukhalsky 那里所披露的 89.5％油酸含量是通过化学诱剂和异花授粉获得的,

Johnson 关于纯种培育保留半矮植株特征的披露没有提到高油酸含量基因型也是通过纯种培育。上述这些信息在相关发明作出时是不知道的。因此,专利局没有就 192 号专利不符合非显而易见性要求提出证据确凿的论证,因为没有参考文献指出高油酸含量是纯种培育的,没有指出低亚油酸和油酸比是纯种培育获得的,也没有指出能够通过纯种培育获得高达 92％ 或 94％ 的油酸含量,这种油酸含量是最高的。另外,部分权利要求除了纯种培育获得高油酸含量的限制外,还附加了种衣颜色、细胞质雄性不育或者育性恢复等限制。因此,上诉法院撤销委员会关于 192 号专利因无法满足非显而易见性要求而驳回专利申请的决定。换句话说,上诉法院认为本案中的 192 号专利申请已经满足了发明专利的非显而易见性要求,可以获得专利的保护。

四、披露要求

根据 35 U.S.C. 112 规定,要求申请人提供一项关于发明的书面描述,以全面、清楚、简洁和精确的术语描述发明的利用方式和使用过程,使任何该领域的技术人员能够制造和使用相同的发明。这里包含两种完全不同的描述要求:一是"书面描述的要求",其目的是证实发明者已经占有其所要求的发明以及真实地发明了其所要求的东西;二是"可实施性要求",确保发明者向其他人传达如何实施和利用所要求的发明。[1] 1993 年底,在 In re Goodman[2] 一案中,美国专利商标局驳回专利申请中某些不确定的针对利用转基因植物制造哺乳肽(mammalian peptide)的权利要求,联邦巡回上诉法院核准了上述驳回决定。Goodman 及其合作者的专利申请要求对在植物细胞中制造哺乳肽的方法进行专利保护,这一发明主要是将哺乳肽的遗传结构融入植物表达传递者,然后进入所有的植物细胞,利用土壤杆菌促成 T-DNA 的转移。Goodman 与其同事在 1985 年曾利用 gamma 干扰素基因进入西红柿植株并申请了专利保护。联邦巡回法院认为,到 1985 年 Goodman 专利申请日为止,单叶子植物的蛋白质制造所要求克服的大量问题在 Goodman 提交的专利说明书中没有进行阐述。法院依据大量的科学出版物,包括其中的一个发明者所撰写的著作,其强调了利用土壤杆菌向单叶子植物转移 DNA 的限制,得出上述结论。Goodman 及其共同发明者此前已经获得了一项关于在双叶子植物细胞中制造干扰素的方法专利。

专利说明书不仅要求充分详细地描述相关的发明使在该领域的一般技术

---

① Jo Lynn Jeter. Agricultural Biotechnology: U.S. Policy Regarding Patent Applicationn. http://www.okjolt.com/articles/2004okjoltrev20.cfm.

② In re Goodman,11 F. 3d 1046 (Fed. Cir. 1993).

人员能够实施该项发明,而且应当提供实施该项发明的最好模式。用语言的方式描述相关的生物体可能是比较困难的,并且可能无法使在该领域的其他人能完全生产相同的有机体。法院认为,可以接受在官方保存机构提交微生物的方式来满足实施和最好模式的要求。[①] 在 Ex p. C. [②]中,专利局就将这一原则延伸到种子,并认为种子在相关官方保存站的提交可以满足发明专利的可实施与最好模式的描述要求。美国细胞菌种库(The American type culture Collection, A. T. C. C.)是美国专利商标局认可的公共保藏中心。但"保存本身不是书面描述的替代,而只能作为申请人书面披露的补充"[③]。也就是说,如果申请人想要为植物/植物品种寻求专利保护,就应向专利局认可的种子保存机构提交有关植物的种子。

第三节 植物发明专利的保护范围与侵权认定

专利的保护范围与侵权认定,可以说是两个极为紧密相关的问题,也可以看做一个问题的两个方面。保护范围是从正面界定一项专利的权利范围有多大,专利权人在该范围内享有排他性的权利。侵权认定则是强调未经许可又不属于法律规定例外的情况下,第三人使用了专利所要求的技术或产品,或者其虽没有直接实施利用行为,却诱导或促成了其他人对专利权的侵权,这就构成了对相关专利的侵权。侵权认定的过程,就是比较专利权保护的范围与第三人实施的技术方案和生产的产品之间异同的过程。这两个问题是专利权保护中的核心问题。

一、保护范围

谈到专利的保护范围必然涉及相关权利要求的解释,也就是说,发明专利的权利要求就是该项专利的保护范围。每项植物发明专利通常具有不同范围的多重权利要求,其中一项权利要求直接针对相关植物。典型的例子如美国专利第4581847号,该项权利要求表达如下:

"一棵能够生长含有内源性自由色氨酸的玉米种子,其色氨酸的含量在每

---

① Richard H. Kjeldgaard and David R. Marsh. Recent Development in the Patent Protection of Plant Based Technology in the United States,[1997] 1 EIPR(Vol 19 issue 1):19.

② Ex p. C. , 27 U. S. P. Q. 2d 1492 (P. T. O. Bd. App. &Inter. 1992).

③ Jo Lynn Jeter. Agricultural Biotechnology:U. S. Policy Regarding Patent Applicationn. http://www. okjolt. com/articles/2004okjoltrev20. cfm.

克干玉米种子中至少占 0.1 毫克,其中的种子能够发芽成一棵玉米植株,该玉米植株能够生长含有内源性自由色氨酸的玉米种子,其色氨酸的含量在每克干玉米种子中至少占 0.1 毫克。"①

上述这一权利要求没有限于一个单棵的杂交种或者近交的玉米系,也没有限于提高色氨酸的原因。尽管所要求的植物确实通过培养组织的选择产生,任何拥有提高了自由色氨酸水平的玉米植株将构成对这一权利要求的字面侵权。该侵权的植株可能是采用从传统育种技术到分子技术等各种方法将染色体相关的元素稳定地融入植株,从而导致了色氨酸的提高。在这一专利申请中,还有一些其他的权利要求,直接针对玉米种子以及从具有高产色氨酸能力的植株培育而来的培养组织系。申请人还可设置方法权利要求,针对培育玉米植株,或者培养组织系的方法以及该植株的使用方法等。在某些情况下,植物基因、植物病毒以及植物细胞本身均可以申请专利保护。这样的植物专利权利要求就相当广泛了,当然其保护范围也随之变广。

对植物新品种的更为典型的权利要求是直接针对那些保存在 The American type culture Collection(A. T. C. C.)的种子,其权利要求一般如下表示:

"(1)命名为 ABC 的 miscanthus 系种子,即可在 A. T. C. C. 获得的第 XXYYZ 号种子。

(2)由权利要求(1)的种子长成的 miscanthus 植株以及上述 miscanthus 植株的部分。

(3)具有 x 显性特征的 miscanthus 植株,其中上述 miscanthus 植株的至少一个亲本为权利要求(2)所说的 miscanthus 植株。"②

还有一些权利要求详细针对一种转基因植物,美国专利第 20070250961 号就是一个针对转基因植物的权利要求,其表达如下:

"133. 一种转基因植物,其基因组通过一个重组的多(聚)核苷酸得到扩大,该多(聚)核苷酸至少编入一个与启动子序列关联运转的木质纤维素酶,在植物中的表达得到最优,能够产生比总可溶蛋白质 0.5%、5%、10% 或者 20% 甚至更多的木质纤维素酶。

154. 权利要求 133 所称的转基因植物可以从以下植物群中选择:玉米、杨

---

① "A maize plant capable of producing seed having an endogenous free tryptophan content of at least about one-tenth milligram per dry seed weight, wherein the seed is capable of germinating into a plant capable of producing seed having an endogenous free tryptophan content of at least about one-tenth milligram per gram dry seed weight." 引自 Michael R. Ward and Tomothy Young. Protection Inventions Involving Biofuel Feedstock. Morrison Foerster,2008(1).

② Michael R. Ward and Tomothy Young. Protection Inventions Involving Biofuel Feedstock. Morrison Foerster,2008(1).

柳稷、高粱、甘蔗、杨树、松树、小麦、水稻、大豆、棉花、大麦、草皮草、烟草、竹子、油菜、糖用甜菜、葵花、柳树和桉树。"[1]

这样的权利要求可以为潜在新品种提供非常有效而广泛的保护范围。Monsato 公司就曾拥有品种广泛的欧洲专利,在该项专利因可专利问题被撤销[2]之前,相关权利要求几乎覆盖了经过基因修正的所有大豆品种。

二、侵权认定

知识产权领域的侵权是一个广泛概念,包括任何未经许可制造、使用或者销售受专利保护的发明,不论侵权者是否故意"复制"相关的发明或是否知道相关专利的存在。也就是说,在确认是否侵权的问题上,采用的是无过错原则,不管行为人的主观状态如何,只要其实施了专属于专利权人的行为,又不属于法律规定的例外,即构成侵权。从理论上来说,专利侵权可以分为字面侵权和等同侵权。字面侵权要求被控侵权物包含了专利权的所有权利要求。在等同侵权的情况下,即使不存在字面侵权的情况下,也可以被认定为侵权,因为等同侵权原则允许专利权人反对那些实质上相同的发明。但联邦巡回上诉法院在2000 年的 Festo 一案[3]中对等同侵权原则作了限制性的解释,任何对与法定要件相关的权利要求修改将导致与该项权利要求相关的等同性的完全排除。[4] 这一判决对专利侵权诉讼产生深远影响。尽管 J. E. M. 案涉及了植物发明专利侵权的问题,但其重点是植物发明专利的获得问题,也就是可专利性的问题,而不是植物发明专利侵权的认定问题。下面,通过与孟山多有关的两个案例来具体讨论有关植物发明专利侵权认定的相关问题。

(一)Monsato v. McFarling

Monsato v. McFarling [5]是经美国联邦巡回上诉法院审理的涉及与植物有关的发明专利侵权的典型案例。在本案中,主要涉及 Monsato 根据 Roundup Ready® 技术在大豆中应用的两项专利。第一项是美国专利第 5633435 号(简称"435 号专利"),该专利与嵌入修正 EPSPS 酶的基因有关,其权利要求包括嵌

① Michael R. Ward and Tomothy Young. Protection Inventions Involving Biofuel Feedstock. Morrison Foerster,2008(1).

② EPO301749.

③ Festo Corp v. Shoketsu Kinzoku Kogyo Kabushki Co. ,234 F 3d 558 56 U. S. P. Q. 2d 1865 (Fed. Cir. 2000).

④ Michael R. Ward, Morrison & Foerster. Protecting and Defending Inventions Involving Plants. The 2nd annual spring meeting of the business law section and the intellectual property section of the state bar of California, April 27—29, 2001, Hilton Jolla, Torrey Pines.

⑤ Monsanto Company v. Homan Mcfarling,363 F. 3d 1336 (Fed. Cir. 2004).

入"独立 DNA 分子"的抗草甘膦植物细胞、包含该植物细胞的抗草甘膦植物、该抗草甘膦植物的种子、特定的转基因大豆植株以及生产含有抗草甘膦能力的转基因植物的方法等。另一项是美国专利第 5352605 号（简称"605 号专利"），与基因修正植物细胞中的特定启动子有关。该启动子位于蛋白质编码的 DNA 序列附近，能够部分识别细胞单元能产生多少蛋白质，该专利的权利要求是包含该启动子的 DNA 序列和植物细胞。Monsato 公司与那些将该修正基因注入相关植物品种的种子公司签订了技术许可协议，要求种子公司与购买这些种子的种植户也签订相关许可协议。1998 年版本的协议规定，种植户利用购买的种子进行商业性种植一个季节，不得向其他人出售相关的种子，也不能保存任何种子，以及不得向任何育种研究、种子测试和类似用途提供相关种子。协议中还规定种植户违反协议应支付的赔偿金等。McFarling 在 1998 年签订了一份购买 100 包大豆种子的协议，然后相关的种子经保存后，分别在 1999 年和 2000 年进行再次耕种，同时他还将种子送到第三方处进行处理。Monsato 提取了相关的种子样本，经独立的第三方进行鉴定，证明这些材料中包含了 Monsato 受专利保护的基因。2000 年 1 月，Monsato 向密苏里州东部地区法院起诉 McFarling 侵犯其专利权并违反技术协议，以及请求临时禁令。McFarling 以 Monsato 违反《植物品种保护法》、联邦反垄断法、专利滥用和首次销售用尽原则进行抗辩，但没有挑战专利的有效性。地区法院否认这些抗辩并判决 McFarling 的行为构成了对 Monsato 专利的侵权，并违反了相关的许可协议。McFarling 认为地区法院在涉及其专利滥用抗辩、反垄断反诉、依据 PVPA 的抗辩以及损害赔偿问题上的判决不当，不服提出上诉。

　McFarling 认为 Monsato 滥用了专利权将其延伸到未获专利保护的种子上，因为其将一个未获专利保护的产品与一个专利保护的产品强制联系。用 McFarling 的话说是"禁止保存种子，Monsato 将其在一个基因技术上的专利延伸到一个未受专利保护的产品（种子），或者说上帝造就的大豆种子并没有在这一专利范围之内"。法院认为，未获得专利保护的这种大豆种子的市场是存在的，McFarling 本可以购买到未经基因修正的大致相同的大豆种子，但是其没有这样做。Monsato 拒绝允许保存含有其基因专利的种子并没有超出其专利权的范围，因为 McFarling 种植和收获的第一代种子与其试图用作消费品销售的第二代种子和他打算再次耕种的种子是相同的。这样，技术协议并没有根据许可限制购买种子的使用，而是限制根据许可产品制造的产品的使用。该权利属于 Monsato 所享有的专利权的范围。McFarling 认为，PVPA 没有明确议会打算在发明专利许可中禁止保存种子，也就是说，议会本打算将保存种子的豁免同样应用到植物材料的在发明专利上。上诉法院认为这一论点不具说服力，根据最高法院在 J. E. M. Ag 案中的解释,发明专利和 PVPA 是相互共存,并且规定相互独立。议会没有打算禁止发明专利所有人在其许可中禁止保存种子的权利,即在发明专利的保护中没有保存种子的例外。上诉法院还讨论了 Mc-Farling 提出的其他问题。

由这一案例可知,美国专利法与 PVPA 是两种完全不同的涉及植物发明的法律保护机制,各自的授权条件和保护范围互不影响,PVPA 下的豁免条件不能适用于发明专利。相对于 PVPA 对植物发明的保护来说,发明专利的保护范围要广、程度更深,植物基因专利的权利要求可以囊括含有该基因的细胞、含有该细胞的植物、由该植株产生的种子以及由该种子产生的植株等。

(二)Monsanto Company v. Scruggs

在 Monsanto Company v. Scruggs 一案①中,Monsanto 拥有美国专利 No. 5352605,该专利将一个由 35S 菜花马赛克病毒启动子(35S cauliflower mosaic virus ("CaMV") promoter)构成的合成基因注入植物 DNA 获得抗除草剂能力。Monsanto 还拥有美国专利 Nos. 5164316 和 5196525 以及 5322938,合称"the McPherson patents",用以增强植物的抗虫性。"the McPherson patents"通过披露增强型的"CaMV"启动子大大拓展了 605 的专利范围。Monsanto 利用其专利技术培育了抗草甘膦灭草剂的大豆和棉花,以 Roundup Ready 大豆和 Roundup Ready 棉花进行销售,并将相关专利技术从 1996 年开始许可给种子公司,同时规定种子公司不能将含有相关技术的种子出售给种植者,除非签订 Monsanto 许可协议。该协议规定,这些包含专利技术的种子仅供种植者一次商业性种植,禁止将种子转让给第三人和再次种植,禁止研究和试验豁免,并依要求支付技术费。Scruggs 购买了 Roundup Ready 大豆和 Roundup Ready 棉花种子,但没有签订相关的许可合同,种植了这些购买的种子后,又利用收获的大豆和棉花种子进行再次种植。Monsanto 指控 Scruggs 的行为侵犯了 605 专利和 McPherson patents 专利。密苏里州北部地区法院判定侵权成立,并颁发临时禁令,禁止 Scruggs 进一步销售和利用含有 Monsanto 生物技术专利的种子。Scruggs 否认侵权并要求宣告上述专利无效,提出上诉。

美国联邦巡回上诉法院认为,在这一案件中,Monsanto 只有证明 Roundup Ready 大豆和棉花种子为 605 专利和 McPherson patents 专利所覆盖,并且 Scruggs 利用这些种子的方式侵犯了专利权时,相关的侵权才能成立。在初审中,Scruggs 承认下列事实:

(1)购买了 Roundup Ready 大豆种子和 Roundup Ready 棉花种子。

---

① Monsanto Company v. Scruggs,04-1532, 05-1120,-1121(Fed. Cir. 2006).

（2）没有从 Monsanto 处获得许可。

（3）从收获的种子中保存了上述品种的种子用于未来种植。

另外，法院还指出 Monsanto 的科学测试显示 Scruggs 的大豆和棉花作物包含了 Monsanto 的专利技术。Scruggs 还提出一些抗辩理由：

（1）Monsanto 的生物技术和长在 Scruggs 土地上的植物没有为涉诉的专利所覆盖。

（2）Monsanto 的检测结果具有瑕疵。

（3）专利权用尽。

（4）默示许可。

（5）专利权无效。

（6）专利滥用，等等。

上诉法院依次分析了这些抗辩。

1. 基因专利的保护是否涵盖相关种子

Scruggs 认为，在 Roundup Ready 大豆种子中的 CaMV 35S 启动子序列不同于并且短于来自 605 专利中 CaMV 的 CM4-184 链启动子，因此 605 专利没有覆盖 Roundup Ready 生物技术。但法院指出，605 专利说明书明确说明在发明中将利用不同的 CaMV 链，605 专利说明书提到 Roundup Ready 大豆种子中的 CaMV 35S 启动子序列在一小打核苷酸上不同于 CaMV 的 CM4—184 链这一事实。另外，Scruggs 没有针对初审法院关于 605 专利权利要求的解释上诉，该专利覆盖"从由 35S 菜花马赛克病毒启动子或 19S 菜花马赛克启动子组选出的启动子元素"，这样法院认定 605 专利普遍包括了来自 CaMV 的启动子，不仅仅限于 CM4-184 链。在 Roundup Ready 种子上使用的启动子与 CaMV 35S 启动子公布的序列信息相匹配。Roundup Ready DNA 的删除强化了注入棉花和大豆 DNA 中的 DNA 区域，而不是启动子区域。因此，605 专利覆盖了 Roundup Ready 种子。

2. 关于专利权用尽

上诉法院认为 Scruggs 没有就 Monsanto 的检测结果有瑕疵提供证据，只是一种可能性的假设，不予支持。Scruggs 强调其是在没有限制条件下购买 Monsanto 种子，因此根据专利权用尽原则有权以不受限制的方式利用这些种子。法院认为，专利权用尽或首次销售用尽是指在专利权覆盖的产品被首次无条件地销售之后，专利权人就对这一产品丧失了基于专利权的控制。但专利权用尽原则并不适用于本案，这里不存在没有条件限制的首次销售，所有种植户对种子的利用都是以获得 Monsanto 的许可为条件的。而且，专利权的首次销售用尽原则不涉及类似从未曾销售的原始种子上长出的新种子。本案中，不存在第二代种子销售给 Scruggs 的事实,这里也就没有所谓的专利权用尽问题。一项能够自我复制的专利技术不能给予购买者利用这些复制技术的权利。如果将首次销售原则应用于能够自我复制技术的后代,专利权人的权利也就随之摘除了。

3. 关于默示许可

Scruggs 认为其已经获得了 Monsanto 的默示许可。法院认为默示许可的成立条件可以通过销售的条件明确暗示许可的授予被推理出来,本案中,Monsanto 要求所有的被许可人将相关的通知贴在 Roundup Ready 种子包装上,告知该种子获得美国专利保护,购买了种子并不意味着获得相关许可,相关的许可应在使用种子前向 Monsanto 获得。这一事实是没有争议的。此外,种子的销售商没有权利许可他人利用 Monsanto 生物技术的权利,也没有许可他人利用相关种子的权利。这些情形表明,Scruggs 没有获得利用 Monsanto 生物技术发明的默示许可。

4. 关于专利权无效抗辩

Scruggs 坚持 605 号专利和 McPherson 专利没有满足书面披露要求而应当无效,Monsanto 本应当指出包括启动子的具体 DNA 序列,并提供为何在专利中没有包括具体启动子的原因。这一论点没有获得法院支持。因为在提交专利申请时,该领域的一般水平的技术人员知道 CaMV 病毒链的 DNA 序列,CaMV 启动子的位置以及一些 CaMV 35S 启动子的 DNA 序列。根据这些技术知识,在 605 号专利中包括具体基因序列是没有必要的,只要指出 CaMV 35S 启动子就可以符合书面描述要件。另外,605 号专利的生物材料保存在美国细胞菌种库(ATCC),可以被公开获得。法院基本也以相同的理由陈述了 McPherson 专利也符合书面披露要求。

Scruggs 还指出 605 号专利不可实施,因为权利要求没有指向特定的基因序列,仅在说明书中描述了全部种类 CaMV 启动子作为例子。法院认为,根据上述讨论,说明书描述了多个 CaMV 启动子,专利所指向的包括 CaMV 链的生物材料能够获得用以实施发明。由于该领域的技术水平以及有关 CaMV 信息的公开获得,对于该领域一般水平的技术人员来说,不需要具体的基因序列也能够理解如何实施和利用这一发明。尽管在某些情况下,如某领域技术水平很低并且有关 DNA 信息很少能公开获得的情况下,只有指出具体 DNA 序列才满足可实施的要求,但这里不需要这样,因为 CaMV 已被完整记载。

5.关于专利权滥用

在初审中,Scruggs 指出 Monsanto 的商业行为违反了联邦和州的反托拉斯法,构成了专利权的滥用。这些被指控的具体行为包括 Monsanto 种子种植者激励项目、种子伙伴许可协议、种子种植者许可协议以及被指控拒绝出售没有 Bollgard 特征的 Roundup Ready 棉花种子。种子种植者许可协议包括一项排他性规定,禁止再种植、禁止科研豁免以及支付技术费。1996—1998 年的种植者许可协议还规定,如果种植者选择利用与 Roundup Ready 种子有关的草甘膦除草剂,就必须使用 Roundup 除草剂。在那时,Roundup 是经环保部门批准的草甘膦除草剂。种子种植者激励协议是给予那些在含有 Roundup 技术的作物上选择排他性使用 Roundup 除草剂的种植者,以参与分享种植者自愿的额外利益。种子伙伴许可协议要求那些使用草甘膦除草剂的种子种植者应使用 Roundup 除草剂。初审法院认为,Monsanto 的禁止再次耕种政策不应成为反垄断法的审查对象,因为根据专利法这一政策是有效的,属于专利权的范围。技术费的收取也属于专利权的范围。禁止研究豁免政策和 Monsanto 拒绝种子伙伴将 Roundup Ready 特征与竞争对手培育的转基因特征进行叠加是防止落入专利垄断范围的禁止利用区域,因此也是合法的。上诉中,Scruggs 再次强调 Monsanto 的上述行为是一种非法的反竞争行为。上诉法院认为,Monsanto 有权排除他人未经许可制造、使用,或者销售其受专利保护的植物技术,并且该禁止再次种植政策只是简单地阻止购买再次种植相关种子,这些种子是利用受专利保护并且能够自我复制的生物技术生产的。因此,这种限制是根据专利法有效行使专利权的一种方式。Monsanto 统一收取的技术费实质是一种权利金,属于专利权的权利范围。禁止研究政策也属于专利权的保护范围。此外,种植者激励项目是选择性的,而非强制性的,同时也没有证据证明 Monsanto 将包含 Roundup Ready 基因的棉花种子与含有 Bollgard 特征的棉花种子捆绑销售,Monsanto 同样也出售没有 Bollgard 特征的棉花种子。因此,Monsanto 的行为不构成专利滥用,Scruggs 的侵权抗辩无效。

本编小结:美国植物品种保护制度的特点

通过上述讨论可以看出,美国植物发明保护制度分别由植物专利、植物品种证书以及发明专利构成,之所以形成世界上独一无二的这种保护制度,与美国早期的植物育种状况紧密相关。直到 1924 年,美国农业部种子分配项目才得以停止,在此之前,美国的种子产业几乎一直在争取种子的贸易自由,而不是像同时期的苗圃业一样,在为培育的新品种争取知识产权保护。这是美国1930年《植物专利法》出台的社会背景,也是美国为何仅选择为无性繁殖的植物提供知识产权保护的原因之一。《植物专利法》制定40年后,为有性繁殖的植物提供知识产权保护(即植物品种证书保护)的《植物品种保护法》才正式制定。这除了受当时欧洲制定UPOV公约的影响外,主要归功于美国种子产业的推动,尤其是美国种子联合会(ASTA)的积极努力。在这两部法律的制定和修订过程中,可以很明显地看到相关产业在推动立法发明的力量。

与植物专利和植物品种证书确定的保护机制形成不同,美国将发明专利用于植物品种/植物创新的保护机制,主要是由美国法院进行推动的。如果说1930年的《植物专利法》是美国专利制度的第一个蜕变:国会认为,能否授予专利保护的客体的"相关区别不在于有生命体与无生命体之间的区别,而在于自然产品,无论是否有生命以及与人造发明之间的区别",从而突破了专利授予的"自然产品规则"限制,为植物专利的合法性提供了依据;那么1980年的美国联邦最高法院关于Diamond v. Chakrabaty案的判决则是美国专利制度的另一次蜕变:联邦最高法院认为基因工程制造的微生物属于35U.S.C.A.101规定的"产品"或"物质合成",也为基因工程生物材料和植物/植物品种授予专利保护打开了大门。由此,美国进入由植物专利、植物品种保护证书和发明专利共同为植物品种提供保护的历史阶段。

美国植物发明保护制度的核心问题是植物专利、植物品种保护证书和发明专利之间相互交错的关系,这也是曾经困扰美国法院的重大问题之一,无论是1980年的Diamond v. Chakrabaty案、1985年的Ex parte Hibberd案,还是2001年的J.E.M. AG v. Pioneer Hi-Bred案,相关法院的判决均围绕这一问题展开了详细的讨论。总的来说,1930年《植物专利法》仅为无性繁殖的植物,不包括茎块繁殖的植物提供植物专利保护;1970年《植物品种保护法》为有性繁殖的植物,包括茎块繁殖和第一代杂交种提供由农业部颁发的植物品种保护证书的保护;《发明专利法》则为所有符合专利授权要件的植物品种提供发明专利保护,即只要相关的植物品种发明能够符合35U.S.C.A.101和112所规定的严格的可专利标准,就可以获得发明专利的保护。更为经典的莫过于美国学者Kevin M. Baird的总结,"PPA、PVPA和发明专利法这三部法律提供了重叠保护但互不排斥,植物新品种的发明者可以根据每一法律申请保护,同时从每一种保护中受益"①。这也是联邦最高法院在J.E.M. AG案中通过判决表明的

---

① Kevin M. Baird. Pioneer Hi-Bred International, Inc v. J.E.M. AG Supply: Patent protection of plants grows under the Supreme Court's latest decision. Journal of Law, Technology & Policy [Vol]20, 2002:280.

看法①。

通过详细考察基本可以发现,美国对植物品种保护采取的是"强发明专利弱品种权"的保护策略。尽管植物专利和植物品种证书的适用范围分别限于无性繁殖和有性繁殖的植物,保护的权利范围上也比较狭窄,尤其是植物品种证书的保护,为农民留种和育种及科研获得预留了权利行使的例外,但发明专利却为所有类型的植物/所有类型的植物发明提供了全面保护。

事实上,美国《植物品种保护法》所给予的品种权保护水平,既不同于UPOV 1991文本规定的育种者权,也不同于欧共体植物品种权。首先,美国植物品种保护证书仅适用于有性繁殖的植物;其次,美国品种保护证书所保护的客体基本限于种子/繁殖材料,而没有像UPOV 1991文本和欧共体植物品种权将保护范围从繁殖材料延伸到收获材料,以及由相关收获材料直接制成的产品,如果相关权利人没有合理机会在前一阶段行使相关权利的话;再次,美国品种保护证书保护提供了更多的权利限制和例外,包括私人非商业性、在先培育和生产、研究豁免、中介豁免等,尤其是保存种子种植豁免。与欧共体植物品种权相比,美国规定"保存种子权利"(right to save seed)具有更大的豁免范围。《欧共体植物品种保护条例》规定的"农民保存种子的权利"(farmer save seed)对"小农民"和"农民"进行区别,只有"小农民"才享有保存种子的豁免权利,而美国《植物品种保护法》没有将保存种子的权利限于"农民",而是规定"一个人"(one person)可以保存由其通过合法获得的种子进行生产得到的种子用于种植的目的,或者利用这些保存的种子在自己的农场里生产粮食,或者用于以消费目的的销售,不构成对相关受保护品种所有人的侵权。在受保护品种的范围上,欧盟将农民保存种子的权利限于明确规定的农作物种类范围,而美国对此没有限制,只要是有性繁殖的植物。美国《植物品种保护法》在1994年修订之前,还规定一个人不但有保存自己农场收获种子用于种植的权利,还有将保存的种子出售给邻居种植的权利,1994年的修订才取消了向其邻居出售种子的权利。

一直以来,美国发明专利因其强大而较为稳定的专利权效力而备受发明者和相关产业的青睐,植物育种工业也一直渴望能够通过发明专利保护相关的植物发明。与植物品种权的保护相比,发明专利的效力不会受到"研究/育种者豁免"和"保存种子权利"的减损,同时在一项发明专利中还可以提出多个产品权利要求,如对相关植物的植株、植物品种、转基因植物、培养组织、植物基因、植物病毒以及植物细胞的权利要求,也可以设置方法权利要求,就培育玉米植株,

① 参看 J. E. M. AG Supply,inc. v. Pioneer Hi-Bred International, Inc,534 U. S. 124, 122 S. Ct. 593, 151 L. Ed. 2d (2001).

或者培养组织系的方法以及该植株的使用方法要求专利保护。甚至,以一个转基因植物的权利要求为例,可以囊括多种植物,如"154 权利要求 133 所称的转基因植物可以从以下植物群中选择:玉米、杨柳稷、高粱、miscanthus、甘蔗、杨树、松树、小麦、水稻、大豆、棉花、大麦、草皮草、烟草、竹子、油菜、糖用甜菜、葵花、柳树和桉树"。[①] 由此可见,美国从 20 世纪 80 年代就已经开始为育种产业/生物技术产业提供了强大的知识产权保护,这大概就是美国生物技术产业在那时开始蓬勃兴起的重要原因。这也是造成当时欧共体生物技术产业投资"离域"危险的重要原因,促使 EPO 在 20 世纪 80 年代后探索实施积极专利保护政策,以及推动欧共体委员会开始制定《生物技术发明保护指令》。

---

① Michael R. Ward and Tomothy Young. Protection Inventions Involving Biofuel Feedstock. Morrison Foerster,2008(1).

第二编 欧盟植物品种保护制度研究

　　尽管美国是世界上最早为植物发明提供知识产权保护的国家，但欧洲各国对于如何保护植物发明问题的讨论，早在制定《保护工业产权巴黎公约》时就已经开始了。但由于各种错综复杂的历史原因，欧洲选择了一种不同于美国的植物品种保护方式，通过缔结《国际植物新品种保护联盟公约》开辟了一条独立于传统专利的保护道路，即采用专门的育种者权保护制度来激励植物育种创新以及保护育种者的权利。毋庸置疑，欧洲是植物新品种保护专门制度的发源地。本编分四章讨论欧盟植物发明的保护问题：首先考察欧洲对植物育种保护方式的选择历史，探究欧洲当时缔结 UPOV 公约，采用育种者权保护植物新品种的原因及其背后推动力量；其次以《欧共体植物品种保护条例》(2100/94) 为例，考察欧盟现行植物品种保护制度的运行情况、欧盟植物品种权的授权条件、保护范围及其例外以及侵权认定等具体问题；再次以欧洲专利局的有关植物发明专利保护实践为例，通过若干案例来讨论欧洲专利局对植物发明保护的立场演变；最后以《欧盟生物技术发明保护指令》(98/44) 为主导，讨论欧盟目前对与植物发明有关的生物技术发明保护的态度，尤其关注欧盟植物新品种保护与生物技术发明保护之间的协调问题。

第四章 欧洲植物品种保护的缘起及其发展

　　欧洲国家为植物育种提供法律保护的历程,最早可以追溯到1883年制定的《保护工业产权巴黎公约》,随后各国开始了通过私法保护植物育种创新的尝试,直到1961年通过《国际植物新品种保护联盟公约》(UPOV公约),选择独立于专利权的育种者权为植物新品种的创新提供保护。如果说UPOV公约是欧盟现行植物品种保护制度的真正起源,那么欧洲国家在19世纪末20世纪初为植物相关的发明(plant-related inventions)提供保护所做的一系列努力和尝试则是促成UPOV公约诞生的重要基础。本章主要考察欧洲植物品种保护相关的历史,旨在探究欧洲国家是如何从模糊地要求为植物有关发明提供知识产权保护转变为明确地为植物品种保护,如何从传统的专利保护发明的思维转变为寻求专门体系(suigeneris system)为植物品种的发明提供保护,以及如何促成UPOV公约文本的不断修订直至《欧共体植物品种保护条例》的出台。

第一节 植物发明法律保护的最初探索

　　很多学者认为,在欧洲为植物材料(plant material)提供保护的首次正式要求可以追溯到《保护工业产权巴黎公约》(即《巴黎公约》,International Convention for the Protection of Industrial Property,Paris Convention)制定的年代①。

---

　　① Margaret Llewelyn & Mike Adcock. European Plant Intellectual Property. Hart Publishing,2006:136.

一、巴黎公约

1883 年签订的《巴黎公约》第 1 条(3)规定:"工业产权应做最广义的理解,不仅适用于工商业本身,而且也应同样适用于农业和采掘工业以及一切制成品或天然产品,例如酒类、谷物、烟叶、水果、牲畜、矿产品、矿泉水、啤酒、花卉和面粉等。"①该条款被 Tony Howard ②认为,这是"为有生命的物质提供知识产权保护的首次尝试"③,甚至有人深信这"暗示了农业领域含有生命的物质发明,如类似植物和动物,是专利渴望保护的目标"④。但是,在对该条约进行这样的推测时,应当考虑《巴黎公约》涉及了一系列工业产权,而不仅仅只有专利权,无法单从文本上推断公约的制定者希望将植物或动物等有生命的物体纳入专利的保护范围。因为,"发生在巴黎公约刚生效时期的有关植物育种的'发明'无法达到发明专利应具备的'新颖性'(novelty)和'发明步骤'(inventive step)等基本要件"⑤。

同在 1883 年,法国制定《专科植物保护法》(Specialist Plant Protection Law)⑥为植物材料(Plant Material)提供保护。这是法国努力为植物育种提供保护的第一次不成功的尝试。1904 年,法国果树栽培协会(the Pomological Society of France)在一次国际大会上提出应为植物产品(plant products)提供保护,要求对植物新品种(new varieties)进行检测和登记(examine and register),并颁发证书(certificate)授予育种者(breeder)对该植物新品种的繁殖(propogation)以一定期限的排他权(the exclusive right)⑦。这一次的尝试依然没有成功。1911 年法国还进行了这种不成功的努力。据有关资料,德国的育种者在

---

① 参见 the Paris Convention(of March 20, 1883, as revised at Stockholm on July 14, 1967, and as amended on September 28, 1979), Article 1(3).

② Tony Howard:1976 年毕业于英国剑桥大学自然科学专业,1978 年成为一名英国专利局(现为 The UK-IPO)审查员,2007 年至今任命为部门间的听证官员和分部主管,主要负责化工、生物技术以及机械发明领域的专利审查工作,并积极从事英国专利法及其实践的研究和推动工作。

③ Tony Howard. The Legal Framework Surrounding Patents for Living Materials. Johanna Gibson. Patenting Lives:Life Patents,Culture and Development. Ashgate, 2008:11.

④ Bent et al. Intellectual Property Right in Biotechnology Worldwide. Macmillan, 1987:41.

⑤ Margaret Llewelyn & Mike Adcock. European Plant Intellectual Property. Hart Publishing, 2006:249.

⑥ 参见 Margaret Llewelyn & Mike Adcock. European Plant Intellectual Property. Hart Publishing, 2006:137. 注 4"Law of November 1883,Plant Protection Law",目前尚无进一步资料证实该法的确切内容。

⑦ Gert Würtenberger, Paul Van Der Kooij, Bart Kiewiet, Martin Ekvad. European Community Plant Variety Protection. Oxford University Press,2006:2. 对于这次召开会议的时间,另一资料有不同记载,认为是 1903 年。

1914 年也试图寻求类似保护,但也没有成功。

为何这些国家在这一阶段为植物育种寻求法律保护均告失败呢? 这与当时育种技术的发展状态以及人们对专利法上的"发明"(invention)概念的认识紧密相关。首先,"直到分子生物学(molecular biology)的出现与发展,大多数育种者才能利用传统的孟德尔杂交育种方法之外的技术进行育种"①。也就是说,在分子生物学创立并有效利用之前,农业育种仍然依靠传统的生物方法进行,而"植物育种从 20 世纪 20—30 年代开始摆脱主要凭经验和技巧的初级状态"②。因此,此前的植物育种在技术上无法实现对传统育种技术的实质性突破,主要依赖外部观察来实现孟德尔遗传规则在育种活动中的应用。这使普遍的植物育种活动无法达到专利法上有关"发明专利"的"新颖性"(novelty)和"发明步骤"(inventive step)等要件。其次,在当时,尽管在园艺和观赏领域的私人植物育种有所发展,但农业育种活动主要依靠公共资助实现。此外,当时专利法上的"发明"一般被认为是针对人工的行为或是无生命的东西,而植物育种更多的是借助自然规则完成,新的植物品种是自然的产物。因此,在这一时期,欧洲国家为植物育种及其产品提供法律保护的社会基础尚未成熟,对希望法律保护的对象(到底是植物材料(plant material)、植物产品(plant products),还是植物新品种(new varieties)提供保护)尚不确定,希望采取的法律保护形式(私法还是公法)也没有统一。

二、法国的私人财产权保护

到 20 世纪 20 年代之后,欧洲国家对植物育种的保护情形发生了重大变化③。1922 年法国在一项法令④中承认应为植物(plant)提供私人财产权(private property right)的保护,并规定了品种登记与控制种子流通的机构。这是法国首次以法规形式对植物育种提供保护的首次尝试。结果证明这种做法是不切实际的。因为,对农作物品种的登记系统和首次检测体系不能排除第三方从育种成功品种的收获(harvest)中获得种子(seed),并自由处理种子的行为。这样,育种者们进一步要求国家为植物育种提供恰当的法律保护,相当于专利权保护那样,授予育种者对任何利用其培育品种(varieties)的行为要求补偿的

---

① Margaret Llewelyn & Mike Adcock. European Plant Intellectual Property. Hart Publishing, 2006:135.

② 胡延吉:《植物育种学》,高等教育出版社 2003 年版,第 4 页。

③ 有资料称,捷克(Czench)政府在 1921 年曾以育种者权(Breeder's Right)的形式为特定植物(specific Plant)提供保护,但有关该权利的信息没有对外公布。

④ Le Décret' dated 5 December 1922. 参见 Gert Würtenberger, Paul Van Der Kooij, Bart Kiewiet, Martin Ekvad. European Community Plant Variety Protection. Oxford University Press, 2006:2.

权利。1932 年,法国建立植物培育品种名录,并规定进行商业种植的植物首先应进入该名录。1933 年,法国重新修订有关法律,直到 20 世纪 50 年代,法国仍然没有为育种者提供法定权利。实践中,育种者可以通过商标法与政府批准的自动许可制度的双重使用,就其培育品种的种子销售要求特许权使用费(royalty)。但这些不是国家授予育种者的法定权利(state granted rights)①。获得这种安排的对价(quid proquo)是农作物的育种者不能销售其培育的种子除非获得政府的批准,同时相关品种还必须将进入官方品种名录(the official catalogue of varieties)。相关品种必须显示出特别(distict)、一致(uniform)以及稳定(stable)的特性和培育价值(cultural value)是进入该名录的前提条件,上述条件需由法国国家农业研究所(the French National Institute for Agricultural Research,INRA)通过生长试验进行判定。一旦成功,则育种人即可获得一项持续 10 年的"权利",之后还可以续展 5 年。对于观赏性植物的保护则有些许不同,只要其具备新颖性要件就可以获得专利保护,该项权利可以持续 17 年。为此法国还成立一专门机构(the CGLV)以协助育种者进行许可和收取特许费,该机构后来就是 SICASOV 集团,主要从事法国市场的种子许可证管理业务。

三、德国的知识产权保护

与法国的植物育种保护情形相比,德国似乎更早地向植物育种行为开启知识产权保护大门。1922 年,德国最高法院就开始允许就某细菌的培育方法(a process for breeding bacterium)授予专利②,判决指出,这种保护应不限于如此低层次的发明(such lower order inventions)。到 1932 年,德国专利法中的"发明"(invention)概念已经包括了植物(plant)③。1934 年,德国制定了专门的植物保护立法(specific plant protection legislation),并且,在理论上允许对植物给予专利保护(patent protection),如当时的政策允许为微生物(micro-organisms)和其他自然产物(other products of nature)提供专利保护。1953 年,德国颁布《植物品种及种子保护法》(Law on the Protection of Varieties and the Seed of Culti vated Plants 1953),为育种者提供保护,但不包括观赏植物的育种者。相关品种具备特异性、稳定性以及具有农业和园艺价值的,经过生长试验

① Margaret Llewelyn & Mike Adcock. European Plant Intellectual Property. Hart Publishing, 2006:139.

② Decision of 12 June 1922, 1922BI F PMZ, 6, also discussed in Bent et al. Intellectual Property Right in Bi otechnology Worldwide. Macmillan, 1987:43.

③ Decision of 19 September 1932, GRUR 1932 1114.

和官方品种登记办后，就可以获得授权。联邦植物品种办公室(the Federal Va-rieties Office)具体负责授权事宜。该权利可持续 12 年，期满后，经育种者申请，可以续展 12 年。

四、英国的植物育种保护

与法国和德国相比，英国的植物育种保护起步较晚。英国一直既没有为植物材料(plant material)提供专利保护，也没有其他形式的法律保护，直到 20 世纪 50 年代后期受相关的国际活动影响后才开始进行相关的讨论。尽管在 1920 年，英国曾制定过《种子法案》(a Seed Act)，但是该法案没有为育种者提供任何权利，反而规定任何新品种均属公共财产只要其种子在市场上销售。1954 年，英国政府任命一个由种子贸易委员会组成的工作组负责研究其他国家的立法实践以及在英国为植物育种提供保护的可能。该工作组整整花了 6 年时间完成相关报告，并在 UPOV 公约制定前的一年，即 1960 年公布研究成果的具体内容。由于英国制定 1964 年《植物品种和种子保护法》(the Plant Varieties and Seed Act)的相关工作与 UPOV 1961 文本的起草工作基本同时进行，因此这两个法案的内容也基本一致。在英国制定 1964 年《植物品种与种子保护法》的过程中，种子贸易委员会的考察报告尤其值得关注。该委员由来自公共和私人部门的育种者以及来自专利局的顾问组成，具有广泛的专家基础。在考察欧洲其他国家的相关立法之后，委员会认为设立一项国家育种者权(a national plant breeders' right)为私人育业的发展提供激励机制，并且认为赋予育种者权这是一种最好的激励方式，因为植物研究成果(the results of plant research)无法满足专利的授权标准，特别是书面披露要求，无法做到根据专利说明书确切地了解专利所覆盖的植物材料以及完成相关植物的繁殖，所以委员会认为无法通过专利为植物育种提供恰当保护。尽管委员会在该报告有的地方对植物品种(plant varieties)、植物材料(plant material)、繁殖材料 (reproductive material)以及植物的消费部分(consumable aspects)等进行了区分，但总体上看，其并没有从法律上对上述相关概念进行清楚界定。因此，报告没有能够解释清楚专利保护与植物新品种保护之间的区别。

五、其他欧洲国家对植物育种的法律保护

在这一阶段，欧洲其他国家也开始陆续颁布有关植物育种保护的相关法律。如荷兰(Netherland)在 1941 年颁布《植物育种及种子材料法令》(the Plant Breeding and Seed Material Order of 1941)，为生产具有新颖性和一致性的品种培育人提供保护，并且农作物品品质必须进入官方名录才能销售。与法国

和德国的规定不同,荷兰提供保护的品种没有规定培育价值这一要件。相关品种的生长测试由国家农作物品种研究机构(the State Institute for Research on Varieties of Field Corps,IVRO)和园艺植物培育研究机构(the Institute for Horticultural Plant Breeding)分别进行。农作物保护期为17年,而园艺类和观赏类植物品种的保护期长达25年,还可申请续展10年。奥地利(Austria)在1946年通过《植物培育法》(the Plant Cultivation Law 1946)为育种者提供了与德国相似的保护。1951年,意大利(Italy)通过之前的两个判令①确定可为植物(plants)提供有限的专利保护,但实践中很少运用②。瑞典(Sweden)当时没有正式的植物育种保护制度,但实践中存有这样的保护机制:可为那些进入原创品种名录(the List of Original Varieties)的植物育种者就其"原创"品种("origi-nal"varieties)的生产和销售提供某些权利,条件是这些品种应具备新颖性和培育价值。西班牙(Spain)也为那些进入官方名录的品种提供某种形式的保护。比利时(Belgium)和丹麦(Denmark)只是简单地允许育种者可与品种的最终使用人进行许可安排,但这基本上是一种合同权利(a contractual right),允许育种者处理没有授予任何财产权的品种及品种材料。

从这一阶段的立法及保护实践看,欧洲国家对植物育种的立法活动明显增加,特别是20世纪40年代中期以后,开始强调植物育种的私权保护,有的国家如德国已经允许为微生物和其他自然产物提供专利保护。在保护对象方面,相关立法对植物(plant)、植物材料(plant material)、植物品种(plant varieties)、繁殖材料(reproductive material)、种子(seed)、植物消费部分(consumable aspects)、培育方法(a process for breeding)、微生物(micro-organisms)、其他自然产物(other products of nature)、植物研究成果(the results of plant research)进行了一定区别。在具体保护制度的设计上,大部分国家都考虑到了植物育种保护的专门法和专利法相结合的方式,并设计了植物品种登记制度以及生长试验测试,表明各国对植物品种保护客体的特殊性已有充分认识。在具体的权利内容方面,各国十分注重植物育种保护内容的设计与本国相关产业之间的关联,如德国仅为园艺类植物和农作物提供植物新品种保护,而荷兰对园艺类和观赏类植物的保护远远长于农作物的保护。

---

① Appeal no 1147, 1948 和 Appeal no 1147,1950.

② 转引于 Margaret Llewelyn & Mike Adcock. European Plant Intellectual Property. Hart Publishing,2006:141. 原文参看 Mangini. The Protection of Plant Varieties in Italy and the UPOV Convention. Patent World,1987:25.

第二节　从 UPOV 公约到欧洲专利公约

谈到欧洲各国对于植物发明保护方式的选择，必然要涉及 UPOV 公约、《斯特拉斯堡专利公约》和《欧洲专利公约》。只有厘清这些公约相关内容之间的逻辑，才能更清楚地了解 19 世纪六七十年代的欧洲极为复杂的植物发明保护图景。

一、国际植物新品种保护联盟公约

对欧洲国家植物品种保护方式的选择，首先产生重要影响的是 1961 年的《国际植物新品种保护联盟公约》(the Convention established the International Union for the Protection of New Varieties of Plants, UPOV)。尽管《巴黎公约》第 1 条(3)曾将"农业和采掘工业以及一切制成品或天然产品，例如酒类、谷物、烟叶、水果、牲畜、矿产品、矿泉水、啤酒、花卉和面粉等"视为"工业产权"的一种，但没有明确应以何种方式予以保护。经过欧洲各国以及若干知识产权国际保护组织的努力，植物育种者协会(the International Association of Plant Breeders, ASSINSEL)最终提出采用以特别权(sui generis right)形式为植物新品种的创新与发明提供保护，并获得法国政府的支持，于 1957 年 5 月在巴黎召开"保护植物新品种国际会议"，与 1961 年 11 月最终达成《国际植物新品种保护联盟公约》，也就是通常的 UPOV 公约。比利时、法国、联邦德国、荷兰、意大利、丹麦、瑞典和英国等国在 1961 年首先签署公约。1965 年英国首先批准该公约，荷兰在 1967 年成为第二个批准的国家，联邦德国于 1968 年批准公约，至此 UPOV 公约正式生效。丹麦、法国、瑞典、比利时、意大利、瑞士等国在 20 世纪 70 年代先后批准公约。这意味大部分欧共体范围内的国家基本同意采用 UPOV 公约规定的"育种者权"来保护植物品种的创新。

UPOV 公约的影响是欧洲国家植物品种保护实践中不可忽视的部分，不管是欧共体各成员以及后来欧盟统一的植物品种保护制度的建设均与 UPOV 公约紧密相关。欧洲既是 UPOV 公约的起源地，是坚持 UPOV 所确定的育种权保护制度的中坚力量，同时也是国际上一直致力于推动和拓展 UPOV 公约影响的主要力量。可以说，UPOV 公约是欧洲的产物，也是欧洲国家为世界植物育种创新保护提供的一种优秀模式。UPOV 公约的具体内容将在第三编"植物品种保护的国际法律框架研究"中进行分析，这里不再赘述。

UPOV 公约在制定的过程中也曾考虑育种者权与专利权的关系，以及是否将 UPOV 公约纳入巴黎公约的框架之下的问题①。但公约最终选择以育种者权的方式保护植物品种创新，并决定单独成立一个独立的公约为农业领域的育种行为提供保护。成员对此可以进行保留，选择应用新的公约或者巴黎公约。这样，在欧洲，虽然缔结了 UPOV 公约，但事实上没有解决育种者权与专利权的关系，而只是规定了"双重保护禁止"。具体内容如下：

各联盟成员国可以以本公约规定承认通过专门保护或专利保护获得的育种家的权利。但是，其国内法对这两种保护方式都承认的联盟成员国，对于一种与同一种植物属或种，只能提供其中一种保护。② 也就是说，成员国可以采用公约规定的专门权利或者专利保护育种者权，但对于同一植物属或种只能提供其中一种保护。这就是著名的"双重保护禁止"条款。

二、斯特拉斯堡专利公约

20 世纪 40 年代至 50 年代，欧洲经济共同体的创建要求协调欧洲专利的保护实践，以确保共同体国家间的专利授权标准和权利的互惠③。理想的做法是只要进行一项专利申请就可以在所有成员国获得同样的专利权效力。这一想法在实施上是有困难的。1883 年签订《巴黎公约》的目的是为了让各成员在其国家法律层面达成某些共同接受的原则，但由于各国情况差别很大，根本无法达成协议。结果，为了解决这些差别而产生的公约反而创造某些不确定性，比如关于"什么是可以保护"的认识。为了解决这一问题，欧洲各国在 1963 年达成《斯特拉斯堡专利公约》(Strasbourg Convention)，其全称是《关于统一发明专利法某些实体规定的公约》(Convention on the Unification of Certain Points of Substantive Law on Patents for Invention)。其目的是建立统一的可专利性标准，具体来说就是一项发明可以根据什么理由拒绝授予专利保护。该公约直到 1980 年 8 月 1 日才正式生效。事实上，在 1951 年欧洲理事会专利专家委员会一致支持为植物发明(plant invention)引进一个统一的保护制度，但 1960 年在考虑是否将植物材料纳入专利保护的时候，发现过去 10 年的实践表明各国及相关国际组织似乎对将植物材料纳入专利保护缺乏兴趣和有力的行动，而当时的 UPOV 公约的讨论也提醒理事会对这一问题的解决有必要再等待一段时间。根据 1960 年公布的一份报告④，专家委员会陈述说，由于当时在巴黎讨论

---

① 参见下文"植物品种保护的国际法律框架研究"有关"UPOV 公约"的相关论述。

② UPOV 1961/1972 Art. 2(1).

③ Margaret Llewelyn & Mike Adcock. European Plant Intellectual Property. Hart Publishing, 2006:251.

④ Margaret Llewelyn & Mike Adcock. European Plant Intellectual Property. Hart Publishing, 2006:254.

制定 UPOV 公约,这将是"不适当给植物品种的可专利性问题强加一种共同的解决方案"。有资料表明,欧共体内部的专利协调工作开始于 1959 年。为了了解专利协调的可能方式,欧共体工作组主席 Kurt Haertel 早在 1960 年就完成了欧共体 6 国专利法的比较分析。这份研究认为,在那时的这些国家专利法中包含了不同的例外规定,无法融入欧洲未来的专利体系中。但有两类例外表现出明显的一致性,一类是关于违反社会的公序良俗(ordre public)和道德(morality)的发明,另一类就是关于植物品种的发明。

1960 年 11 月,当 Strasbourg 工作组讨论工业性特征问题时,那些纯粹农业性发明的可专利性问题受到质疑,最终认为要想通过专利公约协调在纯粹农业领域的发明无法取得成功,植物品种就应排除在协调工作范围之外,同时提到了有关公共利益和 UPOV 公约未来制定的问题。1960 年 12 月,欧共体成员副部长协调委员会提出未来欧洲专利公约仅将违反社会的公序良俗和道德的发明列为专利保护的例外,但欧共体工作组加进了植物和动物品种保护的例外,欧洲理事会也起草了相应的例外规定,并增加了纯粹生物学方法的例外,于 1961 年 11 月将这一规定的措辞改为"生产植物和动物的实质上生物学的方法",这成为 Strasbourg 公约的最后措辞。与此相关,在 1962 年评论该公约草案时,AIPPI 强调微生物方法长期以来是可专利的,不应从专利保护范围中排除。这一观点为数个国家的代表团所支持,因此又引进了第二句话,即该规定不适用于微生物方法及其产品。这就是 Strasbourg 公约在 UPOV 会议的结果出来之后,再宣布关于欧洲范围内植物材料可专利性问题结论的过程和原因。

1961 年公开的 Strasbourg 公约草案文本中与植物保护有关的条款的第 2 条规定,"成员国不应为药品、食品,或者新的植物或动物提供专利保护"。经上述讨论之后,到 1963 年公约正式成立时,该第 2 条的相关部分被修改为,"成员国不应为植物或动物品种或者实质上是生物学的生产植物或动物的方法,该规定不适用于微生物学的方法或者由微生物学方法获得的产品"[①]。根据该条文的规定加上 UPOV 1961 文本的双重保护禁止的规定,其联合效果就是如果打算对植物品种进行保护,成员国可以选择专利或者育种者权这两种保护方式中的一种。对于 UPOV 公约成员的唯一的限制是,在相同的植物种和属上不能提供两种形式的保护。

Strasbourg 公约的该条款前后的区别之处在于正式条文多了"品种"(varieties)这一表达。为什么 1961 年公约草案排除的是"植物"而 1963 年公约排除的是"植物品种",有学者分析认为这可能与 UPOV 公约的制定有关,因为 UP-

---

① Strasbourg Convention((1963) COETS 5 (27 November 1963))Art. 2.

OV 公约仅为植物品种提供保护。文本中的这种变化很容易被认为是一种信号,仅仅将这种排除限于植物品种,而其他类型的植物材料仍具有可专利性。然而,这似乎公约草案对一般意义上的植物的排除,直接影响公约正式文本对植物品种的排除。不管排除所使用的语言是否清楚,但有一件事是清楚的,那就是在 20 世纪 60 年代、70 年代,甚至 80 年代,在实践中如何应用这种排除的混乱一直笼罩着欧共体各国。不管欧洲专利公约第 53 条(b)最终所用的语言如何,这种混乱归因于 UPOV 1961 文本语言为代表的这种排除精神。这种含糊性表明了一个更为根本的原则,就是这种排除指的是一般意义上的植物,而不仅仅是植物品种的不可专利。能够为这一看法增加分量的另一个因素是,直到 20 世纪 90 年代,这种排除不仅是由于公共政策的原因,而更多的是实用主义,因为几乎很少有明确的植物创新结果能获得专利保护。只有当现代植物生物产业开始涉及与植物材料有关的生产和工艺时,专利保护的例外范围及其与植物品种权利体系之间的关系才开始得到实践的挑战。

三、欧洲专利公约

20 世纪 60 年代,因担心国家性的在知识产权限制了当时欧洲经济共同体内部的贸易,欧共体委员会及其六个原始成员开始寻求解决这一问题的方案。1965 年,他们起草了一个完整的欧洲经济共同体的专利法草案,不仅包括完整的欧洲专利的授权程序,还包括相关的法律制度。1969 年,因英国要求加入欧共体而中断进程长达 4 年,之后该草案被建议分为两个公约。第一个是《欧洲专利公约》(the European Patent Convention,EPC)。第二个就是 1975 年在卢森堡建立的《欧共体专利公约》(Community Patent Convention,CPC),至今尚未生效。EPC 的出现,源于建立一个集中的欧洲专利授权体系的政治倡议,以避免各国专利局的重复工作①。1973 年,EPC 在慕尼黑诞生,1977 年生效。欧洲专利局(the European Patent Office,EPO)负责执行该项制度。EPC 是一个地区性的欧洲专利条约,是一个完全自治的实体组织,拥有自己的内部评价、上诉以及责任机制。它不是欧洲联盟的一个机构,因此不直接受欧洲理事会、欧洲议会以及欧共体法院决定的影响,但 EPO 的实践与欧洲理事会所制定的政策指向非常相似。因为尽管 EPO 不是欧盟的机构,但欧盟成员国构成了欧洲专利组织的核心,EPO 和欧盟具有共同的政策和实践基础。EPC 的引进具有两方面的效果:其一是建立了欧洲专利的授权程序;其二是促进了各个国家专利

---

① Guy Tritton, Richard Davis, Michael Edenborough, James Graham Simon Malynicz, Ashley Roughton. Intellectual Property In Europe. London Sweet & Maxwell, 2008:84.

的一致性。① 因为,申请人只要向 EPO 提交一份专利申请就可以获得 EPC 成员的一揽子国家专利。EPO 负责审查授权,一旦获得一个欧洲专利就意味着获得所有其指定国的国家专利。这一点不同于专利合作条约(PCT),EPO 对于一份专利申请是否符合可专利性的决定,不是由每个成员国的专利局进行评判的,尽管授权后的专利无效性是由各国法院进行或者通过 EPO 的授权后的反对程序进行。2000 年 11 月,欧洲专利公约成员国外交会议在德国慕尼黑召开,主要对欧洲专利公约的一些程序性规定作了修订。新修改的欧洲专利公约被称为"欧洲专利公约 2000",2007 年 12 月 13 日正式生效。

1973 年,EPC 对欧洲植物品种保护的影响,主要是其第 53 条"可专利性的例外"(b)的相关规定:"不应对植物或动物品种或者实质上是生物学的生产植物或动物的方法授予欧洲专利,该规定不适用于微生物学的方法或者由微生物学方法获得的产品"②。从条文上看,该规定没有偏离 Strasbourg 公约第 2 条的规定。原则上来说,Strasbourg 公约第 2 条不是一个具有约束力的例外规则,其目的仅在于提醒缔约国在生物技术发明领域应持谨慎态度。③ 但完全不同的是,EPC 第 53 条(b)将植物和动物品种以及实质上是生物学的生产植物或动物的方法排除出可专利性的范围,当欧洲国家协调国家专利法与 EPC 时,大部分国家都追随了 EPC 的规定模式。

在 Strasbourg 公约和 EPC 将植物品种排除在可专利范围的问题上,不是所有人都以积极态度见证这一将植物和植物品种排除出专利保护的决定。因为在当时,尽管很多人都同意为植物品种设计一种独立的保护方式相对更合适,但并不意味着必须以排除专利保护为代价。一些欧洲国家允许为植物品种提供专利保护,与此相伴随的是,不同意根据一种保护制度的规定自动禁止获得另一种制度的保护(UPOV 公约没有阻止这种双重保护)。也就是说,在 20 世纪 50 年代关于专利制度如何对植物品种实施保护的问题上,各国的态度是具有一定灵活性的。采取将植物品种从专利保护范围中排除这一决定的事实,只是表明了当时对关于植物品种发明很难达到可专利性以及采用专门制度保护植物品种更为恰当(适用范围更广泛也更为有效)这两个问题上的一种认可。

还有一个因素需要注意,在制定 Strasbourg 专利公约时,不是所有的国家都是 UPOV 公约的成员。那些不是 UPOV 公约成员的国家可能有其他保护植

---

① Margaret Llewelyn & Mike Adcock. European Plant Intellectual Property. Hart Publishing, 2006:259.

② EPC Art. 53(b).

③ Rainer Moufang. Protection for Plant Breeding and Plant Varieties —A frontier of Patent Law. IIC Vol. 23, No. 3/1992:345.

物创新的选择,制定《Strasbourg 专利公约》时将植物和植物品种从专利保护范围中强制排除这一事实,更进一步暗示了植物品种权体系日益被看做是一个保护植物品种创新的恰当体系。当在 1973 年签署 EPC 时,几乎所有批准 EPC 的国家都成为了 UPOV 公约的成员。但这仍然没有真正解决植物品种的可专利性问题。

UPOV 1961 文本第 2 条(1)规定了双重保护禁止,而《Strasbourg 专利公约》和 EPC 将植物品种作为专利保护的例外,这两者的关系以及相互之间的确定范围在事实上仍很混乱。这种混乱也可见于欧洲一些国家的立法。例如①,新比利时法(1984 年 3 月 28 日)第 Ⅱ 章第一部分第 4 条(1)规定,该法授予的保护不延伸至:已由《植物创造保护法》(1975 年 5 月 20 日)覆盖的植物品种或属的植物创造。新法国法(1984 年 6 月 No. 84,500)第 7 条也规定,下列客体不予保护,已纳入由《植物品种保护法》(1970 年 6 月 11 日 No. 70-489)建立的保护体系的一个种类或一个属的植物品种。1984 年,比利时是 UPOV 1961// 1972 文本的签字国,法国 UPOV 1978 文本的签字国,这两个 UPOV 文本均包含了双重保护的禁止(没有排除普通专利对植物品种保护),也没有要求成员国为所有种和属的植物提供植物品种保护。只有 UPOV 1991 文本才规定为所有种和属的植物提供保护。这种情况可能令人迷惑。这些国家如何能根据在 EPC 生效之后制定的相关法律为植物品种提供专利保护?这里有两个原因可以解释。其一,EPC 只是规定欧洲专利不应授予植物品种,其没有阻止授予国家专利保护。其二,虽然许多成员国修订法律以便和 EPC 的规定相吻合,不是所有国家都立即这样做,并且精确地使用相同的语言。我们现在所看到的这种似乎矛盾的立法规定,在当时修订法律时并没有感觉到这种矛盾的存在。

因此,有学者认为,加入 UPOV 公约的欧洲国家日益增多是不是这些国家认为 UPOV 公约是一种更好的植物品种保护体系,或者说,是它们认识到专利制度不适合植物新品种保护的结果。实际上,这是很难断定的。但是,随着 UPOV 公约、Strasbourg 公约和 EPC 的制定和生效,植物品种不仅在欧洲从专利保护范围中排除,也在 WIPO 主持下的国际知识产权保护体系中被排除了。WIPO 的这一做法与 UPOV 公约所创的原则保持一致。WIPO 认为欧洲专利公约第 53 条(b)与 UPOV 公约的规定是相等同的,而且几乎所有签署 EPC 的成员都是 UPOV 公约的成员。从这一分析看出,EPO 的政策和实践从一开始似乎就是,植物创新是可专利的,只要相关的发明符合专利授权要件,只要其不违反道德,并且没有采用植物品种的方式。

---

① 参见 Margaret Llewelyn & Mike Adcock. European Plant Intellectual Property. Hart Publishing, 2006:256.

从 UPOV 公约、Strasbourg 公约以及 EPC 将植物品种排除出专利保护范围的规定以及欧洲国家的实践来看,这基本上代表了欧洲对植物品种保护的一种基本态势,也为欧洲未来的植物创新保护奠定了基本框架。因此,有学者认为,对植物进行专利保护的发展自 1961 年开始就已经被 UPOV 公约的相关规定所决定性地影响了[①]。因为,1963 年的 Strasbourg 公约基本遵循 UPOV 1961 文本的规定,排除了对植物或动物品种或者实质上是生物学的生产植物或动物的方法授予专利,而 1973 年的 EPC 直接继承了 Strasbourg 公约的上述规定。但由于上述规定和 UPOV 公约中双重保护禁止规定在范围上的模糊,使得一些国家,如联邦德国、法国和西班牙等在协调本国专利法与 EPC 时,仍然为没有列入国家目录的植物新品种保留了专利保护的可能性。

第三节　生物技术发明专利保护与品种权保护的协调

20 世纪 80 年代,随着生物技术产业的兴起,尤其是美国通过 1980 年 Chakrabaty 案确认通过基因工程获得的细菌是可以获得专利保护这一积极专利政策后,欧洲也开始掀起一场关于如何保护生物技术发明的大讨论,尤其是关于生物育种创新的知识产权保护问题。对生物育种创新保护问题讨论的一个核心就是如何协调生物技术发明的专利保护与植物新品种保护之间的关系问题。这些讨论对欧盟未来的植物发明保护态度具有决定性的影响。下文主要从三个方面反映当时的讨论情况。一是 AIPPI 的讨论;二是欧洲专利局的实践;三是欧共体委员会的态度。

一、国际工业产权保护协会的讨论

国际工业产权保护协会(AIPPI)[②]是推动成立 UPOV 公约的两大组织之一,对欧洲的知识产权保护及其立法具有重要影响。20 世纪 80 年代后,其积极参与欧洲生物技术发明保护和植物新品种保护相关问题的讨论。AIPPI 于

---

① Joseph Straus. AIPPI and the Protection of Inventions in Plants-Past Developments, Future Perspective. IIC Vol. 20, 5/1989:610.

② 国际工业产权保护协会(the International Association for the Protection of Industrial Property, AIPPI)是世界上致力于知识产权发展和进步的主要组织,是联合国世界知识产权组织最主要的非政府性知识产权咨询机构,总会设在瑞士,成立于 1897 年,目前在近 100 个国家和地区有分部,会员 9000 多人。其目标在于从促进和提高知识产权的国际保护和国内保护,改善、提高和促进各国知识产权法制建设以及与知识产权有关的地区或国际条约,尤其关注知识产权保护的执行问题。具体信息可参见 https://www.aippi.org/。

1985 年在里约热内卢召开的执行委员会,开始集中讨论生物技术广泛利用与育种背景下的植物创兴保护问题。在该次会议上,AIPPI 明确提出相关的解决方案,认为尽管根据 UPOV 公约的规定植物品种可以获得专门保护,但对新技术在植物领域的应用以及由此获得产品仍应给予专利保护,UPOV 公约中的"双重保护禁止"规定不应再保留。① 1988 年,AIIPI 在悉尼召开的执行委员会会议上,再次重申与生命有机体有关的发明,如微生物、植物、动物及其部分,或者其他生物材料,或者获得和利用它们的工艺,应当获得专利保护,唯一的条件是这些发明能够达到可专利性的通常标准。AIIPI 坚定地重申,植物育种者权和专利双重保护禁止的规定,尤其是在 UPOV 公约第 2 条(1)以及在其成员国专利法中的相关规定应该废除,并且认为植物生物技术领域的发明人也应该给予全面的保护自由,不仅可以选择保护形式(专利权或者植物育种者权),还有就相同的保护客体既受到专利权保护又受到育种者权保护的自由,只要符合相关的法律授权要件。鉴于克服这些困难以及达到这些要求所需的时间,AIIPI 请求对所有的例外规定进行限制性或缩小解释。当然,AIIPI 也承认根据 UPOV 公约实施品种保护的价值,并认为这一保护仍应加强,尤其是育种者豁免的相关规定应重新设计,在将受保护品种作为变异的最初来源时,对产生的品种进行商业性利用时,应当支付许可费。②

AIIPI 之所以开始讨论涉及生物技术发明保护的有关问题,是因为自 1985 年开始,在植物生物技术领域就提交了不少的专利申请,而且自 1980 年的 Chakrabarty 案以来,美国 PTO 已经授予了一定数量的专利。美国通过其工业友好型专利政策,大大加强了其作为技术提供者在全球的地位,欧洲则仅仅是固定的技术接受者,在生物技术领域尤其如此,因为欧洲过于繁重的规则限制,并且缺乏值得信赖的知识产权保护。产品审批上的长期耽搁和不充分的知识产权保护,是导致人们不愿在欧洲投资生物技术项目的主要原因。欧洲生物技术公司对欧共体专利保护的混乱状态感到泄气,因此降低了在欧洲的投资,转向了美国和日本,造成了这些投资"离域"欧洲的危险。③ 根据 UPOV 1978 第37 条的规定,美国 PTO 可以为植物材料、植物和植物品种提供发明专利保护。美国的发明专利法也没有为植物的可专利性设置障碍,而且自 1985 年开始美国 PTO 就开始对涉及植物及其植物品种的专利作了授权,尽管到 2001 年美国联邦最高法院才作出司法确认。但在欧洲对植物材料、植物以及植物品种实施

---

① 1985/Ⅲ Annuaire AIPPI 312.

② Cf. 1988/Ⅱ Annuaire AIPPI 221,222.

③ Darrell G. Dotson. The European controversy over genetic-engineering patents. Houston Journal of International Law, Vol. 19, 1997.

专利保护需要面临若干障碍,其中最为典型的例子就是 EPC 第 53 条(b)的规定,一些欧洲国家的专利法也同样采用了类似的语言对这一排除作了规定。从 EPO 制定的历史可以看出,对于植物的专利保护排除规定在当时是比较没有争议的,有学者认为正是这种争议的缺乏清楚显示了 EPO 缔造者们几乎完全忽略了生物技术领域发明的可专利性问题。[1]

二、欧洲专利局的实践

1980 年后,与美国专利商标局一样,欧洲专利局也陆续接到一些就植物材料以及相关植物要求专利保护的申请。欧洲专利 No. EP122791[2] 就是其中一例。EPO 通过的某些决定坚持认为 EPC 第 53 条(b)的例外规定应作缩小解释,但做这种例外解释的时候,应避免违反基本法律的一般性立法意图。尽管 EPC 第 53 条(b)排除了所有植物品种的可专利性,但一些国家以一种相对不严格的方式在国内立法中采用了这一例外,前文曾有所述及,如比利时、法国、德国以及西班牙仅仅将这一例外应用于那些可以获得育种者权保护的植物品种。EPO 对 EPC 这一例外规定的修正,揭示了 UPOV 1978 第 2 条(1)规定双重保护禁止的主要原因。UPOV 1978 第 2 条(1)规定如下:"联盟各成员国可通过授予专门保护权或专利权,承认本公约规定的育种者的权利。但是,对这两种保护方式在本国法律上都予认可的联盟成员,对一个和同一个植物属或种,仅提供其中一种保护方式。"[3]该条规定在近年来日益受到来自国际专利同盟的批评,一方面他们认为双重保护禁止的法律基础存有严重问题,另一方面该条规定的确切意思和范围实在令人费解。正是基于这样的理由,在 UPOV 重新修订的时候,UPOV 1991 就完全废除了这一禁止。

EPO 认为要决定 EPC 第 53 条(b)的适用范围应该从"植物品种"这一术语的理解开始,当 EPC 制定的时候,UPOV 1961/1971 文本第 2 条(2)对"植物品种"规定了下列定义:"本公约的目的,'品种'适用于任何用于繁殖的,并满足公约第 6 条(1)(c)(d)规定的栽培品种,无性系,品系,类或杂交种。"[4]根据这一术语的理解,"品种"仅指具有同质性和稳定性的植物群,尽管该定义在 UPOV 1978 文本中被删除,但其被用于各国专利法的例外解释。UPOV 1991 文本引入关于"品种"的新定义,作为专利法上"品种"的强制性标准。"'品种'系指已

---

① Rainer Moufang. Protection for Plant Breeding and Plant Varieties —A frontier of Patent Law. IIC Vol. 23, No. 3/1992:345.

② 为一项植物基因/启动子的专利(plant gene/promoter)。

③ UPOV 1978 Art. 2(1).

④ UPOV 1961/1971Art. 2(2).

知植物最低分类单元中单一的植物群,不论授予品种权的条件是否充分满足,该植物群可以是:以某一特定基因型或基因型组合表达的特性来确定;至少表现出上述的一种特性,以区别于任何其他植物群,并且作为一个分类单元,其适用性经过繁殖不发生变化。"[①]根据上述解释,EPC 第 53 条(b)的专利保护例外仅针对基因上植物发明,而没有排除其他植物生物技术上的发明。针对产品的权利要求是可以获得认可的,只要相关发明通过化学方法处理植物而没有改变基因组织。这一点,EPO 上诉委员会在 Propagating MateriallCiba Geigy 一案[②]的决定中阐述得很清楚,并且得到几乎所有专利专家的认可。

三、欧共体委员会的态度

为了应对生物技术产业发展提出的生物技术发明保护与植物新品种保护之间的协调问题,欧共体委员会在其白皮书中提出关于"完整的内部市场"倡议。这一倡议与自 1985 年 EPO 在专利授权实践中步步推进的做法形成相互辉映。欧共体委员会在 1985 年还宣布了"关于生物技术发明专利保护的建议措施"。该项建议措施的结果就是提出"关于生物技术发明保护指令建议稿",其旨在为生物技术领域的发明提供一个和谐清楚并且高水平的保护标准。委员会还指出,有必要在其他的一些立法指南中贯彻该生物技术发明保护指令,特别是有关"排除植物和动物品种的可专利性,对微生物和其他在生物分类学上不同于植物和动物品种的生命体,以及对植物或动物品种的部分或者它们的用途实施专利保护的后果"的一些立法。在该建议案中,委员会一致同意双重保护禁止的原则仍应保留,尽管该原则在 UPOV 公约的应用上不再统一,因为委员会认为要求已经加入 UPOV 公约的成员国重新修改它们法律是不恰当的。在当时情况下,育种者权在农作物领域可以有效获得的某些积极效果,导致委员会得出这样一个结论:限制性地应用植物品种可专利性的排除不会损害生物技术的发展并且是可以容忍的。委员会当时强调说,现代生物技术是用以克服欧共体农业方面面临问题的重要工具,有利于激励那些没有为 UPOV 保护体系所纳入的技术创新。因此,该欧盟建议指令没有触及 UPOV 公约确立的双重保护禁止原则,AIIPI 在里约热内卢和悉尼的建议没有为生物技术发明指令的缔造者所采用。有关生物技术发明指令的详细问题将在下文进行详细论述。

由上述讨论可以看出,AIPPI、欧洲专利局和欧共体委员会在有关生物技术发明专利保护问题上的态度和立场基本一致,只是相对于欧洲专利局和欧共体

---

① UPOV 1991Art. 1(VI).

② 1984 OJEPO112.

委员会来说,AIPPI 更为激进,希望能够采取美国的积极的生物技术发明专利政策,因为他们基本代表了相关产业的利益和法律诉求。欧洲专利局和欧共体委员会则更加注重从欧洲传统的角度考虑生物技术发明保护的问题,强调了专利保护与欧洲品种权保护传统的协调,选择了一条不同于美国的生物技术发明保护路径。

第四节 欧盟现行植物品种保护机制

欧共体委员会一直积极寻求在欧共体范围内统一的植物品种保护制度,经过 4 年的协商和谈判,终于在 1994 年 7 月 27 日制定了《欧共体植物品种保护条例》(Regulation on Community Plant Variety Rights)。该条例于 1994 年 9 月 1 日生效,但主要规定直到 1995 年 4 月 27 日才正式生效,是欧盟现行植物品种保护制度的基础。该条例的具体内容将在下文进行详细论述,这里仅简单介绍欧盟植物品种保护的框架机制。

一、欧共体植物品种保护制度

欧共体植物品种保护制度是一个自治的保护体系,作为欧共体法律的一部分,独立于相关的国家体系。这一制度不同于成员国在植物品种保护方面的国家法律,既不是对相关国家制度的代替,也不是协调,而只是一种选择性的做法。《共同体植物品种保护条例》建立了一个共同体植物品种保护办公室(CPV Office,CPVO),是共同体的一个机构,具有独立的法律人格,机构设在法国的昂热(Angers),负责共同体植物品种权(CPVR)的授权事务,在每个成员国国内享受该国法律赋予法人的最广泛的法律行为能力,特别是它可以取得或转让动产或不动产,可以作为法律诉讼的一方当事人。① 有关该授权的所有实体规则和程序规则均由欧共体通过制定基本规章和实施规则予以规定,相关的实施机制类似于共同体商标的保护机制。CPVO 应接受行政理事会的监督,该行政理事会由每一成员国的一名代表以及欧盟委员会的代表及组成。CPVO 可以委托相应的国家机构执行办公室具体的行政事务,或者在获得成员国同意的前提下建立分支机构履行相应的职能。通过欧共体植物品种权体系,在相关的品种符合 DUS 测试标准后,可以授予权利人在相关品种上欧共体植物品种权(CPVR)。该权利在欧共体所有领土范围内,包括所有未来新加入和已经加入

---

① Council Regulation(EC)No. 2100/94, as amended by Council Regulation(EC)No. 2506.95(of 25 October 1995)Art. 30(2).

欧共体的成员国领土,具有统一的排他效力。到 2008 年,欧盟已经达到 27 个成员,这意味着通过向 CPVO 一次申请获得的品种权将在这 27 个国家对相关的品种具有排它利用的权利。[①] 这使得 CPVR 更具有吸引力。表 4-1 中数据足以说明这一事实。

表 4-1 欧盟成员国品种权申请数量在欧共体植物品种保护制度实施前后对比

成员国	2004 年 申请量(件)	1995 年 申请量(件)	1994 年 申请量(件)
Netherlands	461	1.183	1.541
France	257	676	866
Poland	249	276	278
Germany	213	596	1.091
United Kingdom	165	322	582
Spain	79	116	213
Hungary	58	169	73
Czech Republic	50	112	120
Italy	43	no data	298
Latvia	16	—	—
the Community system	2700	1669	0

注:其他成员国在 2004 年的申请数不足 10 件。1994 年为 CPVR 条例生效前,1995 年为 CPVR 条例生效年。[②]

二、欧共体植物品种保护与成员国植物品种保护

欧共体植物品种权保护并不是为了结束和改变各成员现存的国家品种权保护,正如在 CPVR 条例前言所说,欧共体委员会设计共同体范围内统一的植物品种保护制度是与各国家保护制度共存,该条例的规定不影响成员国国家品种权的授予,但每个人都清楚地明白,欧共体植物品种制度的建立将不可避免地使各成员国家品种权变得更不重要。这一点,欧洲专利制度就是一个明显的先例。在欧共体植物品种保护体系启动之后,在那些品种保护规模不大的国家,国家品种权申请数量大幅度下降,降幅甚至超过 50%。相反,类似德国、荷

---

① CPVO Annual Report，2008:11.

② Bart Kiewiet(President Community Plant Variety Office). Developments as Regards The Community PVR System. Frankfurt，2006(2).

兰和法国这些国家。尽管也面临品种申请数量的下滑，但仍拥有规模较大的品种权保护体系。[①] 对于成员国来说，这些情况是必不可免的，但这不会成为CPVO和各成员国当局之间合作的障碍。那么，欧共体植物品种保护与成员国品种权保护之间的关系到底如何呢？我们可以从 CPVR 的保护效力、CPVR 的保护范围与审查以及 CPVR 侵权救济的司法管辖三方面来认识。

（一）CPVR 的保护效力

欧共体品种权的保护效力问题，实质上主要是处理 CPVR 与欧盟各成员国的国家品种权之间的关系，以及由于各成员国在植物新品种保护方式上的不同，还要涉及 CPVR 与专利权之间的关系。CPVR 的保护效力的复杂性是由欧盟独特的历史背景决定的。

1. CPVR 与成员国品种权

与知识产权的其他领域，如版权、专利、商标以及实用外观设计相反，迄今为止，欧盟立法者没有在欧盟内部发起有关保护植物新品种的统一行动。CPVR 条例明确规定："条例不应损害各成员国授予植物品种的权利"[②]，因此，共同体植物品种保护制度没有触及各成员国根据 UPOV 公约建立的国家植物品种保护制度，但各国应遵守 CPVR 条例规定的"累计保护禁止"（cumulative protection prohibited）原则。所谓的"累计保护禁止"原则，是指已获得 CPVR 保护的任何植物品种，不应再成为某一成员国的国家品种权或者专利的保护客体，如果违反上述规定，则成员国所授予的任何权利均应无效；如果在获得 CPVR 之前就已经获得某一成员国的国家品种权或专利权，那么相关权利人在该 CPVR 有效期间，不得行使该国家品种权或专利权。[③] 上述规定表明，在共同体品种权有效期间，就相同品种所获的各成员国品种权或专利权将保持"休眠"（dormant）状态，只有当该 CPVR 不再有效时，相关的国家品种权或专利权才能"复活"（revived）。[④] 也就是说，尽管 CPVR 与各成员国的国家品种权可以并存，但 CPVR 的持有人不得就相同品种行使国家品种权或者专利权，即共同体品种权的效力优先。在实践中，申请人可以选择申请 CPVR 还是国家品种权保护，从程序上来说，申请人可以两条路线同时进行，只是一旦 CPVR 获得授权，国家品种权即归为无效。只有根据 CPVR 的授权使得国家品种权的无效，

① Bart Kiewiet. Colloquium "Modern Plant Breeding and Intellectual Property Rights". on January, 26th, 2001 in Einbeck.

② (EC)No. 2506. 95(of 25 October 1995)Art. 3.

③ (EC)No. 2506. 95(of 25 October 1995)Art. 92.

④ Gert Würtenberger, Paul Van Der Kooij, Bart Kiewiet, Martin Ekvad. European Community Plant Variety Protection. Oxford University Press, 2006:5.

而不是相反,即不能因为相关品种获得某一欧盟成员国的国家品种权,而否定 CPVR 的效力。这就是"累积保护禁止"原则的具体含义。欧共体植物品种保护制度建立后,各国品种权的申请量大幅度下降,也许就是出于这一原因。

2. CPVR 与成员国专利权

CPVR 条例第 92 条所规定"累积保护禁止"条款,同样也适用于处理 CPVR 与各成员国相关国家专利之间的关系。CPVR 与国家品种权的关系可以总结为,只要两者出现冲突,成员国品种权必定让位于 CPVR,而 CPVR 与国家专利权之间的关系则要复杂得多。EPC 第 53 条(b)规定一项专利不得授予一个植物品种,该规定对所有申请欧洲专利保护的人具有约束力。CPVR 条例第 92 条规定的"累计保护禁止",从实践来看,应该没有将植物品种的专利保护包括在内,因为不能假设欧共体立法者想要规制当时在实践中尚未发生的情形,否则他们就能预测到 EPC 第 53 条(b)制定之后的情形了。根据欧洲专利局扩大上诉委员会于 1999 年 12 月在 Novartis 案(Case G 0001/98)中的判决,对包含不确定数量的植物品种(an indeterminate-number of plant varieties)是可以授予专利保护的。这样,就必须探讨 CPVR 与专利之间的"累积保护禁止"问题。根据相关规定,可以看出:

(1)欧洲专利局不得就一个植物品种授予专利保护,只要该品种属于 CPVR 所保护的植物品种。

(2)在专利授权之后,只要该项植物品种已被 CPVR 所覆盖,其权利人就不得行使含有该植物品种的专利权。

值得注意的是,该项解释不适用于根据 1998 年 7 月 6 日制定的《欧盟生物技术发明保护指令》(Directive 98/44/EC)所授予的专利,因为 Directive 98/44/EC 的生效时间晚于 CPVR 条例,不能将对条例的解释应用于该项指令。对于根据《生物技术发明保护指令》授予的生物技术发明专利的权利行使,与 CPVR 之间的关系,在后文进行详细探讨。

(二)CPVR 保护范围与审查

尽管欧盟各成员国之间的法律没有统一,但在国家和共同体授权的授权程序以及相关权利的保护范围上基本没有实质性的差别,因为大部分欧洲国家的植物品种保护立法均已根据 UPOV 1991 和 CPVR 条例的相关规定进行了修订,只有一些目前尚未加入 UPOV 1991 的成员国例外。CPVR 条例的实质性规定接近于 UPOV 1991 的镜像,并且,如果 UPOV 1991 未来进行修订的话,该条例也会考虑将重新进行审查。[①] 至于品种权的保护范围,CPVO 授予的 CPVR 与各成员国授予的品种权实质上都是根据 UPOV 的规定,同时还可以确保两者的授权要件基本相同。

CPVO 的行政理事会由来自各成员国的代表组成,负责有关 CPVR 政策框架的制定。在执行层面,各成员国通过提高 DUS 测试能力来支持 CPVR 制度的运作。CPVR 条例第 55 条规定,CPVO 可以指定能胜任的国家机构作为审查办公室,负责具体 CPVR 的审查。这不是出于成员国之间的互惠关系,而是成员国向 CPVO 提供服务,而 CPVO 支付与审查相关的所有费用。各审查办公室根据 UPOV 规则[②]发展的 DUS 测试协议,应根据 CPOV 指南来评估候选品种,这样就能确保所有审查办公室应用相同的审查标准。同时,在 DUS 审查中应用 UPOV 规则设立的原则,可以确保在 UPOV 成员范围内执行统一的植物新品种审查,从而获得国际承认的受保护品种的描述。

CPVO 的建立,在一定程度上促进了欧盟范围内的植物新品种 DUS 测试资源的分配和规划。其原因是,CPVO 通常将相关品种的 DUS 测试委托给欧盟成员中最具有实力的那一成员国进行,比如荷兰主要是 CPVO 的花卉测试基地。对于成员国来说,各国开始着重发展适合本国技术优势的 DUS 测试基地,并且实现 DUS 测试结果的互认。从这一角度看,CPVO 也推动欧盟各成员国之间的品种权授权与审查的统一。

(三)CPVR 侵权救济的司法管辖

CPVR 条例规定,CPVR 的侵权诉讼可以采用 Lugano Convention[③] 确定的基本规则和条例的相关规定进行互补。根据相关规定,CPVR 持有人可以在侵权行为发生地的成员国提起诉讼,但在该成员国的相关法院只能就在该国内发生的侵权行为享有管辖权。如果当事人达成书面协议将该争议提交到特定的司法机关解决,或者被告向特定国家的法院提交承认司法管辖的书面声明,上诉司法管辖规则可以放弃。成员国法院在解决与 CPVR 有关的争议时,必须应用与审理相应国家品种权争议相同的程序规则。在 CPVR 侵权诉讼中,成员国法院应承认相关的 CPVR 有效,其没有权利撤销 CPVR。只有 CPVO 有权撤销 CPVR。如果相关 CPVR 在 CPVO 正接受有效性审查,则成员国法院在

---

①　Guy Tritton, Richard Davis, Michael Edenborough, James Graham Simon Malynicz, Ashley Roughton. Intellectual Property In Europe. London Sweet & Maxwell,2008:614.

②　UPOV Doc TG/1/3,主要是关于 DUS 审查总介,植物新品种统一描述的发展以及与应用于审查某一具体品种有关的 UPOV 指南。

③　The Lugano Convention 全称为"Convention of 16 September 1988 on jurisdiction and the enforcement of judgments in civil and commercial matters"。

有必要的情况下可以中止审理相关诉讼。但在 CPVR 侵权诉讼中,当事人不能以反诉方式向成员国法院提出撤销 CPVR,或者在审理程序中向 CPVO 申请撤销 CPVR。

由上可见,虽然 CPVR 在整个欧盟范围内具有统一的效力,但 CPVR 一旦受到侵权,权利人只能根据侵权行为地原则请求若干成员国的法院,分别就相应国家领域内的侵权行为要求救济,除非被告书面同意,接受相应成员国法院对所有欧盟范围内所有侵权行为进行管辖。正是由于这种情况,实践中会出现权利人通常以侵犯具体成员国的品种权为由提起诉讼。

三、欧共体植物品种权保护与种子监管制度

根据 UPOV 的相关规定,品种保护应独立于管制种子和繁殖材料的生产、鉴定、销售以及进出口等措施。[①] 因此,种子法与品种保护法是性质上完全不同的法律,前者主要规范种子的市场销售,而后者意在育种者就其培育的植物新品种提供知识产权保护,以激励出现更多更好的植物新品种。为了保证用于农业生产的品种质量,各国通常在种子进入市场销售之前,要求种质材料先通过官方评估和审查程序,对于那些符合认证条件具有培育价值的品种给予品种认证证书。这种审查通常由各成员国进行。由于在欧共体层面缺乏对相关统一协调,为了不因各国审查程序的差别阻碍共同体贸易的进行,欧共体委员会于 2002 年 6 月 13 日通过 2002/53/EC,代替 1970 年 9 月 29 日的 70/457/EEC,决定建立欧共体农业植物品种的共同目录。这一共同目录主要是通过编辑各国的国家品种目录形成的,而各国的国家品种目录是各成员国必须建立的。凡列入国家品种目录的农业植物品种,在通知欧共体委员会之后,原则上自动加入欧共体的农业植物品种共同目录;如果一个品种从国家品种目录中删除,也会导致其从欧共体的农业植物品种共同目录中删除。这一共同目录为所有欧盟成员国领土内的商业化品种开放。只有列入国家品种目录的农业植物品种才能获得品种认证证书并进行销售。一般来说,成员国必须确保那些具有特异性、稳定性、充分一致以及适当品种名称的农业植物品种能够进入国家品种目录。当然,相关品种还应具备令人满意的培育和使用价值,这一条件主要适用于农作物。根据 2002 年 6 月 5 日发布的欧盟指令 2002/55/EC 规定,蔬菜品种种子的市场销售不受培育和使用价值要件的影响。

四、欧共体植物品种权的申请与授权

下面将主要从程序的角度,简单介绍现行欧共体品种权的申请、审查与授

---

① UPOV 1978Art. 14 和 UPOV 1978Art. 18.

权程序,以及相关的上诉程序。

（一）申请程序

根据《共同体植物品种保护条例》的相关规定,任何在欧盟内有住所的个人或者设有机构的公司,以及任何来自 UPOV 公约成员国但不是欧盟成员的个人或者公司,只要其在欧共体内指定代理就可以申请 CPVR。品种权保护申请可以以欧共体的 11 种官方语言中的任意一种进行提交,可以直接向 CPVO,也可以向任一成员国的国家局提交,然后由国家局向 CPVO 提交。① 申请资料包括一份要求授予 CPVR 的请求、相关品种植物分类的鉴定、申请人及共同申请人的身份信息和有权获得 CPVR 的保证、品种的临时名称、品种的技术描述、品种的地理来源、代理人的资格证书、品种商业销售的情况、关于该品种的任何其他申请情况等。② CPVO 收到有效申请之日为该品种的 CPVR 申请日。申请人自在欧共体国家或 UPOV 成员国提出品种权申请之日起 12 个月内,又就相同的品种提出申请的,享有优先权。即将前一份申请的申请日视为后一份申请的申请日,据此作为审查的时间标准,但保护期限仍应从后一份申请的真实申请日起算。申请人要求优先权的,应在申请时提出,并在 3 个月内提出经原受理机关确认的申请文件的副本。③

条例还规定④,申请文件还需要提供育种者名称,以及一份关于没有其他进一步涉及植物品种的育种、发现和培育工作的人的保证,如果申请人不是育种者,或者不是唯一育种者的话,申请人还应提供相关的文件证明其有权获得 CPVR 的资格。什么是"育种者"（breeder）呢？ 条例第 11 条（1）规定,从事植物品种繁殖、或者发现并培育相关品种的人,或其继承者。条例将上述培育人和继承者统称为"育种者"。关于"育种"（breed）的概念,CPVO 上诉委员会的一个判决中认为条例第 11 条（1）中的"育种者"或者说"育种"的概念,不是指发明某种完全新的东西,而是包括种植、选择以及培育之前已经存在的植物材料并且将其培育成一个完全的品种。这一判决说明与原来 CPVO 所坚持的立场是一致的。⑤ 关于"发现"（discovery）的定义问题,上诉委员会在 2003 年的一个案例⑥中解释了"发现"的定义。在该案中,请求成为育种者的人所做的所有工作

---

① Council Regulation（EC）No. 2506. 95（of 25 October 1995）Art. 49.

② （EC）No. 2506. 95 Art. 50.

③ （EC）No. 2506. 95 Art. 52.

④ （EC）No. 2506. 95 Art. 50（1）（d）.

⑤ Bart Kiewiet. Principles, procedures and recent developments in respect of the Community Plant Variety Protection system. Frankfurt,2004（2）.

⑥ Case A—1/2004,Keith E. Kirsten（Pty）Ltd. ,http://www. cpvo. eu. int/documents/decision-BOA/2005/DecisionBOAPHASION. pdf.

是将一些美人蕉的根茎从公园移植到自家花园,然后进行繁殖。上诉委员会认为,尽管 CPVR 条例和 UPOV 1991 均没有对"发现"进行定义,但发现应当是这样的行为,在自然变异体中进行选择并且确认在某一变异体上出现新的特征,或者根据现有品种对变异体进行评估,尽管这些工作很重要,但这只是促成品种改进的潜在力量,对相关的植物材料获得权利的关键是证明这种潜能能够通过育种者的行为得以实现。本案中,没有证据证明被告实施促使品种产生的最低程度的努力,所发生的一切是其显示了该植物品种以及随后复制的品种材料。这些行为不足以使其对该品种本身获得任何权利。因此,委员会判决本案中的行为人不能当作育种者因为其没有培育品种。上诉委员会在审理该案时还提及了南非的一个涉及类似案情的判决[①],在该判决中法院认为"培育一个市场不同于培育一个植物"(developing a market is not the same as developing a plant),上诉委员会没有就这一观点进行回应。南非法院的这一看法与育种者对那些在欧共体市场内是新的、但在发展中国家却被认为是公有领域的植物品种能否享有品种权保护这一问题紧密相关。只有真正从事培育相关品种的人才能就相关品种要求品种权保护。CPVO 上诉委员会关于"培育"和"发现"的解释同样传达了类似的看法。

(二)审查与授权

CPVO 收到有关品种权的申请后开始进入审查阶段,主要有三部分的审查:形式审查(formal examination)、实质审查(substantive examination)以及技术审查(technical examination)。形式审查主要检查相关的申请文件是否符合要求、如有优先权是否符合规定以及费用的缴纳情况等,属于纯粹形式上的审查,如果不符合审查机关应通知申请人尽快补齐相关手续。[②] 实质阶段主要审查相关的品种是否属于可以获得 CPVR 的客体、新颖性、申请人资格以及品种命名的情况。[③] 技术审查主要考察品种是否符合 DUS 要求。对于候选品种的技术审查一般会出现两种情况:或者由 CPVO 本身实施或者由 CPVO 指定负责相关品种技术审查的成员国内审查局进行。在实践中,几乎所有装饰类和果树类植物由 CPVO 进行技术审查,大部分农业作物和蔬菜作物,不包括杂交品种的亲本材料,由相关审查局进行。[④] 其原因在于,部分农业作物和蔬菜作物,在申请 CPVR 过程中还将申请进入品种的共同目录,DUS 评估过程是进入目

---

① Case No 515/2002,Weltevrede Nursery (Pty) Ltd v. Keith Kirsten's (Pty) Ltd and Another.

② (EC)No. 2506. 95 Art. 53.

③ (EC)No. 2506. 95 Art. 54.

④ Gert Würtenberger, Paul Van Der Kooij, Bart Kiewiet, Martin Ekvad. European Community Plant Variety Protection. Oxford University Press, 2006:69.

录的一个部分。杂交品种的亲本材料不是为了销售，因而不用选择进入目录。CPVO 不仅仅根据相关的测试结果而必须考虑所有相关的事实得出自己的结论，因此，申请人应当使 CPVO 相信该品种值得拥有排他权。一旦 CPVO 指出一个类似品种，申请人就应证明其中的区别。第三方在这一阶段可以提出书面反对，但只能依据新颖性、DUS 标准或者品种命名相关理由，不能质疑申请人的资格。① 反对者成为申请程序中的当事人，有权获得相关的文件。

对于上述的审查最终以 CPVO 的决定告终，一个成功的申请将获得品种权的授权，而一个不成功的申请将导致 CPVO 的一个驳回决定。如果相关申请没有通过形式审查、实质审查或者没有提交材料用于检测，或者技术审查报告最终是否定的，或者申请人未能给这一品种提出适合的品种名称，那么这一申请将会遭到 CPVO 的驳回决定。如果该申请通过了上述所有审查，并且没有反对意见提出，CPVO 将作出授权的决定，包括关于这一品种的官方描述和一份共同体植物品种权证书。如果有当事人对这一授权决定或驳回决定不服的，可以提出上诉。

（三）上诉程序

上诉主要包括三种类型，即品种权申请程序中的上诉、品种权授权/驳回决定的上诉以及上诉委员会决定的上诉。大部分与申请和授权程序相关的决定均可向上诉委员会提出上诉。某些决定也可以直接向欧共体位于 Luxembourg 的初审法院或者负责监管相关机关管理的调查官提出。上诉委员会由行政理事会任命的主席和两名由主席从行政理事会提供的名单中选择的其他成员组成。根据规定，CPVO 决定的申请人或者其他与该决定具有直接或特别关联的其他人均可提出上诉。他们可以就以下决定向上诉委员会提出上诉，如 CPVR 的无效、对授权决定的反对、申请的驳回/授予决定、对品种命名的修改/采用、相关费用等。与强制许可有关决定也可直接上诉到共同体法院。如果针对一项与另一方当事人有关的审理的决定提出上诉，只能与针对最终决定的上诉共同进行，除非这样的决定可以分别上诉。一般来说，申请人、申请程序中的反对者、CPVR 的持有者以及申请或要求 CPVO 作出决定的任何人都有可能成为上诉程序中的当事人，CPVO 则是上诉程序的另一方，上诉应在相关决定送达上诉人之日起两个月内提起。

任何法人或自然人可以就涉及其利益的决定提出上诉，包括与相关决定具

---

① Guy Tritton, Richard Davis, Michael Edenborough, James Graham Simon Malynicz, Ashley Roughton. Intellectual Property In Europe. London Sweet & Maxwell, 2008:627.

有直接或特别关联(direct and individual concern)的第三人①。上诉委员会在 Sunglow 案②中就讨论了有关判断"direct and individual concern"的标准问题。在该案中,上诉人认为授予 Sunglow Blue 和 Sunglow White 两个品种以 CPVR 的决定侵犯了品种 Misty Blue 和 Misty White 的权利,Sunglow 申请人认为这样的上诉是不允许的,因为上诉人与该品种权不具有直接和特别的关联。上诉人不是 Misty 品种的持有人,只是在一些国家或地区具有独家销售的权利,包括在欧盟。上诉委员会认为,这样的上诉是允许的,如果上诉人认为 Sunglow 和 Misty 没有区别,并且如果其不被允许上诉的话,他可以向成员国法院提出侵权诉讼来维护他的权利。Sunglow 品种申请人还指出,这一上诉是不允许的,既然上诉人没有反对授予品种权的决定。委员会对此指出,本案中上诉人不能根据其在申请期间没有提出反对而剥夺其上诉的权利,《欧共体植物品种保护条例》第 67 条没有因第三方未在上述期期限内提出反对而排除其上诉的权利。也就是说,作为第三方有权进行上诉的唯一条件是其与相关的决定具有直接或特别的关联。

CPVO 在 2004 年的一个判决③中,上诉委员会判定其中的上诉人不具有上诉资格。2004 年 11 月 4 日,CPVO 授予 SARL Nador Cott 拥有柑橘属(citrus L. species)的 the Nadorcott variety 的 CPVR,(决定 No 14111)。2005 年 2 月 11 日,西班牙 Alicante 的合作联合会(Fecoav)作为第三方提出上诉,认为上述品种在进行 CPVR 授权时不具有新颖性,因此相关授权决定应无效。2005 年 11 月 8 日,上诉委员会驳回该项上诉,理由是 Fecoav 与 Nadorcott 品种授予 CPVR 的决定不具有直接和特别的关联。该协会认为由于自己购买该品种的原始材料,CPVR 的授予将影响其购买价格,因此认为它是受关联的一方,同时认为其协会的成员也是受关联的一方,因为他们种植着有争议的柑橘品种并支付相应的许可费,如果该品种权有效的话。据此,Fecoav 认为其有权上诉,并于 2006 年 3 月向欧盟初审法院提出上诉。Fecoav 提出了以下理由,首先,上诉委员会应告知其上诉的权利,并应举行第二次听证;其次,上诉委员会认为其不属于与相关决定具有直接和特别关联的当事人是错误的。欧盟初审法院驳回诉讼并要求 Fecoav 支付相关费用。④

上诉委员会应根据相应的审查作出决定。在上诉程序中,委员会可以履行

---

① (EC)No. 2506. 95 Art. 68.

② Cases A 5—6/2003,Van Zanten Plants BV v. Sunglow Flwers Pty Ltd,28 Sep. 2004.

③ Cases A 5/2005,SARL Nador Cott,28 Nov. 2005.

④ Case T—95/06,Federación de Cooperativas Agrarias de la Comunidad Valenciana v. OCVV-Nador Cott Protection (Nadorcott). OJ C 64,8. 3. 2008,31. 1. 2008.

CPVO 权限内的任何权力,也可以将案件返回审查办公室中的适格机构作进一步调查。如果当事人认为上诉委员会的相关决定超越权限,或者违反了实质性的程序要求或者违反欧盟条约、条例或者相关规则,或者滥用了相关权力,则可以在上述委员会决定做出之日前两个月内,向欧盟法院(European Court of Justice,ECJ)提起诉讼。这类案件一般由欧盟初审法院(Court of First Instance)负责审理。法院根据审理结果有权宣告相关决定无效或者改变决定。根据欧盟条约的相关规定,对于初审法院作出的判决,当事人不服可以上诉到欧盟法院。在这种情况下,欧盟法院仅对法律问题作出判决,事实问题则由初审法院处理。[①]上诉委员会的决定以及相关法院的判决均公布在 CPVO 的网站。

①　See E. C. Treaty, Art. 224, 225.

第五章　欧共体植物品种保护条例

　　欧共体统一的植物品种权保护制度建立于 1994 年《欧共体植物品种保护条例》(the Council Regulation on Community Plant Variety Right)的制定和实施,前文已经从欧洲植物品种保护的历史沿革角度,简要介绍了在该条例基础上发展起来的欧盟现行植物品种保护制度的运行情况,相关内容重在考察欧盟植物品种保护制度的实施情况。本章则以《共同体植物品种保护条例》为对象,主要考察该条例的制定背景及其原因、欧共体植物品种权的授权要件、保护范围以及侵权与救济。当然,在欧洲的植物品种保护制度中,"品种"的概念界定是核心问题之一,因为欧共体法院是通过"品种"概念界定完成了植物发明的品种权保护和专利保护之间的分离。

第一节　欧共体植物品种保护条例制定

　　随着 UPOV 公约在 1961 年的缔结,大部分欧洲国家都制定了国家植物品种保护法。1994 年,《欧共体植物品种保护条例》的颁布使获得欧共体品种权成为可能。尽管打算建立欧共体统一的品种权保护制度的决定在 1978 年 UPOV 公约进行第二次修订时就开始酝酿,但与欧共体颁布其他指令不同,很少文献关注该条例的建议稿及其制定细节与背景。有学者研究[①],出现这种情况主要有以下原因。首先,条例进行制定的讨论正好和 UPOV 1991 文本的起草在同

---

　　① Margaret Llewelyn & Mike Adcock. European Plant Intellectual Property. Hart Publishing, 2006:202.

一时间。由于条例的一项任务就是与新的 UPOV 文本保持一致,因此很可能 UPOV 修订所涉及的实体规定直接应用于该条例。第二个可能的原因是,植物品种权制度在欧洲很少有争议,并且仅涉及少数专业人士的利益,因此制定欧共体范围内的品种权保护制度也只能受到少数人的注意。第三个可能的原因是,当时围绕生物技术发明保护指令的讨论吸引了那些欧洲顶级专利律师的注意,他们渴望介入制定相关的规定。前文曾讨论欧洲专利公约明确将植物品种排除出专利的保护范围,纳入植物品种保护制度,专利领域的很多人对此并不满意,因此他们希望借助《生物技术发明保护指令》的制定,将所有形式的生物材料无一例外地纳入专利保护。这种做法的必然结果就是植物品种权制度的消灭。当一项保护制度面临另一项保护制度的竞争并被期望萎缩和消失时,那些支持专利制度反对运用植物品种保护制度的人们,自然不会对一项旨在发展植物品种保护制度条例的制定表示任何兴趣。因此,当时的学术界以及大部分专家都将兴趣集中在生物发明保护指令的制定与讨论上,品种保护条例的起草则远离了他们的视线。

既然大部分欧洲国家都建立了各自的品种权保护制度,并且也加入了 UPOV 公约,但为何欧共体委员会还要致力于建立一项统一的植物品种保护制度呢? 就像欧共体在 20 世纪 60 年代寻求专利保护一体化机制的动机一样,欧共体植物品种保护条例同样是欧洲经济共同体的建立和发展的必然结果。首先,虽然 UPOV 公约成员国都建立基本与 UPOV 公约一致的国家品种权保护制度,但在该条例制定之前,不是所有的欧共体成员都建立了品种权保护制度,也不是所有的国家都是 UPOV 公约的签字国。其次,各国的国家品种权效力仅限于授权国的领土范围内,在整个欧共体层面上无法进行统一实施。这是导致欧共体委员会决定创建欧共体植物品种权一体保护机制的主要原因,使得品种权能够在整个欧共体范围内得到像一个主权国家范围内的保护一样。再次,根据 UPOV 1961/1972 文本和 UPOV 1978 文本之规定,各缔约国可以决定在其领土内保护哪些植物品种,这就意味着在不同的国家受保护品种的目录存有差异,比如,1986 年,球花甘蓝在德国可以获得品种权保护,而在英国却不行。同样,在英国可以获得品种权保护的品种在德国却无法获得保护。这些差别自然成为植物品种贸易的障碍。欧共体委员会的使命之一就是消除共同体范围内的贸易障碍,于是建立欧共体统一的植物品种保护制度的想法也就应运而生了。

到 1986 年,委员会认为 UPOV 1978 文本已经不能满足欧洲植物育种者不断变化的需要了,无论是国际层面的 UPOV 公约还是欧共体层面的植物品种保护制度都需要进行更新。于是,UOPV 公约的修订与欧共体植物品种保护条例的制定几乎同时起步。在 UPOV 公约 1991 文本修订后,欧盟理事会于 1994年 7 月 27 日制定了共同体植物品种保护条例,其主要规定直到 1995 年 4 月 27日才生效。该条例的颁布影响了整个欧盟范围内的植物品种保护的整个结构,根据这一规定授予的品种权在整个欧盟范围内有效。条例与 UPOV 1991 文本的关系非常紧密,尽管欧盟在 2005 年 6 月才正式成为 UPOV 成员,但该条例几乎就是以 UPOV 1991 文本为范本进行制定的。为了确保该条例在事实上与UPOV 1991 相一致,欧盟委员会在 1997 年向 UPOV 理事会征求意见,并在1997 年 4 月举行的一次理事会会议上就该一致性问题进行确认。

条例规定的植物品种保护与专利保护之间的关系,学者 Obst 发表了自己的看法①。他认为,共同体植物品种保护条例和生物技术发明保护指令的意图是共同为欧共体范围内的所有生命形式提供保护,并且确保这样的保护仅限于各自的体系内,确保没有覆盖和侵犯另一制度提供的权利保护。这两种制度有其各自的优点和保护范围,但不可否认的是,这两种制度必然存在相互交叉的区域。尽管从理论上说,不同制度具有各自的保护范围,并且能够划定清楚的界线,但在实践中能否划定这样的界限仍然是一个问题。而能否划定界限的关键之一就是关于"品种"的界定。一项植物发明是通过专利权保护还是通过品种权制度保护? 其关键就在于申请人权利要求所指向的该项植物是否属于《欧共体植物品种保护条例》意义上的"植物品种"。

第二节　欧共体品种权的授权要件

CPVR 条例前言指出,为了确保植物品种制度的正确运行,为植物品种规定一个定义是非常重要的,但这样的定义不应改变在知识产权领域已经建立那些定义,尤其是专利领域,也不应干涉或排除相关法律对产品或方法可专利性规定的应用,包括植物和植物材料,以及产生类似其他知识产权的方法,因此应该积极努力在国际层面达成一个共同的定义。如果从这一意义上进行理解,能否符合"植物品种"的定义,首先是欧共体植物品种权的授权要件之一。

一、植物品种

根据条例的相关规定②,欧共体植物品种权保护所有植物种和属,以及这些

① Margaret Llewelyn & Mike Adcock. European Plant Intellectual Property. Hart Publishing,2006:202.

② (EC)No. 2506. 95 Art. 5(1).

种和属的杂交。条例规定的"品种"（variety）是指："已知植物最低分类单元中的一个单一植物群（plant group），不论是否完全符合品种权授予要件，该植物群可以是：

——以某一特定基因型或基因型组合表达的特征来定义；

——至少表现出上述的一种特性，区别于任何其他植物群；

——应考虑作为一个分类单元的稳定性不因繁殖发生变化。

一个植物群体可以是整株植物或者是植物的部分构成，只要这样的部分繁殖成整株植物，上述两种合成为'品种组成成分'（variety constituents）。

上述所指的基因型或基因型组合表达的特征，在同一种品种组成成分中可能不会变化也可能会变化，只要是由该基因型或基因型组合导致的变化程度就属于同一品种。"①

UPOV 1961/1972 文本将"品种"定义为适用于任何用于繁殖的，并满足公约第 6 条（1）有关一致性和命名规定的栽培品种，无性系，品系，类或杂交种。② UPOV 1978 文本删除了 UPOV 1961/1972 文本关于"品种"的定义，没有给出新的定义。条例关于品种的定义不但采用了 UPOV 1991 文本第 1 条（vi）所规定的定义，这是基于对原来已经存在定义的一种认可和继承，同时还就构成"植物品种"的植物群规定了更为明确的界定，包括整株植物或者植物的部分，只要这样的部分可以繁殖成整株植物。这大大拓宽了 UPOV 1991 文本中关于"植物品种"的定义，不但包括植物群还包括植物部分。对于同一品种间的植物特征变化，条例也明确规定不管植物的特征是否保持不变或者发生变化，只要这种变化是由植物特定的基因型或基因型组合导致的，就仍然属于同一种植物品种。也就是说，植物品种是作为一个整体有别于其他植物群，在特征上具有一定程度的变化这一事实不能成为否定相关植物作为 CPPVR 条例意义上的同一"植物品种"。在理解品种权的保护对象与生物技术发明专利中的权利要求所指向的"植物"或"植物材料"之间的区别时，尤其要注意品种权的对象是一个由特定基因型或基因型组合表达产生至少一种特性，有别于其他植物群，并且这种特性不因繁殖发生变化，即使有变化也应保持在一定程度之内，并且是由该特定基因型或基因型组合导致一定变化的"植物群"即可。

在实践中，条例中规定的"品种"意义最终由欧盟法院（ECJ）决定，这意味着这一定义目前要受欧盟法院司法的影响。另外，EPO 也必须采用这一定义来决定是否排除某些权利要求，从而避免为植物品种提供专利保护。也就是说，ECJ 在某些情况下将间接影响 EPO 在具体问题上的判断，这是出现类似情况的唯

① （EC）No. 2506. 95 Art. 5（2）和（3）.

② UPOV 1961/1972 Art. 2（2）.

一场合,因为 EPO 在其他任何方面都独立于并不受制于 ECJ 的判决。

除了相关植物要符合"植物品种"的定义外,根据 CPVR 条例规定①,欧共体品种权应授予那些具有特异性、一致性、稳定性以及新颖性的植物品种,而且还必须具有适当品种名称。下面对所谓的"特异性"、"一致性"、"稳定性"、"新颖性"和"适当品种名称命名"进行分析。

二、特异性

如何界定相关植物品种具有特异性(distinctness)呢? CPVR 条例规定②,如果一个品种在品种权申请日时,在由一个基因型或基因型组合产生的特征表达上,明显区别于任何其他已知的现存品种,那么该品种就应被认为是独特的。判断相关植物品种的"特异性"是和"已知品种"相对照的。什么是"已知品种"呢? 在相关品种权申请日,如果该品种已获得品种权保护或已进入欧共体或任何国家,或者具有相应资格的任何政府间国际组织的植物品种的官方登记名录,那么该品种就被认为是一个已知的品种。同时,如果申请人提交了一项要求品种权授权的申请或者一项要求进入官方品种名录登记的申请,只要该申请获得了授权或者该品种进入名录,那么该品种在获得品种权授权时或者进入名录时就成为一个已知品种。条例还授权可以根据第 114 条的规定,就如何决定已知品种的问题制定实施规则。

(一)与 UPOV 规定的异同

UPOV 公约的不同文本均对品种的特异性作了规定。UPOV 1961/1972 第 6 条规定,不论原始变种的起源是人工的,还是自然的,该品种应具有一个或数个重要特性,在申请保护时有别于任何现存的其他已知品种。可参考以下因素判断已知品种:已在进行栽培或销售,已经或正在法定的注册处登记,已在参考文献中或已在刊物中准确描述过。一个新品种能够通过形态上和生理上的特征加以确定和区别。在任何情况下,这些特征能够进行精确描述和认知。③ UPOV 1978 第 6 条规定,不论原始变种的起源是人工的,还是自然的,在申请保护时,该品种应具有一个或数个明显的特性有别于已知的任何其他品种。"已知"的存在可参考以下因素:已在进行栽培或销售,已经或正在法定的注册处登记,已登在参考文献中或已在刊物中准确描述过。使品种能够确定和区别的特性,必须是能准确辨认和描述的。④ UPOV 1991 第 7 条规定,如果一个品

---

① (EC)No. 2506. 95 Art. 6.

② (EC)No. 2506. 95 Art. 7.

③ UPOV 1961/1972 Art. 6(1)(a).

④ UPOV 1978 Art. 6(1)(a).

种在申请书登记之时明显区别于已知的任何其他品种,则这个品种应被认为是特异的。特别是,在任何国家里,如果其他品种的品种权申请或在法定的品种登记处登记的申请,当获得了品种权或者在法定的品种登记处登记,则应认为从申请之日起,该其他品种便是已知的品种。^① 由上述规定可知,UPOV 1961/1972 文本与 1978 文本基本没有变化,只是强调新品种应具备区别于已知品种的一个或数个重要特征,而 1991 文本则采用"明显区别"的说法,但本质上没有变化。

条例规定明显与 UPOV 1991^② 所确定的特异性格判断有所区别。首先,条例在申请品种和现有已知品种的区别标准上强调申请品种所展示的特征表达,而且这一特征表达是由特定基因型或基因型组合产生的。一般来说,在过去人们判断一个品种是否具有特异性,主要从表型特征而不是通过基因评价。UPOV 1991 文本仅规定申请品种具有明显区别(clear distinguishable),尽管也没有排除对品种特异性的内部评价(internal evaluation),也就是基因评价(genetic evaluation),但从条文内容上看似乎更倾向于具有可视特征的外部评价(external evaluation)而不是内部评价。很明显,无论是条例还是 UPOV 1991文本都十分强调申请品种应当具有外部的、可以观察的那些特征表达,而条例在强调外部特征具有明显区别的同时,还要求内部的基因型或基因型组合也应当具有充分的特异性。这对于那些区别于其他品种的特征不是外部可观察到的申请品种非常重要,比如,植物的抗病虫能力等。

其次,条例和 UPOV 1991 文本在定义"已知品种"时也有一些不同。UPOV 1991 文本规定,如果在任何国家提交一项要求授予品种权的申请或者要求在官方品种目录的登记申请,获得了品种权授权或者进入了官方品种目录,则应从申请日起认为该项品种已经成为已知品种。而条例规定了两种已知品种的判断。一是已经获得品种权保护的品种或者已经进入官方品种目录的品种为已知品种,二是正在申请品种权保护的品种或者正在申请进入官方品种名录的品种,这种情况如果获得成功,也就是获得了品种权的授权或者进入了官方品种名录,那么该品种从获得授权时或者进入官方品种名录时,就成为一项已知的品种了。上述两个规定的区别在于判断已知品种的时间点不同。

(二)已知品种的判定

CPVO 上诉委员会在一个案例中解释了条例第 7 条规定的"已知品种"概念,认为应当考虑以下相关因素。检测机构用作参考品种的植物材料来源于

---

①　UPOV 1991 Art. 7.

②　UPOV 1991 Art. 7.

Heidelberg 植物园,其原始植物由位于 Speyer 的 Nothelfer's nursery(苗圃)供应,该参考品种命名为"Comtesse Louise Erdody",由海德堡植物园的 Kramer 博士实施对秋海棠(Begonia rex)公开文献检索。详细检查之后,博士无法决定该参考文献所描述的秋海棠是否真正命名为"Comtesse Louise Erdody",与之相关的问题是在品种权授权之日,"Comtesse Louise Erdody"是否属于一个已知品种。根据调查,"Comtesse Louise Erdody"品种由 Nothelfer 苗圃在 1994 至 2000 年提供销售,并提供给植物园种植,可以公开获得,因此符合已知品种的标准。该结论获得由 2002 年 8 月 15 日生效的 UPOV TGP/3.2(c)规定的支持,"某些具体情况使得(相关植物品种)构成已知品种,包括其他人进行品种材料的商业性繁殖……活的植物材料存在于公开可以获得的植物库(plant collections)"。上诉委员会的这一决定非常重要,主要基于两个原因:一是委员会表达说参考品种名称是否正确与该品种是否成为已知品种没有关联;二是委员会承认一个品种存在于一个向公众开放的植物品种库中,如本案中的植物园,达到了成为已知品种的要求。该项判决证实了条例第 7 条(2)(UPOV 1991 第 7 条第 2 句话)所举的例子,是关于已知品种情况的未穷尽式列举。①

2004 年 4 月 19 日,CPVO 作出 R446 决定驳回 the Plectranthus ornatus Codd. 属的一个品种 Sumcol 01 关于要求品种权保护的申请,理由是与参考品种相比缺乏特异性。申请人在 2004 年 6 月 11 日提出上诉,该参考品种由 van Jaarsveld 先生从南非 the Kirstenbosh botanical garden 植物园移送至德国审查办公室(Bundessortenamt, Germany)。上诉人认为由 van Jaarsveld 先生移送的该参考品种不是已知品种,因为该品种来自其私人花园,还指出其移送的事实上是 Sumcol 01 品种,也就是上诉人的申请品种。2006 年 6 月 2 日,上诉委员会作出判决,认为该参考品种不同于申请品种,它不是 Sumcol 01,但根据条例第 7 条之规定申请品种"没有明显区别"于参考品种。申请人再次于 2006 年 7 月 18 日向欧盟初审法院(CFI)提出上诉。CFI 于 2008 年 11 月 9 日作出判决②。

在上诉中,申请人主要基于以下两种理由反对 CPVO 的判决。首先,用来证明申请品种 Sumcol 01 不具有特异性的参考品种实际是 Sumcol 01 本身。其指控 Jaarsveld 先生已经获得 Sumcol 01 品种的植物材料然后送往德国审查局,尽管德国审查局通过技术审查已经确认参考品种与申请品种之间存有微小差

---

① Bart Kiewiet. Principles, procedures and recent developments in respect of the Community Plant Variety Protection system. Frankfurt, 2004(2).

② Case T-187/06, Ralf Schräder v. CPVO, (SUMCOL 01), 2008/11/19, http://eur-lex.europa.eu/LexUriServ/LexUriServ.do? uri=CELEX:62006A0187:EN:HTML.

别,但这些差别是由环境因素导致的,因此不具特异性不能成为拒绝 Sumcol 01 获得品种权保护的理由。其次,如果法院认定参考品种是另一个品种而不是 Sumcol 01,该参考品种就不属于条例第 7 条意义上的已知品种,因为该品种是由 Jaarsveld 先生从其私人花园获得植物。基于这种情况的不具特异性不能成为拒绝 Sumcol 01 获得品种权保护的理由。CFI 驳回上诉,认为申请人根据德国审查局执行的技术审查结果:Sumcol 01 和参考品种构成不同品种,不足以质疑 CPVO 的评价。CFI 认为根据南非当局和 van Jaarsveld 提供的信息,该参考品种属于已知品种。CFI 的这一判决具有非常重要的意义,在判决中表达了这样的观点,关于一个植物品种的特异性特征,即品种权保护的一项主要要件的鉴定是一个具有科学性和技术复杂性的问题,为司法审查的范围提供了限制的正当性。[①]

三、一致性

什么是"一致性"(uniformity)呢? 条例规定[②]如果用于品种描述的那些特征表达,包括用于检测品种特异性的特征表达以及任何其他用于品种性状描述特征,可以从繁殖基本特征中预期可能的变化,那么该品种应当被认为是具有充分的一致性。UPOV 1961/1972 文本规定,"就该品种的有性或无性繁殖特性而言,必须是充分均质或一致的"[③],UPOV 1978 文本关于"一致性"的规定与 UPOV 1961/1972 文本完全相同。[④] UPOV 1991 文本的表述与前述规定有所不同,认为"如果一个品种能从繁殖的基本特征预期可能的变化,在品种的相关特征方面具有充分的一致性,那么该品种就应认为是一致的"[⑤]。比较上述这三个规定,所表达的内容基本相同,但各有侧重。UPOV 1978 文本与 UPOV 1991 文本之间几乎没有太大差别,都强调相关品种的"基本特性"或者"相关特性"经过繁殖之后要保持充分的一致性。当然,这也不是绝对的一致,而是在一定可预计的变化幅度内保持一致性。一般来说,一个具有一致性的第一代异花授粉品种可能产生一个混杂的第二代品种,即 F2。同样相似的是,一个 F1 杂交种,对某一特征包含显性基因(dominant gene)和隐性基因(recessive gene)(如混杂基因型),由于显性基因的作用而在表型特征方面呈现同质性,但当进行自花授粉时,第二代(F2)将有 25％ 概率会出现隐性基因植物,展示出隐性基

---

① CPVO,"CPVO Annual report 2008":70.

② (EC)No. 2506. 95 Art. 8.

③ UPOV 1961/1972 Art. 6(1)(c).

④ UPOV 1978 Art. 6(1)(c).

⑤ UPOV 1991 Art. 8.

因特征,75％概率会展示显性基因特征。这种情况下,相关品种的一致性就不是真正的一致性,因为这种一致性是不稳定的。相对于 UPOV 的两个关于"一致性"的概念,条例的"一致性"强调的是"特征的表达"(the expression of those characteristics),而不仅仅是特征本身。这里的"特征表达"明显不仅包含了有形的、可以观察到的相关特征的一致性,而且还要求暗含在基因结构之中的以及其他无法直接观察到的那些特征的一致性。很明显,一致性的标准与特异性和稳定性紧密相关,就相关品种的同代植株之间,如果一个品种没有充分的一致性,就很难满足相似品种之间必须存在的特异性。这种情况也反映了表型同质性和基因型同质性之间的区别。

四、稳定性

关于稳定性(stability),条例规定[①]如果用于品种描述的那些特征表达,包括用于检测品种特异性的特征表达以及任何其他用于品种性状描述特征,在重复繁殖之后或者如果是一个特定的繁殖周期,在这一周期结束之后,仍保持不变,那么该品种应当被认为是稳定的。UPOV 1961/1972 文本对受保护品种的稳定性没有作出规定,UPOV 1978 文本规定:"该品种的基本特性必须是稳定的,即经过重复繁殖,或在育种者规定的特定繁殖周期中的各个周期结束时,品种的基本特性仍与原来所描述的一致。"[②]UPOV 1991 文本的表述与前述规定有所不同,认为"如果一个品种的相关特征能在反复繁殖之后,或者如果是一个特定的繁殖周期,在这一周期结束之后,仍保持不变,那么该品种应当被认为是稳定的"。[③] 比较上述这三个规定,所表达的内容基本相同,但各有侧重。UPOV 1978 文本与 UPOV 1991 文本之间几乎没有太大差别,都强调相关品种的"基本特性"或者"相关特性"经过反复繁殖或者特定繁殖周期之后要保持充分的稳定。相对于 UPOV 的两个关于"一致性"的概念,条例的"一致性"强调的是"特征的表达"(the expression of those characteristics),而不仅仅是特征本身。这里的"特征表达"明显不仅包含了有形的、可以观察到的相关特征的稳定性,而且还要求暗含在基因结构之中的以及其他无法直接观察到的那些特征的一致性。

理解品种的"稳定性"必须与"植物品种"概念紧密联系。条例要求的是相关品种在"特征表达"上的"稳定性",这里的"特征表达"是由特定基因型或基因型组合所导致的,并且得以在数个繁殖周期之后保持稳定。根据"植物品种"的

---

① (EC)No.2506.95 Art.9.

② UPOV 1978 Art.6(1)(d).

③ UPOV 1991 Art.9.

定义,虽然强调品种的稳定性,但也允许存有一定程度的特征变化,只要这种变化是由植物的基因型或基因型组合产生的。因此,所谓的"稳定性",强调的是一个品种代之间,如 F1、F2、F3 之间在相关特征表达的传递上具有稳定性。植物品种的这一特性必须经过进一步的繁殖,或者利用新的种子进行培育来证实新长成的植株与品种先前的样本之间在特征表达上保持稳定。应当说,无论是植物品种的一致性还是稳定性要求,都纯粹是一个技术判断的事实问题,而不是一个法律规定的问题。

五、新颖性

关于新颖性(novelty),条例第 10 条规定[①],(1)如果在根据第 51 条规定决定的申请日,该品种的品种组成成分或收获材料,尚未在第 11 条意义上育种者的同意下,以利用该品种之目的出售或转让他人,那么这一品种应认为具有新颖性:(a)在欧共体领土范围内距离申请日尚未超过 1 年;(b)在欧共体领土范围外,如果是木本植物,距离申请日尚未超过 4 年,如果是藤本植物,距离申请日尚未超过 6 年。(2)将品种组成成分转让给官方机构用于法定目的,或者根据合同或其他法律关系向其他人转让仅用于生产、复制、繁殖、处理或者存储,则不应认为是上述条款意义上的销售或转让,只要育种者持有对这些或者其他品种组成成分的排他性权利,并且没有涉及进一步的转让。但如果这些品种组成成分重复用于一个杂交品种的生产,并且涉及该杂交品种的品种成分或者收获材料的转让,则这样的品种成分转让应当视为上述条款意义上的转让行为。同样地,一个公司将品种组成成分转让给另一个这样的公司,只要其中之一完全属于其中之一公司或者它们共同完全属于第三个这样的公司,只要不涉及进一步的转让,这样的转让不应视为可以破坏新颖性的转让行为。但这一规定不应适用于合作性的协会之间。(3)该品种的品种成分或者收获材料的转让用于本条例第 5 条(b)实验目的和(c)育种者的培育目的,并且不涉及进一步的复制或繁殖,则这样的转让也不应认为是对相关品种的利用,除非能够证明该转让的目的。同样地,如果是由于这样的一个事实,即在《国际展览公约》意义上的一个官方或官方承认的展览上,或者在成员国官方承认的相当于成员国举办的一次展览上,育种者已经展示了这一品种,则任何转让给他人的行为不具有重要意义。

(一)与专利在先技术判断的异同

从条例关于新颖性的规定可知,所谓的新颖性,是指申请品种权保护的品

---

① (EC)No. 2506. 95 Art. 10.

种是否存在在先商业化利用的情况,在专利领域就相当于"在先使用"的情况。但是,在品种权领域不存在一个由第三方创造的、其各方面均与申请品种相一致的"在先品种"。品种权领域的新颖性仅针对该申请品种本身是否出现在育种者同意的情况下进行销售的行为。因此,品种权领域的新颖性判定完全不同于专利领域的新颖性判定,专利领域所要求的是一种完全的新颖性,不仅仅指在先使用的情况。当然,在实践中,品种权申请人还需证明其品种具有特异性,即申请品种应当明显区别于其他已知的现有品种。

品种权申请的宽限期与专利领域中的规定不同,专利领域从发明披露到申请日只有 1 年的宽限期,而品种权领域相对要长得多。如果一个品种的销售在欧共体领土范围内距离申请日尚未超过 1 年,或者在欧共体领土范围外,如果是木本植物,相关销售距离申请日尚未超过 4 年,如果是藤本植物尚未超过 6 年,则该品种仍具有新颖性。宽限期制度的规定使育种者,在申请品种权保护之前,拥有通过市场销售的方式确定相关植物品种的商业价值的机会。

(二)与 UPOV 规定的异同

UPOV 公约的不同文本对品种的新颖性均作了规定。UPOV 1961/1972 文本第 6 条(1)规定,新品种已进入试验,或者已提交登记或进行官方登记的事实,对于这一品种的育种者及其继承人不应有所歧视。在向一个联盟成员国注册保护申请时,育种者及其继承者未同意该品种在该国领土内提供出售或进行市场销售,或者该品种在其他国家提供销售或市场销售不得超过 4 年。[①] 从这一规定可知,UPOV 1961/1972 将品种进入实验和提交官方登记的事实作为破坏新颖性的例外,对育种者用以检测品种商业性价值的宽限期来说,就申请国范围内而言,没有规定宽限期,对于其他国家的销售行为规定为 4 年的宽限期。

UPOV 1978 第 6 条(1)规定,在向一个联盟成员国注册保护申请时,(Ⅰ)该品种尚未经育种者同意在该国领土内提供出售或在市场销售,若该国法律另行规定,则不能超过 1 年。(Ⅱ)藤本、林木、果树和观赏树木的品种,包括其根茎,经育种者同意在任何其他国家提供出售或已在市场销售不超过 6 年,或所有其他植物不超过 4 年。与提供出售或在市场销售无关的品种的试种,不影响申请品种权保护的权利。以提供出售或市场销售以外的方式成为已知品种的事实,不影响育种者的申请品种权保护的权利。[②] UPOV 1978 文本的规定明显比 UPOV 1961/1972 文本更加细致,将品种试种排除在影响新颖性事实的例外,同时也将所有提供出售或市场销售以外的事实予以排除。宽限期的规定更

---

① UPOV 1961/1972 Art. 6(1)(b).

② UPOV 1978 Art. 6(1)(b).

加丰富,申请国范围内规定了 1 年宽限期,其他国家的销售行为,就藤本、林木、果树和观赏树木的品种,包括其根茎,宽限期为 6 年,其他植物为 4 年。当然,上述所称的提供出售或者市场销售都是指在育种者或其继承人同意前提下实施的相关行为。

UPOV 1991 文本第 6 条规定,一个品种应被认为具有新颖性,如果在品种权申请书提交之日,该品种的繁殖或收获材料尚未因利用该品种之目的被育种者本人或经其同意出售或转让他人。①在提交申请书的缔约方领土上距该提交日未超过 1 年;②在提交申请书的缔约方以外的领土上,距该提交日未超过 4 年,或在树木或藤本的情况下未超过 6 年。针对新培育的品种,凡缔约方在对以前未实施本公约或先前文本的某一植物属或种实施本公约时,对在申请之日已有的某一品种可以看作符合(1)款规定的新培育的品种,即使其销售或转让他人早于该款规定的期限。① UPOV 1991 文本的规定与 UPOV 前两个文本相比,具有以下特点:首先,强调经育种者同意的提供出售或者市场销售行为必须是"以利用品种之目的"(for the purposes of exploitation of the variety),这一点在前两个文本中均未涉及。这一额外要求放宽了关于品种新颖性测试的要求。也就是说,如果申请人能证明该品种的繁殖材料仅用于培育另一品种的目的,那么该申请品种仍未丧失新颖性。如:一个仅仅用于培育 F1 杂交种的近交系品种不能视为其本身的商业性利用。这种情况下,申请人希望商业性利用该近交系品种本身,他仍可以根据 UPOV 1991 文本申请品种权保护,即使利用该近交系品种生产 F1 杂交种已经多年了。其次,UPOV 1991 文本采用"品种的繁殖或收获材料"代替以前文本的"品种"表达,强化了品种新颖性的测试标准。如果用于培育品种的相关材料已经商业化,那么该品种将丧失新颖性。例如,如果一个育种者以生产和随后商业利用 F1 杂交品种为目的销售近交系亲本,并提供了 F1 繁殖材料,那么该育种者将无法根据 UPOV 1991 文本为 F1 申请品种权保护。在 UPOV 1978 文本下,育种者仍可以为 F1 申请品种权保护,只要该 F1 品种本身没有被商业化利用。但如果该育种者已经销售了近交系亲本并为第三方所利用,则该 F1 无法获得品种权保护,除非能够证明该近交系亲本的销售是为了 F1 的商业性利用。相似地,该不育品种收获材料的销售,如 F1 杂交种,将破坏 F1 亲本品种的新颖性。再次,UPOV 1991 文本规定,那些适用 UPOV 1991 文本的缔约国对之前尚未纳入保护的植物属和种,即使相关品种的销售距离申请日已经超过 1 年、4 年或者 6 年的宽限期,但仍可以视为新培育的品种,也就是尚未丧失新颖性。这实际上对这些植物品种的品种权申请延长

---

① UPOV 1991 Art. 6.

了宽限期。

总的来说,条例关于新颖性的规定与 UPOV 1991 文本的相关规定基本相同,但仍有一些差别。首先,用以判断品种新颖性的销售对象,UPOV 1991 文本规定的是相关品种的"繁殖材料或者收获材料"(propagating or harvested material),而条例规定的是该品种的"组成成分或收获材料"(variety constituent or harvested material)。根据条例第 5 条(3)的定义,植物组成成分包括"整株植物或者植物的任何部分,只要这样的部分能够长成整株植物",也就是"植物组成成分"这一定义包括了"繁殖材料"。有学者认为①,这一语言上的细微差别为以下问题的解决提供了方案,即用作生产一个杂交种的亲系是否符合品种权保护的新颖性要件,在这一杂交品种或者从该杂交品种获得的繁殖材料先前已被利用的情况下。这一问题之所以成为一个问题还要从杂交种的本质进行理解。杂交种利用两个近交亲本进行培育,并且为了生产杂交种重复利用亲本是必要的。UPOV 1991 文本第 6 条为新颖性的判定设定了一个总的规则,条例第 10 条(2)对这一规则作了进一步发展。在 UPOV 层面没有就亲本的新颖性问题达成统一意见,而是出现了两种截然相反的解释:第一种观点认为,杂交种成分的转让与亲本的新颖性无关;第二种观点认为,杂交种成分的转让损害了亲本的新颖性②。条例第 10 条(2)试图对这一问题作一区别。如果品种组成成分可以获得,以便"重复用于一个杂交品种的生产,并且涉及该杂交品种的品种成分或者收获材料的转让",则上述行为将破坏这些品种成分(如亲本)的新颖性。正如 CPVO 主席解释的那样,"如果育种者向第三方'转让'亲本,尽管没有转移对它们的所有权,但用于生产杂交品种,并出售了这些杂交种的收获材料或基础材料,这些材料的转让损害了亲本的新颖性"③。这样的利用构成了对新颖性的破坏,因为,不仅杂交种的品种成分被转让,而且育种者也放弃了对亲本的物理控制。条例第 10 条(2)是对上述两种立场的一种折中。但仍然没有解决这一问题,即这一规定是否符合 UPOV 1991 文本的规定,或者条例第 10 条(2)是否规定了一项例外,也就是条例第 10 条(2)为亲本的保护提供了基础,即使已经被重复用于生产杂交种,在 UPOV 规则下就是可以保护的,而在 CPVR 条件下就不可能了。

其次,条例明确地指出了一些新颖性破坏的例外情况,而这些情况在 UPOV 下均没有涉及,更进一步强调破坏新颖性的转让行为仅与是否涉及商业

---

① Margaret Llewelyn & Mike Adcock. European Plant Intellectual Property. Hart Publishing, 2006:213.

② Kieweit. Plant Variety Rights in a community Context, 2002. www. UPOV. org.

③ Kieweit. Plant Variety Rights in a community Context, 2002. www. UPOV. org.

性利用有关。第一,育种者将品种成分转让给官方机构,或者向他人转让仅用于生产、复制、繁殖、处理或者存储,只要育种者保留这些或者其他品种成分的排他性转让权,并且没有涉及进一步的转让,则不应认为这种转让具有破坏新颖性的功能。但第三方重复利用这些品种成分生产杂交品种,并且转让了该杂交种的品种成分或者收获材料的,那么这样的转让将破坏亲本的新颖性。第二,属于相同经济实体的公司之间的品种成分转让不会破坏新颖性。第三,相关品种的品种成分或收获材料用于实验目的或培育新品种目的,没有涉及进一步的复制或繁殖,这种转让也不会破坏新颖性。例如,由一种新的谷类品种经试验长成的谷类,如果将这些谷类转让给农民用作饲料,则这一转让不会构成对谷类品种的新颖性破坏。但是,如果农民得到这些谷类后,用于种植并收获新的谷类,那么这就构成了破坏新颖性的转让。

（三）新颖性的判定

实践中,是如何具体进行新颖性判定的呢? "Barberina"一案[1]就是一个关于"新颖性"判定的案例。该案的基本情况是,2004年11月8日,CPVO收到Vicente Barber López要求为柑橘属候选品种Barberina提供品种权保护的申请。申请文件中披露该品种于2002年在西班牙首次转让用于研究目的,CPVO接受这一解释并于2005年10月24日授予CPVR。2006年12月6日,CPVO收到一份来自西班牙公司Plantones Certifi cados S. L的无效请求,理由是该品种缺乏新颖性,因为该品种材料在育种者同意的情况下,在西班牙的销售转让早在申请日的一年之前就进行了。2008年4月7日,CPVO决定宣布Barberina的CPVR无效,主要根据由西班牙当局提供的销售数据。2008年6月6日,Vicente提起上诉,上诉委员会认为申请人具有上诉资格,但是上诉理由不成立而驳回上诉,因为西班牙当局提供的商业化数据已经证明了相关品种在申请日缺乏新颖性,因此无法获得品种权。[2] 这一案例提醒了两点:一点是对那些品种申请人一定要注意品种权保护的新颖性,尤其是宽限期的要求;另一点是对那些试图通过新颖性要件无效品种权的人,应当重视市场公开的销售数据,尤其是官方统计提供的销售数据,这是作为证明缺乏新颖性要件的重要证据。

六、适当的品种名称

条例规定,CPVO在授予欧共体品种权时,应审查申请人在申请文件中提

---

[1]　Appeal A 009/2008, Vicente Barber López v. Plantones Certifi cados S. L and CPVO(Barberina),2008/12/2. http://www.cpvo.eu.int/documents/decisionBOA/2008/BOA_Decision_BARBERINA_signed_EN_009－2008.pdf.

[2]　CPVO,"Annual Report 2008":67.

出的品种名称,如果没有阻碍事项,应当批准。如果没有下列阻碍事项,则品种名称就应该是适当的:①该名称在欧共体领土范围内已被第三方的在先权利所排除;②该名称很难为用户所识别或复制;③与已经进入官方品种登记目录并同属于相同或近似种属的另一品种,或者与已经在欧共体成员国或 UPOV 成员国销售的另一品种,两个名称相同或者可能造成混淆的,除非另一品种名称不再使用并且其名称没有产生重要影响;④与货物销售经常使用的其他名称或者与根据其他法律不得使用的名称相同或者可能造成混淆的;⑤有冒犯成员国之一的或者违反社会公共政策的;⑥容易导致对有关品种的特征、价值和身份,或者育种者身份或者任何其他相关的一方产生误导或造成混淆的。条例还规定,如果一品种已经进入一欧共体成员国、或者 UPOV 成员国或其他根据欧共体共同目录相当的规则进行品种评估的国家,在官方植物品种或植物材料的登记目录中,并且已经以商业目的进行销售,如果品种权申请中提出的品种名称与前述登记和销售使用中的不同,CPVO 不应批准这样的品种名称,除非已经登记或使用品种存有上述规定中的阻碍事项。CPVO 应当公布被认为是紧密相关的植物种属。一般情况下,如果品种权申请中提出的品种名称不存在上述障碍,CPVO 就应批准这一品种名称。

在 Ginpent/ Gynosemma Pentaphyllum 一案①中就涉及有关品种名称的问题。在该案中,申请人获得 GINPENT 品种(属于 Gynosemma Pentaphyllum 属)的 CPVR,第三方提出反对,认为 Ginpent 源于 Gynosemma Pentaphyllum,是后一名称的缩写。上诉委员会认为,一植物属的名称不应与另一植物品种的名称相同,本案中的品种名称没有违反条例第 63 条(3)的规定,同时也没有违反条例第 63 条(4)的规定,因为 GINPENT 没有作为 Gynosemma Pentaphyllum 的常用缩写进行使用,因此驳回这一反对。反对人还指出,该品种正使用的品种名称是 GINPENT 是一个注册商标。上诉委员会认为,尽管这一事实确实存在,但这不构成要求修改品种名称的正当理由,品种名称是一个植物属类的名称,将一个品种与其他品种区别出来并且用以描述该品种,但不必完全履行商标的功能。本案中,申请人所使用的品种名称无疑是正确的。

适当的品种名称是获得品种保护的要件之一,那么获得品种权保护之后,品种权人又应当如何使用这一品种名称,以及受到哪些限制呢?条例对这些问题也作了规定,这里一并进行介绍。条例规定②,在欧共体领土范围内的任何人

---

① Case A4/2004, Ambroggio Giovanni v. Vegetal Progress s. r. l (Ginpent/ Gynosemma Pentaphyllum). http://www.cpvo.eu.int/documents/decisionBOA/Case_Law_summary_March_09.pdf. 1988/1034.

② (EC)No. 2506. 95 Art. 17.

以商业目的向他人提供或转让受保护品种的品种成分、或者相关的实质性派生品种,必须根据前述介绍的规则使用品种名称。如果以书面形式使用,该品种名称应当容易区别而且易读。如果一个商标、商号或者相似的标记与品种名称相联系,该品种名称必须容易辨认。其他任何人实施与该品种其他材料有关的行为,如果行政当局、或者购买人或者其他任何具有法律利益的人要求,应当根据法律的相关规定告知该品种的名称。该品种的 CPVR 终止之后,相关的行为人也应当遵守上述规定。品种权持有人没有获得与该品种名称完全相同的这一名称的任何权利,来阻止与该品种有关的名称的自由使用,CPVR 终止之后也是如此。第三方有权利用与该品种名称相同的名称,只要相关品种名称符合条例第 63 条有关命名的规定。当一植物品种受 CPVR 保护或者在欧共体成员国内或 UPOV 成员国内受国家品种权保护,易与该品种名称混淆的品种名称或命名在欧共体范围内,在与该品种处于相同植物属或者根据官方公布被认为是紧密相关的植物属的其他品种或者这些品种的材料上,就不得使用该名称了。

第三节　欧共体品种权的权利行使与限制

品种权与专利权在描述权利人的权利范围的时候,具有不同的侧重点。在专利法中,通常用"保护范围"(scope of patent claims)这一专有名词,而品种权领域则通常更强调权利的行使,因为专利中需要界定专利权利要求的范围。而品种权的权利要求,如果说有的话,指的就是特定的品种,这是确定不变的,品种权一般不需要进行专利领域的权利要求解释这项工作。因此,无论是各个文本的 UPOV 公约,还是 CPVR 条例,均没有出现所谓的品种权"保护范围"(scope of protection)这一说法,而采用"Scope of the Breeder's Right"[①],CPVR 条例更为简单,直接采用"Rights of the holder of a Community Plant Variety Right",将稍具抽象色彩的"Scope"直接用"Rights"代替。确实,品种权领域所要讨论的关键问题就是,品种权持有人对特定品种具有哪些权利,可以行使哪些行为。CPVR 条例第 13、14、15 和 16 条就详细地规定了上述问题。下面依次进行讨论。

---

① UPOV 1991 Art. 14.

一、品种权的行使

CPVR 条例规定[①]，下列涉及受保护品种的品种成分或收获材料（通称材料）的行为应获得品种权持有人的授权：①生产或繁殖；②为繁殖而进行的种子处理；③为销售而提供；④售出或其他市场销售；⑤从欧共体出口；⑥向欧共体进口；⑦用于上述目的①至⑥的存储。权利持有人可以为其授权设置条件和限制。这一部分的规定与 UPOV 1991 文本的相关规定几乎相同，只是将 UPOV 1991 中的"繁殖材料"（propagating material）改成"品种成分或收获材料"（variety constituents or harvested material）。

上述规定也同样适用于收获材料，只要该收获材料通过未经授权利用受保护品种的品种成分获得，除非该品种权持有人已有合理机会针对上述品种成分行使权利。同样，这一规定也适用于那些由受保护品种材料直接制成的产品，只要这些产品是未经授权利用受保护品种的材料制成的，除非品种权持有人已有合理机会针对上述材料行使权利。这一系列规定就是根据 UPOV 1991 文本规定"人工瀑布"规则（cascading principle）所制定的。根据这一规定，CPVR 持有人将相关权利的行使范围由原来的繁殖材料延伸到收获材料以及由相关材料直接制成的产品，只要这些收获材料或产品来源于未经授权使用品种材料的，并且权利人没有就相关的材料行使过权利，也就是没有收取过许可费的。

CPCR 条例规定，品种权持有人所有针对受保护品种的品种成分、繁殖材料、收获材料以及由品种成分或收获材料等直接制成的产品所享有的权利将延伸到以下相关的品种：①实质性派生于受 CPVR 保护的品种，其本身不是实质性派生品种；②根据条例第 7 条关于特异性的规定，与受保护品种没有区别的品种；③需要重复利用受保护品种进行生产的品种。条例明确规定了被认定为原始品种的实质性派生品种的条件：①该品种实质性派生于原始品种，或者实质性派生于其本身是该原始品种的实质性派生品种；②根据条例第 7 条关于特异性的规定，其与原始品种有区别；③除了派生引起的形状差别外，在表达由原始品种基因型或基因型组合产生的基本特性方面与原始品种基本相同。按照植物品种保护制度所奉行的品种保护"独立"原则，一项品种权的权利行使不得干涉另一品种的权利行使，但随着生物育种技术，尤其是基因工程技术的发展，品种间的差距变得越来越小；也就是说，后来的育种者完全可以通过改变特定植物品种的某一基因，或者通过添加某些修饰性特征的方式，使得被修改的植物品种成为一个新的品种。在很多情况下，这样的品种甚至可以获得品种权的

---

① (EC)No.2506.95 Art.13.

保护。这样,后来的植物育种者就完全合法占有了先前育种者的创新成果。为了改变这一情况,UPOV 1991 文本引进了实质性派生品种以及依赖性品种等概念,并将原始品种的品种权延伸到这些创新差距较小的品种上。与实质性派生品种保护相关的问题将在后文进行详细论述。CPVR 条例的上述规定正是吸收和借鉴 UPOV 1991 文本的成果。

最后,CPVR 条例还为品种权的行使设置了基本原则,要求在不损害条例第 14 条农民保存种子权利和第 29 条强制使用权利的情况下,CPVR 的权利行使不应违反公共道德、公共政策和公共安全,人类、动物和植物的生命和健康,环境保护,工商业财产安全,或者农业和商业生产的竞争。

二、品种权的限制与例外

CPVR 条例下的植物品种权在为权利人提供了欧盟范围内具有相同效力的排他权保护之外,也与其他类型的知识产权一样,规定了若干的权利限制与例外,使得社会公共利益在品种权有效期间获得相应的保障。CPVR 条例分别以"欧共体品种权的减损"(Derogation from Community plant variety right)、"欧共体品种权效力的限制"(Limitation of the effects of Community plant variety rights)、"欧共体品种权用尽"(Exhaustion of Community plant variety rights)等条款,规定了对欧共体品种权的相关限制。同时,CPVR 条例第 29 条也专门规定了对 CPVR 的强制利用权(compulsory exploitation right),也就是我们通常所说的强制许可条款。如果说 CPVR 的减损、效力限制以及权利用尽是针对品种权本身的一种限制,那么强制许可就是对品种权行使的一种限制。

(一)农民保存种子的权利 (farmer save seed)

CPVR 条例第 14 条关于"欧共体品种权的减损"实质是规定了农民保存种子的权利,也就是通常所说的"农民特权"(the farmer's privilege)。但"农民特权"的称呼首先源于那些不赞成农民有权保存种子的人的观念。他们认为,农民保存种子本身是对品种权的一种侵入,因而将这种权利称为"特权"(privilege)而非"权利"(right)。这里采用"农民保存种子的权利"这一表达。农民保存种子的权利在 UPOV 1961/1972 文本和 UPOV 1978 文本中均没有提及,但当时很多国家的品种保护立法中均明文规定了这一权利,如美国 1970 年《植物品种保护法》将该权利称为"保存种子权利和种植豁免"(right to save seed and crop exemption)。UPOV 1991 文本第 15 条"育种者权的例外"(exceptions to the breeder's right),其中将"农民保存种子的权利"作为非强制性例外,交由各成员国的国内法处理。UPOV 1991 文本规定,"尽管有第 14 条规定,各缔约方在合理的范围内,并在保护育种者合法权益的条件下,仍可对任何品种的品种权予以限制,以便农民在自己土地上为繁殖之目的,而使用在其土地上种植受保护品种所收获的产品,或种植第14条5a(i)或(ii)所指品种收获的产品"。与美国1970年《植物品种保护法》仅将"农民保存种子的权利"限于有性繁殖或茎块繁殖的植物不同,CPVR条例全面利用了UPOV 1991文本的选择性效果,为育种者向保留受保护品种收获材料用于再次种植的农民要求权利金构建了一个独特的阶梯体系,这被认为是CPVR条例对UPOV 1991文本的一项"重要发展"①。其实质是仅为"CPVR所保护的最重要的农作物"②规定了这一权利。具体内容如下:

根据CPVR条例之规定,"尽管有CPVR第13条(2)之规定,为了确保农业生产的目的,农民有权以繁殖目的在其土地上利用从土地上种植受CPVR保护的作物品种所获的繁殖材料,不包括杂交品种(hybrid)和合成品种(synthetic variety)"③。但上述规定仅限于下列农作物品种:

1. 农作物种类范围

第一类:饲料作物(fodder plants)

鹰嘴豆(Cicer arietinum L. -Chickpea milkvetch)

羽扇豆属(Lupinus luteus L. -Yellow lupin)

黄花苜蓿(Medicago sativa L. - Lucerne)

豌豆(Pisum sativum L. (partim)-Field pea)

三叶草(Trifolium alexandrinum L. -Berseem/Egyptian clover)

(Trifolium resupinatum L. -Persian clover)

蚕豆属(Vicia faba-Field bean)

(Vicia sativa L. -Common vetch)

在葡萄牙(Portugal)还有(多花)黑麦草(Lolium multiflorum lam-Italian rye-grass)

第二类:谷类作物(cereals)

燕麦(Avena sativa -Oats)

大麦(Hordeum vulgare L. -Barley)

水稻(Oryza sativa L. -Rice)

橄榄草(Phalaris canariensis L. -Canary grass)

---

① Margaret Llewelyn & Mike Adcock. European Plant Intellectual Property. Hart Publishing, 2006:230.

② Bart Kiewiet. Colloquium"Modern Plant Breeding and Intellectual Property Rights". Einbeck, 2001(26).

③ (EC)No. 2506.95(of 25 October 1995)Art. 14(1).

黑麦(Secale cereale L. -Rye)

黑小麦(X Triticosecale Wittm. -Triticale)

小麦(Triticium aestivum L. emend. Fiori et Paol. -Wheat)

硬质小麦(Triticum durum Desf. -Durum wheat)

　　　　　(Triticum spelta L. -Spelt wheat)

第三类:土豆(potatoes)

土豆(Solanum tuberosum-Potatoes)

第四类:油料和纤维织物(oil and fibre plants)

甘蓝油菜(Brassica napus L. (partim)-Swede rape)

白菜型油菜(Brassica rapa L. (partim)-Turnip rape)

亚麻(Linum usitatissimum-linseed with the exclusion of flax)

CPVR 条例第 14 条(2)所列的这些品种仅限于上述农作物品种,任何没有在这一目录中出现的植物品种不属于农业豁免(agricultural exemption)的范围,如果农民以繁殖目的保留了相关品种的种子,则应支付全额向品种权持有人支付权利金。

2. 实施条件

但是,这也并不意味着农民有权免费利用目录所列的植物品种,CPVR 条例第 14 条(3)清楚地规定了农民享有保存种子权利的条件。具体规定如下:

(1)同时,为了保障育种者与农民的合法利益,CPVR 条例规定实施农民保存种子权利还应符合下列条件:①农民种植其保存的受保护品种种子的土地没有数量限制,直到满足土地所需的种子要求为止。②用于种植的收获产品可以由农民自己处理,也可以通过不损害某些限制的相应服务进行处理,成员国建立处理上述收获产品的相关机构,尤其为了保证参与处理的产品与处理结束的产品一致。

(2)小型农民(small farmer)不需要支付权利金。什么是小型农民呢? 根据相关规定应符合下列条件:①根据 1992 年 6 月 30 日颁布的欧共体条例(EEC)No. 1765/92,就上述提及的那些作物种类为某些可耕种作物的生产者建立支持体系,种植的面积没有超过可以生产 92 吨谷类作物的土地面积的农民,面积的计算根据(EEC)No. 1765/92 第 8 条(2)①进行。②对于其他作物种类,

---

① (EEC)No. 1765/92 Art. 8(2) "Small producers are producers who make a claim for compensatory payments for an area no bigger than the area which would be needed to produce 92 tonnes of cereals, if they achieve the average cereals yield which has been determined for their region or, in the case of the Member States who operate the system of individual base areas, whose individual base area is no bigger than that area".

农民应符合相应的适当条件。

（3）其他农民应当向品种权持有人支付合理的权利金，其标准应低于在同一区域将相同品种许可用于生产该品种繁殖材料应支付的费用，合理权利金的实际水平可以根据时间和上述已经列明的相关品种的减损程度进行变化。

（4）监督上述规定的实施和遵守属于品种权持有人特有的责任，在组织相应监督的过程中，不应从公共机构获得资助。

（5）农民和提供收获产品处理服务的机构应当根据品种权持有人的请求提供相关信息，涉及农业生产监督的公共机构也同样应提供相关信息，只要这些信息可以通过日常工作获得。这一规定不应违反欧共体与各成员国关于保护个人信息占有和自由流通相关的立法。

CPVR 条例对农民保存种子的权利设定了三层不同的体系[①]：首先，对于没有出现在上述品种目录中的那些植物品种，如果农民没有全部支付权利金，就不得保存种子用于再次种植，否则构成侵权；其次，对于那些已经列入上述品种目录的品种，那些被定义为"其他农民"应当支付合理权利金，一般低于许可用于商业性繁殖品种的权利金；再次，小型农民利用目录中列明的作物品种无须支付任何权利金。

欧盟种子协会（ESA）认为[②]农民在作物豁免（a crop exemption）的意义上可以保存所有品种的种子，但仅允许用于自己的土地的种植，没有规定向品种权持有人支付许可费的规定与 UPOV 1991 文本不符。这一旨在授权农民出售任何保存种子的规定大大超出了 UPOV 1991 文本所设定的 PVR 保护范围选择性例外的原则。UPOV 1991 文本的这些原则表明，对 PVR 的限制应控制在合理的限度内，并必须在保护育种者合法权益的基础上，仅允许农民以繁殖目的利用相关品种的收获材料。在 UPOV 1991 文本规定选择性例外的情况下，国家以及跨国家保护体系应当确保其与 UPOV 1991 文本中的相关概念和定义的一致性。很明显，CPVR 条例规定"小农民"无须向品种权持有人支付许可费，这里的"小农民"是一个不同的定义，因此不属于上述所说的情况。由此可知，CPVR 通过创造"小型农民"（small farmer）、"其他农民"（other farmer）以及"合理权利金"（an equitable remuneration）等概念，将 UPOV 1991 文本中选择性的农民保存种子豁免与传统的农民保存种子权利相结合，从而创造了有限、有条件的"农民保存种子权利"。欧盟的这一做法非常灵活，值得未来的中国相

---

① Margaret Llewelyn & Mike Adcock. European Plant Intellectual Property. Hart Publishing, 2006:231.

② European Seed Association. Plant Variety protection outside the European Union(Discussion Paper). Ref.: ESA_04.0057.1,13.05, 2004.

关立法借鉴。

　　3.实践情况

　　根据 CPVR 条例的相关规定,除了上述被精确定义的主要作物品种和小农民之外,其他农民保存种子用于种植均应支付相应的权利金。一般来说,权利金的数额可以由品种权持有人与农民进行协商,也可以由农民和品种权人在欧共体、国家或地区范围内的代表组织之间进行协商。如果没有这样的协议,权利金的数量一般是相同品种许可用于生产繁殖材料的通常权利金的 50%。①在一些国家,如英国、德国、瑞典以及荷兰等国,关于农民保存种子的权利金支付协议通常由育种者组织和农民组织协商达成。实践中,这些协议的执行会遭遇来自农民很大的抵制,考虑对那些不准备支付权利金的农民提起诉讼会涉及可观的费用,不仅仅是诉讼费用。更为困难的是,缺少有关农民利用受保护种子数量的充分信息。在这种情况下,应该强调监督相关制度的运行是品种权人的责任,并且原则上不应从官方机构获得支持和帮助。欧共体立法者提供的选择是关于农民保存种子的权利金协议及其收集程序由相应的国家或地区进行落实,这就意味着在欧共体范围内,农民因其保存受保护品种的种子所需要支付的权利金,具有重大差别。但 Bart Kiewiet 认为,"这种情形到一定时候,就会在权利金最低标准上形成意想不到的'和谐'"②。

　　2008 年 1 月,CPVO 委托 Hans-Walter Rutz 博士在欧盟范围内进行一项关于农民保存种子的研究(a farm-saved seed (FSS) study)③,问卷由关于成员国 FSS 立法情况的 24 个问题、关于品种权持有人与农民之间的协议应用的 11 个问题以及评价不同作物 FSS 利用情况的统计数据构成。立法情况的问卷寄给在 CPVO 的各成员国代表,协议问卷寄给欧盟种子协会(the European Seed Association,ESA)和农业专业组织委员会(the Committee of Professional Agricultural Organisations,COPA)的成员。本次调查回收关于立法的问卷 24 份、关于协议的问卷 23 份、关于统计数据的问卷 22 份。关于立法问卷回答有三类:成员国没有 PVR,成员国采用 UPOV 1961/1972 或 1978 文本,以及成员国采用 UPOV 1991 文本。这些回答勾勒出欧盟成员国之间各不相同的复杂立法和实践情况。Hans-Walter Rutz 博士尽可能采用相同的参数分析"判断国家收取许可费系统的有效性"以及其他问题,发现收取许可费系统的有效性与相

---

①　Bart Kiewiet. Principles, procedures and recent developments in respect of the Community Plant Variety Protection system. Frankfurt,2004,2. 具体比例参见 Council Regulation No 1768/95,Art. 5.

②　Bart Kiewiet. Colloquium "Modern Plant Breeding and Intellectual Property Rights". Einbeck, 2001(26).

③　CPVO:"CPVO Annual report 2008":54.

关国家机构强制或自愿提供信息之间呈一致性变化。统计数据证实,成员国之间"FSS利用水平"参数的变化高于成员国内部,这种情况表明成员国的农业结构对"FSS利用水平"的影响要大大强于许可费系统的任何其他参数。由此可见,要实施好有关农民保存种子的许可费收集体系,关键在于对农民保存和利用种子情况的掌握。国家管理农业专业机构在相关信息的掌握方面,具有品种权人无法比拟的优势。由于欧盟的农民保存种子权利受到品种范围的限制,因此,农业结构本身成为影响许可费收集系统的重要因素。

4. the Schulin case

欧洲法院在 Schulin 案[①]的判决中考虑了条例第 14 条所规定的农业豁免的意义及其被当作"农民特权"(the farmers' privilege)的实施。这是该条例首次成为法院判决对象。条例第 14 条授权农民"以繁殖为目的在自己土地上利用受 CPVR 保护品种的繁殖材料",而无须从品种权持有人那里获得授权。该规定应用于大部分农作物,具体品种参见前文所列目录,装饰性植物和蔬菜品种不存在农民保存种子的权利。其他农民而不是小农民,如果利用相关品种应当向品种权持有人支付合理的权利金。这些要求具有实际意义,如果育种者检测哪一类农民以及种植多少数量的保存的受保护的种子的话。(EC)1768/95 规定了育种者所能询问的关于他们品种使用的信息。Schulin 案判决就这些规则作出了解释,条例的相关规定以及(EC)1768/95 第 8 条规定不能解释为 CPVR持有人可以要求一位农民提供具体信息,如果没有迹象表明该农民以繁殖为目的,已经利用或将要利用其种植所获材料在其土地上进行再次种植,该品种不属于由品种权所覆盖的杂交种或者合成品种,不属于条例所列的那些农作物品种之一。显然,这一判决没有使那些想要收集农民利用保存种子进行种植的权利金变得容易。[②] 考虑到种子贸易的结构,对于育种者来说,想要根据第三方签订的许可合同来追踪种子的繁殖于销售是很困难的。Schulin 案的这一判决在未来将显示出它独特的实践意义。

5. 生物技术发明专利保护中的农民权利

根据《欧共体生物技术发明保护指令》第 11 条规定[③],关于农民保存种子的权利同样也应用于那些受专利保护、经专利持有人同意销售给农民进行农业生产的原始材料(source material)。指令规定对作为生物技术发明专利权利的减

---

① Case c-305/00, Christian Schulin v. Saatgut-Treuhandverwaltungsgesellschaft mbH, 10 April 2003. http://eur-lex. europa. eu/LexUriServ/LexUriServ. do? uri=CELEX:62000J0305:EN:HTML.

② Bart Kiewiet. Principles, procedures and recent developments in respect of the Community Plant Variety Protection system. Frankfurt,2004,2.

③ (EC) No 98/44 Art. 11.

损,专利持有人或经其同意为农业利用目的向农民出售植物繁殖材料或以其他形式对该材料进行商业化,必然包含授权农民自己在其农场上以繁殖为目的利用其收获的产品,这种减损的范围和条件与条例(EC) No 2100/94 第 14 条一致。同时,相关专利持有人或经其同意为农业利用目的向农民出售种畜或以其他形式对该动物材料进行商业化,必然包括授权农民为农业生产的目的利用该受保护的种畜。这种减损的范围和条件与条例(EC) No 2100/94 第 14 条一致。这包括为进行农业生产之目的使该动物或其他动物的繁殖材料能够获得,但不包括在该框架内进行销售或以商业性繁殖活动为目的的行为。这种减损的范围和条件应由国家法律、条例和习惯予以规定。

从上述规定可以看出,欧共体在生物技术发明专利为农民的相关权利规定了例外,这与在植物品种权中设置农民保存种子权利的目的一样,是基于农民在农业生产中的特殊地位。农民所进行的农业生产首先是为了自身的生存,而不是为了商业和营利,并且这种生产在客观上也为各种遗传材料的保存和传递提供条件。从长远的角度来说,要保障农业生产的顺利进行就必须真正保障农民这一特殊群体在相关知识产权利用中的基本权利。但问题是专利持有人能否成功地为受专利保护的原材料的利用,在地区或欧共体层面设计一项有效的权利金回报计划。该项权利的本质是表明提供专利持有人的权利并没有优于一项植物品种权持有人的权利。鉴于很多植物品种不具有可专利性的事实,所讨论的生物原材料,大多数情况下可以成为一个具体的植物品种,在通常情况下如果能被专利所覆盖,那么也就能通过植物品种权进行保护。因此,Bart Kiewiet 认为,"专利持有人与品种权持有人,如果他们不是同一个人或法人的话,对再次利用相关材料的农民实施联合行动是一种更为切实可行的方案"①。

6. 能否通过合同方式取消农民保存种子的权利

既然针对农民再次利用受保护品种种子的权利金数额可以通过协商的方式进行解决,那么能否以合同的方式在欧共体品种权的框架内排除农民的相关权利呢? Bart Kiewiet 认为这一问题无法通过简单地回答"是"或者"不是"来解决。从 CPVR 条例第 14 条(1)突出的特征是以一种授权的形式规定了农民利用保存种子用于种植的相关权利,而 UPOV 1991 对这一权利采用的是选择性规定,将其作为品种权的一种限制,因此只是一种对农民的间接授权。根据 CPVR 条例第 13 条(2)的相关规定,根据相关的条件和限制,品种权持有人有权许可利用受保护的品种。该条所规定育种者享有合同自由的权利,这可以限制向农民的种子销售以及农民利用相关保存种子的利用问题。CPVR 条例第

---

① Bart Kiewiet. Colloquium "Modern Plant Breeding and Intellectual Property Rights". Einbeck, 2001(26).

13条(2)与第14条规定农民保存种子再次种植权利之间的关系,通过"尽管第13条(2)"(notwithstanding article 13 paragraph 2)在第14条首段进行连接。"尽管"(notwithstanding)表达了一种相反的意思,这意味着关于农民保存种子的权利规定影响着第13条(2)所描述的育种者权,以给予农民强制性利用保存种子的权利,这不能通过合同进行限制。在条例法语版本中,"notwithstanding"表达为"nonobstant",其与"notwithstanding"具有相同的意思。在德语版本中,用"unbeschadet"代替"notwithstanding",其意思仅仅是相反。这一意思与荷兰语文本采用的"onverminderd"一词相同。根据上述的这些语言文本,农民的相关权利似乎可以通过合同予以限制。因此,就CPVR所保护的植物品种来说,对于能否通过合同方式限制农民相关权利这一问题的回答,不同语言文本的条例似乎有不同的回答。最后的回答只能由立法者在协调不同语言文本的条例时给出,或者,当立法者没有这样做的时候,最后只能求助位于卢森堡(Luxemburg)的欧盟初审法院进行解释。植物材料发明专利保护框架内的农民权利问题情形又如何呢? 根据《生物技术发明保护指令》第11条之规定暗示了农民利用专利覆盖的植物繁殖材料的范围和条件与CPVR条例的第4条相一致。换句话说,这种情形与CPVR框架下的情况一样不明确。无论怎样,任何试图通过合同限制农民权利的做法,同样面临如何实施对农民再次利用保存种子的收费管理这一现实问题。

7.结论

综上分析,条例综合考虑了欧共体的农业发展以及农民种植情况,为农民保存种子的权利划定了一个既不同于美国又不同于 UPOV 1991 规定的区域,从制度来说无疑是一种创新。但问题的关键是如何实施的问题,既能确保农民能充分地享受这一权利带来的好处,同时又能保证育种者能收回那些不属于农民权利范围而保存种子用于种植的权利金。生物技术发明中涉及植物材料也面临同样的问题,尤其是农民种植规模总的来说不大,但数量分散,单靠育种者或者育种公司很难完成权利金的收集,大多数育种者共同行动,包括有关专利的持有者,成立一个地区或者国家范围内的权利金收集的专业机构从事这样业务是一个不错的选择。当然,这要求首先达成权利金的收取标准,需要育种者及其协会、农民及其协会进行共同努力。在德国,从事种子经营管理服务的种子托管有限责任公司(Saatgut-Treuhandverwaltungs Gmbh,STV)的一项专门职责就是负责为品种权和专利持有人收集自留种子费用。[①] 由于多年从事种子相关的工作,该公司对种子的培育和销售体系、欧盟自留种子规模及其分布和

---

① 参见 Dirk Otten:"种子托管有限责任公司(STV)——种子经营管理服务",载于《中德植物新品种保护研讨会》,2009 年 10 月 21 日北京,第 41—52 页。

栽培情况非常了解,因此有着良好的工作效率。下面是其"怎样收取自留种子费用"的流程,以 2009 年为例:

2009 年 4 月　STV 向栽培者发放自留种子声明表以及协议品种清单(2008 年秋季/2009 年春季的播种情况)谷物、豆类、土豆

2009 年 6 月　栽培者声明将自留种子声明发给 STV

2009 年 8 月　STV 填写自留种子发票,并将发票送给栽培者

2009 年 9 月　栽培者支付发票

2010 年 6 月　STV 将收入的自留种子费发给培育者

从上述流程来看,STV 实际上是一个名副其实的自留种子许可费集体管理组织。这或许是一个解决收取自留种子费用的好办法。

(二)育种、科研以及个人非商业性利用豁免(exempted activities)

CPVR 条例第 15 条规定了"欧共体品种权效力的限制",具体就是欧共体品种权不应延及:(a)私人非商业目的的行为;(b)为试验目的的行为;(c)为培育、发现和种植其他品种为目的的行为;(d)对其他品种行使的第 13 条(2)所规定的行为,不包括第 13 条(5)所列的品种,也不包括受一项包括类似规定的财产权保护的该其他品种或该品种材料;(e)以及那些违反第 13 条(8)、14 或 29 条规定的禁止行为。

上述规定与 UPOV 1991 文本第 15 条"育种者权之例外"的相关规定比较,(a)与(b)的规定完全相同,(c)的规定在语言上有些差别:CPVR 条例比 UPOV 1991 文本增加"发现"和"种植"其他品种[①]。尽管(EC)No. 2506. 95 Art. 15 (c)的规定在语言上增加了"发现"和"种植"两个具体行为,但其意义没有实质性变化,因为"培育"(breeding)品种这一概念的范围也可以包括"discovering and developing"品种的过程。对于(c)中的"其他品种"的明确定义也值得进行探讨。从条文本身来看,这一"其他品种"是属于符合 CPVR 授权条件能够获得品种权保护的品种还是一个不管能否获得品种权保护的一般品种,是不清楚的。如果是前者,这意味着只有那些符合特异性、新颖性、稳定性和一致性条件并获得品种权保护的品种培育行为才享有豁免的权利,也意味着这样的培育行为将产生一个独立的受保护的品种。如果是后者,只要相关行为对受保护品种实施一些育种行为,或者根本没有,而出现了一个没有达到授权条件的品种。但综合 CPVR 条例第 15 条的意思,可以明显看出,符合 CPVR 授权要件的"其他品

---

①　(EC) No. 2506. 95 Art. 15 (c) acts done for the purpose of breeding, or discovering and developing other varieties; and UPOV 1991 Art. 15(iii) acts done for the purpose of breeding other varieties; ……

种"是适用(EC)No. 2506. 95 Art. 15(c)的前提条件。① 因为(EC)No. 2506. 95 Art. 15(d)接着就指明了即使是受品种权保护的实质性派生品种的培育也不能享有这里的"育种者豁免"。

CPVR 条例将第 15 条(d)列入豁免范围的依据是品种保护独立原则,就是说一项品种权的行使不得延伸至另一品种权的行使范围。这里的"其他品种"很明显指的是"受保护的品种",而其不包括受保护的实质性派生品种以及与之类似的品种。(e)的规定指的是品种权的保护范围不能包括那些违反公共道德、农民保存种子权利以及强制利用权的行为。

一般来说,育种者豁免被认为是植物品种权保护制度的根本原则之一,是 UPOV 公约下 PVP 立法的一项重要特征,因此很少受到质疑。但最近却引起不少问题,尤其是植物品种权中的育种者豁免与专利法中将相关专利进行商业性研究的禁止规定之间的关系,也就是一个受品种权保护的植物品种与受专利保护的品种部分具有不同的保护范围。选择植物品种权保护植物育种创新而不是采用传统的专利法,其目的之一就在于植物育种创新与一般的机械发明创新不同,植物育种创新更依赖于植物遗传资源的自由流通。植物品种权保护体系中设置育种者豁免的根本目的就在于,能够给予植物育种创新以激励的同时,又能保证植物遗传资源的自由交换。当然,随着生物育种技术的发展,尤其是分子生物学的出现,在实践中会出现越来越多的包含专利发明的植物品种,并且品种间的差距越来越小,因而植物品种权体系又引进了实质性派生品种、依赖性品种等保护机制,生物发明专利保护机制中也增加了交叉许可等制度,以真正保障育种者的权利和义务之间的平衡。

(三)品种权的强制利用

为了保持与其他知识产权的一致性,CPVR 条例没有让品种权持有人成为有权获得受保护材料的最后决定者,相反,为了确保其不得以反竞争的方式行使相关权利,条例第 29 条规定了一项强制利用(compulsory exploitation)的权利。其适用的唯一条件是基于公共利益(public interest)。为了与《生物技术发明保护指令》中"交叉许可"规定相协调,(EC) No 873/2004(29 April 2004)对该条进行系统修改,具体内容将在下节《生物技术发明保护指令》的交叉许可部分一并论述。

(四)权利用尽

CPVR 条例第 16 条规定了 CPVR 的权利用尽(exhaustion of the plant va-

---

① Margaret Llewelyn & Mike Adcock. European Plant Intellectual Property. Hart Publishing, 2006:234.

riety right)问题,一旦品种权持有人或者经其授权的其他人将受保护品种或者源于品种的任何材料,在欧共体的任何地方进行了销售,不得就再利用品种权干预相关的品种及其材料(包括收获材料以及从收获材料直接制成的产品)的利用,除非涉及以下行为:(a)涉及该品种的进一步繁殖,如果进行繁殖本就是销售的目的除外;(b)涉及相关品种及其部分出口到没有保护该品种所属的植物种和属的国家,如果该材料的出口最终用作消费目的的除外。但是,品种权持有人对那些从受保护品种实质性派生的品种、与受保护品种没有明显区别的品种以及需要反复利用受保护品种生产繁殖的品种等方面的控制权利并没有用尽。该规定与 UPOV 1991 文本规定的"育种者权用尽"基本相同,但 UPOV 1991 文本规定的是进行销售的缔约国范围内的权利用尽,CPVR 规定的是欧共体范围的权利用尽。欧共体法院在 Merk v. Stephar 一案判决认为,只要品种权持有人在欧共体任何一个成员国,即使是在相关权利没有受到保护的成员国,对相关品种及其材料进行了销售,就意味着权利用尽了。

第四节 欧共体品种权的侵权与救济

CPVR 条例没有就 CPVR 的侵权规定相应的制度,而是将 CPVR 侵权与救济的具体事项交由各成员国的国内法予以规制,条例第 94—107 条仅就 CPVR 的侵权救济与司法管辖等基本问题作了简要规定。

一、侵权行为

根据《欧共体植物品种保护条例》相关规定[①],未经品种所有人许可,行为人对受保护品种实施了生产或繁殖,为繁殖而进行的种子处理,提供销售或者进行售出或其他市场销售,进出口以及用于上述目的的存储等行为即构成侵权。CPVR 所有人可以就他人的上述行为要求损害赔偿或者颁发禁令或者两者皆可。同时,品种权人还可以就第三方不正确地使用品种命名,或者在相同植物类别(species)中的其他植物品种上,使用与受保护品种的命名相同或容易混淆的近似命名的行为,要求损害赔偿或颁发禁令。实施上述行为的人不管是出于故意还是过失均应就 CPVR 所有人因此导致的损失承担赔偿责任。在轻微疏忽的情况下(in case of slight negligence),赔偿要求应根据轻微疏忽的程度予以减少,但不得少于实施侵权的人从侵权行为中获得的收益。[②] 有权获得合理

---

① (EC)No. 2506. 95(of 25 October 1995) Art. 13(2).

② (EC)No. 2506. 95(of 25 October 1995) Art. 94.

赔偿与有权获得进一步赔偿之间的区别在于故意或疏忽的证明,这意味着 CPVR 侵权诉讼与相应的国家品种权侵权诉讼之间有着不同的经济后果。例如,在英国,有权获得的英国品种权侵权损害赔偿与行为人故意或疏忽的程度没有关联。英国的法理学上不存在"轻微疏忽"的概念,因此在特定情况下,品种权持有人最好通过国家品种权而不是 CPVR 主张侵权赔偿。由于 CPVR 的授予使得相应的国家 PVR 归于无效,这构成了借助 CPVR 寻求保护的阻碍。然而,CPVR 条例允许国家法院应用国家法律判决侵权方从其侵权行为中获得的所有收益作为侵权补偿。

CPVR 所有人可以就其他人在公布品种权申请到授权期间实施属于品种权范围内的行为,要求合理补偿。[①] CPVR 所有人要求赔偿的权利应在 CPVR 获得最终授权之日起,或者知道侵权行为发生或者知道侵权人身份之日起 3 年内行使,如果没有上述期限,则应在相关行为实施终了之日起 30 年内行使。

二、司法管辖

关于 CPVR 的侵权诉讼或者 CPVR 的授权要件争议的司法管辖问题,CPVR 条例规定可以采用 Lugano Convention[②] 确定的基本规则和条例规定的进行互补。根据条例规定,相关的诉讼可以由被告住所地或者所在地成员国或 Lugano Convention 的缔约国法院管辖,如果没有上述连接点,也可由机构所在地的成员国或缔约国法院管辖;如果没有符合上述条件的成员国或者缔约国,则由原告住所地或者所在地的成员国法院管辖,如果没有上述连接点,也可由机构所在地的成员国法院管辖;如果没有符合上述条件的缔约国,则有 CPVO 所在地的法院管辖。与商标共同体条例不同,CPVR 条例没有就相关的侵权诉讼指定具体的法院管辖,而仅仅指明"胜任的法院"(competent courts)。这样,从理论上一般可以认为由处理国家品种权侵权纠纷的法院来管辖有关 CPVR 侵权案件,并且根据上述规则获得管辖权的法院对所有成员国境内的侵权行为具有司法管辖权。[③] CPVR 持有人可以在侵权行为发生地的成员国提起诉讼,但在该成员国的相关法院只能就在该国内发生的侵权行为享有管辖权。如果当事人达成书面协议将该争议提交到特定的司法机关解决,或者被告向特定国家的法院提交承认司法管辖的书面声明,上述司法规则可以放弃。国家法院在

---

① (EC)No. 2506. 95(of 25 October 1995) Art. 95.

② The Lugano Convention 全称为"Convention of 16 September 1988 on jurisdiction and the enforcement of judgments in civil and commercial matters".

③ Guy Tritton, Richard Davis, Michael Edenborough, James Graham Simon Malynicz, Ashley Roughton. Intellectual Property In Europe. London Sweet & Maxwell, 2008:631.

解决与 CPVR 有关的争议时,必须应用与审理相应国家品种权争议相同的程序规则。

三、侵权诉讼原告资格

CPVR 持有人就相关的侵权行为提起诉讼时,其他对 CPVR 享有使用权利的人也同样有权提起诉讼,除非在排他许可的情况下,其与品种持有人签订的协议,或与 CPVO 就有关强制性利用品种权的协议中明确予以排除。这一规定与其他形式的知识产权截然不同,在那种情况下,只有权利持有人或排他性被许可人才有权就侵权行为起诉。这意味着任何获得授权利用该品种的人,不管是获得权利人同意还是获得强制利用权的人,均可以就侵权行为起诉。这可能会出现多个原告就同一侵权行为提起多次诉讼,或者被告因同一侵权行为被诉两次或多次的情形。假定出现这种情形,被告可以主张存在滥用诉讼,并且第二位原告应当向第一位原告要求权利,如果他们在任何情况下都具有相同权利的话。即使权利持有人提起侵权诉讼,任何享有利用权的人也有权介入诉讼,就其因侵权行为而遭受的损失要求赔偿。根据 CPVR 条例之规定,这种权利也可以通过与品种持有人签订的协议,或与 CPVO 就有关强制性利用品种权的协议中明确予以排除。

四、国家程序与 CPVO 程序的交叉

在涉及 CPVR 的侵权诉讼中,欧盟成员国法院有义务承认相应的 CPVR 是有效的,并且只有 CPVO 才能撤销已经授予的 CPVR。如果相关 CPVR 有效性正处于无效程序中,相关国家法院可以中止审理相关诉讼,如果相关诉讼的审理结果取决于 CPVR 的有效性的话。如果 CPVR 申请人存有争议,欧盟成员国法院必须中止相关程序,直到 CPVO 根据申请作出决定。但是,CPVR 条例没有规定,正在进行中侵权诉讼的当事人能否可以通过提出反诉撤销 CPVR,或者向成员国法院要求中止程序,以便其主动向 CPVO 申请撤销 CPVR。实践中,只有相关 CPVR 品种权的撤销程序已经进行,然后在相关成员国发生侵权诉讼,在这种情况下,成员国法院才会考虑中止程序的必要,等待 CPVO 有关品种权的决定。因此,与国家品种权无效抗辩相比,CPVR 无效抗辩在相关的侵权诉讼中相对难以实施,一旦侵权诉讼程序先于 CPVR 无效程序开始,被控侵权人就丧失了通过主张 CPVR 无效作为侵权抗辩的资格。

第六章 欧洲专利局植物发明专利保护实践

　　随着 UPOV 公约在 1961 年的缔结,欧洲的植物品种创新保护似乎将会沿着 UPOV 公约所设计的育种者权(品种权)制度一直进行下去,UPOV 公约在 1972 年、1978 年以及 1991 年修订及其不断扩大的国际影响,尤其是欧共体于 1994 年颁布了《欧共体植物品种保护条例》,并据此建立统一的欧共体植物品种保护制度,都在表明通过品种权保护植物品种创新是欧洲国家共同的一种选择。1963 年《斯特拉斯堡专利公约》和 1973 年《欧洲专利公约》均将植物品种划入专利保护的例外,更加从另一侧面证实了欧洲国家的选择。然而,事实并没有如此简单。尽管 EPC 第 53 条(b)规定:"不应对植物或动物品种,或者实质上是生物学的生产植物或动物的方法授予欧洲专利,该规定不适用于微生物学的方法或者由微生物学方法获得的产品",从而将植物品种排除出可专利的范围。这一条文看似明确,实际却存在很大的不确定性,比如关于什么是植物和植物品种,真菌是属于植物还是微生物,什么是实质上的生物学方法等问题都没有统一的答案。由于如此众多的不确定性,EPO 对于植物是否予以专利保护的规则是经历一系列判例才得以确定的,并且几乎所有的案例都涉及了 EPC 第 53 条(b)的解释。可以毫不夸张地说,EPO 与植物有关的专利授权实践就是一部关于 EPC 第 53 条(b)的解释历史。

第一节　繁殖材料和杂交植物可以获得专利保护

　　欧洲专利局确认繁殖材料和杂交植物可以获得专利保护分别通过 1983 年

Ciba-Geigy 案和 1987 年 Lubrizol 案的讨论才确立的。只有对这两个案例进行分析,才能了解欧洲专利局关于 EPC 第 53 条(b)的真正看法。尽管 1990 年哈佛鼠案看似和植物相关发明的专利保护没有直接关系,但在哈佛鼠案中,欧洲专利局讨论了对"植物品种"的看法,因此这一案例仍值得关注。

一、1983 年:植物繁殖材料的专利保护

Ciba-Geigy 案①是欧洲专利局讨论植物发明专利保护的一系列案件中的第一件②,由技术上诉委员会在 1983 年作出,该专利的权利要求是"经过化学作用剂处理过的某一植物属的繁殖材料"。申请书指出经过培育的植物由涂抹过化学剂的繁殖材料培育而来,但没有对任何特定品种要求权利。相关的具体权利要求如下③:权利要求 13 根据权利要求 1 的配方,用肟派生物处理相关植物的繁殖材料;权利要求 14 权利要求 13 所指向的由种子构成的繁殖材料。有人提出对此反对,依据是上述两项权利要求的客体属于 EPC 第 53 条(b)规定的专利保护的例外范围,但技术上诉委员会持不同看法,认为该权利要求没有指向特定植物品种,因此反对无效。技术上诉委员会在该案中发表了重要的看法,认为植物和植物品种在应用 EPC 第 53 条(b)时不能被看作是相同的东西,该条款排除专利保护的是植物品种,EPC 制定者并没有将所有的植物材料予以排除。委员会还为"植物品种"规定了概念,认为"植物品种是一个特征大体相同,并且在每次繁殖之后或者每个繁殖周期之后在一定可接受范围内仍然保留相同特征的多种植物组合"。这一定义在很大程度上采用了 UPOV 公约中关于植物品种定义的基本规则,即重复繁殖之后仍保留稳定性和一致性的植物群。

在该案中,委员会认为相关的植物材料没有落入植物品种的定义,因为相关的发明仅涉及化学制剂涂抹过的种子。用肟派生物处理方法并没有影响植物的基因特征,因此出现的特征不能视为是植物组成部分,也不能在后代中以稳定和一致的方式得以复制。EPC 制定者并没有打算将可获得 UPOV 1961 保护的植物群纳入 EPC 保护,而 EPC 仅将那些以植物品种为遗传固定形式的植物及其繁殖材料排除出它的保护范围。本案专利申请中的权利要求涉及经过肟派生物处理的种子,即使在与肟处理方法相关的例子中提及某些特定的植

---

① Case T_0049/83—3.3.1 [1983.07.26] OJ EPO 112, Ciba—Geigy: Propagating material.

② Robin Nott, Herbert Smith. Patent Protection for Plant and Animals. EIPR[1992] 3:80.

③ Claim 13: Propagating material for cultivated plant treated with an oxime derivative according to formula in claim; Claim 14: Propagating material according to claim 13 characterised in that it consist of seed.

物品种,如小麦、小米和大麦等,权利要求 13 和 14 的客体不是一种特定的有别于现有其他品种的植物品种,而是以某种方法对相关繁殖材料进行化学处理的任何已经培育成的植物。这不属于 EPC 的排除范畴。并且,本案的创新之处在于,对植物材料的改进没有通过植物育种的过程,而是通过对繁殖材料进行化学处理的方式来增加植物的抗农药性。通常来说,植物育种会涉及植物基因的修正,也就是说,相关的繁殖材料不是通过实质上是植物育种的生物学方法产生,而是化学处理的结果。因此,相关权利要求没有落入 EPC 第 53 条(b)规定的保护例外。

技术上诉委员会通过该案的审理,确立了一项保护原则,即与外部处理种子相关的发明,该植物的基因组成没有受到任何方式的改变,可以获得专利法的保护。[①] 这意味着通过化学方法处理的繁殖材料,没有通过生物学方法改变植物基因,也没有针对具体的植物品种提出权利要求,不属于 EPC 第 53 条(b)规定的保护例外。如果其符合相关专利的授予要件,可以获得专利保护。在 Ciba-Geigy 案判决 5 年后,EPO 首次授予一项转基因植物专利,即 1988 年 Lubrizol 案中 Hybrid Plant。

二、1988 年:杂交植物的专利保护

Lubrizol 案[②]的具体案情是这样的。美国公司 Lubrizol 向 EPO 申请一项专利,相关权利要求如下:权利要求 1　一项快速培育杂交品种并商业生产杂交种子的方法,包含如下步骤:

(a)选择第一代杂交亲本植物和第二代亲本植物;

(b)将上述第一代亲本与第二代亲本进行杂交,获得表型一致的派生于杂种的原始亲本(original parent derived hybrids);

(c)无性繁殖上述第一代亲本植物产生第一代无性繁殖的亲系;

(d)将上述第一代无性繁殖的亲系植物与上述第二代亲本植物或者一个已经产生的第二代亲系杂交,因此获得表型一致能生产杂交品种的杂交种子,假如上述第二代亲本植物是杂合的,并且第二代亲本系是用杂交步骤(d)生产,上述第二代亲本系必须通过无性繁殖方式生产;

(e)必须重复步骤(c)和(d)来生产杂交种子,能从种子长出表型一致的杂交植物。

---

① Margaret Llewelyn & Mike Adcock. European Plant Intellectual Property. Hart Publishing, 2006:295.

② Case T_0320/87-3.3.2〔1988.11.10〕,1990 OJ EPO 71,Lubrizol:Hybrid plants,21 IIC361 (1990):Hybrid Plants(1988).

其他相关的权利要求是第 20 项和第 21 项,分别是通过权利要求 1 步骤生产的种子和由这些种子培育的植物。

EPO 审查部认为该权利要求的客体构成生产植物实质上是生物学方法,属于 EPC 第 53 条(b)规定的例外,驳回该项申请。上诉委员会认为,EPC 第 53 条(b)规定的"实质上生物学"必须进行限制性解释。该项方法实质上是否是生物学方法,应考虑人为干预对该项发明的本质以及对所达效果的影响。单就人类介入的必要性不足以使其成为非实质上生物学方法的标准,人的干预可能仅仅意味着这不是一个纯粹的生物学方法。只是将一个生命有机体用在一种方法中,或者根据这一实践对该有机体以一种方法进行修改的事实,不足以将这种方法认为是"实质上生物学的"方法。要使相关发明脱离实质上生物学方法的范围,人为干预不能局限于细小的技术改造。如果在这一过程中,技术介入远远多于一个已知的和自然发生的生物学事件控制的惯常程序,并且这一技术干预导致的最终结果的特征,实质上有别于那些依靠自然发生的选择以及杂交事件和传统育种方法提供的结果,那么这样的一种方法不能归于"实质上生物学方法",可以获得专利保护。就本案而言,上诉委员会认为,该项专利申请展示了一个多步骤的方法,而每一单个步骤可以看做是科学意义上的生物学方法。但是,与首先创造一个新的杂交植物,然后再培育这一单个杂交植物的传统方法相反,权利要求中这些具体步骤的安排以一种反过来的顺序进行,先通过无性繁殖的方法繁殖亲本植物,然后杂交这些无性繁殖的亲本植物,产生派生植物,亲本系进行大规模重复进行繁殖,产生具有渴望特征的杂交植物群。这些步骤的安排对发明具有决定性意义,并可以控制特殊结果的产生,尽管事实上需要一个亲本必须是杂合的。本案在上诉中所阐明的这些事实表明,所要求的杂交植物方法体现了对已知生物学和传统育种方法的一种实质性修正,与之相联系的相关植物的效率和高产则显示了重要的技术特征。综上所析,该权利要求所指向方法不能视为是实质上生物学方法,可以获得专利保护。

然后,技术上诉委员会转向相关的产品要求,即通过上述方法产生的植物和种子。委员会认为,根据在 Ciba-Geigy 案中的判决,EPC 第 53 条(b)规定的"植物品种"应根据 UPOV 公约中的规定进行解释,这里的"植物品种"是一种具有多样性的植物,其在很大程度上具有相同的特征(同质性)并且在每次繁殖或繁殖周期后能在一定的范围内保持相同(稳定性)。这样,具有"同质性"和"稳定性"这两个特征是成为一个植物品种的先决条件。基于这一解释,本案中至少需利用的作为整个繁殖方法的来源的一个亲本植物是杂合的,没有进行纯种繁殖,这意味着权利要求所指向的种子或植物,从整个代的数量看,不具有稳定性,不应看做是"植物品种"。这样的植物就不属于 EPC 第 53 条(b)中的"植物品种"，因此可以授予专利保护。

随后，Lubrizol 还涉及了一项与包含 T—DNA 的 DNA 穿梭载体有关的专利，该 T—DNA 注入了一个包含植物启动子(a plant promoter)和一个植物顺反子(a plant structural gene)的植物基因。[①] 该专利也对用于植物基因修正的方法提出权利要求，该方法是利用穿梭载体修正根据上述方法要求产生的植物细胞，以及通过这一植物细胞无性繁殖的植物或者植物组织。EPO 根据上诉委员会所作的前述判决，认为上述权利要求没有涉及 EPC 第 53 条(b)，可以获得专利保护。但曾有两个组织提出反对，一个组织提出传统专利法中专利有效性要件问题，如该方法缺乏新颖性和发明步骤等，另一个组织是绿色组织，认为该项专利违反 EPC 第 53 条(a)规定的公序良俗和道德而不能获得专利保护，还指控该项专利与植物品种有关，应根据 EPC 第 53 条(b)予以拒绝。当然，这样的反对没有成功，但表明对植物品种/植物/动物授予专利保护的做法还会受到很多的关注。

EPO 技术上诉委员会在该案中对"植物品种"以及"实质上生物学方法"进行限制性的解释被誉为是"一次进入专利保护边界的大胆旅行"[②]。EPO 采用这一限制性解释不但有 EPC 第 53 条(b)的语言表达作为支持，还有一些政策性的考虑。如果将这些不具有同质性的植物纳入 EPC 第 53 条(b)的专利保护例外，而它们又无法获得育种者权的保护，这就会出现保护的空档，不利于生物技术产业在欧洲的发展。事实上，即使在那些改变植物基因组的发明中，也只有一些植物发明落入专利法保护的例外范围，而其他的仍然属于专利保护的范围。例如，现代生物技术可以通过原生质体的融合，将杂交种细胞再生成为整株植物的方法创造出新的植物品种(species)，由于这种新品种属于比品种(variety)更高的分类单元，因此不属于 UPOV 所定义的植物品种，具有可专利性。还有，可以通过嵌入某个外国基因或者外国基因组的部分，以增强植物的抗病性，从而来修正大量不同的植物，这样可以产生大量的植物新品种。但这些植物本身不构成具有同质性和稳定性的植物群体，因此无法纳入育种者权保护。但总的来说，这些成熟的具有创新性的方法中的每一步可以分别获得专利保护，只要这些步骤构成一项完整的发明。同时，植物基因发明还会产生植物的新的部分，如植物基因、较大的 DNA 序列以及人工染色体(chromosome)等，均无法成为植物品种，因此也不应解释为落入 EPC 第 53 条(b)的专利保护例外。

由此可见，Lubrizol 案判决显示出 EPO 在有关植物的专利保护上若干倾

---

① Robin Nott, Herbert Smith. Patent Protection for Plant and Animals. EIPR[1992] 3:82.

② Rainer Moufang. Protection for Plant Breeding and Plant Varieties —A frontier of Patent Law. IIC Vol. 23，No. 3/1992:345.

向,可以总结如下:

(1)关于实质性生物学方法的判定,如果人为的技术介入远远多于一个已知的和自然发生的生物学事件控制的惯常程序,并这一技术干预导致的最终结果的特征,实质上有别于那些依靠自然发生的选择以及杂交事件和传统育种方法提供的结果,这样的一种方法不能归于"实质上生物学方法"。

(2)关于"植物品种",EPC 第 53 条(b)所说的"植物品种"必须进行限制解释,只有严格遵循 UPOV 中的定义,符合特异性、一致性和稳定性的植物群体才能排除在专利保护的范围。那些针对不符合 DUS 标准的杂交植物/种子、属于比品种更高分类单元的植物等的权利要求均可以授予专利保护。

(3)植物基因、DNA 序列、人工染色体以及相关的基因修正方法等,如果符合专利的新颖性、实用性和发明步骤等授予要件的,相关权利要求可以获得专利保护。

三、1989 年:植物品种的界定

哈佛大学于 1985 年向 EPO 提出一项关于基因修正动物的专利申请,该基因修正动物通常是一种老鼠,用于测试可能的癌症诱发因素并可能用于癌症的治疗。这就是一度备受关注的 Onco-mouse/哈佛鼠案[①]。这里不讨论动物或者是转基因动物能否获得专利保护的问题,而仅就 EPO 涉及对 EPC 第 53 条(b)规定的解释作一说明。在该案中,EPO 审查部认为应当像理解该款中的"植物品种"一样理解这里涉及的"动物品种",规定"植物品种"从可专利范围中排除,这里的"植物品种"仅限于以一个植物品种形式表达固定基因的那些植物,而不是所有的植物。EPC 制定者希望植物品种能通过 UPOV 规定的专门工业产权获得保护,UPOV 第 2 条(1)规定了双重保护的排除。因此,EPC 第 53 条(b)的"植物品种"的专利保护例外应当限定于那些能够获得品种权保护的植物品种,而不是所有的植物品种。当然,这种情况与 EPC 第 53 条(b)规定的动物品种排除专利保护的情况不同。由此可见,EPC 将"植物品种"排除出专利保护范围的规定是为了避免双重保护,并再一次明确排除仅限于那些符合 UPOV 关于"植物品种"定义的那些植物。

---

① T_0019/90-3.3.2[1990.10.03], Harvard / Onco-mouse, Examining Division[1989] OJ EPO 451, Board of Appeal [1990] EPOR 501, Examining Division [1991] EPOR 525；Onco—mouse/Animal (1989).

第二节　植物细胞可以获得专利保护

关于植物细胞能否获得专利保护的问题是在 1995 年的 Plant Genetic Systems 案中进行讨论的。1990 年,Plant Genetic Systems 在 13 个共同体成员国获得有效的欧洲专利 N.0242236,Greenpeace 对此提出反对,理由条款是 EPC 第 100 条(a)、第 52 条以及第 53 条(a)和(b),反对被驳回后又上诉至技术上诉委员会。[①] 所涉权利要求如下:

权利要求 1:该方法(process)用于控制含有谷氨酰胺合成酶抑制剂(glutamine synthetase inhibitor)细胞的植物细胞行为。通过这一方法,上述植物细胞的基因型 DNA 能稳定地结合到一种异型细胞,包括能被上述植物细胞聚合酶(polymerases)所识别的启动子以及一个能在上述植物或植物细胞中以蛋白质形式表达的外国核苷酸序列(a foreign nucleotide sequence)。在上述启动子的控制下,上述蛋白质的酶活动(enzymatic activity)能够控制谷氨酰胺合成酶抑制剂的失效或平衡。

权利要求 7:该方法(process)用于生产上述植物或者上述植物的繁殖材料,该植物可以稳定地结合一个异型外国基因并且能在上述植物或繁殖材料中以蛋白质形式进行表达,该蛋白质能够控制谷氨酰胺合成酶抑制剂的失效或保持活动平衡。这一过程包括将上述植物的细胞或组织通过 DNA 重组转变成含有上述蛋白质编码的外国核苷酸序列的异型 DNA 以及被选择的一些调整元素,这些元素能使上述异型基因在上述植物细胞或组织中稳定结合,能使上述外国核苷酸序列在上述植物细胞或组织中得以表达,能使上述植物或上述植物的繁殖材料再生,或者从植物的细胞或组织中转化带有异型 DNA 的植物或植物的繁殖材料,然后生物性复制这一植物或植物的繁殖材料。

权利要求 14:非生物性转换的植物细胞(plant cells, non-biologically tranformed),在其基因组内稳定地结合了一种异型基因,即上述含有一个外国核苷酸序列的异型 DNA,该核苷酸序列代码为一种蛋白质,在能被上述植物细胞聚合酶所识别的启动子控制下,该蛋白质可以通过非品种特有的酶活动来控制谷氨酰胺合成酶抑制剂的失效或保持活动平衡。

权利要求 21:非生物性转换的植物(plant, non-biologically tranformed),在其细胞的基因组内稳定地结合了一个外国核苷酸序列的异型 DNA,该核苷

---

① 　Case T_0356/93 −3.3.4[1995.02.21], Greenpeace Ltd v. Plant Genetic Systems N. V. ,et al: Plant Cell(1995).

酸序列代码为一种蛋白质,在能被上述细胞聚合酶所识别的启动子控制下,该蛋白质可以通过非品种特有的酶活动来控制谷氨酰胺合成酶抑制剂的失效或保持活动平衡。

　　该案主要涉及两个问题的讨论[①]:(1)上述权利要求的客体是否构成 EPC第 53 条(a)的可专利性例外?(2)上述权利要求的客体是否构成 EPC 第 53 条(b)的可专利性例外?EPO 技术上诉委员会依次详细讨论了这两个问题。

一、相关发明是否违反公共秩序

　　EPC 第 53 条(a)的可专利性例外规定主要是从公共秩序和道德的角度排除了相关发明的可专利性。技术上诉委员会在本案中也讨论了这一问题。EPC 第 53 条(a)是这样进行规定的,"欧洲专利不应授予以下各项,发明的公开或利用将违反公共秩序(ordre public)或道德(morality),假如这种利用不是仅仅因为某些缔约国法律或法规规定的禁止利用,而被认为是违反公共秩序或道德的话"[②]。EPC 工作组承认并不存在一个欧洲的道德定义,对这一概念的解释是一件关涉欧洲习俗的事。公共秩序的概念也是如此。因此,这些概念必须进行解释。普遍可以接受的"公共秩序"的概念包含了公共安全以及个人作为社会一分子的整体性,还包括保护环境。EPC 第 53 条(a)规定发明的利用有可能违反公共和平或社会秩序的,或者严重损害环境的,将该发明作为违反社会秩序而排除在可专利性之外。道德是一种关于一些行为是对的而认为其他行为是错的信念。这种信念建立在深深地扎根于一个特定文化中可接受的行为模式中,EPC 意义上的文化指的是欧洲社会和欧洲文明。EPC 第 53 条(a)规定发明的利用与欧洲文化的传统可接受的行为标准不符的,将该发明作为违反道德而从可专利性种排除。根据相关文献,认为欧洲专利法中的可专利性概念必须尽可能广泛的解释,也就是说相应的可专利性排除要限制解释,尤其是与植物和动物品种有关的。技术上诉委员会认为,这一解释原则同样适用于 EPC第 53 条(a)。相关的历史文献和过去的案例表明,原则上,专利可以授予与植物或动物有关的发明(植物或动物品种除外),只要相关的发明具有技术本质,这就可以推理出种子和植物本身不应构成 EPC 第 53 条(a)规定的可专利性的例外,仅仅因为这些它们是有生命的物体,或者上诉人所坚持的植物遗传资源应属于人类共同的财富。对于后一理由,技术委员会认为对野生类型植物资源的专利性问题不属于本案的问题,这些资源属于人类共同财富,没有处在危险

---

　　① Decisions European Law, Decision of the Technical Board of Appeal 3.3.4., February 21, 1995, IIC Vol. 28, No. 1/1997:75—90.

　　② EPC Art. 53(a).

之中。这样,根据 EPC 第 53 条(a)规定,相关的问题不是有生命物体是否应当排除在可专利之外,而是一项与特定有生命机体有关的发明的公开和利用是否被认为是违反"公共秩序"或道德。

(一)植物生物技术是否违反道德标准

TBA 分别讨论了与道德有关的问题。上诉人对人类通过植物基因工程技术对自然世界进行干预的关注,在这一方面,必须考虑到植物生物技术是一项技术,旨在通过现代科学知识的应用实现植物领域实际的进步和提高,不可避免要涉及对植物有关的自然现象更好的理解和控制。TBA 认为,植物生物技术本身不能被认为比传统的育种技术更违反道德,因为传统育种者和分子生物学家都怀着相同的动机,即都是通过向植物引进新的遗传物质,获得一个新的并尽可能改进的植物。然而,与传统的育种技术相比,基因工程技术对植物的基因修正可以进行更强大和更精确地控制,可以从不相关的植物属或者非植物的生物体向特定的植物引入基因物质。这些技术是协助植物育种的重要工具,使得那些传统育种技术不可实施的操作得以实现。这些技术是产生重大分歧和争议的原因所在。这些实际情况形成了上诉人反对人类过度控制自然界的根据。这些关注是可以理解的,因为科学之力的善恶一直困扰着人们的思想。与其他工具一样,植物基因工程技术也可以用于建设性或破坏性的目的。如果滥用或者以破坏性目的利用这些技术将毫无疑问地违反了公共秩序或道德。这样,根据 EPC 第 53 条(a)将不应对这些具有这样用途的发明授予专利。由此,在本案中的问题将转化为权利要求的客体是否涉及植物生物技术的滥用或破坏性的使用。

本案中发明的目标主要是为培育对特定除草剂具有抵抗力的植物和种子,称为谷氨酰胺合成酶抑制剂(GSIs),选择性地避免某些杂草和真菌病毒的侵害。值得注意的是,具有 GSI 抵抗力的植物或种子也可以通过传统植物选择方式获得,既然某些植物天然具有这种抵抗力或者可以培育这种抵抗力。涉诉专利披露了现代生物技术在生产 GSI 抗体植物和种子方面的作用,该植物或种子的基因组中稳定地结合了代码为蛋白质的异型 DNA,该蛋白质可以使上述提及的除草剂失效或处于平衡状态。通过这一方法,一个新的特征被添加到植物的基因组织中,使得植物可以在 GSIs 的作用下成长。根据委员会的判断,涉诉专利中没有一项权利要求所指向的客体与滥用或破坏性地利用植物生物技术有关,因为这些权利要求关注的行为和产品,根据欧洲文化中传统的可以接受的行为标准,不能被认为是错误的。所指控的这些行为所导致的环境后果则要根据"公共秩序"标准进行判断。

（二）植物生物技术是否违反公共秩序

EPC 第 53 条（a）将违反公共秩序作为一项发明能否获得专利授权的障碍，即如果该项发明的应用有可能严重威胁环境保护的话。这必须详细考虑上诉人的反对以及支持该项反对而提出的证据。委员会认为，根据 EPC 第 53 条（a）的规定，以相关发明的利用将严重危害环境为由，撤销一项欧洲专利，EPO 在作出撤销决定时，必须充分证明该发明对环境的威胁。在本案中，上诉方没有提供结论性的证据证明该权利要求的权利客体有可能严重危害环境。实际上，大多数上诉人的这种论点是建立在一些不受欢迎的、具有破坏性的事件将会发生的可能性上。当然，一些事件在某种程度上可能发生，这一事实甚至得到被告的认可。但委员会认为，关于这一客体所提交的书面证据不足以证明威胁环境的存在，而只是一种可能的威胁。因此，EPC 第 53 条（a）没有构成涉诉发明的可专利性障碍，因为相关权利要求所包含的客体利用没有违反该条款意义上的"公共秩序"或道德。

二、相关发明是否构成 EPC 第 53 条（b）的可专利性例外

根据 EPC 第 53 条（b）规定，欧洲专利不应授予植物或动物品种或者实质上是生产植物或动物的生物学方法。本规定不适用于微生物学的方法以及用该方法获得的产品。[①] 规定的前半句排除了植物品种的可专利性，T49/83[②] 和 T320/87[③] 这两个判决均与植物品种的可专利性有关，考虑到 EPC 的制定历史，认为植物品种这一概念应当根据 UPOV 公约中的定义进行界定。

（一）"植物品种"界定

T49/83 判决将植物品种界定为"一个特征大体相同，并且在每次繁殖之后或者每个繁殖周期之后在一定可接受范围内仍然保留相同特征的多种植物组合"，这与当时 UPOV 公约规定的"能够进行繁殖，并且明显区别于其他品种，在基本特征上具有充分的一致性和稳定性的所有栽培品种、无性系、品系、类或杂交种"基本一致。当时的上诉委员会认为，EPC 制定者没有打算为这种植物品种提供专利保护，不管是繁殖材料形式还是植物本身，也就是说，EPC 第 53 条（b）所禁止的专利保护仅仅是针对那些以植物品种为基因固定形式的植物或植物繁殖材料。因此，T49/83 判决认为肟派生物处理的植物繁殖材料不具有

---

① EPC Art. 53(b).

② Case T_0049/83—3.3.1 [1983.07.26] OJ EPO 112, Ciba—Geigy：Propagating material.

③ Case T_0320/87—3.3.2 [1988.11.10], 1990 OJ EPO 71, Lubrizol：Hybrid Plants(1988), 21 IIC361(1990).

植物品种所要求的一致性和稳定性要件,因而不属于"植物品种"的范围。由此,EPC 第 53 条(b)也没有构成对繁殖材料进行专利保护的障碍。

T320/87 判决认为杂交种子和植物也不符合"植物品种"的稳定性要求,因而不属于"植物品种"的范围,EPC 第 53 条(b)没有构成对单个个体植物(single plant)进行专利保护的障碍。委员会进一步将 EPC 第 53 条(b)中"植物品种"解释为,"已知植物最低分类单元中的一个单一植物群,不论是否完全符合 UPOV 品种权授予要件,其至少有一种可遗传的特性区别于任何其他植物群,并且在相关的特征上具有充分的一致性和稳定性"①。这一定义基本与 UPOV 1991 文本相同。现代生物技术所培植的植物细胞(plant cell)更像细菌或酵母,不应视为植物或植物品种。委员会认为,在 EPO 当下实践中,植物细胞在广义上应被认为是"微生物产品"。因此,植物细胞可以获得专利保护。

(二)"生产植物的实质上生物学方法"界定

EPC 第 53 条(b)排除了"生产植物的实质上生物学方法"的可专利性,历史文献显示,当起草 EPC 第 53 条时,工作组承认即使新的植物品种以及用于生产新植物品种的方法不能获得欧洲专利保护,但欧洲专利必须对应用于植物的具有技术本质的方法授予专利保护。通过对植物进行放射处理或者对种子进行同位素处理来产生植物新品种的方法就是这种方法的例子。委员会认为,这些例子表明植物或种子通过放射处理修正了基因。为了在生产植物非技术方法产生的发明(invention resulting from non-technical process for the production of plants,即实质上是生物学方法,如选择育种)和生产植物技术方法产生的发明(Invention resulting from technical process for the production of plants)之间进行区别,前者排除专利保护,而后者可以获得专利保护,立法者引进 EPC 第 53 条(b),前半句排除了"生产植物的实质上生物学方法"的可专利性。这一规定引起的法律后果是生产植物具有技术本质方法可以获得专利保护,包括涉及植物的基因修正方法。EPC 第 64 条(2)规定欧洲专利授予方法的这种保护可以延伸到由这一方法直接制成的产品。

关于"生产植物的实质上生物学方法"概念,T320/87 判决指出,判断一个方法是否是 EPC 第 53 条(b)意义上的"实质上生物学"方法,应根据人的干预行为对发明的本质以及所达到的最终结果总体上产生的影响。当时的上诉委员会认为,产生杂交植物的安排表现了对已知生物学方法和传统育种方法的一种实质性修正,这一点对产生令人渴望的杂交植物群具有决定性的影响。因

---

① Decisions European Law, Decision of the Technical Board of Appeal 3.3.4., February 21, 1995, IIC Vol. 28, No. 1/1997:82.

此,上述方法不应被认为是 EPC 第 53 条(b)意义上的"实质上生物学"方法,不应排除在专利保护之外。根据上述说明,一种用于生产植物的方法至少包含一个实质性的技术步骤,没有人的干预即无法实施并且对最终结果产生决定性的影响,那么这一方法就应当没有落入 EPC 第 53 条(b)前半句的可专利性例外中。

(三)"微生物方法"和"用该方法获得的产品"界定

EPC 第 53 条(b)后半句实际上是对前半句规定的一个例外规定,即可专利性的例外不应应用于微生物方法以及由此产生的产品。根据历史文献,可以通过立法者的意图来解释当时为何将微生物方法以及由此产生的产品作为专利保护例外之例外,因为在当时是非常明显,EPC 必须为涉及微生物及其产品的产业提供专利保护。这种划分显然非常有用,可以阻止专利例外延伸到利用真核微生物的方法,真核微生物如一些细菌、植物细胞以及动物细胞可以进入到植物或动物体内。T19/90 判决①指出,EPC 第 53 条(b)后半句应当适用 EPC 第 52 条(1)规定的专利性的一般原则。从这一判决开始,动物品种可以获得专利保护,如果它们是 EPC 第 53 条(b)意义上的微生物方法的产品的话,这一原则也应用于已作必要修正的(mutatis mutandis)植物品种。

委员会意识到,EPC 没有为"微生物方法"以及"由此产生的产品"提供定义,也没有在与 EPC 有关的历史文献中发现相关的定义或暗示。EPC 工作组曾陈述说,既然任何明确的规则都存在一种风险,可能更好的是将这一问题留给法院,不规定任何明确的硬性规则,以免在引进另一种相反的论点时,使原来的规定受到侵害。在本案上诉中,各方对此表达了不同的看法,上诉人坚持应该就讨论的概念进行字面解释,认为 EPC 第 53 条(b)后半句的"微生物方法"应限定于涉及传统意义上的微生物(如细菌、酵母以及类似的生物)方法,也就是说,微生物的概念不应被解释为"技术性"。被上诉方提交了具有微生物特征的涉及微生物步骤的技术方法,及其必须被认定为一个微生物方法的产品。上述两种观点均有专家文献的支持。

鉴于最近在微生物领域的重要发展,委员会对根据客观的目的标准以及隐含在这一规定背后的立法意图,通过这一诉讼过程来解释 EPC 第 53 条(b)后半句,感到满意。传统微生物主要关注通过发酵方法获得的产品,首次和二次代谢物(如乙酸或抗生素),以及生物转化(生物酶反应的产品)。现代微生物技术将传统技术与生物工程技术相结合,利用广泛应用于人类、动物和植物细胞的实验保留和培育类似细菌和酵母的组织(培养物)。根据 EPO 目前的实践,

① T_0019/90－3.3.2 [1990.10.03],Harvard / Onco-mouse,Examining Division[1989] OJ EPO 451,Board of Appeal [1990] EPOR 501,Examining Division [1991] EPOR 525;Onco—mouse/Animal(1989).

"微生物"这一术语不仅包括细菌和酵母,而且也包括真菌(fungi)、水藻(algae)、原生动物(protozoal)以及人类、动物和植物细胞,所有其尺寸能在实验室里繁殖和控制范围内的单细胞生物。质粒(plasmid)和病毒(viruse)也在这一概念范围之内。这一实践与 EPC 第 53 条(b)后半句的目的解释一致,这对现代生物技术产业产生重要影响。由此,"微生物技术"应被解释为所有旨在制造上述微生物组织的适格技术行为,不仅包括传统的发酵和生物转化方法,而且包括通过基因工程控制微生物组织、在重组系统内制造和修正相关的产品。简而言之,微生物技术是综合利用生物化学和微生物技术的所有行为,包括为了利用微生物和培养细胞的基因和化学工程技术。例如,对植物细胞作用的基因工程方法可以被定义为微生物方法,而相关的产品,即经过基因修正的植物细胞及其组织就可以称为"由此产生的产品"。

由于现代生物技术的经常使用和发展多种方法生产植物,这些方法其中至少包括一个微生物方法步骤,如运用 DNA 重组技术转化细胞,因此必须判定这样的方法作为一个整体能否作为 EPC 第 53 条(b)后半句意义上的"微生物方法",并且由这一方法产生的产品能否认定为这一规定意义上的"由此产生的产品"。根据委员会的判断,上述定义的微生物方法以及包含一系列步骤的技术方法,其中至少一个实质性的步骤具有微生物本质,不应被认为与等同原则相同或相似。相应地,EPC 第 53 条(b)后半句意义上的"微生物方法",根据技术目的标准解释,不应延伸到包括这一技术方法的所有步骤。因此,EPC 第 53 条(b)后半句仅仅指"微生物方法"而不是"实质上是微生物方法"。委员会认为,历史上的立法者也没有将 EPC 第 53 条(b)的微生物方法延伸到包括这样的技术方法。此外,EPC 第 53 条(b)没有将涉及基因工程技术的用于生产植物的现代多步骤方法排除在可专利范围之外。事实上,这需要相关方法显示出技术本质就可以根据 EPC 的规定,没有限制获得专利保护。历史上的立法者也意识到,欧洲专利必须授予应用于植物的技术方法。总而言之,委员会坚持"包含一个微生物方法步骤的技术方法"不能简单地等同为"微生物方法",这样技术方法所产生的最终产品,如植物品种,也不能定义为 EPC 第 53 条(b)意义上的"微生物产品"。

(四)关于 EPC 第 53 条(b)可专利性要件的评价

上诉委员会逐条分析了本案该项专利的关键权利要求,对相关的专利性问题进行评价。关于权利要求 7 所指向的方法要求,上诉人认为尽管在该方法的第一步中有人为的技术介入,但作为一个随机事件,植物细胞和组织通过重组 DNA 的方式进行重组,后续步骤中的植物与种子的再生与复制在方法上,总体来说,具有生物学上的特征。这一权利要求的客体应当根据 EPC 第 53 条(b)

的可专利性例外不能获得专利保护。委员会对此看法不予赞同,认为权利要求7与生物学方法没有关系,因为以 DNA 重组方式的植物细胞和组织的转化步骤,不管该步骤的实施是否依赖于概率,本质上都是一个技术步骤,对最终的渴望的结果具有决定性的影响。如果这一步骤没有成功实施,相关植物和种子仍可能从植物细胞和组织上重生,但它们将不一定显示以稳定方式结合进基因组的异型 DNA 所具有令人渴望的特异性。因此,尽管后续进行重生和繁殖的步骤利用了"自然机器"(natural machinery),但关键的步骤,即将相关 DNA 序列插进植物基因组,没有人的介入是不可能发生的。这也应该注意到,再生步骤不完全是生物学的,而是具有相当的农业技术含量,因为选择恰当的工作条件本身就需要一定程度的技术介入。因此,权利要求7作为一个整体不属于实质上是生物学的方法,这样也就不属于 EPC 第53条(b)的可专利性排除范围。

关于与植物细胞有关的权利要求14,上诉委员会同样不赞同上诉人认为该权利要求实际上覆盖了植物品种,因而应属于专利保护范围之外的观点,因为植物细胞没有落入关于"植物"和"植物品种"的定义范围。

权利要求21没有指向最低分类单元中的一个单一植物群,而是总体指向一个植物,以稳定方式在其基因组内融进一个包含代码为蛋白质的外国核苷酸序列的异型 DNA,该蛋白质能够在该植物细胞聚合酶所识别的启动子控制下,通过非品种特有的酶活动来控制谷氨酰胺合成酶抑制剂的失效或保持活动平衡。非品种特有的酶活动意在强调不具有特定植物品种或植物属的特征。权利要求21的客体明显区别 T49/83 和 T320/87 判决所涉及的客体,在这些判决中涉及的是能保留基因修正特征的基因修正的植物。所要求的植物特征能够以稳定的方式在后代进行传递。涉诉专利的实施例与从已知品种中产生被转化的植物有关,以烟草为例,表明经过转化的植物具有正常的繁殖能力,并且第二代种苗的抵抗基因是纯合子。这样,实施例中的被转化植物,不管它们是否符合育种者权的授权要件,是一个植物品种,由于它们符合了"植物品种"定义,在相关的特征上具有特异性、一致性和稳定性。例子中的植物品种可以称为"实质性派生品种",可以通过基因工程技术从已知的品种中通过转化获得。权利要求21定义的植物,不管它们是否属于任何特定的品种,在所述的特定特征上区别于其他任何特定的品种,这一特征可以以稳定的方式传递给后代。权利要求21所定义的特征对所有由这一权利要求所覆盖的植物共同拥有。涉诉专利的实施例显示,根据权利要求21所实施的形式是基因修正的植物品种。权利要求21的客体包括显示单个特异性的基因修正品种,即使权利要求没有以品种描述的形式出现。这一推理与上述案例在实践中确立的一般原则一致,根据 EPC 第69条(1)规定,任何用于解释权利要求的描述和图片也同样视作权利要求进行评估。

在本案中,被告承认上述实施例能够通过现存的品种实施,而且没有否认权利要求 21 也包括植物品种。由于被告无法恰当否认权利要求 21 包含植物品种,于是提出将落入权利要求 21 的一个特定植物品种与化学领域的选择发明进行比较,特定的植物品种代表了在所要求的更广的植物中的一个选择。委员会不同意这一申请,因为根据 EPC 第 53 条(b)植物品种应排除在可专利性之外,不管是否属于一种选择发明。如果一项涉及上述发明的专利授予有助于逃避 EPC 可专利性例外的规定,那么该项权利要求就是不允许的。根据权利要求 21 包含植物品种的这一事实,权利要求 21 是不应当被允许的,只要不属于 EPC 第 53 条(b)规定的例外,即该权利要求的对象不是一个微生物方法的产品。

根据权利要求 21,所要求的植物是根据权利要求 7 规定的一个多步骤的方法产生,该方法除了以 DNA 重组技术进行植物细胞或组织转化的微生物方法之外,还包括从转化的植物细胞或组织进行再生植物步骤以及繁殖植物材料的步骤。毫无疑问,最初的微生物方法步骤对最终的结果具有决定性的步骤,因为通过这一步骤植物获得了在各代之间得以传递的特征。然而,委员会认为后续的再生和繁殖步骤也对最终的结果以不同的方式增加了价值和贡献。这些步骤涉及了复杂的现象和事件,如细胞区分、形态发生以及繁殖等,不能等同于在培养物中繁殖被转化的植物细胞或组织,这是一种典型的微生物过程。事实上,在一个细胞或组织培养过程中,植物细胞以相当无规则的方式进行激增或者产生大量没有差别的细胞。相反,在从植物细胞或组织再生整株植物的过程中。需要利用许多细胞的全能性,包括一系列重要的事件和阶段,如芽的形成、根的分裂、细胞的协调分离、扩展和区别,这一切都要求对恰当工作条件的仔细选择,营养和生长的合理调控。此外,后续的复制再生植物的这一生物过程进一步涉及了相关的现象和事件,如施肥、发芽、生长和成长。所有这些阶段的成功控制和发生才使得那些具有"印记"的植物细胞或组织长成一整株植物。这一植物不能等同于最初开始的产品(被转化的植物细胞或组织),尽管它们包含了相同特征的基因信息。一个整株的植物不能等同于一个植物细胞或组织,由于相关植物在最初的植物细胞或组织转化的微生物步骤中已经获得了相关的特征。因此,权利要求 21 所要求的植物不仅仅是上述所说的最初步骤的结果,而是后续一系列相关的农业技术和生物学步骤的结果。也就是说,不管微生物步骤对最终结果的决定性影响如何,权利要求 21 所指向的植物不是 EPC 第 53 条(b)意义上的微生物方法的结果,不应看做是"微生物方法的产品"。这意味着权利要求 21 所定义的发明应属于 EPC 第 53 条(b)前半句规定的可专利性例外,即权利要求 21 包括了植物品种,是不允许的,应被驳回。

第二项补充请求的权利要求 20,作为根据权利要求 14—17 而列出的一项权利要求,指向"包含在一个植物中的"植物细胞。委员会认为,包含在一个植物中细胞是分化型细胞,其在形态和功能上被组织构成一个植物,这是相关技术人员不可避免的理解。权利要求对权利要求 14 的依赖是具有误导性的,因为权利要求 14 是总体上针对转化的植物细胞。这样,权利要求 20 的客体不管如何描述,只不过是一种植物,并且这一权利要求没有从其范围中排除植物品种,理由与对权利要求 21 所进行的分析相同。这样,权利要求 20 同样应被驳回。

因此,权利要求 1 和 7 所指向的方法可以获得专利保护,权利要求 14 所指向的非生物性转换的植物细胞可以获专利保护,而权利要求 20 和 21 因权利要求中包含了植物品种,不应授予专利保护。

三、结论性评价

与前述几个案例相比,上诉委员会在本案中不但评价了对植物这一有生命机体授予专利保护的"公共秩序"和"道德"问题,认为相关的问题不是指对有生命机体授予专利保护即违反所谓的"公共秩序"和"道德",而是指一项与特定有生命机体有关的发明的公开和利用是否被认为是违反"公共秩序"或"道德"。也就是说,不是因为发明本身涉及有生命机体,而是这一发明的公开和利用,需要进行有关"公关秩序"和"道德"标准的审查。因此,相关问题又可以转化为,专利所要求的客体是否涉及植物生物技术的滥用或破坏性的使用?至于相关生物技术是否构成滥用和破坏性的使用,需要通过相应的证据进行证明。如果没有或者无法提供相应的证据,而只是提出一种猜测和可能性,则表明相关的生物技术没有构成滥用或破坏性的使用,也就意味着涉及植物的相关发明没有违反所谓的"公共秩序"或"道德"。

在关于运用专利法保护植物有关的发明方面,上诉委员会在该案例中又往前迈进了一步,不但重新肯定了相关的繁殖材料、杂交植物和种子的可专利性,还通过这一案例分析了非生物性转换的植物细胞也可以获得专利保护。但如果相关的权利要求虽然只针对植物或植物细胞(如该案中的权利要求 21 和权利要求 20),但如果其中包含了植物品种,并且相关的客体不是微生物方法的产品,那么仍然应当排除在可专利性之外。所以,至于什么条件下的植物细胞可以获得专利保护,必须要根据权利要求的具体情况进行判断。

上诉委员会还在本案中详细讨论了什么是实质上生物学方法,什么是微生物方法以及由微生物方法获得的产品。简而言之,一种用于生产植物的方法至少包含一个实质性的技术步骤,没有人的干预即无法实施并且对最终结果产生决定性的影响,这种方法就不属于实质上的生物学方法,即使其中大量地运用了生物学规律。所谓的微生物方法,仅限定于涉及传统意义上的微生物(如细菌、酵母以及类似的生物)方法,也就是说,微生物的概念同样不应被解释为"技术性"。上诉委员会还详细分析了在微生物方法和生物学方法以及基因工程技术方法等相互交织情况下的产品属性判断问题。总之,这一案例对理解 EPO 对运用专利保护与植物有关发明的界限具有重要意义,"这一判决不但得到那些希望看到 EPO 实施积极植物专利保护政策的人的关注,也获得那些希望看清专利和品种权保护界限的人们的关注"①。

第三节 转基因植物可以获得专利保护

In re Novartis AG 案②是欧洲专利局确定转基因植物能否获得专利保护的关键性案例。从这一案例的讨论中,可以明显看出欧洲专利局在《欧盟生物技术发明保护指令》颁布前后的态度差异。涉及 Novartis 专利的有两个重要的判决,第一个是技术上诉委员会(Technical Board of Appeal,TBA)的判决③,于1997 年 10 月公布,另一个是上诉扩大委员会(Enlarged Board of Appeal,EBA)于 1999 年 12 月作出的判决④。这两个判决的时间非常关键,在 TBA 向 EBA 转交案件的过程中正好是欧洲议会制定了《生物技术发明保护指令》,并修订了与该指令有关的审查实施规则 23。由于这一案例前后的两个判决正好分别出现于《生物技术发明保护指令》制定的前后,而且 TBA 的判决几乎被 EBA 的判决完全否定,因此这一案例前后判决尤其值得关注,既能从中看出近年来一直存在于 EPO 内部的、对 EPC 第 53 条(b)关于植物和动物品种排除专利保护的不同理解,又可以看到 Novartis 案中最终判决与《生物技术发明保护指令》及欧洲专利实施规则修订之间的一致性。如果欧盟《生物技术发明保护指令》的实施为涉及植物的生物技术发明要求专利保护提供法律依据的话,那么 Novartis 案的最终判决就是这一指令的最初实践。

Novartis 案的基本案情是,欧洲专利申请 No. 918101445 为一项"包含细胞

---

① Margaret Llewelyn & Mike Adcock. European Plant Intellectual Property. Hart Publishing, 2006:302.

② T_1054/96—3.3.4 [1997.10.13], In re Novartis AG:Transgenic Plant(1997), and Case G_0001/98—EBA[1999.12.20],Novartis AG Novartis II/Transgenic Plant, 1999.

③ Decision of the Technical Board of Appeal 3.3.4, October 13, 1997—Case No. T1054/96.

④ Novartis "Transgenic Plant" [2000] EPOR 303.

溶解酶肽和水解酶的有效抗病原性成分"，该项申请被 EPO 审查部驳回。申请的关键权利要求如下。

权利要求 19：一个转基因植物以及包含重组 DNA 序列的种子，这些 DNA 序列代码为一个或多个细胞溶解酶肽（lytic peptides），不是溶解酵素（lysozyme），结合着一个或多个几丁质酶（chitinases），以及/或者一个或多个 β-1 细胞和具有增效效果数量的 3-葡聚糖酶（glucanases）。

权利要求 20 至 22 是对权利要求 19 所指向客体的进一步具体化。

权利要求 23：一种产生转基因植物的方法，可以协调与一个或多个几丁质酶结合的一个或多个细胞溶解酶肽，以及/或者一个或多个 β-1 细胞和具有增效效果数量的 3-葡聚糖酶。上述方法包括产生转基因植物的步骤，重组 DNA 序列代码为结合着一个或多个几丁质酶的一个或多个细胞溶解酶肽，不是溶解酵素，以及/或者一个或多个 β-1 细胞和 3-葡聚糖酶。

权利要求 24：一种产生转基因植物的方法，可以综合不是溶解酵素的、与一个或多个几丁质酶结合的一个或多个细胞溶解酶肽，以及/或者一个或多个 β-1 细胞和具有增效效果数量的 3-葡聚糖酶。上述方法包括产生一个或多个转基因植物的步骤，重组 DNA 序列代码为结合着一个或多个几丁质酶的一个或多个细胞溶解酶肽，以及/或者一个或多个 β-1 细胞和 3-葡聚糖酶，将上述植物利用传统育种技术进行杂交。

1996 年，EPO 审查部根据 EPC 第 97 条拒绝申请因为权利要求 19－22 没有符合 EPC 第 53 条（b）的要求。相似的案例在 T356/93（1995 OJ EPO 545［28 IIC 75（1997）］）决定中进行判决，这一案件中申请人也对通过基因工程获得植物和种子提出了专利保护的要求。审查部认为，在较早的案例中，委员会已经判决，对基因工程获得的植物和种子的权利要求，尽管没有针对任何具体的植物品种，但包括不是通过微生物方法获得植物品种，因此应根据 EPC 第 53 条（b）予以驳回。申请人提出上诉，并认为 T356/93 决定对 EPC 第 53 条（b）作了不恰当的解释，不应在本案中适用。1997 年 10 月 13 日，EPO 就上述问题举行口头程序，在讨论了上诉人的不同意见后，提出"扩大委员会修订问题"，包括四个问题，其中三个问题与 EPC 第 53 条（b）的解释和适用有关，第四个问题关于 EPC 第 64 条（2），即如果欧洲专利的保护客体是一种方法，则授予的专利保护应延及由该方法直接获得的产品。[①] 上诉委员会（TBA）将上述转交给扩大委员会（EBA）。下面将重点分析 TBA 和 EBA 对这四个问题的具体看法，首先是 TBA 的观点及其分析。

---

① EPC Art. 64(2)：If subject matter of the European patent is a process, the protection conferred by the patent shall extend to the products directly obtained by such process.

一、TBA 的观点及其分析

上述四个问题中的第一个问题是,根据 EPC 第 53 条(b),EPO 审查申请人权利要求能否获得专利保护,即专利不应授予与植物品种及实质上通过生物学方法获得的植物,这一规定不应用于微生物方法及由此方法产生的产品。对此规定,EPO 应当把握到何种程度? 以及如何基于这一目的解释一项权利要求?①

(一)权利要求是否包含植物品种应进行实质审查

TBA 认为上述问题包括了三个小问题:第一问题是 EPO 审查相关申请的客体是否属于 EPC 第 53 条(b)规定的专利保护例外,这属于形式审查还是实质审查? 第二个问题是权利要求 23 是否属于实质上生物学方法生产的植物? 第三个问题是什么是微生物方法及其由此产生的产品? 下面依次予以讨论。

1. 实质审查还是形式审查

上诉人认为判断一项权利要求的客体是否属于 EPC 第 53 条(b)规定的专利例外客体应当采用形式审查,EPC 第 53 条(b)仅仅排除了专利申请具体要求所包含的植物品种,权利要求 19 虽然包括了植物品种,但权利要求本身没有直接与一个植物品种有关。TBA 对这一看法不予赞同,认为对于一项权利要求,不管其所使用的具体语言,而应当判断其是否在整体上或者部分指向了 EPC 第 53 条(b)规定的不应授予专利的客体,这属于实质性审查的范围。如果采用形式审查,那么 EPO 只是在核准权利要求中是否出现"品种"这一表达,如果没有出现就可以判定这一权利要求有效,这一做法有违 EPC 制定者的意图。因为 TBA 认为 EPC 第 53 条(b)是一条具有实质功能的规定,并且"品种"本身是一个具有技术含义的概念。因此,EPO 应对权利要求进行实质审查。本案的专利申请与农作物中的植物病原体控制有关,权利要求包括生产转基因植物的方法,以及转基因植物(权利要求 19)。传统农业技术与现代农业技术一样,育种者希望生产出一个特定的植物品种,以便成熟的作物在希望出现的表型特征上具有一致性和稳定性,本案中,这一特征就是植物病原体的抵抗力。也就是说,植物品种已经在事实上为相关权利要求所覆盖。上诉人承认权利要求 19 既包括植物品种也包括不属于一个植物品种的植物。根据权利要求解释的标准原

① Question 1:to what extent should the instances of the EPO examine an application in respect of whether the claims are allowable in view of the provision of Article 53(b) EPC that patents shall not be granted in respect of plant varieties or essentially biological processes for the production of plants, which provision does not apply to microbiological processes or the products thereof, and hpw should a claim be interpreted for this purpose?

则,一项专利应当授予在权利要求范围内的所有客体,也就是说,如果一项针对植物的权利要求也包含了植物品种,那么该项专利也授予与之相关的植物品种。因此,权利要求 19 中包含了植物品种,这是不能授予专利保护的。

2. 如何界定实质上生物方法

根据 EPC 第 84 条和第 53 条(b)规定,TBA 认为专利申请中的权利要求 23 不被允许,因为这一权利要求不够清楚和具体,没有说明确定的方法步骤,并且所有获得相关植物的方法均被要求,包括"实质上用于生产植物的生物方法",而这一方法是禁止授予专利保护的。权利要求 24 与权利要求 23 一样是介绍性的条款,除了"不是溶解酵素"的表达,"上述方法包括产生一个或多个转基因植物的步骤,重组 DNA 序列代码为结合着一个或多个几丁质酶的一个或多个细胞溶解酶肽,以及/或者一个或多个 β-1 细胞和 3-葡聚糖酶,将上述植物利用传统育种技术进行杂交",以及下划线部分不同。这里涉及一个问题,即在一个与实质性上生物学方法有关的权利要求中,怎样的方法步骤描述是可以允许的呢?

一般来说,在"实质上生物方法"这一术语中,所谓的"生物学"有时会与"技术"解释相近,或者与"物理"、"化学"相反。根据发展的趋势看,生物学方法变得更好理解了,在这一意义上也更具有技术性,当基因技术利用了自然机制,这一意义上就属于生物学的。关于"实质上生物方法"这一术语在目前的技术情况下,还是存有疑问的。为了决定一个方法能否被定义为"实质上生物学方法"需要对其应该是非生物学方法的程度进行一个价值判断,这一判断可以通过不同途径进行。

第一种途径类似于根据 EPC 第 54 条(4)规定在 T820/92(1995 OJ EPO)决定中所用的与外科手术的治疗方法相关的判断。"在一个方法涉及管理两种或者两种以上的物质时,EPC 第 54 条(4)引起的问题不是实施所要求方法的整体是否是非治疗性的,而是一项方法要求落入了 EPC 第 54 条(4)规定的禁止范围,因为该方法所管理的其中一项是治疗方法,并且这一管理是该项权利要求的一个特征"。这一途径对考虑"非实质上生物方法"的意义是所要求的生产植物的方法应该只是包括清楚确定的非生物学方法步骤以及非实质性生物学步骤。一种方法涉及了两种现存植物的杂交,如权利要求 24,就不应该允许。这一判断途径要求申请人在权利要求中说明相关治疗方法的具体步骤。

第二种途径是 T320/87(1990 OJ EPO)决定中所采用,即判断一个方法是否属于实质上生物方法应当根据人的干预整体对发明实质以及对所达到结果的影响。运用这一方法判断,正如在 T356/93 中讨论的那样,"如果生产植物的方法至少包含一项实质性的技术步骤,这一步骤没有人的干预就无法实施,并且对最终结果产生实质性的影响,那么该方法就没有落入 EPC 第 53 条(b)规定的可专利性例外"。根据这一判断方法,EPO 应当将权利要求视为一个整体来判断是否属于一个实质上生产植物的生物学方法。在这种情况下,相关的结果往往具有不确定性。

第三种途径是相关要求至少一项明确的非生物学方法步骤,但允许任何数量的附加的实质性生物学步骤存在,这样就可以作为非生物学方法获得专利保护。这是《生物技术发明保护指令》建议稿第 2 条(2)中采用的方式。其定义是"生产植物或动物的方法实质上是生物学的,如果该方法完全由杂交或选择这种自然现象构成"①。这是目前最受申请人欢迎的方式,但不是上诉委员会所采用的方式。

3. 如何界定微生物方法及其由此产生的产品

即使一个基因工程获得的植物被认为是一个微生物方法的产品,但仍有这样的问题需要回答,即根据 EPC 第 53 条(b)禁止规定的真实意思,该基因工程获得植物是更接近于植物品种的原始概念还是更接近于一个微生物方法产品的原始概念呢?实际上,通过基因工程获得的植物品种与微生物方法的产品的原始意义之间没有关系,其最终在类型上与传统方法产生的植物品种之间没有区别。因此,对于委员会来说,基因工程获得的植物品种同样被包括在 EPC 第53 条(b)的禁止规定范围内,即使这些植物品种在某种程度上视为一个微生物方法的产品。

(二)不允许采取"多于一个单一品种"的权利要求

TBA 进行讨论的第二个问题是,一项与植物有关的权利要求但其中没有单独要求具体植物品种,即使其包括了植物品种,根据事实本身能逃避 EPC 第53 条(b)的专利保护禁止规定吗?

上诉人承认其专利申请中的权利要求 19 包括了植物品种,但坚持该权利要求可以获得允许,因为多于一个植物品种落入这一权利要求范围内,或者说其权利要求的范围多于一个植物品种,也包括不是植物品种的植物。这一观点与在文献中表达的观点一致,认为作为一项广义技术贡献的发明能够在所有种类的植物上具体化,上诉人不仅有权就这一贡献获得专利保护,而且急需通过产品要求对代表这种贡献的植物给予广泛的专利保护。本案的上诉人将化学领域可获得的产品保护要求直接引入与植物有关的发明领域。TBA 认为,上

---

① 《生物技术发明保护指令》建议稿中的这一条款与生效的《生物技术发明保护指令》相同,其原文如下"A process for the production of plants or animals is essentially biological if it consists entirely of natural phenomena"。

述提及的广义技术贡献的不同方面可以由不同的权利要求获得保护,方法要求针对生产基因工程获得的植物方法,产品要求针对具有令人渴望特征的基因,以及非生物性转化的植物细胞,根据 T356/93 判决,这些要求没有一项落入专利保护的例外。这意味着,认为发明者被剥夺了对其技术贡献的所有保护除非基因修正植物获得专利保护的说法是不对的。毫无疑问,TBA 知道针对基因修正植物的权利要求是给予上诉人所作的技术贡献的最好保护,就像在化学领域的产品权利要求一样。但问题是,对植物品种进行产品要求的需要本身不能超越已经存在的对植物品种产品的专利保护禁止规定。法官的责任是应用法律而不是创造法律,这是众人皆知的普遍原则。正如上诉人所提出的那样,这一观点与国际法院法官富有活力地解释法律一致,但这种解释不能修改公约的规定。

EPC 第 53 条(b)字面意思是专利不得授予(复数意义上的)植物品种,委员会不明白上诉人所提出的论点的信服力:根据 EPC 第 53 条(b)的规定,可以推出专利不应授予一个单一的植物品种,但是可以授予其权利要求多于一个的植物品种,这不符合正常的规则逻辑。避免落入 EPC 第 53 条(b)禁止范围的只有一个针对一个植物的权利要求,该植物拥有的一些特征是不确定的。这一权利要求,至少从理论上可以确信包括了多于一个潜在的植物品种。

1. TBA 的假设分析

TBA 作了一个假设分析,如果"多于一个单一品种"的权利要求可以获得允许的话,权利要求 19 也就可以获得允许,那么问题 2 的回答就是"YES"。于是相关的问题都集中在"多于一个单一品种"权利要求的可行性讨论。

假设问题的回答是"YES",那么任何对植物的权利要求只要其覆盖范围多于一个植物品种即可,根据 EPC 第 53 条(b)规定,不管是通过传统育种技术还是基因工程获得的植物。这样,EPC 第 53 条(b)所指的植物品种,将很难解释该规定试图与 UPOV 1961 规定一致的想法或者相反。采用"多于一个单一品种"方法的逻辑结果是,"按照存储样本的一个植物品种或者由此派生的品种"形式的权利要求是可以允许的。然而,这一方法不是根据这一逻辑结果,具体的植物品种仍不具有可专利性,也就是发明的具体体现,即实际上的植物品种不能获得专利保护,要不是可以通过一个针对植物的较宽的权利要求,其范围可以覆盖所有这样的植物品种。通常来说,这一观念与专利法是不相容的,这也根本背离了专利法的核心,当其涉及植物发明时。

"多于一个单一品种"方法同样也适用于允许针对基因修正动物的权利要求,只要该项权利要求没有限定于一个独特的动物品种。T19/90(1990 OJ EPO 476)判决已经介绍了 TBA 推翻了允许一项直接针对一般意义上的注入致癌基因的哺乳动物的权利要求,该项权利要求明显宽于针对一个动物品种的权利要求,但 TBA 考虑到一个动物品种正被要求而驳回了该项权利要求。T19/90 判决对这种可能性予以否认。

2. 对 EPC 第 53 条(b)的解释

TBA 认为,EPC 第 53 条(b)只是需要解释,如果它的意义不甚明确的话。关于"植物品种"定义在很多文献和判决中进行了讨论,有三种不同的定义分别在 UPOV 1969 文本、UPOV 1991 文本以及在 CPVR 条例中作了规定。但这并不意味着"植物品种"的概念在本案中非常关键,因为上诉人已经承认在权利要求 19 中包含了植物品种。关于 EPC 第 53 条(b)的制定目的,TBA 认为,其目的就在于将植物品种排除出专利保护。如果 EBA 认为需要加以解释的话,TBA 认为可以从以下角度进行分析。

(1)EPC 立法者的意图和考虑

EPC Art. 53(b)的规定可以追溯到 1963 年制定的 Strasbourg 公约,几乎很少有价值的资料能精确解释这一规定背后的意图和考虑,Strasbourg 公约准备材料的部分规定被 EPC 所采用,包括 EPC Art. 53(b)的这一规定。TBA 注意到,在 EPC 公约的准备资料中唯一相关的讨论与 EPC Art. 53 和 52 之间的体系性关系,从相关的资料中,EPC 制定者将植物和动物品种排除专利保护的规定以不同于第 52 条(2)和(4)的方式进行规定。根据这些材料的讨论,WIPO 代表所提出的与 UPOV 1961 文本的兼容性问题,不是这种排除的主要目的,而只是一种偶然的巧合。EPC 规定这一排除背后的考虑和意图,由下文进行分析。

Strasbourg 公约制定之时,一些国家已经制定了国内法为植物品种和种子提供保护,并且 UPOV 1961 文本也对这些保护进行了国际协调。当时没有专门的法律对动物品种提供保护。这并不意味着当时没有为植物或动物品种在欧洲范围内提供保护的利益所在,由 UPOV 发起的为植物品种提供独立保护体系的存在是一个重要原因,但不是立法者在 EPC 中排除植物品种专利保护的唯一原因。EPC Art. 53(b)的实质原因是各国法律之间的区别以及欧洲国家在这一领域中的利益冲突所致,如果这些冲突的主题没有被排除,公约作为整体将陷入不能通过的危险。

专利办公室没有能力决定多个植物品种是否符合一个植物品种所具有的稳定性和一致性,而一些国家已经建立了种子研究机构的国家有能力制定关于植物和植物品种的国家法律,为后来的申请规定有关稳定性和一致性的信息,规定一定的宽限期,在此期间即使相关的品种进行了商业性利用也不损害该品种的新颖性,没有发明步骤的要求,授予比普通专利更长的保护期。没有国家有能力审查关于动物品种的任何形式的知识产权,将动物品种从保护范围内排除似乎可以解释为,在该领域无法根据 EPC 获得保护,因为既没有任何国家的规定也没有获得这种保护的经验。大多数成员国坚持这一观点,大多数的生物发明无法进行充分描述使得可以在实践中进行复制,由此专利保护不适合为这样的发明提供保护,将其留给 UPOV 体系进行保护。成员国与专利侵权有关的法律没有用以处理那些与可能出现的可以自我复制的生物材料(不是微生物)专利有关的问题。因此,EPC 没有规定精确的关于"植物和动物品种"的定义,而只是通过简单的禁止保护予以处理。这些分析表明,所有与比植物或动物更高类型的能够自我复制的有生命机体的专利问题只是通过简单地从 EPC 中排除专利保护的方式进行解决,成员国可以选择国家法律允许专利保护,如果其没有独立的植物品种保护体系的话,也可以不作任何规定。EPC 制定之后的这数十年来的科学进步足以使人们相信品种可以在包括微生物方法在内的技术帮助下得以独立。因此,使植物品种作为微生物方法的产品获得专利保护本来就不是立法者的意图。在一本生物学教科书中曾提到这样的观点,所有有生命的东西都能被描述为或者属于植物王国或者属于动物王国。后来的生物学家又为不同类别的微生物(如细菌、真菌)定义了其他王国。与微生物有关的方法,如发酵方法或者制药方法,已经造就可以获得专利保护了,并且这些方法仍然具有可专利性,EPC Art. 53(b)规定微生物方法以及由此产生的产品规定的"例外之例外"是作为一项很谨慎的措施,确保"植物"或"动物"没有被广泛地解释,将酵母、细菌以及其他微生物包括在内,与这些微生物有关的方法在 Strasbourg 公约制定之时就已经可以获得专利保护了。

因此,TBA 认为 EPC Art. 53(b)规定禁止对植物或动物品种以及用于生产植物或动物品种的实质上生物学方法授予专利保护,根据 EPO 的实践准则,没有显示立法者认为植物或动物品种应该授予专利保护的任何意图,只是由于知识和技术能力的进步使得创造一个具有特征的新品种变得更为容易。在一定程度上,这意味着到了立法者需要重新考虑将品种从可专利性中排除这一规定的时候了。扩大 EPC Art. 53(b)的"例外之例外"规定,使得禁止对植物或动物品种授予专利保护的规定被挖空,变得完全无效,似乎已经超越了任何法律的解释规范。

(2)TBA 的相关判例

1)比较 EPC Art. 52 (2)(3)与 EPC Art. 53(b)

EPC Art. 52(1)规定"欧洲专利应授予任何易于工业应用,新的并且涉及创造步骤的发明",该条的第(2)和(3)接着规定了不能视为(1)意义上发明的具体内容。EPC Art. 52(2)规定下列不能视为(1)意义上的发明:

（a）发现、科学理论和数学方法；

（b）美学创作；

（c）进行智力活动、游戏或商业经营的计划、规则和方法，以及计算机程序；

（d）信息的提供。

上述（2）的规定只是在一个欧洲专利申请或者与上述客体或行为有关的欧洲专利范围内排除这些客体或行为的可专利性。

EPC Art. 53（b）关于禁止对植物或动物品种授予专利保护的规定是一个绝对项，即使相关的植物或动物品种是一个易于工业应用，新的并且具有创造步骤的发明。TBA 认为，EPC Art. 53（b）和 EPC Art. 52（2）之间的语言差别，以及这些可专利性例外在不同条款中的事实意在强调这两种例外在法律类别上是有区别的，Art. 52（2）所列的客体与行为不认为是一个发明，而 Art. 53（b）是一个不授予专利保护的例外，即使相关的客体与行为本来可以认为是发明。

EPC Art. 52（2）所列的种类，如计算机程序不属于发明，但 EPC Art. 52（3）句末的"such as"表示可以允许司法实践的发展，如 T208/84（1987 OJ EPO），T26/86（1988 OJ EPO 19），可以获得专利保护，如果这样不能作为一项发明的客体或行为被用作一项组合的一部分，而这一组合作为一个整体可以被认为是一项发明。TBA 认为这种组合与本案权利要求 19 的组合体相类似，其没有指向任何形式的组合意在逃避植物品种禁止专利保护的规定。可以用来讨论的一个理论性例子，一项针对两个不同植物品种以特定比例进行混合，当种植在一起的时候产生一个互利的效果，这样的一个权利要求没有指向基因修正的、新的并且具有创造性的植物品种，可以避免 Art. 53（b）的禁止性规定。这种情形可以与 T49/84（1984 OJ EPO 112）判决中情况相提并论。在这一判决中，权利要求指向的是经过化学处理的种子，可以获得专利保护。TAB 认为，该项判决的实质是"该项所要求的创新没有处在植物育种范围内，植物育种通常与植物的基因修正有关。而该案中申请人通过化学作用剂的方式处理繁殖材料使其对农药具有抵抗力。用肟派生物处理的繁殖材料的新参数，不是一个用以判定植物品种保护意义上的一个植物品种特征的标准。相反，繁殖材料的可专利性问题与其被认为是一个品种，或者说本来就是一个植物品种，是毫不相干的问题"。对于这一决定来说，结果是相同的，如果具体的植物品种在权利要求中被详细引用的话。在这样的一个权利要求中，经过化学处理的植物品种不能被要求，只有特定方式的化学处理。发明在于化学处理的方法。本案中的权利要起 19 是一个完全不同类型的权利要求，因为相关的发明是在植物育种的范畴内，并且涉及植物品种保护意义上的品种特征标准。从上述分析来看，EPC Art. 52（2）与 EPC Art. 53（b）所列的客体与行为之间在法律状态上不具有可用的类比性。

2)比较 EPC Art. 52(4)与 EPC Art. 53(b)

EPC Art. 52(4)规定,"用于人体或动物的外科或治疗方法以及运用于人体及动物的诊断方法,不应认为是(1)意义上易于工业应用的发明。这一规定不适用于应用上述方法产生的产品,尤其是物质或物质合成"。上述所称的方法潜在地落入了被排除可专利性的发明行列,由于不具有工业性应用。这一法定排除类别与 EPC Art. 53(b)禁止专利保护的客体或行为比 EPC Art. 52(2)更为接近,因为 EPC Art. 52(2)所列的不认为是发明。但是,EPC Art. 52(4)禁止授予专利保护的原因是认为这些方法不具有易于工业应用性,而 EPC Art. 53(b)针对植物或动物品种的专利保护禁止是绝对的,即使相关的植物或动物品种满足专利授予的全部条件,也将禁止授予专利保护。初步印象(prima facie)看,后者的禁止规定更为强烈,不允许任何权利要求与 EPC Art. 53(b)的禁止规定产生冲突。

EPO 局长在 G3/95 案中向 EBA 提交问题时评论说,植物品种排除专利保护的主要历史原因是 UPOV 第 2 条(1)规定双重保护禁止,EPC 第 53 条(b)被认为是这种禁止的必然结果,这与 EPC Art. 52(4)的排除规定具有不同的立法意图,因此,没有正当理由在两种不同的情况适用相同的司法规则。对于 TBA 而言,EPC 第 53 条(b)的立法目的不同于 EPC 第 52 条(4)的事实并不必然导致这样的结论,即可以忽略一个条款措词而必须注意另一条款的措词。从 TBA 审理的与 EPC Art. 52(4)的案件看,这两个条款似乎具有一定的关联性,一个针对方法的权利要求,尽管没有明确针对关于人体的治疗方法,但相关领域的技术人员阅读说明书和应用"基本方法"(substantive approach)能够发展成这样的治疗方法,TBA 认为所要求的方法不能获得专利保护,完全因为这些方法同时也可以作为人体的治疗方法,而这正是 EPC Art. 52(4)规定的不能获得专利的障碍。

(3)EPC 制定后的实践

上诉人提出,根据维也纳公约第 31 条(3)之规定,明确授权后续实践应当可以用于解释一个条约,并且,制定国际公法的后续实践不必直接根据必须进行解释的条约,而可以根据其他相关国际条约,即使是没有批准的,只要能够证明其与必须解释的规定之间具有关联。共同体专利公约(the Community Patent Convention)、TRIPs 协议、《生物技术发明保护指令》草案等均与 EPC 第 53 条(b)具有关联。尽管 EBA 在 G5/83(1985 OJ EPO 064)判决中解释,维也纳公约不能针对 EPC 进行适用,但提出的相关原则可以作为公认的国际实践。因此,TBA 将对此进行讨论。

1）TRIPs 协议

EPC 成员国都是 TRIPs 协议的成员，但欧洲专利组织不是该协议的成员。TRIPs 协议第 27 条规定了专利保护的客体：

"在符合本条下述第 2 款至第 3 款的前提下，一切技术领域中的任何发明，无论产品发明或方法发明，只要其新颖、含创造性并可付诸工业应用，……获得专利及享有专利权……"

"成员可以将下列各项排除于可获专利之外：

（a）诊治人类或动物的诊断方法、治疗方法及外科手术方法；

（b）除微生物之外的动、植物，以及生产动、植物的主要是生物的方法；生产动、植物的非生物方法及微生物方法除外。

但成员应以专利制度或有效的专门制度，或以任何组合制度，为植物新品种提供保护。对本项规定应在'建立世界贸易组织协定'生效的 4 年之后进行检查。"

根据 TRIPs27.3（b）允许的例外，TBA 认为对 EPC 第 53 条（b）规定所作的上述解释，与各成员国根据 TRIPs 所承担的义务之间不存在冲突的可能性。

2）UPOV 公约

UPOV 1991 文本已经生效，其允许但不要求成员国为植物提供专利和植物品种双重保护，另外 TAB 也没有发现 EPC 第 53 条（b）规定所作的上述解释，与各成员国根据 UPOV 公约（包括之前的文本）所承担的义务之间有冲突的可能性。

3）CPVR 条例

TBA 在本案的审理中摘录了所有与本决定相关的 CPVR 条例规定，详述了有关"植物品种"的概念没有改变过去已经确立的这一定义的意图，也没有干涉和排除利用其他工业产权保护植物产品，包括植物和植物材料，或者方法的应用。因此，条例中没有提供任何清楚的指示，认为 EPC 或其解释需要以特定方式加以改变。

4）EPC 与国际条约义务

不是所有 EPC 成员都是欧盟成员，并且 EPO 也不是欧盟的一个机构。通过 EPO 的欧洲专利申请方式只是为在成员国的范围内获得国家专利提供了一种途径。各成员国履行欧盟、TRIPs 以及其他国际公约的义务，只需修订各自国内专利法即可，而无须修改 EPC。由于在欧洲植物领域的大多数专利申请都在 EPO 提交，如果 EPC 不采用尽可能像国家路线能获得的保护一样广泛，这将是很遗憾的。但是，不修改 EPC 也不会违反各成员国对任何条约的直接义务。

5)《生物技术发明保护指令》建议

欧洲议会于 1998 年 5 月 12 日通过这一指令并予公布,这一指令无疑是欧洲专利保护历史上的里程碑,深刻影响 EPO 未来的专利授权实践。但限于本案的审判时间,TBA 不清楚这一新的法律制度是否适用于在欧盟成员国已经生效的所有专利,不管其何时授予,或者仅适用于那些未来某个日期以后授予的专利,而之前授予的专利仍采用旧的法律予以规范。当然,这一新的法律制度是否取代旧的法律制度也不十分明了。基于这种不确定性,指令建议没有明确要求欧盟成员应采取措施修订 EPC,但由于不是所有的 EPC 成员都是欧盟成员,因此将该指令建议作为根据 EPC 同意后续实践的证据是有问题的。这些讨论似乎涉及了 EPC 的修订问题。但 EPC 规定,如果出现 EPC 规定与实施条例的内容不符,公约的规定应优先适用。目前的问题是,EPO 理事会根据 EPC 授权所实施的实施条例修订能否改变 EPC 的规定,或者能否制约被要求在国家程序中对 EPC 进行解释的成员国法院?

（4）结论

明确来说,TBA 认为一项与植物有关的权利要求,虽然其中没有单独要求具体植物品种,但事实上包括了植物品种,那么该项权利要求已经落入了 EPC 第 53 条（b）的专利保护禁止的范围。TBA 为了证明自己的观点,首先假设"多于一个单一品种"权利要求是可以的,发现根据这一逻辑得出的结果将违背专利法的基本原则,同时通过哈佛鼠的案例证明这一权利要求的不可行。接着,TBA 针对 EPC 第 53 条（b）展开解释,看是否能够通过解释将"多于一个单一品种"权利要求变为可行,但分析证明立法者没有表现出有关植物或动物品种应该授予专利保护的任何意图,而且 TBA 专门比较了 EPC Art. 52 (2)(3)(4) 与 EPC Art. 53(b) 关于禁止专利保护规定的不同性质,因此认为不能将 EPC Art. 52(2)—(4) 的判定方法运用于 EPC Art. 53(b)。TBA 还分析了 EPC 制定之后的一系列实践,尤其是相关的国际条约和欧盟立法,由此判定是否需要对 EPC Art. 53（b）所规定的专利保护例外之例外进行超越原来范围的解释,答案是"否"。因为 EPC 的这一规定没有与相关的条约与立法产生冲突,虽然欧盟生物技术发明保护指令的出台将改变这一状况,但在 TBA 进行解释和决定的时候,该指令的未来命运尚未明确,因此它的相关规定不能影响 TBA 的决定。也就是说,TBA 对"多于一个单一品种"权利要求是持否定态度的。

（三）允许通过方法专利为产生的植物提供保护

EPC 第 64 条（2）的规定能否对考虑权利要求是否允许产生作用? 这是 TBA 在本案中要讨论的第三个问题。EPO 目前的实践在审查与 EPC 第 52—57 条以及第 83 条有关的方法权利要求是否允许的情况时,不会顾及第 64 条

(2)的规定,"如果欧洲专利的客体是一项方法的话,那么专利授予的保护范围应延及直接由该方法获得产品",因为这一规定不是针对专利局而是针对受理被控侵权案件的成员国法院的。这些国家的法律将这一规定进行了重新制定,使其对相关问题具有直接的约束力。发明一个新方法制造一个已知产品是相当普遍的,当该已知产品直接由新方法获得时,其就落进了第 64 条(2)专利授予新方法的保护范围。EPC 的起草者没有认为这与 EPC 第 52、54 条规定专利应当授予新的发明之间存在冲突。授予方法的专利保护范围延伸到一项已知的产品,没有被认为违反了 EPC 第 52、54 条的规定。同样地,TBA 认为植物品种作为一项方法的直接产品,与根据第 64 条(2)规定间接地享有专利保护、根据第 53 条(b)植物品种不具有可专利性之间,也不存在冲突。

TBA 所了解的成员国法院考虑类似于第 64 条(2)的国家规定,与植物品种有关的唯一案例,是一个在瑞士最高法院在上诉程序中判决的撤销一项专利的诉讼(Tetraploide Kamille II case)。该案的原因是复杂的,其部分是由于瑞士法律的具体规定,但与本案相关的部分是,瑞士最高法院认为不存在冲突,在根据一项制造植物品种的方法权利要求将专利保护延伸到由此产生的植物品种的规定与瑞士法律中相当于 EPC 第 53 条(b)的规定之间,该规定认为一项针对植物品种的具体权利要求被认为是无效的。瑞士最高法院因此不同意一审判决认定的、该对产品提供了派生保护的方法权利要求是不允许的判决,这一判决的根据是,可专利性排除的规定效力高于该派生保护的规定。但瑞士最高法院得出了不同的结论,因为一审判决的观点违反了瑞士政府在 1989 年 8 月 16 日对专利法修正案进行评论(BBI. 1989 III 232 et seq)的立场,该评论认为派生产品保护应当适用即使这样的产品不具有可专利性,因为法律中采用专门规定的方式而将其排除专利保护。德国专利法也承认这样的派生保护,规定对生产植物品种的实质上生物方法的排除,其意图是阻止植物品种本身通过方法专利延及由其产生的产品的方式获得保护。

上诉人还提出了一些关于根据 CPC 挑战 EPO 目前实践的讨论,EPO 目前坚持审查相关方法专利的可专利性没有考虑第 64 条(2)的规定。CPC 第 64 条(2)规定,"这样的产品不是一个根据 EPC 第 53 条(2)规定排除专利保护的植物或动物品种"。这一规定对于受理侵权诉讼的法院来说,明确排除法院将植物品种视为这样方法的直接产品。这一建议事实上被拒绝了,因为这仅仅是基于 CPC 规定的一种可能性,正如根据 EPC 的规定,对于受理侵权诉讼的欧盟成员国法院来说,可以认定植物品种为受专利保护方法的直接产品,并且享有这一保护。TBA 认为,这是一个每个特定案件的相关法院均必须回答的问题。

再者,正如上诉人所称的,在 UPOV 1991 文本准备阶段,有建议规定一个植物品种不能被认为侵犯一项专利,但这一建议被拒绝,对于 TBA 来说,这仅仅意味着那些批准 UPOV 1991 文本的 EPC 缔约国受理侵权诉讼法院在 UPOV 1991 文本生效后,没有明确排除将一项植物品种视为专利方法的直接产品从而判定专利侵权,但对于 EPC 第 53 条(b)而言,没有明确的结论可以得出。在即将生效的指令(生物技术发明保护指令)建议稿中,其第 Ⅱ 章要求欧盟成员国修订国家法律,给予比 EPC 第 64 条(2)更宽的权利范围,这同时也就为强制许可的获得提供了新的可能性。但 TBA 认为,类似 EPC 第 64 条(2)这些条款,纯粹是与侵权有关的法院和许可授权相关当事人的事,专利局无需考虑 EPC 第 52-57 条和第 83 条或成员国相关规定之间的兼容。

因此,TBA 的立场是对生产植物的方法权利要求不必根据 EPC 第 64 条(2)审查相关的可专利性,运用 DNA 重组技术进行植物育种的申请人,除了在上述所有的保护形式(指的是针对生产转基因植物的方法权利要求、针对表达了具有令人渴望特征的基因的产品方法要求、针对非生物转化的植物细胞等)之外,还可以通过该方法为由其产生的植物提供保护,只要这些植物是所要求方法的直接产品。

(四)转基因植物不能获得专利保护

"一个植物品种,该品种的每一个植物至少包含一个通过基因重组技术引进其祖先植物的具体基因,这一植物品种是否不属于 EPC 第 53 条(b)规定不应授予专利保护的植物品种范围?"这是 TBA 在本案中所讨论的第四个问题。就涉及动物品种而言,T19/90 判决认为,"这应当假设 EPC 第 53 条(b)适用于所有基因控制产生的动物,因为 Strasbourg 公约的制定者与 EPC 的起草者均没有思考过这种可能性"。就植物品种而言,EPC 的起草者也没有想过基因工程产生的植物品种。但在一些案件中,这很难从技术类型上将它们与传统育种方法产生的植物相区别,它们本应当作不同的法律类别。将 EPC 第 53 条(b)规定的例外看做限于在 EPC 制定时可以想象的那些植物和动物品种,以及实质上生物方法,一个人就可以得出这样的结论,可专利性的一般规则可以适用于自 EPC 第 53 条(b)制定以来可以想象的所有新的类型植物,包括通过基因工程获得的新植物品种。

支持这一结论的事实,是这一观点符合在这一领域积极活动的发明者及其公司的利益。除了 EPC 第 53 条(b)规定外,EPC 已经与应用于植物的基因工程相适应了。但对于 TBA 来说,与那些符合 EPC 第 52 条(1)所有要件但不是由基因工程派生的植物品种的育种者相比,TBA 没有理由仅仅根据由基因工程派生这一事实,而给予这些品种的生产者以特权地位。反对这一结论的事实,事实上已经超越法律分配给法官的传统角色,以及根据国际条约分配给司法仲裁的角色。这不是法官的正常功能,超越法律中现行的禁止规定,对由于基因技术这种重大技术发展所导致的法律应用变化做出反映。这是立法者的责任范围。另一方面,如果这种行为看做是为 EPC 制定时没有预见的情形制定了规定,其效果达到对该公约进行创造,也就是说,只能在公约给定的权限范围内进行活动的 TBA,将公约的范围拓展到超越原始协定的范围。然而,这不是 TBA 的质权,而是缔约国大会根据 EPC 第 172 条(1)规定实施的权力。

再者,如果允许自 EPC 第 53 条(b)制定以来可以想象的所有新类型植物具有可专利性,这将与后续实践不符。国际条约和欧盟的立法可以证明这一点。UPOV 1991 文本与 CPVR 条例为通过基因工程产生的植物品种提供了保护,不仅向原始品种而且也向派生品种提供保护。EPC 为非实质性生物方法以及不具有植物品种特征植物提供保护。立法者可能会认为这样做已经足够了。《生物技术发明保护指令》的部分条款也涉及相关的内容,这部分的具体内容将在后面进行讨论,这里不再详谈。总之,从该指令的规定内容看,指令的立法者和欧洲议会同意,在技术状态下能够应用多于一个品种的基因工程是一项发明,其产生的产品是可专利的,即使它们是植物品种。这可以得出前述所说的"多于一个品种途径"是与指令相兼容的一种针对植物的权利要求方式。指令第 4 条(1)(a)规定的目的就是确保其与 CPVR 条例第 92 条累计保护禁止的兼容。指令第 4 条(2)规定,一项不限于一个特定植物或动物品种的但涉及植物或动物的发明,可以看做是一项具有普遍应用性的方法,这一方法的直接或间接的结果仍处于指令第 8—11 条的保护范围,尽管具有相同特征但由不同方法产生的相关材料不能获得保护。因此,上述讨论的有关植物权利要求的正确做法是,根据指令可以通过"多于一个品种途径"这一方式进行。但在目前阶段,TBA 认为这属于立法者新修订公约的范围,其目前只能坚持所有的植物品种,不管其产生的方式如何,只要符合品种权授予的条件的,均属于专利禁止保护范围,不得授予专利保护。

二、EBA 的观点及其分析

在 TBA 将上述讨论提交到 EBA 时,有一个重要的事件就是 EPC 的实施规则(the implementing rules of the EPC)已经进行修订并吸收了欧盟指令的有关内容,包括有关"植物品种"的定义。在这些实施规则的修订内容中,该规则第 23 条(b)主要规范 EPC 第 53 条(b)的适用,"植物品种指的是已知植物最低分类单元中的任何一个单一植物群,不论是否完全符合品种权授予要件,该植物群可以是:(a)以某一特定基因型或基因型组合表达的特征来定义;(b)至少表现出上述的一种特性,区别于任何其他植物群,并且考虑作为一个分类单元

的稳定性不因繁殖发生变化"。在判决中,EBA 肯定了这一定义与 CPVR 第 5
条(2)关于"植物品种"的概念实质上相同。规则第 23 条(c)规定"生物技术发
明也应具有可专利性,如果它们涉及(b)植物或动物,如果该项发明的技术可行
性不限于一个特定的植物或动物品种"。据此,EBA 认为 EPC 第 53 条(b)没有
打算排除任何东西,除了能获得品种权保护的植物品种。在 EBA 作出这一判
决之前,还考虑了当时的 EPO 局长以及一些专业团体,诸如专利代理机构、生
物技术公司、环境保护组织(绿色和平)以及 CPVO 的提议。CPVO 提交了一份
陈述,认为比较恰当的做法是应当拒绝一项覆盖或潜在地覆盖一个植物品种的
权利要求,不管该植物品种是怎样产生的。一项涉及植物材料的权利要求,如
果该植物材料不是以一个品种的固定形式出现的,那么该项权利要求就没有问
题,但如果只是简单地通过明确的权利要求避免指向一个植物品种的表达来规
避,那将严重损害可专利性的排除规定。EPC 第 64 条(2)为那些由一个可专利
方法直接生产的植物品种提供了一个后门,可以根据方法专利获得保护。EPC
第 53 条(b)和 EPC 第 64 条(2)之间存有冲突,因为当考虑一项权利要求是否与
一个植物品种有关,没有选择只有采用 EPC 第 64 条(2)的规定。CPVO 所表
达的这一观点与评价 Novartis 判决的价值尤其相关,因为 EBA 没有关注这一
点,这与其明显关注欧盟指令(生物技术发明保护指令)的影响完全相反。在某
种程度上,这是可以理解的,由于 EPO 仅仅在数月之前,为补充解释的目的实
施了指令,甚至可以说,这是 EBA 必须运行的法律框架。此外,EPO 处在欧盟
之外,不必受制于任何一个欧盟机构观点的影响。根据这一事实,似乎 CPVO
是唯一合适的评价植物品种保护的机构,这至少在政治上可以引起更多的关
注。但 CPVO 观点的说服力将导致不同的结果,但 Novartis 案的重要性在于
确保更多而不是更少的专利保护。这就很容易明白,那些没有认可这一目标的
提议为什么没有产生任何效力,不管这些意见来自哪一个机构。

在为哪些可以获得专利保护和哪些被排除专利保护之间划定分界线的问
题上,EBA 着重强调制定 EPC 所遵循的逻辑,尤其是 Strasbourg 公约(SPC)与
EPC 在将植物品种排除专利保护义务有关的文本不同。EBA 认为,SPC 文本
开放式的本质在于为 20 世纪 60 年代那些同时是 SPC 和 UPOV 成员的国家所
面临的问题提供解决方案,其允许为植物品种提供专利保护。UPOV 1961 文
本第 2 条(1)双重禁止保护意味着成员国不能为那些无法通过两种保护制度[①]
进行保护的客体提供保护,成员国可以自行决定哪些品种以哪种方式进行保
护,SPC 文本为成员国通过专利保护植物品种提供了可能性。但 UPOV 要求

---

① 这里指的是专利保护制度和品种权保护制度。

成员国扩大品种权保护的品种数量,这与之前的做法明显存在一个潜在冲突,为了缓解这种植物知识产权多样化增加的潜在冲突,决定进行强制性排除。EBA 认为,EPC 第 53 条(b)和 SPC 第 2 条的目的在本质上是相同的,即在于将那些已经获得 UPOV 保护的植物品种排除出专利保护的范围,这可能是 EBA 这一决定的最重要部分。其认为,EPC 第 53 条(b)简单地追随了 SPC 第 2 条的规定,不能获得植物育种者权利体系保护的发明,根据 EPC 被认为是可以获得专利保护,只要相关发明满足可专利性的其他条件。EBA 在决定中也依次分析上述问题,下面将展开详细说明。

1. 权利要求是否包含植物品种应进行实质审查

EBA 没有就上述的第一个问题给出直接的回答,而是认为对其他三个问题的回答已经包含了对这一问题的解释。具体来说,EBA 考察了 TBA 所提出的关于实质性审查和文字性审查的区别,认为评估一项潜在的发明是一个重要的问题,因而不仅仅是形式上的,而是一个涉及专利授予的实质性问题。如果申请人制造了一项具有普遍适用性的发明,可以提出最广范围的权利要求,只要符合可专利性。这意味着,申请人会通过仔细的起草权利要求避免这种排除,但任何专利的授予都不是来自专利律师的语言表达,而是来自发明申请的范围。当然,这也有轻微的不一致,由于专利申请的范围是由撰写的权利要求决定的。

2. 可获品种权保护的植物品种不能获得专利保护

关于排除范围的问题,EBA 认为 EPC 的立法者没有打算禁止所有类型的植物材料,而只是为了确保可以根据 UPOV 获得保护的植物群不能同时获得专利保护,从而构成双重保护。这意味着,一项权利要求没有指向具有特异性、一致性和稳定性的、被认为是一个单元的植物群,就没有落入这种专利的排除范围。EBA 强调,根据 EPC 第 53 条(b)一项涉及植物品种的专利不应授权,如果该权利要求的客体指向植物品种……专利的排除范围与品种权的获得范围相对应。品种权仅针对那些具体的植物品种,没有能够在不限定植物品种数量范围内实施的技术方法(technical teachings)。因此,EBA 的观点是植物品种必须将基因组作为一个整体进行定义。为了引进一个具体特征而插入单个基因的任何植物,只是在单个特征上进行定义,因此不是一个植物品种。仅仅共同拥有单个基因的任何植物群,当只有一个方面是共同拥有的,同样不能构成一个植物品种。没有指向一个品种或多个品种的权利要求没有落入 EPC 第 53 条(b)规定的专利保护例外。因此,结论非常明显,即 EPC 第 53 条(b)所排除的权利要求是一个指向能获得品种权保护的植物品种的权利要求。不能获得品种权保护的一般意义上的植物材料可以获得专利保护。

3.能否通过方法专利保护植物品种交由成员国法院决定

TBA 向 EBA 提交问题,能否通过 EPC 第 64 条(2)的应用导致一项专利间接地授予一个植物品种,这一问题是否需要在专利授权时进行审查? TBA 认为,作为一项方法直接产品的植物品种,根据 EPC 第 64 条(2)规定间接地享有专利保护,与 EPC 第 53 条(b)规定植物品种不具有可专利性之间没有冲突,因为相关植物品种能否根据专利方法获得保护纯粹是法院在侵权判定以及相关权利许可当事人所应考虑的问题,……专利办公室在审查相关申请是否符合 EPC 第 52—57 条规定时,对此不予考虑。EBA 在这一问题上与 TBA 态度一致。EPO 明确认为,由专利方法产生的植物品种能否根据方法专利获得保护这一问题是由国内法院应当考虑的问题。这一观点毫不令人惊奇,因为 EPO 主要关注授权问题,而不是保护范围问题。在法律效果上,EPC 第 64 条(2)的适用有可能否定 EPC 第 53 条(b),对于这一问题 EBA 没有就 TBA 的看法(这属于立法者应当考虑的问题)作出回应,而是保持沉默。

4.任何方法生产的植物品种均不能获得专利保护

EBA 认为"微生物方法"(microbiological process)指的是那些涉及利用微生物组织的方法。植物细胞在 EPC 的意义上被认为是一个微生物,这并不意味着专利保护范围应延伸至包括使用涉及微生物方法产生的植物。这样的一个类比和形式上的解释规则忽视了这种排除的目的,排除可专利性的客体是那些能够根据品种权体系获得保护的植物品种。植物品种权保护体系在授权决定时,没有就相关品种的产生方式加以区别,因此,在适用 EPC 第 53 条(b)的时候,专利制度也同样不应做这样的区别。在这个问题上,EBA 有效地关闭了利用 EPC 第 53 条(b)后一部分阻碍前一部分的大门。因此,EBA 没有必要再讨论微生物方法直接产生的产品的保护范围问题。

三、TBA 和 EBA 观点之比较

TBA 和 EBA 对 Novartis 案中涉及的上述四个问题的分析既有保持一致的看法,也有不同的看法存在。首先,第一个问题涉及对 EPC 第 53 条(b)的整体解释,TBA 将这一问题转化为三个小问题分别予以回答:认为判断一项权利要求是否涉及 EPC 第 53 条(b)的专利例外应当采用实质性审查的方法;可以采用 T820/92(1995 OJ EPO)决定中所用的与外科手术的治疗方法相关的判断方法以及 T320/87(1990 OJ EPO)决定中所采用的根据人的干预整体对发明实质;对所达结果的影响进行界定实质上生物方法。但不支持运用《生物技术发明保护指令》中的判定方法:只要至少一项明确的非生物学方法步骤就可以作为非生物学方法获得专利保护,不管附加任何数量的实质性生物步骤;只要是

植物品种,不管以何种方式获得均应认为排除在可专利范围之外。EBA 没有直接回答如何解释 EPC 第 53 条(b),但在关于其他问题的回答中隐含了关于 EPC 第 53 条(b)的解释。其同意 TBA 对一项权利要求是否符合 EPC 第 53 条(b)规定采用实质性审查的方式。由于其认为 EPC 第 53 条(b)规定排除出专利保护范围的是可以获得品种权保护的植物品种,不管其采用何种方式产生,因此没有必要再就生产植物的实质上生物方法以及微生物方法等进行讨论。

对于第二个问题,权利要求包含但不限于植物品种是否允许? TBA 认为,一项与植物有关的权利要求,虽然其中没有单独要求具体植物品种,但事实上包括了植物品种,那么该项权利要求已经落入了 EPC 第 53 条(b)的专利保护禁止的范围。而 EBA 认为,EPC 第 53 条(b)所排除的是一个指向能获得品种权保护的品种的权利要求,专利的排除范围与品种权的获得范围相对应。不能获得品种权保护的所有植物材料、为引进一个具体特征而插入单个基因的任何植物以及仅仅共同拥有单个基因的任何植物群,都可以获得专利保护。换言之,EBA 似乎更支持采用《生物技术发明保护指令》中的"多于一个单一品种"的权利要求。这也许是因为 EBA 作出决定的时候,EPC 实施规则已经根据该指令进行了修订,因此指令的规定必然影响了 TBA 的观点。

第三个问题,EPO 审查权利要求是否需要考虑 EPC 第 64 条(2)的适用? EBA 在这一问题上与 TBA 态度一致,认为由专利方法产生的植物品种能否根据方法专利获得保护这一问题是由国内法院应当考虑的问题,因为 EPO 主要关注授权问题,而不是保护范围问题。关于 EPC 第 64 条(2)的适用是否有可能否定 EPC 第 53 条(b)这一问题,TBA 认为这属于立法者应当考虑的问题,而 EBA 则保持沉默。

第四个问题,微生物方法产生的植物品种能否获得专利保护? TBA 和 EBA 均明确认为所有可以获得植物品种权保护的植物品种,不管其产生的方式如何,均属于专利禁止保护范围,不得授予专利保护,并强调不得利用 EPC 第 53 条(b)后一部分规定阻碍前一部分的专利保护例外。但能否通过"多于一个单一品种"的权利要求使得相关的品种获得保护,TBA 认为生物指令规定是可以的,但目前实践尚未采用这一方式。EBA 没有就这一问题进行陈述,但该生物技术发明保护指令在其作出决定时已经开始实施。

从上述分析来看,EPO 的植物专利保护实践在 Novartis 案又往前推进了一步,"这一案例不仅巩固了 EPO 只对植物发明而不是植物品种授予专利保护的实践,而且澄清了微生物方法产生的植物品种是否属于专利保护排除的例外"①,Novartis 案被认为是"影响欧洲的最重要的植物专利案例"。

第四节　欧洲专利局关于植物发明保护的立场

综上所述,欧洲专利局关于植物发明的专利保护实践是通过 1983 年的 Ciba-Geigy 案、1988 年的 Lubrizol 案、1989 年的 Onco-mouse 案、1995 年的 Plant Genetic Systems 案和 1999 年的 In re Novartis AG 案这一系列案件逐渐确立的。也可以说,这一系列案例构成了 EPO 对涉及植物专利实践的发展历史。

一、EPO 植物发明专利保护发展历程

Ciba-Geigy 案确立了一项原则,即与外部处理种子相关的发明,只要没有改变植物的基因组成,可以获得专利法的保护,也就是说,种子可以获得专利保护。Lubrizol 案则解释了实质性生物方法的判定。EPO 认为,如果人为技术介入植物发明程序,远远多于一个已知的和自然发生的生物学事件控制的惯常程序,并这一技术干预导致的最终结果特征,实质上有别于那些依靠自然发生的选择以及杂交事件和传统育种方法提供的结果,那么这一方法就不能归于"实质上生物学方法"。同时,EPC 第 53 条(b)所说的"植物品种"必须进行限制性解释,即只有严格遵循 UPOV 公约的"植物品种"定义,只有那些符合特异性、一致性和稳定性的植物群才能被排除在专利保护的范围之外。那些针对不符合 DUS 标准的杂交植物/种子、属于比品种更高分类单元的植物群等的权利要求是可以授予专利保护的。植物基因、DNA 序列、人工染色体以及相关的基因修正方法等,如果符合专利的新颖性、实用性和发明步骤等授予要件的,相关权利要求也可以获得专利保护。Onco-mouse 案再次明确,从专利保护范围中排除的"植物品种"仅限于以一个植物品种形式表达固定基因的那些植物,而不是所有的植物。

Plant Genetic Systems 案明确了非生物性转换的植物细胞可以获得专利保护,但如果相关的权利要求虽然只针对植物或植物细胞,如其中包含了植物品种,并且相关客体不是微生物方法的产品,那么这一权利要求仍应当排除在可专利性之外。Novartis 案正发生在《生物技术发明保护指令》的生效前后阶段,因此在某些问题上,TBA 和 EBA 存有不同的看法。但总的来说,EPO 认为,

---

① Margaret Llewelyn & Mike Adcock. European Plant Intellectual Property. Hart Publishing, 2006:303.

EPC 第 53 条(b)规定的专利例外仅适用于能够根据品种权制度获得保护的植物群,所有其他的植物材料,包括植物群(不是可以获得品种权保护的),均可以获得专利保护。针对包含植物品种的植物群的权利要求是允许的,只要该项权利要求没有指向单独一个植物品种。

关于 EPC 第 53 条(b)的第二句关于植物品种不能授予专利保护的规定,与 EPC 第 64 条(2)关于通过方法专利延伸到由该方法生产的产品这两条规定的关系,EPO 对可以进行权利要求的东西与一项权利要求所覆盖的东西之间作了区别,即不管产生植物的方式如何,不允许提出指向一个植物品种的权利要求,并且 EPC 第 53 条(b)的第二句规定不得构成对这一规定的阻碍。但是,EPC 第 64 条(2)允许针对一项方法专利的保护可以延伸到直接由该方法产生的所有产品。该规定实际上涉及了专利侵权时一项专利实际保护范围的确定问题。EPO 坚持,是否允许专利保护延伸至由该特定方法产生的植物品种,这是一个成员国法院的职责。这就是 EPO 关于 EPC 第 53 条(b)的正确解释,并且得到参与起草 EPC 的 Armitage 和 Davis 的支持。他们认为,EPC 在开始时就没有排除一般意义上新的植物形式,如果有的话将会使用完全不同的语言。例如,EPC 第 53 条(b)中就有这样的语言差别,第一句话明确排除的是植物品种,而第二句话排除的是生产植物的生物方法,这里对生产的植物材料形式没有限制。Navartis 案没有注意到这样一个事实,植物品种制度对在可以获得品种权保护的东西(符合稳定性、一致性和特异性的植物群)和被保护的东西(品种成分、繁殖材料和植物部分)作了区别。前者为以特异性、一致性和稳定性方式证明共同特征的植物集体,后者包括该植物的成分,其中包括植物基因。从 Navartis 案的判决可以清楚看出,只有前者能够获得品种权保护的植物群才能根据专利法被排除在专利保护范围外。任何其他的植物材料则被认为是可以受到专利保护,包括构成植物品种的成分。从实际保护效果看,无论是品种权还是专利权均为植物基因提供保护,这是两种保护制度的交叉所在。但品种权制度下的植物基因保护是建立在植物品种保护的基础上,而专利权下的基因则是一个单纯的基因专利。这是 EPO 在植物领域奉行积极专利政策的重要表现之一,也是引起植物育种者尖锐批评 EPO 专利实践的原因之一。

二、EPO 植物发明专利保护立场

从 EPC 生效之日开始,EPO 开始积极探索植物发明专利的授权实践,尽管在那个时候是否授予植物生物发明专利以及如何保护的立场并不明朗。很长一段时间内,一些诸如 WIPO 以及很多学者一直都在关注两个方面的问题:遗传材料能否获得专利以及专利制度与植物品种权保护制度之间的关系。前者主要关注对所有遗传材料授予专利保护的伦理障碍,而后者主要关注植物品种权保护的不足,以及考虑将有重要商业价值的与植物有关的产品和方法纳入一般专利法保护的必要性。各界对 EPO 的批评直接指向其对涉及遗传材料(不限于植物材料)发明授予专利保护,尤其是缺少保护门槛的高度以及解释和应用一个植物品种概念确立保护范围上的困难。这些问题在现代植物品种保护环境中仍然存在。尽管存有上述质疑与关注,但 EPO 继续对植物基因、基因序列、植物、生产植物的方法(只要不是完全的实质上生物方法)、植物群(只要权利要求没有指向一个特定的植物品种,尽管该权利要求可能包括数个植物品种)、来自植物的收获材料以及使用该收获材料制成的产品。唯一排除的是不具有实用性的发现、植物品种(根据 UPOV 的概念)以及生产植物的实质上生物方法,但由实质上生物方法产生的植物也是可以获得专利保护的。总而言之,EPO 实施下的欧洲专利保护制度能够为一系列植物有关的发明提供保护,唯一的限制是专利保护的授权要件以及不能落入专利保护排除范围。

第七章　欧盟生物技术发明保护指令

　　欧洲专利局(EPO)是一个自治实体,不要求执行欧共体/欧盟的任何决定,但这并不意味着它是在真空状态下进行运作的。具体来说,EPO 对各成员国的法律/决定,尤其是欧盟内部的专利保护的发展非常敏感。EPO 与欧共体/欧盟之间的关系很难直接进行描述,总的来说,在 1980 年之前,两者相互承认各自的存在但基本没有开始合作或者产生相互影响,欧共体的部分成员与 EPC 成员达成协议,EPC 的过渡条款规定其成员国可以暂缓执行与成员国现存制度不同的规定。在制定 CPC(Community Patent Convention)时,欧共体委员会很明智地将专利问题交由成员国立法处理。但生物技术的出现以及其巨大的经济潜力完全改变了 EPO 与欧共体/欧盟之间的状态。

　　欧共体委员会积极促进这一新科技的进步,并试图提供一个恰当的平台,不仅为欧洲生物技术工业的繁荣,而且努力从欧洲外部吸引从事生物技术科研开发的公司。为生物技术工业提供强有力的知识产权保护是达到这一目标的核心所在。欧共体委员会很快意识到依赖 EPO 实施这一政策存在两个问题:第一个是 EPO 在推进与植物有关的发明专利保护方面比较迟缓;第二个问题是 EPO 无法控制和直接指导各成员国的专利实践。事实上,各成员国的专利实践存在很大的不同,这些不同包括涉及生物材料的发明是否符合专利授权要件,能否给予一个新的植物属(这里的植物属不是一个品种)以专利保护,植物品种被排除专利保护规定的应用,植物细胞(作为微生物)能否获专利保护,单个整株植物(如一个新品种的第一个代表植物)的可专利性问题等方面。各成员国对上述问题的不同规定引起欧共体委员会的巨大关注,因为各个成员国专利保护实践的差异不仅影响欧盟内部,而且潜在地与 EPO 的专利授予实践以及 WIPO 等倡导的发展方向相冲突。早在 20 世纪 80 年代,EPO 开始加强其司法解释功能之前,欧共体就开始决定采取政策和立法措施强制成员国提供统一的知识产权保护,这一行动的结果就是《欧盟生物技术发明保护指令》的出台。

第一节 生物技术发明保护指令的制定

欧共体委员会关于《欧盟生物技术发明保护指令》的首次行动是在 1983 年,其向欧共体部长理事会(European Council of ministers,也就是后来的欧盟理事会)提交名为"共同体的生物技术"信函,强调生物技术发展的日益重要性以及在欧共体内部缺乏适当的生物技术研究环境。其指出,这种科研环境的缺乏直接导致了欧共体在生物科学研究方面与世界其他地方,尤其是美国和日本,在保持生物技术一致性能力方面的降低。由于上述提议没有得到应有的支持,委员会实施了一项关于培育欧洲生物技术研究的合适环境的调查。调查结果显示,如果没有相应的为欧共体科学与产业通过法律保护的知识产权立法,统一的立法必不可免,因为没有一个统一的法律体系将极大损害像欧共体这样组织的科研原创力。1984 年,委员会与来自产业和不同政府组织的官员举行了一轮会议,讨论是否支持这样的立法行动。根据 Keegan 的描述,产业界几乎完全支持而成员国的反应普遍不太热衷。最后,委员会最终决定就生物技术发明采取共同体为中心的保护方式(a European Communioty-centric approach)。就科学发展而言,这项工作将大大影响涉及动物和人类遗传材料研究科学的进步,尽管其最初的主要关注点是植物(涉及评估专利和植物品种权)和微生物的保护。1985 年,委员会公布了其勾勒的生物技术发明保护措施,引入共同体植物品种权制度以及制定欧共体指令协调各国专利实践。指令第一次草案于 1988 年 11 月公布,随后的修订文本在 1989 年 9 月出台。1995 年欧盟议会(European Parliament)投票否决该指令,其主要原因是该指令没有对非技术性的道德问题予以充分说明。1995 年 11 月再次公布修订文本,并开始进行广泛讨论,欧盟议会在 1998 年投票通过该项指令。

一、指令目标

欧盟委员会制定该项指令的主要目的旨在减少对生物技术发明保护构成障碍的专利法内容,通过鼓励对生物技术研究成果的产业应用以克服目前在欧盟与美国和日本之间存在的差距。在制度设计阶段,需要解决的实际问题数量较少,其主要集中在专利授权实践的协调,澄清专利保护例外(尤其是植物品种的排除）、保护范围以及相关证据的保存和证明责任分担等。

基于上述想法,委员会采取措施积极驱散(dispel)那些认为涉及生物技术材料的发明不能获得专利保护的观点。因此,该指令一开始就提出了一个总揽性的假设,"一项发明的客体不应仅仅由于其包含了有生命的物质就被认为不能取得专利保护"①。而且,委员会积极对涉及生物材料可专利性的具体问题作出陈述,如保护的门槛问题。结果,指令的第一文本草案主要集中在技术性语言的规定,便于专利的授权。当委员会原本以为其积极的专利保护政策能够获得广泛的赞同,却没有想到第一文本草案由于过分强调技术规定而没有得到期待的支持。因为该文本主要关注文本的技术性规定,而忽略了能否获得专利保护之间的界限规定,尤其是没有就有关伦理道德问题作出说明。这成为首次文本未能通过的原因。对这一问题没有予以关注的原因,是因为委员会认为既然有 EPC 第 53 条(a)的存在就没有必要再予以规定了。

委员会的这一解释需要在特定条件下进行理解。在指令首次提出的 20 世纪 80 年代早期,有关生物技术发明的道德问题没有引起足够的关注,因为当时大多数已经公开的研究工作主要涉及植物和微生物,似乎这些研究不会引起有关道德伦理的问题,此外还在于道德性规范对于许多人来说,似乎是与专利法没有关联的问题。因此,委员会在 20 世纪 80 年代初提出的草案没有详细涉及这一问题显然是可以理解的。但是,随着相关科研的发展和推进,科学家很快就获得了将其知识运用于更高级生命形式(如哈佛鼠)的能力,社会公众自然也就开始考虑"专利生命"(patenting lives)是否恰当的问题。也就是说,这一非技术问题也需要在指令中予以说明和规定。由此可以看出,指令出台的背景是理解该项指令真正目标的关键,不仅要考虑其对科学研究进步,包括对经济发展的影响,而且还要考虑由这些科学进步引起的社会舆论和政治态度的变化。指令"旨在协调欧盟各成员国专利法与 EPC 的规定,以及就有生命物质发明相关的知识产权保护给予一个统一的法律解释"②,是指令制定者们最初也是最直接的目标,但这一目标的实现通常交错在技术进步与经济发展、政治协调以及人们的观念之间。

尽管我们主要关注已经生效指令(1998 文本)与植物材料发明有关的专利保护问题,但对指令早期文本的相关规定,尤其是不同文本之间的变化及其原

---

① Dirtective 1998 text Art. 2："A subject matter of an invention shall not be considered unpatentable for the reason only that it is comprised of living material ".

② "Patenting in Biotechnology",European Federation of Biotechnology,EFB,Briefing Paper 1 Second Edition,1996,9. http://www. efb-central. org/images/uploads/Patenting_in_Biotechnology_English. pdf.

因的探究,更有益于理解现行欧盟生物技术发明保护指令相关规定的真正内涵,从中也可看出欧洲对于植物发明专利保护和品种权保护的态度变化趋势。

二、指令 1988 年文本与植物品种保护

指令 1988 年文本说明信函认为,该指令打算与已经存在的国际规范共存,不干涉诸如 EPC、UPOV 以及 Budapest 条约等国际条约的相关规定是该指令赖以存在的基础。当然,这也并不意味着该说明的起草者认为,现存的规定已经满足了现代植物生物学家的需要,为现代生物技术的发展提供了充足的保护机制。委员会制定指令意在为植物育种创新重新进入专利保护范围提供机会,因为 20 世纪 60 年代 UPOV 公约和 Strasbourg 公约的制定直接导致了植物创新从专利保护王国中的驱逐。在 20 世纪 80 年代,WIPO、EOCD 以及 EPO 无论在政策方面还是在实践上均已经就植物材料,而不是植物品种是可以获得专利保护达成共识,因此指令需要协调的关键就是 UPOV 公约的相关规定。正是在这一观念的支配下,指令制定者有贬低 UPOV 对植物领域科研产生的作用并尽力将植物品种创新纳入专利保护范围的倾向。他们在说明信函中认为,UPOV 类型的保护(UPOV 1978 文本)没有为科研提供恰当的激励,同样也没有为这一完全新的领域的投资提供恰当激励,因此用以保护植物创新的恰当保护方式是专利保护。这也正是那些参与制定指令的知识产权律师(他们中的大多数几乎没有 UPOV 规定的农业保护机制的实施经验)以及那些政治家们的观点。他们不了解 UPOV 制度下的育种者权保护制度,但对专利制度有所了解。

因此,指令的最初文本将涉及有生命材料的发明是可以获得专利保护作为一般原则,并为这一原则确定了最小限度的例外。指令没有为可专利保护的材料明确具体类别,如植物细胞或植物属等,而集中关注植物品种保护的专利例外问题。指令 1988 文本涉及与植物专利保护有关的条款是第 3、12、13 和 14 条,分别涉及植物及植物材料的可专利性、生产有生命材料的方法的可专利性、包含特定基因信息产品的保护范围以及植物品种权与专利之间的相互许可等规定。

三、指令 1995 年文本与植物品种

指令 1995 文本主要关注与生物技术发明有关的伦理道德问题,指令起草者进一步澄清可以获得专利保护的客体问题,即自然状态下的 DNA 无法获得专利保护,涉及基因的专利申请可以获得专利保护,只要其符合专利授予的门槛。与前一草案不同,1995 文本草案限于植物材料的保护,并且规定了相当于

农民保存种子权利的内容。农民保存种子权利的内容已经在 CPVR 条例中作了明确。出现这一新情况的原因是，UPOV 1978 文本在 1991 年进行了修订，欧共体在 1994 年制定了 CPVR 条例，这两个制度为植物发明领域提供比指令 1988 文本时更强的保护，并且已经获得当时所有欧盟成员国的政治性批准。同时，在达成 TRIPs 协议的过程中，欧盟是游说保留植物品种权保护制度，要求将植物品种排除专利保护的最坚定力量。因此，指令在此时必须与 EPC 以及欧盟其他形式的植物生物发明保护机制保持一致，使得先前试图通过专利为一切植物发明提供保护的强劲势头有所缓和。在保护客体方面，指令 1995 文本草案排除了植物品种和生产植物的实质上生物方法的可专利性，没有定义"植物品种"的含义，但对"实质上生物方法"、"微生物方法"、"微生物材料"等作了明确。指令 1995 文本规定对植物材料而不是植物品种，以及非实质上生物方法的任何利用均可以获得专利保护，还就专利保护的范围、农民保存种子的权利以及植物品种权和专利的交叉许可等问题作了规定。

四、指令的通过及实施

指令 1995 文本并没有获得顺利通过，欧盟议会虽然批准了该草案，但必须进行多处修改。欧盟委员会立即着手修改，并在 1997 年公布新的修订文本。这次修订主要集中在专利排除保护的类别以及相关的定义，只有那些可以获得品种权保护的植物材料排除在专利保护范围之外，这一原则才能成为实体性条款的一部分。当然，这次修订主要还是集中在人类遗传材料的利用及其由此引起的伦理问题上。1998 年 5 月，欧盟议会采用了修订的指令文本，没有再次要求修订。该指令没有获得一致的投票通过，其中荷兰投票反对，而比利时和意大利弃权。1998 年 6 月指令正式生效，成员国可以在 2000 年 7 月后通过国内法实施该指令的相关规定。

该指令通过后，荷兰（意大利和挪威支持）在欧盟法院就该项指令的有效性提出诉讼，其理由是指令的相关规定不够清楚，容易造成进一步的混淆，以及规定的内容违反了人的尊严。因此，很多国家没有立即准备实施相关规定，而是等待欧盟法院的判决。到 2000 年 7 月，只有丹麦、芬兰和爱尔兰三个国家全部实施，另外英国实施了除第 14 条规定的交叉许可以外的大部分规定。欧盟法院在 2000 年 7 月先作出了一个临时判决，要求各成员国继续履行实施指令的义务，2001 年 10 月 9 日欧盟法院正式判决驳回诉讼。到 2006 年 3 月欧盟的 23 个成员国均实施了该项指令。尽管 EPO 不是欧盟成员没有实施该指令的义务，但为了使整个欧洲在生物技术发明的专利保护上达成统一的标准，其在 1999 年 9 月也通过修改 EPC 实施规则的方式执行了该指令，"确保了 EPC 的可专利性规定将继续与指令规定保持一致"①。

与CPVR条例在欧盟范围内具有统一效力不同,指令(directive)的效力是通过成员国的法律修订来实施的,因此无法创建一个共同体性的权利。但两者也具有一定的相似之处,根据相关规定授予权利都是私权,一旦授予(指令的实施通过各成员国的专利机关授权,CPVR通过CPVO授权)相关权利,权利持有人就可以通过各成员国法院实施。另外,两者之间也拥有某些平行的规定。由于指令从制定到实施的过程已经为各成员国提供了充分的准备期间,因此指令的实施没有产生较大的冲击,但有两方面需要关注。首先,各成员国的专利授权机关和法院必须自己决定该指令条款的具体含义;其次,各成员国的实践要受到欧盟法院的监督。各成员法院可以在判决中对涉及的相关条款进行解释,直到欧盟法院作出了一个有关指令正确实施的说明或者关于指令实施的解释。也就是说,有关指令相关问题的理解和应用,无论是国家层面还是在欧盟层面,仍存在不确定性。

从指令规定的内容看,涉及植物有关的生物技术发明保护问题,主要包括植物材料的可专利性、保护范围以及交叉许可制度等。下面分别进行讨论。

第二节 生物技术发明的可专利性

指令第一条为生物技术发明的专利保护确定了一项总的原则,即涉及生物材料(biological material)的发明是可专利的,要求欧盟"各成员国应通过专利法保护生物技术发明","如果必要,他们应根据本指令的规定调整其国内专利法"②。指令规定与植物材料有关的可专利性问题主要是指令的第3条和第4条,具体分述如下。

指令第3条规定:

"本指令之目的,任何新的、具有发明步骤并易于工业上应用的发明可以获得专利保护,即使这些发明涉及由生物材料组成或者含有生物材料的产品,或者涉及一种使生物材料得以制造、生产或使用的方法。

从自然环境中独立或者通过技术方法产生的生物材料可以成为发明的客体,即使该生物材料先前曾在自然界中存在。"

指令第4条规定:

---

① Franz Zimmer. New Rules Of The European Patent Office For Biotechnological Inventions. www. grunecker. de/download/publications/biorules. pdf.

② EC/98/44 Art. 1(1).

"1.以下各项不具有可专利性：

(a)植物和动物品种；

(b)用于生产植物或动物的实质上生物方法。

2.涉及植物或动物的发明可以获得专利保护，如果该项发明的技术可行性不限于一个特定的植物或动物品种。

3.第1款(b)不影响涉及微生物方法或其他技术方法，或者由该方法获得的产品的发明的可专利性。"

一、生物材料发明的专利授权要件

由上述规定可知，指令要求成员国必须对涉及生物材料的发明提供专利保护，不得设置额外的阻碍条件。指令没有规定生物技术发明的定义，但认为生物技术发明通常涉及利用现存生命形式的基因序列影响新的生命形式的创造，并且这同样也应用于那些与某一生命形式具有特定效果的基因序列(如一种少见的医学疾病)发现有关的发明。除了荷兰之外，欧盟其他成员国均为生物技术的发明提供了专利保护，但由于各成员国必须通过国内法实施指令的相关规定，所以在很多相关的主题上，成员国的规定会有差异。指令明确对生物技术发明的可专利性，同样适用一般专利的三性判断标准，即新颖性、发明步骤以及实用性，没有规定额外的授权要求。生物技术发明专利的独特之处是关于新颖性的判断，对于生物材料而言，即使其先前已在自然界中存在，只要发明人通过技术方法或其他方法将其从自然界中独立出来，则也可以获得专利保护。也就是说，在自然界中存在的生物材料是不能获得专利保护的，比如DNA，然而一旦该生物材料从环境中独立出来，或者借助一种技术方法产生，就可以获得专利保护。

关于这一点，有学者(Dr. Wibbelmann)将这一规定视为区分发现和发明的界限，而也有学者(sigrid sterckx)坚持认为，即使一个自然元素通过技术手段独立于自然整体，但也没有改变这一元素的"自然"(naturalness)属性。[①] 欧盟委员会同意只有基因组序列属于发现的范畴，即使如此，委员会也试图通过一些判决分清其中的区别，认为"如果一个DNA序列借助技术手段从其存在的自然环境中独立出来，并且首次可以应用于商业，那么这就是存有区别的"。这里存在一个"从知道到能够"的一步(a step taken from knowing to being able)，这样的基因在专利法意义上就是新的，并且可以获得专利保护，如果先前无法公

---

① Murat Metin Hakki. European Directive on the Legal Protection of Biotechnological Inventions: Scope, Status and Controversies in a Nutshell. http://www. austlii. edu. au/au/journals/MurUEJL/ 2004/4. html.

开获得这一基因并且从技术上来说也是不可能的。① 同时,关于该生物材料的新颖性问题,指令明确规定自然界中已经存在的生物材料不会影响独立出来的生物材料的新颖性。

有学者并不赞成这一分析,认为这一分析是存有瑕疵的,将生物材料从自然村状态分离方法的技术性只能用以支持该方法本身的可专利性,而不能用以支持从这些方法中得以分离的元素可专利性。对这种生物材料授予专利保护,意味着指令在专利只保护发明而不保护发现这一规则上试图有所突破。然而,"EPO 以及欧盟各国家专利局的最近专利授权实践,表明为那些站在发明与发现分界线上的发明授予专利保护的情况现在已经很少了,并且开始日益远离这两者的界限"②。得出这一看法的一个理由是,申请人对于其申请的发明必须证明其具有实际的而不是推测性的用途,这属于工业应用(实用性)标准的范畴。这里的"生物材料",根据指令第 2 条(1)(a)之规定,是指"任何包含基因信息的并且具有自我复制能力的,或者可以在生物系统中进行繁殖的材料"。根据这一定义,很明显,植物材料也可以作为生物材料的一种而获得专利保护。由于 EPO 已经根据指令修订了关于 EPC 的实施规则,根据该规则第 23b 规定,EPO 在涉及生物技术发明的专利授权实践中,采用与指令相同的"生物材料"的定义。

二、保护客体

指令明确排除植物和动物品种以及用于产生植物或动物的实质上生物方法的可专利性,但涉及动物或植物的发明可以受到专利保护,如果该发明的技术可行性不限于一个特定的植物或动物品种。同时规定,涉及微生物方法或其他技术方法,或者由该方法获得的产品的发明也可以获得专利保护。指令的这一规定与 EPC 第 53 条(b)的规定基本相同。也就是说,涉及植物或动物的生物技术发明可以获得专利保护,但植物或动物品种,以及用于生产植物或动物的实质上生物方法不得授予专利,这里专利保护例外不适用于涉及微生物方法及其获得的产品。这就是指令为植物有关专利规定的保护客体范围。

(一)植物品种不具有可专利性

根据指令第 2 条(3)规定,这里的"植物品种"采用 CPVR 条例((EC) No

---

① Legal protection of biotechnological inventions Frequently Asked Questions on scope and objectives of the EU Directive (98/44). http://europa. eu/rapid/pressReleasesAction. do? reference＝MEMO/00/39&format＝HTML& aged＝1&language＝EN&guiLanguage＝fr.

② Margaret Llewelyn & Mike Adcock. European Plant Intellectual Property. Hart Publishing, 2006:303.

2100/94)第 5 条(2)之定义,即已知植物最低分类单元中的一个单一植物群,不论是否完全符合品种权授予要件,该植物群可以是:以某一特定基因型或基因型组合表达的特征来定义;至少表现出上述的一种特性,区别于任何其他植物群,并且应考虑作为一个分类单元的稳定性不因繁殖而发生变化。在实践中,通常要对"植物品种"和具有某一特定基因为特征"植物群"进行区别。一般来说,"植物品种"是根据植物的全部基因组以及其都具有的特异性,能明显区别于其他品种。指令明确排除植物品种的可专利性,但如果发明的技术可行性,即所要求的新的技术效果不限于一个特定的植物品种,那么这样的发明仍然可以获得专利保护。这意味着那些以单个基因为特征而不是整个基因组的植物群,并且无法获得植物品种权保护的"植物群",则没有排除在可专利的范围之外。这与 EPO 的 EBA 在 Novartis 案中奉行的观点一致。也就是说,那些不以整个基因组为特征的植物群,即使其中包含了新的植物品种,仍可以获得专利保护。但在一项发明仅涉及一个特定植物品种的基因修正时,任何针对这一植物(品种)的权利要求都是不允许的。在实践中,为了使相关的专利申请获得成功,避免相关的权利要求落入专利保护例外,申请通常避免使用"植物品种"这一词汇,或者任何指向与 UPOV 或 CPVR 条例规定的品种标准的植物群。

在实践中,该指令第 4 条(1)的排除"植物品种"专利保护规定还要涉及一个问题,即这里所排除的是根据植物品种权保护制度可以获得品种权保护的植物品种,还是排除所有根据相关的技术标准可以定义为"植物品种"的植物品种,包括其中一些无法获得品种权保护的植物品种? 指令对此没有明确,而只是规定"植物品种"采用 CPVR 条例((EC) No 2100/94)第 5 条(2)之定义。从条文上来分析,CPVR 条例第 5 条(2)确定的"植物品种"指的就是一般意义上的植物品种,不管是否符合品种权的授权要件。EPC 实施规则第 23b(4)也采用与 CPVR 条例相同的定义,但在 EPO 的专利授权实践中明确指出,EPC 第 53 条(b)的"植物品种"的专利保护例外应当限定于那些能够获得品种权保护的植物品种,而不是所有的植物品种。[①]

(二)实质上生物方法不具有可专利性

指令第 4 条(1)还将用于生产植物或动物的实质上生物方法(essentially biological process for the production of plants and animals)排除出专利保护的范围,并规定,"如果一个用于生产植物或动物的方法,完全由自然现象如杂交

---

① 参看 Onco-mouse/哈佛鼠案。Case T_0019/90—3.3.2[1990.10.03], Harvard / Onco-mouse, Examining Division[1989] OJ EPO 451, Board of Appeal [1990] EPOR 501, Examining Division [1991] EPOR 525: Onco-mouse/Animal(1989).

或选择等构成,那么该方法就是一个实质上生物方法"①。EPC 实施规则关于实质上生物方法的定义与上述规定相同。② 根据上述规定,很明显可以认为,如果一个方法不是完全由自然现象构成的,就不是一个实质上生物方法。但指令没有规定应当要求多大程度上的技术干预。事实上,没有一个所有人都同意的关于实质上生物方法的定义,这只能留给专利授权机关以及相关的律师进行解释。也就是说,法律上的实质上生物方法定义有可能不同于科学家所认同的定义,这种情况同样也存在"植物品种"、"微生物方法"等定义中,包括相关专利的授权标准也会有类似情况。根据指令的应用规则,首先应该由各成员国国家专利局,最终由欧盟法院决定一个非实质上生物方法所必需的技术干预程度。当然,各国专利局也可能将 EPO 的实践作为指南进行判断。

EPO 的 TBA 在 Lubrizol 案③中认为,一项(非微生物)方法是否看做是 EPC 第 53 条(b)意义上的实质上生物方法,应考虑人为干预的总和对该项发明的本质以及对所达效果的影响。……人的干预可能仅仅意味着这不是一个纯粹的生物方法,如果干预所达的效果没有超越一个琐碎的层面的话。只是将一个生命有机体用在一种方法中,或者根据这一实践对该有机体以一种方法进行修改的事实,不足以将这种方法从"实质上生物学方法"中分离。只有技术介入这一过程中,远远多于一个已知的和自然发生的生物学事件控制的惯常程序,并这一技术干预导致的最终结果的特征,实质上有别于那些依靠自然发生的选择以及杂交事件和传统育种方法提供的结果,这样的一种方法才不能归于"实质上生物学方法"。在 PGS 案④中,TBA 认为,一个用于生产植物的方法至少包括一个实质性的技术步骤,这一步骤没有人的干预就无法实施,并且对最终结果具有决定性的影响,那么这一方法就没有落入 EPC 所规定的实质上生物方法的范围。由上可见,构成非实质上生物方法所需的技术干预程度,TBA 所奉行的判断标准已经由 Lubrizol 案中的"超越琐碎层面"标准转向在 PGS 案中的"没有人的干预无法实施"并且"对最终结果具有决定性影响"标准。总之,技术干预的程度似乎由轻变强了。

在 In re Novartis 案中,TBA 在分析时提出三种判断途径。第一种途径是在 T820/92 决定中所用的与外科手术的治疗方法相关的判断。这一途径对考虑"非实质上生物方法"的意义是所要求的生产植物的方法应该只是包括清楚

---

① EC/98/44 Art. 2(2).

② EPC Rule 23b(5).

③ Case T_0320/87—3.3.2 [1988.11.10], 1990 OJ EPO 71, Lubrizol: Hybrid plants: Hybrid Plants(1988),21 IIC361(1990).

④ Case T_0356/93.—3.3.4 [1995.02.21], Greenpeace Ltd v. Plant Genetic Systems N. V. ,et al: Plant Cell(1995).

确定的非生物学方法步骤以及非实质性生物学步骤。第二种途径是 T320/87 决定中采用的,判断一个方法是否属于实质上生物方法应当根据人的干预整体对发明实质以及对所达到结果的影响。第三种途径是要求至少一项明确的非生物学方法步骤,但允许任何数量的附加的实质性生物学步骤存在,这样就可以作为非生物学方法获得专利保护。《生物技术发明保护指令》第 2 条(2)规定,"用于生产植物或动物的方法,如果完全由杂交或选择这种自然现象构成,那么该方法就是实质上生物方法"。根据这一定义,可以看出《生物技术发明保护指令》采用的是第三种判断途径,由于当时指令尚未生效适用,TBA 在当时没有支持这一判断方式。但这是目前最受申请人欢迎的方式。随着指令的制定实施以及 EPO 对该指令的应用,EPO 在有关生物技术发明的专利授权实践中对这一判断途径的看法也会有所改变。

无论是 EPC 还是指令都明确将生产植物或动物的实质上生物方法排除专利保护,那么对于通过传统育种方法(主要是生物方法)获得的产品(不包括植物或动物品种)能否获得专利保护呢?这是由"实质上生物方法"专利保护排除问题延伸出来的一个小问题。事实上,近年来有关传统育种方法的发明专利申请出现上升趋势。如,EPO 于 2003 年 5 月宣布对 Monsato 公司用以生产软面粉(soft-milling flour)的小麦授予专利。专利不仅覆盖利用传统杂交技术(conventional crossing techniques)产生的面粉,而且包括小麦、面粉以及由此生产的生面团和食品。这一专利已经过成为众所周知的"饼干专利"(biscuit patent),引起广泛关注。尤其是在印度的有关当事人,他们宣称这种面粉首先源于印度用于制作薄煎饼(chapattis)的当地小麦品种 Nap Hal。Monsato 的观点与此相反,认为小麦中的某些遗传材料的确来自印度的当地品种 Nap Hal,这些材料与其他植物杂交后培育出特定品系(strain),这是专利保护的客体。EPO 认为,这一新植物品系作为一项新发明的产品,可以获得专利保护。2004 年 1 月,绿色和平组织与印度科学、技术与生态研究所(the Idian Research Foundation for Science, Technology and Ecology)以及 the Bharat Krishak Samaj (BKS)共同提交关于这一专利的反对,理由是 Monsato 要求权利的植物材料已经处于公共领域中。绿色和平组织的调查显示,EPO 的审查员相关的小麦完全是正常培育的,不是一项发明,但 Monsato 采用各种技巧和欺骗手段隐瞒这一事实,尽管真相在正常的审查中会很清楚。很明显,根据 Novartis 案的决定,如果这一品系是一个植物品种,那么该品种不能获得专利保护;然而,EPC 第 53 条(b)的第二项排除仅针对用于生产植物或动物的实质上生物方法,而不是由此产生的植物或动物,也不是由此产生的任何植物材料。Monsato 专利显示专利制度不但用于保护高科技生物技术的研究成果,现在也用于保护植物育种的各个方面,包括那些没有涉及基因控制的发明。关键的问题不是相关的发明是否属于专利保护的客体,而是相关发明的程度是否达到专利授权的标准。即使一项方法被排除在专利保护范围之外,并不意味着由该方法产生的植物材料也将无法获得专利保护。PIONEER/Oilseed Brassica 案也证明了这一事实,即通过自然杂交和选择产生的植物可以获得专利保护。由上可知,通过实质上生物方法产生的产品,如植物以及植物材料等,在符合专利授权条件下,可以获得专利保护。

(三)微生物方法及由该方法获得的产品可以获得专利保护

指令规定,对植物或动物品种以及实质上生物方法不能获得专利保护,但这不影响涉及微生物方法或其他技术方法,或者由该方法获得的产品发明的可专利性。这里的"微生物方法"是指任何涉及微生物材料、作用于微生物材料以及产生微生物材料的方法。EPC 实施规则关于微生物方法的定义与上述规定相同。① 在这里,需要明确讨论一个问题,即通过微生物方法获得产品发明的可专利性与植物品种的不可专利性之间的关系,也就是说,如果一个植物品种是通过微生物方法获得的,那么该植物品种能否获得专利保护?

指令没有对此问题进行明确规定。PGS 案和 Novartis 案也曾涉及这一问题的讨论。在 PGS 案中,TBA 认为微生物技术包括综合利用生物化学和微生物技术的所有行为,包括为了利用微生物和培养细胞的基因和化学工程技术。而对植物细胞作用的基因工程方法可以被定义为微生物方法,相关的产品即经过基因修正的植物细胞及其组织,就可以称为"由此产生的产品"。在判定一项产品是否为微生物产品的时候,必须判定相关方法作为一个整体能否视为"微生物方法"。根据 TBA 的判断,只要相关方法显示出技术本质就可以根据 EPC获得专利保护。当然在涉及微生物方法获得产品时,不能将"包含一个微生物方法步骤的技术方法"简单地等同为"微生物方法",由这种技术方法产生的最终产品,如植物品种,也不能定义为 EPC 第 53 条(b)意义上的"微生物产品"。也就是说,在该案中,TBA 坚持应首先区分微生物方法在获得植物品种的整个程序中的作用,如果该微生物方法起到关键性的实质性作用,则这一植物品种就可以被视为"由微生物方法获得产品"而受到专利保护,反之则不然。TBA在 Novartis 案中的看法显然比上述看法更为清晰,认为基因工程获得的植物品种同样被包括在 EPC 第 53 条(b)的禁止规定范围内,即使这些植物品种在某种程度上视为一个微生物方法的产品。

EPC 实施规则在规定生物技术发明的可专利性条款中,明确指出"生物技

---

① EPC Rule 23b(6).

术发明可以获得专利保护,如果这些发明涉及:

(a)独立于自然环境或者借助技术方法制造的生物材料,即使其先前在自然环境中存在;

(b)植物或动物,如果相关发明的技术可行性不限于一个特定的植物或动物品种;

(c)一个微生物方法或其他技术方法,或者这一方法获得的产品,不是植物或动物品种"①。

该一规定更加明确地证实了 EPO 对植物品种排除专利保护的态度,只要符合有关植物品种定义的,就不得授予专利保护,不管通过何种方式获得。

由于指令所用的语言没有 EPC 实施规则中的清晰和明确,并且鉴于指令实施方式的特殊性,需要通过各成员国的国内法加以落实,指令第 4 条(1)与(3)的效力问题,有待于各成国法院的裁定,最终将由欧盟法院进行解释。英国专利实施条例在 2000 年修订了 1977 年的专利法,其中规定专利不应授予"任何植物和动物品种,以及任何用于生产动物或植物的实质上生物方法,一个微生物方法或其他技术方法或者由这一方法获得的产品不予适用"②。这里使用"any"一词表明任何植物品种不管其产生的方式如何,均应排除专利保护,但是"not being"似乎又暗示这里的专利排除,仅适用那些不是由微生物方法或其他技术方法产生的植物品种。该条例的其他规定无法为确定这一理解有所帮助。英国专利局(UK Patent Office)在 2002 年修订《与生物技术发明有关的专利申请审查指南》时,将 Novartis 案作为参考案例,将该排除适用于所有植物品种不管产生的方式如何,但在 UKPO 的实践中缺乏明确的说明。有学者认为,从这种参考可以看出,EPO 通过 Novartis 案的决定显示了其有关植物品种可专利性的基本立场,英国专利局也支持这一立场,或者只是仅仅显示了 EPO 的实践,而各国专利局可能有别于此,英国法中没有这样说明即意味着 EPO 的看法并不必然为 UKPO 所分享。③ 由此可见,指令明确规定了微生物方法及由该方法产生的产品可以获得专利保护,但当该产品为某一植物品种时,该植物品种能否获得专利保护还必须根据各国的专利授权实践进行确定。

---

① EPC Rule 23c.

② Patent shall not be available for "any variety of animal or plants or any essentially biological process for the production of animals or plant, not being a micro—biological or other technical process or the product of such a process ".

③ Margaret Llewelyn & Mike Adcock. European Plant Intellectual Property. Hart Publishing, 2006:375.

第三节　生物材料专利的保护范围

指令规定生物技术发明专利的保护范围主要是第Ⅱ章"保护范围",相应的条款包括第 8—11 条,内容涉及权利保护范围、权利用尽以及权利的减损等。下面依次对这些问题进行讨论。

一、权利保护范围

指令第 8 条(1)为生物材料专利的保护范围(the scope of protection)作了一个基本规定,即"一项关于生物材料的专利,该生物材料具有发明所产生的具体特征,授予的保护应及于任何派生于该生物材料的生物材料,这些生物材料通过相同或不同形式的繁殖或增殖产生,并具有上述发明所产生的具体特征"。根据这一规定,在植物发明的条件下,这意味着,如果对一个编码为一个特定特征(如抗病性)的基因(gene)授予专利保护,该保护将延及能发现该专利基因的任何植物。这里有两个问题需要明确。首先,具有上述发明所产生的特征的派生生物材料,是否意味着该专利的信息(比如一个基因)只是必须在派生的生物材料中展现,而不必执行任何功能?例如,一棵含有受专利保护基因(编码为特定颜色)的植物,但育种者希望利用该植物的其他基因元素(如植株高度和叶子形状)进行繁殖,而不是受专利保护的基因。育种项目可以产生含有该专利基因的植物,但该基因是隐性的,没有实施其受专利保护的功能。在这种情况下,基因在相关植物中的出现是否表明这些植物属于专利的保护范围?根据指令第 8 条(1)的规定,这样的植物仍然属于该基因专利的保护范围。其次,这一规定能否用于阻碍植物品种排除专利保护的规定?该规定非常清楚地规定,授予的专利保护应及于任何通过相同或不同形式的繁殖或增殖产生,并具有上述发明所产生具体特征的派生于该生物材料的生物材料,没有具体排除植物品种。根据目前的专利保护实践,这一保护明显包括了植物品种。植物品种的专利保护排除只是应用在授权时,更具体地说,只是针对植物品种的权利要求应当被排除。一旦一项专利已经授予一项可专利的发明,授权的法律效果就是为该发明的应用提供保护,包括作用于某一植物品种范围内的应用。确切地说,这个问题不是一个授权的问题,而是一个关于保护范围的问题,因此植物品种的排除不应应用于专利的保护范围界定。这表明,保护什么与能保护什么是两个截然不同的问题①。因此,一项关于生物材料的专利,其保护应及于任何通过相同或不同形式的繁殖或增殖产生,并具有上述发明所产生的具体特征的派生于该生物材料的生物材料,不管该生物材料是否发挥了专利中的相应功能,以及专利的整个保护范围是否包括了相关的植物品种。

(一)方法专利

指令第 8 条(2)规定,一项方法专利,该方法能产生具有发明所产生的具体特征的生物材料,授予的保护应及于通过该方法直接获得的生物材料,以及任何派生于该直接获得的生物材料的其他生物材料,这些生物材料通过相同或不同方式的繁殖或增殖产生,并具有上述发明所产生的特征。该条规定与 EPC 第 64 条(2)相比,具有更强的保护范围。也就是说,在生物技术领域内,一项方法发明的专利保护不仅延及通过该专利方法产生的第一代生物材料,而且延及由该第一代材料本身产生的派生材料。上述规定显示,该专利方法并没有要求被用于生产进一步的派生材料。当然,这些进一步的派生材料必须具有与通过专利方法产生第一代生物材料相同的特征,并且这一特征就是发明所产生的特征。举例来说,如果一个专利方法被用于生产具有某一特征的植物品种(原始品种),并且该植物品种又在一个普通育种项目中使用,那么这一普通育种项目不涉及这一专利方法。即使没有利用这一专利方法,该方法专利的保护仍可及于利用上述原始品种培育而成任何植物材料。很明显,这一方法专利授予的保护范围将延伸数代,直到相关的植物材料不再具有原始品种通过专利方法产生的特征。

(二)产品专利

指令第 9 条规定,除第 5 条(1)另有规定外(人体的任何阶段以及对人体某一元素的简单发现不得授予专利),对于一项含有基因信息或者由基因信息组成的产品专利,其保护应及于与该产品结合在一起的、含有该基因信息并能执行其功能的所有材料。这一规定与指令第 8 条的规定有所不同。指令第 8 条规定只要相关生物材料中被动地包括受专利保护的生物材料或者通过专利方法产生的生物材料,那么专利的保护就延及该相关生物材料。而第 9 条规定产品专利的保护及于与该产品结合在一起的、含有该基因信息并能执行其功能的所有材料,强调的是必须能够执行基因信息功能的生物材料。比如:一棵含有受专利保护基因(编码为特定颜色)的植物,该植物通过再次繁殖获得一个新的植物,当该受专利保护的基因在新植物中同样也表现为特定颜色,那么这一新的植物仍然属于该基因专利的保护范围。如何理解"与产品结合在一起"所有

---

① The issue of what is protected as opposed to what is protectable.

材料,这里还需要通过一个例子来理解相关的保护范围。根据指令的规定,一个人不能就其仅仅发现了之前尚未发现过的基因序列要求专利保护,但其可以就该通过蛋白质表达的基因序列的工业性应用获得专利保护,如果其可以进行工业性应用(具有有用性)的话。只要相关的生命形式不是人。从字面上,在猫的身体上发现特定基因序列的专利权人,该基因序列产生的蛋白质是造成猫的一种特定疾病的原因,可以对所有包含这一缺陷基因的猫要求权利。这就是所称的"与产品结合在一起"所有材料。"incorporate"一词是否意味着要求人的干预呢? 如果只是要求天然的结合,而不要求人的干预,那么该项专利将覆盖那些天然存有相应基因序列的生命形式。这样的保护范围推断显然与专利法的基本原则不符,一项在专利申请宽限期之前已经存在的产品不可能被该专利所覆盖。这种情况下,或者该项专利由于出现公开的在先使用而丧失新颖性而无效,或者只能解释为其专利的保护范围没有延伸到那些生命形式。指令说明第 46 条①指出,专利的功能是向发明者提供因其创造性的努力而获得的回报,专利持有人有权禁止利用受专利保护的能够自我繁殖的材料。很明显,如果突然所有包含这一基因序列(表达为相应的蛋白质)的生命形式都获得保护,而不仅仅是通过使用人干预经过基因修正的那些生命形式,这将是一种横财,而不是一种回报。从这一意义上看,对该第 9 条的解释是其保护范围仅限于那些经专利持有人干预过的生命形式。

指令第 8 和 9 条规定表明,对于生物材料的专利保护不可能简单地通过植物繁殖代的方式进行终止。也就是说,相关的专利会持续发生影响,直到相关的专利技术在后续的植物繁殖代中确定终止或者专利保护期限届满。在这种情况下,专利法中权利用尽原则能否用于限制第 8 和 9 条所规定的保护延伸呢? 权利用尽原则是指,一项专利权的行使已经到了权利人已经有效地终止对专利权客体的控制的程度,尽管其复制客体的权利没有终结。当权利人在欧盟范围内将其专利技术投入市场时,权利用尽就发生了,也就是权利人一旦这样做了,其就无法再控制该技术的进一步销售。比如,权利人无法控制从英国购买到该技术的人又将该技术在法国进行销售。但是,即使在专利权用尽的情况下,专利权人仍有权阻止其他人未经允许以任何方式复制该专利技术。那么将受专利保护的生物材料投放到欧盟市场,能否使该专利对相关生物材料以及由

---

①　Recital 46 refers to the fact that, as the function of a patent is to reward its inventor by for his creative efforts, the holder of the patent should be able to prohibit the use of patented self-reproducing material. Clearly, it would be a windfall and not a reward if suddenly all such life-forms containing such a sequence (and thus the corresponding expressed protein) were protected rather than those which have been genetically modified by user intervention.

其派生的其他生物材料的保护终结呢? 很明显,这属于欧盟法院决定的范围。并且到目前为止,专利持有人将其受专利保护的经基因修正的植物细胞投入市场后,其能否阻止育种者的利用和销售包含这些植物细胞的植物品种,这仍然是不清楚的。

二、权利用尽

指令第 10 条规定了相关生物技术发明的权利用尽(the exhaustion of rights)问题,指令第 8 条和第 9 条所规定的保护不应及于专利持有人或经其许可投入成员国市场生物材料经繁殖或增殖获得的生物材料,如果对已销售生物材料的应用必然导致这种繁殖或增殖,只要获得的生物材料其后不得用于其他繁殖或增殖的行为。根据这一规定,一个人购买了获专利保护的种子或植物切片,首次用于播种或繁殖,不会构成对专利的侵权,但又再次利用播种后收获的种子或者繁殖后形成的植物进行进一步的繁殖和增殖,那么这一行为就侵犯了相关的专利权。这表明,一个花卉种植者,其购买了花卉的种子或切片,可以从种子或切片培育植物,并出售这些花卉,但不能保留从该植物产生的任何种子,或进一步繁殖或增殖的目的制作切片,也不能销售由第二代植物长成的花卉。

因此,所谓的权利用尽,就是专利权人不得干涉生物材料的购买人处理、销售或使用从首次繁殖中获得的花卉。当然,这里的首次繁殖必须是利用相关材料必然导致的结果,也就是该材料投入市场的目的所在,任何非故意的第二次繁殖都属于侵权行为。从上可知,生物技术发明专利的权利用尽必须要求满足两个条件:(1)材料购买者首次繁殖的权利是由该材料的销售目的所决定的;(2)经首次繁殖获得生物材料不得用于再次繁殖,否则权利人的专利权对再次繁殖的行为仍有控制权。这里的权利用尽是针对所有繁殖材料的使用者。指令本身没有规定科研例外以及个人非商业性利用例外等专利权限制条款,但在指令的执行中,由于各成员国专利法的规定不同,有可能会出现利用成员国专利法中规定的这些专利权的例外作为相关生物材料进行第二次繁殖的理由,这种理由是否正当,有赖成员国的法院,或者欧盟法院作出解释。

三、权利的减损

为了保护某些特定利益,指令规定了对作为生物技术发明专利权利的减损(derogation),即专利持有人或经其同意为农业利用目的的向农民出售植物繁殖材料或以其他形式对该材料进行商业化,必然包含授权农民自己在其农场上以繁殖为目的利用其收获的产品,这种减损的范围和条件与条例(EC) No 2100/94 第 14 条一致。同时,相关专利持有人或经其同意为农业利用目的的向农民出售种畜或以其他形式对该动物材料进行商业化,必然包括授权农民为农业生产的目的利用该受保护的种畜。这种减损的范围和条件与条例(EC) No 2100/94 第 14 条一致。这包括为进行农业生产之目的使该动物或其他动物繁殖材料能够获得,但不包括在该框架内进行销售或以商业性繁殖活动为目的的行为。这种减损的范围和条件应由国家法律、条例和习惯予以规定。

第四节　强制交叉许可制度

《指令》第 12 条规定:"当一名育种者不侵犯一项已有的专利权就无法获得或利用一项植物品种权时,在缴纳适当使用费的前提下,他可申请一项使用该专利所保护发明的非排他性的强制许可,条件是该许可对其使用应受保护的植物品种是必要的。成员国应规定,当授予此种许可时,专利权持有人应有权在合理的条件下得到使用该受保护品种的交叉许可。

当一项生物技术发明的专利权持有人不侵犯已有的植物品种权就无法实施该专利时,在缴纳适当费用的前提下,他可申请一项使用受保护的植物品种的非排他性的强制许可。成员国应规定,当授予此种许可时,植物品种权持有人应有权在合理的条件下得到使用该受保护的发明的交叉许可。

申请交叉许可证的申请人应表明:(a)他们已向专利权或植物品种权持有人请求了协议许可但未成功;(b)该植物品种或发明与在专利中要求受保护的发明或受保护的植物品种相比,具有可观经济效益的重大技术进步。

每个成员国应当指定主管机构负责颁发这种许可证,植物品种权的许可证只能由共同体植物品种办公室进行颁发,(EC) No. 2100/94 第 29 条应予适用。"[1]

一、强制交叉许可制度的目的

本指令所指的生物材料在符合相应的条件下,既可以成为植物品种权的保护客体,也可以获得专利权的保护。比如,一个特定的小麦品种可以通过注入一个特定的基因序列而获得更强的抗旱性。在这种情况下,该小麦的品种权与该基因的专利权可能分别掌握在不同的权利主体手中,任何一方想要商业性应用具有该基因的小麦品种,都必须获得另一方的许可。一般情况下,人们可以通过协商获得相关权利人的授权,但现实中由于竞争或其他某些因素,会导致

---

[1]　EC/98/44 Art. 12.

一方无法获得另一权利持有人授权的情况。为了节省商业成本,避免无正当理由的资源浪费,强制许可显得很有必要。指令正是出于这一目的对生物材料利用的交叉强制许可进行了规定。

二、强制交叉许可的实施条件

当然,这种强制交叉许可的适用必须符合一定的条件。首先,必须具有权利许可的必要性,即相关的许可对被许可人利用受保护的植物品种或发明是必要的。其次,这种许可需要支付相应合理的使用费,并且这种许可只是一种普通许可,不具有排他性。再次,当品种权/发明持有人提出许可要求时,另一方权利持有人可以就前一权利人拥有的权利要求获得许可。在申请交叉许可时,申请人应证明:(1)其已向专利权或植物品种权持有人请求了协议许可但未成功;(2)该植物品种或发明与在专利中要求受保护的发明或受保护的植物品种相比,具有可观经济效益的重大技术进步。

指令没有就"未获成功"作出规定,其基本的含义应当理解为相关权利人不同意以合理的价格授予许可。这里的"重大技术进步"也是一个没有被界定的术语,根据指令说明的解释,"进步"的理解不应当仅仅从纯粹的科学技术的本质来理解,而主要是从经济价值的角度进行判断。指令设置这一条件的原因是,该指令不允许将具有较高价值的专利或植物新品种通过强制许可方式许可给具有较小价值的专利权人或植物新品种权人。[①]这样可以避免经济价值较小的品种权/专利的持有人通过实施交叉强制许可,从而获得远远高于其权利所能达到的回报。由于强制交叉许可的规定是建立在公共利益的基础上,如果允许上述情况的发生,即意味建立这一制度的基础不是公共利益,而是基于个人利益了。

三、强制交叉许可的实施

在实施强制交叉许可的过程中,通常来说,一项针对专利的强制许可,各国均有一定的时间限制,比如说必须在专利授权 3 年之后,而植物品种权有无这样的时间限制是不确定的。比如,在英国允许相关的部长为每一类/属植物确定一定的期间,在该期间内不得授予强制许可。规定相应期限是为了保护相关品种/发明在指定期限内的经济价值。从指令的规定情况看,关于这种时间的协调有待各国专利法或者指定的主管机关进行判断。

指令规定交叉许可中涉及 CPVR 强制许可,只能由 CPVO 进行颁发,而不

---

① See Guy Tritton etc. Intellectual Property in Europe (Third Edition). Sweet & Maxwell, 2008: 204.

应由成员国进行授予。CPVR 条例第 29 条专门规定了关于植物品种权的强制许可问题,2004 年 4 月 29 日,为了确保 CPVR 的相关规定与 98/44/EC 指令规定的交叉强制许可保持一致,通过了(EC) No 873/2004 对该条进行系统修改。根据相关的修改规定[①]:

CPVO 可以根据一个或多个人的申请,仅仅基于公共利益,在向行政理事会咨询后,授予一项强制许可。CPVO 也可以根据成员国、欧盟委员会或者在欧共体层面建立并在欧盟委员会登记的组织提出的申请,向满足相应的条件的一类人或者在一个或多个成员国内的或在欧盟境内的任何人授予一项强制许可。授权的作出必须仅仅根据公共利益,并向行政理事会进行咨询。

当根据相应条件授予一项强制许可时,CPVO 应约定许可的行为类型以及确定合理附属条件。这些合理条件的设定应当考虑品种权持有人因强制许可的授予所受到影响的利益,这些合理条件包括:一个可能的时间限定,与品种权持有人应得到的使用费及可能负担的义务相当的合理权利金,以及实施强制许可的必要性。根据相应条件授予强制许可后,在每一年的期限届满时,或者实施强制许可时设定的可能期限内,进行这一程序的任何人可以请求授予强制许可的决定取消或者进行修改。提出这一请求的唯一理由是强制许可决定做出时的环境已经发生变化。

一项强制许可应当根据请求授予一个实质性派生品种的品种权持有人,只要其符合上述实施强制许可的条件。这里的合理条件包括与应当支付给原始品种持有人相当的合理权利金。

根据指令(EC)98/44 第 12 条(2)之规定,一项非排他性使用受保护的植物品种的强制许可,应当根据申请授予一项生物技术发明专利的持有人,在支付相当于回报的适当权利金的前提下,只要专利持有人证明:(1)他已向植物品种权持有人请求了协议许可但未成功;(2)与受保护的植物品种相比,该发明具有可观经济效益的重大技术进步。为了可以使其获得或利用相关的品种权,品种权人可以根据指令(EC)98/44 第 12 条(1)之规定要求一项非排他性利用受专利保护的发明强制许可,同时可以根据申请,将一项非排他的交叉许可以合理条件授予该项发明专利的持有人。该项许可或交叉许可的领土范围应限定于被该专利所覆盖的共同体全部或部分。

---

① 参见(EC) No 873/2004 相关内容。

第五节 生物技术发明保护指令的影响

欧盟委员会于 2002 年 10 月公布了关于指令对生物技术产业影响的首份报告,报告全面广泛地概述了指令,讨论了由文本引起的实体法律问题,披露了荷兰政府提起的关于指令无效诉讼,以及指令与 EPC 和 TRIPs 之间的关系等问题,其中也部分涉及了植物有关发明的讨论。

一、指令评估报告

报告指出,在可获得专利保护的植物与无法获得专利保护的植物品种之间进行区别的原因,"获得相关产品的方式:一个植物或动物品种一般是由实质上生物方法(自然界中可见的有性繁殖)获得,而转基因植物和动物通过作为基因工程部分的非生物方法获得"[①]。根据欧盟委员会的观点,植物品种权制度主要为传统育种方法及其根据这些方法培育的植物品种提供保护,利用非传统方法培育的植物材料则被看做进入了专利法的领地。这一看法与植物品种权制度的运行实践存在明显的不一致,因为 PVR 制度并没有对植物的产生方法加以区别。

报告讨论了欧盟法院关于挑战指令无效的判决,对 ECJ 所坚持的立场表示赞同,认为一项专利不能授予一个植物品种,而可以授予一项发明,其技术的可行性不限于一个特定的植物品种。植物品种是根据其整个基因组进行界定的,由植物品种权提供保护;高于植物品种分类单元的植物群由单个基因进行界定,而不是整个基因组受专利保护,如果相关的发明仅仅(共同)包含了一个基因并且涉及的植物群广于一个单一的植物品种。经基因修正的一个具体植物品种不能获得专利保护,但是如果基因修正的范围更广,例如,达到一个植物属(a species),则可以受到专利的保护。

尽管这一报告没有提出有关生物材料,尤其是植物材料发明专利保护方面的新的看法,但采用了更为直接的语言阐述了指令为何对植物和植物品种进行区分,并且将植物品种排除专利保护。这为理解欧盟的植物知识产权保护途径与具体规定提供了一定的思路。

---

① Margaret Llewelyn & Mike Adcock. European Plant Intellectual Property. Hart Publishing, 2006:388.

二、欧盟委员会对生物技术发明的保护立场

从指令的制定和实施情况以及欧盟委员会公布的报告①看,这是非常明显的,欧盟委员会代表欧盟采取非常积极的方式为所有类型的生物发明提供专利保护,并且暗示应当为最广泛的生物技术发明提供专利保护,并试图达到在欧盟范围内制定统一的保护规则。CPVR 和生物技术发明保护指令的出台,无疑就是欧盟委员会推进欧盟内保护规则一体化工作中的一步。委员会所采取的这种积极专利政策,即努力采取专利保护越多而排除保护越少的做法,一些学者担心,这将以损害专利保护标准为代价。同时,由于欧盟各成员国必须通过国内法来实施指令的有关规定,而各国的专利法在实际上仍有很大的不同,甚至各国专利局所奉行的专利保护观点也有所不同。比如,由于证明发明步骤的难度不断增加,英国专利局就坚持应当授予更少的专利。欧盟各国与欧盟层面的这种规则的协调势必会影响指令真正的实施。就指令与植物发明保护有关的规定而言,无论是 EPO 还是各成员国仍将面临由于"植物"、"植物品种"、"实质上生物方法"以及"微生物方法"等法律概念界定不确定而带来的困扰。但是,生物技术发明保护指令对与各国生物材料有关的专利申请的影响是显而易见的。

本编小结:欧盟植物品种保护制度的特点

从本编的讨论可以发现,欧洲国家在讨论如何为植物/植物品种创新提供知识产权保护的问题上,走过了漫长的历史,而且经历过多种保护的尝试,从一般的法律保护到私权保护,然后在 1961 年缔结了 UPOV 公约,为植物品种的创新设计了育种者权保护制度。UPOV 公约的出台,首先影响了《斯特拉斯堡专利公约》(1963)将植物品种排除在专利保护范围之外,1973 年制定的《欧洲专利公约》(EPC)继承了这一做法。EPC 将植物品种排除专利保护的规定基本奠定了欧共体层面对植物品种排除专利保护的基本立场。其次也影响了欧洲许多国家采用植物品种保护法的方式为植物品种的创新提供保护。这样,在 20世纪 70 年代,欧共体和大部分欧洲国家基本遵循通过品种权保护植物新品种的做法。即使 UPOV 公约分别在 1972 年和 1978 年进行了两次修订,对欧洲的植物品种保护实践也没有产生特别的影响。

①　上一问题仅涉及该报告有关植物的部分,其他部分没有关注。

　　对于知识产权保护来说,20世纪80年代绝对是一个不平静的时代,TRIPs就是在这一时期列入GATT的乌拉圭回合谈判议程的。对于植物品种的知识产权保护也是如此,欧美几乎同时遭遇到植物材料能否授予专利保护的问题。于是,欧洲专利局必须重新考虑和解释UPOV公约所确立的"双重保护禁止"、EPC所采用的"植物品种排除专利保护"规定以及欧洲各国专利法仍然保留为植物品种提供专利保护等规定,从而为欧共体作出一个符合欧共体经济发展的决定。也正是在这一背景下,欧共体委员会开始酝酿制定《欧共体植物品种保护条例》和《欧盟生物技术发明保护指令》,同时欧洲各国也开始推动UPOV进行再次修订。与这些进程相伴的是GATT的乌拉圭回合中的TRIPs协议谈判。所有这些事件相互影响,到了20世纪90年代才陆续出现结果:1991年UPOV修订完成,1994年CPVR条例颁布,1995年TRIPs生效,1998年生物技术发明保护指令制定,2000年EPC实施规则修订(将与生物技术发明指令有关的内容予以落实)。这样,欧盟层面的植物品种保护制度基本形成。

　　在欧盟植物品种保护制度的形成过程中,EPO对植物有关的发明专利的保护实践起到了积极的推动作用,而EPO对植物有关的发明专利的保护实践基本围绕EPC第53条(b)的解释进行。EPO是通过对"植物"、"植物品种"、"实质上生物方法"等相关概念的解释,通过一系列案例逐渐确立了种子、杂交植物、非生物性转换的植物细胞、转基因植物的可专利性,只要相关发明符合专利的授予要件,即新颖性、实用性、发明步骤以及适于工业应用等要件。

　　对于植物品种保护的问题,欧盟层面目前基本坚持这样的立场:

　　(1)所有符合CPVR条例中有关"植物品种"定义的"植物"均纳入欧共体品种权的保护客体,不管该植物品种通过何种方式获得;

　　(2)其他所有与植物有关的发明,除了用于生产植物/动物的实质上生物方法,只要相关权利要求不限于一个特定的植物品种,均可运用专利进行保护;

　　(3)在欧盟专利保护实践中,"植物品种"的概念解释采用CPVR条例的规定,并且对EPC第53条(b)中的"植物品种"作限缩解释;

　　(4)关于实质上生物方法,EPO的TBA和EBA均认为,指令所包含的意思只要至少有一项明确的非生物学方法步骤就可以作为非生物学方法获得专利保护,不管附加任何数量的实质性生物方法步骤;

　　(5)与植物发明有关的专利权利要求可以适用"多于一个单一品种"方式,即没有指向一个品种或多个品种的权利要求是可以的,即使该权利要求中实际包含了对某一植物品种的权利要求;

　　(6)作为一项方法专利直接产品的植物品种,在理论上可以根据EPC第64条(2)规定间接地享有专利保护,EPO在专利授权时不会因此拒绝相关的专利申请,但是该植物品种是否获得专利保护取决于相关国内法院的判决。

就欧共体植物品种权而言,CPVR 条例不但继承了 UPOV 1991 文本对 UPOV 1978 文本在育种者权利范围上的修订,具体表现如下:

(1)将保护的植物种类范围扩大到所有植物类别;

(2)将权利保护范围从受保护品种的繁殖材料延伸到收获材料以及由收获材料直接制成的产品,除非品种权已有合理的机会行使权利,形成品种权行使的"人工瀑布"规则;

(3)将品种权的控制范围延伸到实质性派生品种以及依赖性品种;

(4)非常具有创设性地修正了 UPOV 1991 文本中"农民特权",形成了具有欧盟特色的"农民保存种子的权利";

(5)在欧共体植物品种权和生物技术发明专利之间设立了"交叉强制许可"制度,等等。

欧盟之所以形成这样的植物品种保护体系,既有深刻的历史原因,也有迫切的现实需要。欧洲是 UPOV 公约的发源地,自 UPOV 公约诞生以来,欧洲国家的植物品种保护就与 UPOV 所创设的育种者权紧密联系。但是,由于 UPOV 1961/1972 文本和 UPOV 1978 文本对植物品种的保护均限于某些植物类别,没有为所有的植物提供育种者权保护,因此欧洲各国基本奉行列入国家植物品种名录的植物品种通过育种者权保护,而未列入名录的品种在有的国家可以获得专利保护。这是造成欧洲各国植物品种保护混乱的原因之一,也是欧共体委员会在 20 世纪 80 年代打算建立统一的欧共体植物品种保护制度的原因。基于 UPOV 的传统,欧共体不愿放弃采用品种权保护植物品种的路线,但随着生物技术的发展,欧共体又明显感觉传统的植物品种权无法适应现代生物技术条件下的植物育种创新保护。并且,当时很多人将生物技术产业的投资"离域"欧洲而选择美国和日本的原因,归结为欧共体对生物技术发明的知识产权保护不力。因此,在此种背景下,EPO 努力实施积极(proactive)的专利保护政策,通过"植物品种"概念限缩解释的方式为植物有关的发明确立了专利保护的先例。这样的做法既没有动摇欧洲植物品种保护的传统,又为现代生物技术发明开辟了专利保护的途径。与此同时,欧共体也积极建立统一的欧共体植物品种权保护制度,试图通过在欧盟具有普遍效力的强大的品种权保护制度,有效促进欧盟植物育种产业的发展。

第三编 植物品种保护国际法律框架研究

　　相对于知识产权保护的其他领域来说,植物品种保护是一个较为年轻的领域。从意识到植物品种创新需要通过知识产权保护开始,这就存在专利与植物品种权两种保护方式的选择与较量。这种现象不但在美国和欧盟植物品种保护实践中有所体现,而且在植物品种的国际保护实践中也同样有所体现。就目前涉及植物品种保护的国际公约来看,1961 年缔结的 UPOV 公约为植物育种的发明创新设计了有别于专利制度的植物品种权制度,成为植物品种保护国际法律框架的主要支柱,对世界各国的植物品种保护产生深远影响,欧洲的植物品种保护与 UPOV 公约关系尤为紧密。在植物品种保护的国际法律框架中,TRIPs 协议有着不可或缺的作用,除了要求 WTO 成员必须为植物品种的创新提供保护外,在协调各国植物品种保护方式的选择方面,作用非常微妙。随着生物遗传科学的发展,植物品种的国际保护中也增加了一些新的议题,如生物多样性、植物遗传资源的获取与分享等。这样,1983 年缔结的《植物遗传资源国际约定》、1992 年的《生物多样性公约》以及 2001 年的《粮食与农业植物遗传资源国际公约》也将纳入植物品种保护的国际法律框架当中。① 除此之外,还有一些典型的地区性立法,如安第斯共同体《关于遗传资源获取的共同制度》、非洲联盟的《保护当地社区、农民和育种者的权利以及规范生物资源获取的非洲示范法》等均是与植物遗传资源获取和惠益分享有关的重要规则。

---

① 本编各章节顺序排列以及相关的标题设计,深受中国青年政治学院张小勇教授的指导。

第八章　国际植物新品种保护联盟公约

　　国际植物新品种保护联盟公约(the Convention Established the International Union for the Protection of New Varieties of Plants,UPOV)的缔结与欧洲各国在 20 世纪中期对植物育种实施私权保护的法律实践密不可分,更确切地说,UPOV 公约就是欧洲各国寻求为植物育种创新提供私权保护所达成的解决方案,为世界各国的植物育种创新提供了一种独立于专利制度的专门保护制度。尽管 UPOV 公约最初来自欧洲,却是第一个不折不扣的为植物品种创新创立育种者权保护的国际公约。公约是一个独立的政府间合作组织,总部设在日内瓦,其使命是"为了全社会的利益,为鼓励植物新品种的培育而提供和促进有效的植物品种保护"①。截至 2009 年 11 月 22 日,公约已经有 68 个国家加入 UPOV 公约,其中 45 个国家采用 1991 文本,22 个国家采用 1978 文本,比利时仍然保留 1961/1972 文本。该公约具有广泛的国际影响力,世界各主要地区和国家基本加入该公约,如美国、欧盟、日本、中国等都已经成为该公约的成员。加入该公约即意味着成员国要遵守和实施公约规定的相关保护标准,因此公约在协调各成员国对植物新品种的保护原则和保护标准,确保各成员国承认和保护植物育种者的创新成就,以及探讨未来植物新品种保护模式,特别是在国际层面协调植物品种保护与植物遗传资源、生物技术发明以及生物多样化保护的关系,具有不可忽视和不可比拟的作用。

---

　　①　参见 http://www.upov.int/export/sitesupoven/about/pdf/pub437.pdf.

第一节　UPOV 公约缔结与修订

　　UPOV 公约的缔结主要归功于两个组织[①],即国际工业产权保护协会(the International Association for the Protection of Industrial Property,AIPPI)和植物育种者协会(the International Association of Plant Breeders,ASSIN-SEL)。Herzfel-Wuesthoff 在 1932 年 AIPPI 伦敦年会的报告"Protection légale des nouvelles varéités de plantes"中,首次提出了植物新品种的法律保护问题,建议为植物新品种提供二元的保护体系:为园艺产品领域的重要发明普遍提供专利保护,为相对不重要的品种提供一种专门保护。[②] ASSINSEL 成立于 1936 年,在争取植物育种者权起到了关键作用,当时的协会主席 Ernst Touneur 在整个欧洲到处游说。1949 年,他曾在英国与英国种子贸易组织(the Seed Trade Organisation)和国家谷物和农业商人协会(National Association of Corn and Agricultural Merchants)展开辩论,要求英国应为植物研究提供保护。这在英国引起很大反响。到了 20 世纪 40 年代中期,支持为植物新品种提供保护的呼声已经非常强烈了。国际商会(the International Chamber of Commerce)在 20 世纪 50 年代初期,通过了一个要求为农业、园艺业和花卉类育种提供恰当保护的方案。欧洲理事会专利问题专家委员会(the Expert Committee for Patent Question of the European Council)负责协调欧共体的专利规定,考虑到植物发明的特殊性,赞成专门为植物发明制定统一的保护制度,但认为就整个欧洲范围来说,对植物品种的可专利性仅规定一种解决方案是不明智的。

一、UPOV 公约制定前的讨论

　　1952 年,AIPPI 将植物的保护问题列入维也纳大会的讨论议程,就植物创新的有效保护与工业发明的保护问题展开讨论。最具体的构想来自德国的 AIPPI 组织,其提交了一份详细的技术报告。报告指出,所属技术领域的技术人员能够根据说明书的描述实施有关发明是可专利性的实质性要件,也就是说,根据说明提供的指示应该产生所要求的发明。然而,当涉及植物育种时,能否繁殖新品种的可靠性从一开始就难以把握,因为植物育种能否成功取决于育

---

　　① Grabam Dufield. Intellectual property, Biotechnology Resources and Traditional Knowledge. Earthscan, 2004:33.

　　② Joseph Straus. AIPPI and the Protection of Inventions in Plants-Past Developments, Future Perspective. IIC Vol, 20, 5/1989:605.

种人完全不可控制的自然过程,并且存在很大的随机性。从实践看,重复育种过程本身并不十分重要,甚至是不必要的,因为新的植物品种本身可以直接用于繁殖。因此,尽管植物育种具有一定程度的创新,并且应当给予育种者以专利这保护形式,但对于大多数植物新品种来说,在新颖性(novelty)和创造性(inventive step)方面距离专利的要求稍显不足。1952 年的 AIPPI 维也纳大会未就植物品种的保护形式达成一致,两年之后的下一次大会也没有达成一致。其中的一个重要原因是 AIPPI 的一些专利律师反对授予植物新品种以专利保护,认为将植物新品种纳入专利保护,拓展了专利法上类似发明这样的基本概念,从而破坏专利体系的可靠性。ASSINSEL 成员于 1956 年在他们自己的大会上决定放弃专利的保护路线,转向要求召开一次国际会议,考虑发展一种保护植物新品种(plant varieties)的新的国际保护制度的可能性①。

法国政府接受 ASSINSEL 提出的这一建议,并于 1957 年 5 月在巴黎召开"保护植物新品种国际会议"(the International Convention for the Protection of New Varieties Plant)。奥地利、比利时、丹麦、法国、联邦德国、荷兰等 12 个欧洲国家以及知识产权保护国际局(the International Bureau for the Protection of Intellectual Property Law,BIRPI),联合国粮农组织(the UN's FAO)和欧共体经济合作组织(the Organization for European Economic Co-operation,OEEC)参加此次大会。大会讨论的核心问题有二②:(1)打算用以保护植物新品种的权利与专利权关系的协调;(2)这一国际保护体系是否应当纳入《巴黎公约》。最后,基于以下考虑③,会议决定以特别权(sui generis right)形式为植物新品种提供保护。

(1)植物材料无法满足专利法上新颖性的要求;

(2)植物育种项目很少能显示发明创造性;

(3)尽管植物育种的结果具有毫无疑问的实用性(industrial application),但公共利益不允许植物育种人拥有过度的垄断权利;

(4)植物材料很难符合披露要求——所属技术领域的技术人员能够根据说明书所提供的信息实施有关发明,甚至即使对如何生产植物材料给出全面的描述,也不能保证随后进行相同的过程将产生相同的结果(植物材料会发生遗传突变或变种)。

---

① Grabam Dufield. Intellectual property,Biotechnology Resources and Traditional Knowledge. Earthscan,2004:33.

② Gert Würtenberger,Paul Van Der Kooij,Bart Kiewiet,Martin Ekvad. European community plant variety protection. Oxford University Press,2006:3.

③ Margaret Llewelyn & Mike Adcock. European Plant Intellectual Property. Hart Publishing,2006:144.

关于新的公约是否纳入巴黎公约框架，还是单独构成一个独立公约的问题，大会成立一个特别专家委员会（a special committee of experts）就此问题展开研究。专家们认为，新的公约主要是为农业植物育种的结果提供保护，不应成为工业产权的保护客体，因此决定单独成立一个独立的公约为农业领域的育种行为提供保护①。成员对此可以保留，可以选择应用新的公约或者巴黎公约。

二、UPOV 公约的制定与生效

1961 年 11 月，法国政府召开第二次国际会议，公开讨论公约的草案文本。在这次会议上，来自欧洲经济共同体（the European Economy Community，EEC）和 ASSINSEL 等各级代表参加会议，当时的一些前沿科学家也参加了会议。会议草案没有进行实质性的修改，只是在词义方面和官方语言方面加以改动。1961 年 11 月 2 日，比利时、法国、联邦德国、荷兰和意大利等 6 国首先签署公约，11 月 26 日，丹麦和英国签署，瑞典随后在 30 日签署。1965 年英国首先批准该公约，荷兰在 1967 年成为第二个批准的国家。1968 年 8 月 10 日，联邦德国批准，之后 UPOV 公约正式生效，共 41 条。1968 年 11 月 26 日，UPOV 理事会在巴黎召开第一次常务会议。②

国际植物新品种保护联盟 1961 年公约的签订及其生效，标志着关于"植物新品种"（plant varieties）保护这一专门制度的正式形成。首先，UPOV 公约 1961 文本明确其目标在于"承认和保护"育种者权利（the breeder's right）③，要求各成员国必须以专门保护或专利保护的方式为这种权利提供保护④。其次，公约明确保护的客体为"植物新品种"（plant varieties）⑤即任何适用于有性或无性繁殖的，并具有特定命名的栽培品种（cultivar），而不是所谓的植物（plant）、植物材料（plant material）、植物研究成果（the results of plant research）等，统一了此前在各国内法中纷繁出现的各种保护客体。再次，公约就权利必须保护的对象、受保护的条件、保护期限以及保护限制等情况初步达成共识，强调对育种者的权利应独立于各成员国保护种子生产、鉴定和销售的管理措施。公约还大量借鉴了《巴黎公约》的若干做法，如规定了植物新品种权利的申请与保护的

---

① Margaret Llewelyn & Mike Adcock. European Plant Intellectual Property. Hart Publishing，2006:145.

② Makoto Tabata:《世界植物品种保护概况——国际植物新品种保护联盟的发展、保护形式及在各国的执行情况》，载于国家科学技术委员会农村科技司:《国际植物新品种保护联盟地区研讨会》，中国农业科技出版社 1994 年版，第 13 页。

③ UPOV 1961Act Art. 1(1).

④ UPOV 1961Act Art. 2(1).

⑤ UPOV 1961Act Art. 2(2).

国民待遇原则,不同成员国间的保护独立,为植物新品种保护申请提供国际优先权制度等。

三、UPOV 公约修订及原因

UPOV 公约自 1961 年制定以来已进行三次修订,分别是 1972 年、1978 年和 1991 年。1972 年 11 月,公约召开修改植物新品种保护国际公约的外交会议,就理事会的投票规则、财务、会费等级等程序性事项进行了修订,意在"根据各国人口、经济的差别,对会费的分担予以细化,以减轻小国的负担,增加其加入 UPOV 的机会"①。此次修改对育种者权的实质内容未进行修改②。1978 年和 1991 年的修订是具有实质性的。

从 UPOV 成员国的发展史③可以看出,除了 1977 年加入公约的南非,1978年前批准和加入 UPOV 公约的基本上都是欧洲国家④。为了能使更多的国家,特别是美国、日本等国加入 UPOV 公约,以及允许成员国更灵活地解释公约规定,理事会于 1975 年成立专家委员会(a committee of experts)从事公约的修订工作,经过 3 年的讨论,公约的修订文本在 1978 年 10 月的外交会议上通过。该文本于 1981 年 11 月 8 日生效,与 1961/1972 文本(指的是经 1972 年补充文本修订过的 1961 年公约文本,以下同)相比,修订主要表现在:(1)扩大成员国必须给予保护的植物属或种的最低数量⑤;(2)增加新颖性和稳定性的要件要求⑥;(3)增加双重保护禁止的例外规则⑦;(4)增加前后文本国家之间的权利义

---

① 李剑:《植物新品种知识产权保护研究》,中国人民大学 2008 年博士学位论文,指导教师郭寿康,第 30 页。

② 此次修订主要涉及 8 个条款,分别是理事会决定的大多数要求、财务、成员国会费等级、公约的签字与生效以及保留等问题。

③ 参看 Makoto Tabata:《世界植物品种保护概况——国际植物新品种保护联盟的发展、保护形式及在各国的执行情况》,载于国家科学技术委员会农村科技司:《国际植物新品种保护联盟地区研讨会》,中国农业科技出版社 1994 年版,第 13 页的"国际植物新品种保护联盟发展年代表"。

④ 1978 年前批准或加入 UPOV 公约的国家包括英国(1965 年)、荷兰(1976 年)、德国(1968 年)、丹麦(1968 年)、法国(1971 年)、瑞典(1971 年)、比利时(1976 年)、意大利(1977 年)、瑞士(1977 年)以及南非(1977 年)。

⑤ UPOV 公约 1961 文本要求成员国在文本生效后:(a)三年内至少有 2 个属或种;(b)六年内至少有 4 个属或种;(c)八年内至少有 24 个属或种。而 1978 年文本则要求(Ⅰ)三年内至少有 10 个属或种;(Ⅱ)六年内至少有 18 个属或种;(Ⅲ)八年内至少有 24 个属或种。

⑥ 参见 UPOV 1978 Art. 6(1)(b)和(d)。

⑦ UPOV 公约 1978 文本第 37 条规定,尽管本公约第 2 条(1)规定联盟成员对一个和同一个植物属或种禁止同时用专利法或专门法保护,但对那些在加入公约之前就已对一个和同一个植物属或种提供不同保护形式的国家,履行加入手续时向秘书长报告过这一情况的,则可以继续原来的做法。如原来采用专利保护植物新品种的,则之后可以依然根据专利的保护标准进行保护。这一例外规则解决了美国法律因与 UPOV 公约相触而无法加入公约的问题。1980 年 11 月 12 日,美国接受 UPOV 公约 1978 文本。

务关系①;(5)删除前文本中关于"品种"的定义、公约与《巴黎公约》间的制度安排、瑞士政府的监管功能、公约与知识产权法保护国际局的合作、有关品种名称与商标之间关系的过渡性规则以及争议的解决等规定②。首先,修订后的 UP-OV 公约 1978 文本显然比 1961/1972 文本在对植物新品种保护制度的选择方面采用更为灵活的态度,使得将美国加入 UPOV 公约成为可能,大大扩大了公约的国际影响。其次,1978 文本的规定使植物新品种保护制度更为完善,特别是在植物新品种的受保护条件上,在 1961/1972 文本规定特异性(distinctness),一致性(uniformity)及适当命名(denomination)的基础上,增加新颖性(novelty)和稳定性(stability)要件。再次,1978 文本下 UPOV 更趋于独立,成为一个独立的国际植物新品种保护组织,成为"现有国际植物新品种保护联盟植物新品种保护体系的基础"③。

随着技术的进步和公约的实施,UOPV 公约 1978 文本的一些规定需要进一步修订。为此,1987 年,UPOV 理事会决定着手相关的修订工作,具体的修订工作由 UPOV 行政管理和法律委员会承担。1990 年,理事会通过了修订的公约草案,于 1991 年 3 月 19 日召开的外交大会获一致通过。UPOV 1991 文本在体例结构上对 1978 文本作了根本性的修订,将有关各条归类在十章中,分别是"定义"、"缔约方的一般义务"、"授予育种者权利的条件"、"申请授予育种者权利"、"育种者权利"、"品种命名"、"育种者权利的无效和取消"、"联盟"、"本公约的履行,其他协定"以及"终止条款",共 42 条。除了体例结构上的根本变化外,在公约的实体内容上,UPOV 1991 文本显然比 1978 文本更为系统和规范④,特别是在育种者权利的保护方面,显得更为严格。首先,在要求成员国保护的植物属和种方面,1991 文本要求原来是受公约 1961/1972 文本或者 1978 文本的成员国至迟在 5 年内必须保护所有的植物属和种,新加入的成员则至迟在 10 年内保护所有的植物属和种⑤。其次,在育种者权利的权利范围(scope of

---

① 根据 UPOV 公约 1978 文本第 34 条规定,1961 文本国家(指受 UPOV 公约 1961 文本约束的联盟成员国,简称 1961 文本国家,下文同)间继续遵守 1961 文本规定,1961 文本国家与 1978 文本国家(受 UPOV 公约 1978 文本约束成为联盟成员的国家,简称 1978 文本国家,下文同)间的关系遵循:1961 文本国家对 1978 文本国家实施 UPOV 公约 1961 文本,而 1978 文本国家对 1961 文本国家实施 UPOV 公约 1978 文本。

② 分别参见 UPOV 1961Act Art. 2(2),Art. 4(5),Art. 24,Art. 25,Art. 36,Art. 38。

③ Barry Greengrass:《什么是植物新品种保护》,载于国家科学技术委员会农村科技司:《国际植物新品种保护联盟地区研讨会》,中国农业科技出版社 1994 年版,第 8 页。

④ UPOV 公约 1991 文本首先对公约所涉及的关键概念,如"育种者"、"品种"等进行了定义界定,其次对于育种者权的获得条件、程序、权利范围和权利的无效与取消,联盟的行政管理以及公约的履行和终止进行了详细规定。

⑤ UPOV 1991Act Art. 3.

the breeder's right)方面,1991 文本在 1978 文本的基础进行了很大拓展。1978 文本中育种者权主要作用于受保护品种的有性或无性繁殖材料,权利种类限于对受保护品种的商业性生产、为销售而提供、市场销售以及商业性生产另一品种需重复使用受保护品种的,需要获得许可。[①] 1991 文本中,育种者权利可以作用于受保护品种的繁殖材料、收获材料、直接制成品以及派生品种和某些其他品种,形成权利保护的"人工瀑布"规则,需要获得许可的行为种类也大大增加[②]。再次,育种者权例外规则在 1991 文本中更为系统,1978 文本仅规定育种例外[③],而 1991 文本将"私人的非商业性活动"、"试验性活动"和"育种活动"规定为强制性例外,还将"农民自种留种"规定为非强制性例外[④]。另外,在对植物新品种的保护方式上也有很大变动,1978 文本明文双重保护禁止[⑤],而 1991 文本没有这种禁止。总而言之,1991 文本中的育种者权无论是权利范围还是权利效力都得到大大增强。

之所以进行这样修改的原因主要是出于下列考虑。首先,1978 文本将植物限定种类进行保护,实践中可能会因各国对植物种类的不同分类而引起争议。1991 文本将保护扩大到所有植物就可以避免此种争议的发生。其次,现代生物技术的发展以及贸易的发达,可以大大增加人们滥用育种技术和植物品种保护规则的可能性,因此 1991 文本赋予育种者以更大的保护范围和更强的保护效力。比如,实质性派生品种的保护就是专门为了阻止寄生的育种方法而设计的。将"农民自种留种权"规定为非强制性的例外,主要是考虑到各国实施育种者权保护的灵活性,而交由成员国自主规定。欧盟重新修订了农民留种的权利,创建了新型的农民权利形式,而美国依然保留,这是因为欧盟的育种者权保护和美国的育种者权保护不是在同一水平上,欧盟采用的是强的育种者权加上为除植物品种以外的所有植物提供发明专利保护的方式,而美国则采用强专利和弱育种者权结合的保护方式。对于 UPOV 1991 文本的这些修改,用国际植物新品种保护联盟副秘书长 Barry Greengrass 的话来说,"已经作出的一些改动非常合理,为植物育种者提供了一种适用于 21 世纪所需要的保护方式,这种形式在当今情况下,表现得相当平衡,一方面代表了新品种培育者的利益,另一方面代表了品种使用者(农民和消费者)的利益"[⑥]。他的这番评价,在某种意义

———————

① UPOV 1978Act Art. 5.

② UPOV 1991Act Art. 14.

③ UPOV 1978Act Art. 5(3).

④ UPOV 1991Act Art. 15.

⑤ UPOV 1978Act Art. 2(1).

⑥ Barry Greengrass:《什么是植物新品种保护》,载于国家科学技术委员会农村科技司:《国际植物新品种保护联盟地区研讨会》,中国农业科技出版社 1994 年版,第 12 页。

上是合理的。

第二节　UPOV 公约下的育种者权保护趋势

UPOV 公约自 1961 年制定以来,随着国际社会经济与科技环境的变化,以及各国植物品种保护实践的影响,至今已经进行了三次修订,分别形成 UPOV 1961/1972 文本、UPOV 1978 文本和 UPOV 1991 文本。总的来说,育种者权保护制度随着这些文本的修订变得日趋完善和成熟。如果从公约的成员国数量看,UPOV 公约在国际上发挥的影响日趋增强,但如果从保护的客体范围看,育种者权保护机制的作用范围变得越来越狭窄,无论是美国从 20 世纪 80 年代开始对植物品种授予专利保护,还是欧盟通过解释"植物品种"的定义获得为植物提供专利保护的合法性,这些植物品种保护实践均证明了育种者权正接受不断扩张的专利制度的挑战。UPOV 公约下的育种者权保护制度在专利制度的强势挑战下,正经历怎样的蜕变呢?下面将以 UPOV 公约的上述三个文本为主线分析育种者权保护制度的发展趋势。

一、保护方式的选择

关于保护方式的选择,UPOV 1961/1972 文本[①]和 UPOV 1978 文本[②]均规定可以通过专门保护或专利保护获得的育种者权利,但对两种保护方式都承认的联盟成员国,对于一种与同一种植物属或种,只能提供其中一种保护。UPOV 1991 文本对保护方式没有要求,只要每个缔约方应授予和保护育种者的权利即可。[③] 同时,还规定已是 1978 文本的缔约方,对其无性繁殖的品种是通过工业产权所有权而不是品种权加以保护的国家,在成为本公约的缔约方时,应有权继续实施其原有保护而无需实施本公约对这些品种进行保护。[④] 这一规定主要针对美国制定,即承认美国可以通过植物专利/实用专利对无性繁殖的品种提供保护。更为重要的是,UPOV 1991 文本没有所谓双重保护禁止的规定。双重保护禁止的废除既是对美国同时运用植物品种权和实用专利为有性繁殖的品种提供保护,运用植物专利/实用专利为无性繁殖的品种提供保护的一种认可,同时也是欧洲国家(主要以欧盟为代表)通过 UPOV 的修订试图在欧盟范

---

①　UPOV 1961/1972 Art. 2 (1).
②　UPOV 1978 Art. 2 (1).
③　UPOV 1991 Art. 1.
④　UPOV 1991 Art. 35 (2).

围内为植物授予专利保护提供来自国际条约的支持。应该说，UPOV 1991 文本已经为植物创新提供专利保护打开了豁口，为育种者权制度与专利制度的协调和配合，而不是过去的相互排斥（双重保护禁止）铺平了道路。

二、植物品种的界定

关于植物品种定义。UPOV 1961/1972 文本规定[①]任何用于繁殖并满足特异性、一致性以及适当命名的栽培品种，无性系，品系，类或杂交种，即为"品种"。UPOV 1978 文本没有为"品种"规定定义。UPOV 1991 文本规定[②]，"品种"系指已知植物最低分类单元中单一的植物群，不论授予品种权的条件是否充分满足，该植物群可以是：以某一特定基因型或基因型组合表达的特性来确定；至少表现出上述的一种特性，以区别于任何其他植物群，并且作为一个分类单元，其适用性经过繁殖不发生变化。与前一定义相比，该定义明显强调了作为品种所应具有的特定基因型或基因型组合表达的特性，从概念的外延来看，也明显小于 UPOV 1961/1972 文本中的"品种"。这一趋势与 EPO 要求对"植物品种"定义作限缩性解释的要求相吻合，从而为植物提供专利保护找到现实依据。

三、授权条件

关于受保护的条件。UPOV 1961/1972 文本规定[③]了要获得本公约保护的植物品种：（1）特异性。即应具有一个或数个重要特性有别于现存的任何其他已知品种，相关特征包括形态特征或生理特征，并能进行精确描述和认知。（2）新颖性。向联盟成员国注册保护申请时，育种者及其继承者未同意该品种在该国领土内提供出售或进行市场销售，或者在其他国家提供销售或市场销售不得超过 4 年。（3）一致性。就该品种的有性或无性繁殖特性而言，必须充分均质或一致。（4）适当命名。

UPOV 1978 文本规定[④]，受保护条件包括：（1）特异性。基本与 UPOV 1961/1972 文本同。（2）新颖性。申请国未销售，如法律规定宽限期，则不得超过 1 年，在其他国家藤本、林木、果树和观赏树木的品种，包括其根茎，提供出售或市场销售不超过 6 年，或所有其他植物不超过 4 年，试种不影响申请保护。（3）一致性。规定与 UPOV 1961/1972 文本同。（4）稳定性。品种基本特性必

①　UPOV 1961/1972 Art. 2 (2).

②　UPOV 1991 Art. 1 (Ⅵ).

③　UPOV 1961/1972 Art. 6.

④　UPOV 1978 Art. 6.

须稳定,即经过重复繁殖,或在育种者规定的特定繁殖周期中的各个周期结束时,品种基本特性仍与原来所描述的一致。(5)适当命名。

UPOV 1991 文本规定,受保护条件包括:(1)特异性。申请时明显区别于已知的任何其他品种。[①] (2)新颖性。基本与 UPOV 1978 文本同,增加"新培育的品种",即缔约方先前未对某一植物属或种实施保护,应将申请日已有的相关品种看做新培育品种,即使其销售或转让他人早于该款规定的期限。[②] (3)一致性。在繁殖特性中预期可能出现变异的情况下,有关性状表现得足够整齐一致。[③] (4)稳定性。经反复繁殖相关性状保持不变,或者在每次特定繁殖周期末,有关性状保持不变。[④] (5)适当命名。

总体来说,UPOV 公约关于受保护条件的规定基本是从技术角度对品种提出要求的,UPOV 1978 文本增加了稳定性要件。从各要件的具体内容看,随着生物科技的发展以及文本的修订,相关的规定愈加系统和科学。

四、受保护的品种范围

关于受保护的品种范围。UPOV 1961/1972 文本规定每个联盟成员国自本公约在其领土生效之日起,应对公约附件中所列的至少 5 个属或种实施育种者权保护,之后逐步增加,8 年内至少保护 24 个属或种。[⑤] UPOV 1978 文本规定的保护品种数目与 1961/1972 文本类似。[⑥] UPOV 1991 文本规定,已是联盟成员的自受本公约约束之日起 5 年期满时,适用于所有植物属和种;联盟的新成员自受本公约约束之日起,至少适用于 15 个植物属和种,10 年期满时,适用于所有植物属和种。[⑦] 公约最终要为所有的植物属和种提供育种者权保护,即将保护的植物范围扩大到整个植物王国。

五、权利范围

关于受保护的权利。UPOV 1961/1972 文本规定[⑧],商业性生产或销售受保护植物品种的有性或无性繁殖材料,以及为另一品种的商业生产重复使用受保护品种的,应事先征得育种者同意。育种者及其继承人可以根据自己指定的

---

① UPOV 1991 Art. 7.

② UPOV 1991 Art. 6.

③ UPOV 1991 Art. 8.

④ UPOV 1991 Art. 9.

⑤ UPOV 1961/1972 Art. 4(3).

⑥ UPOV 1961/1972 Art. 4(3).

⑦ UPOV 1991 Art. 3.

⑧ UPOV 1961/1972 Art. 5.

条件来授权。无性繁殖材料包括整株植物,在观赏植物或切花生产中,当观赏植物或其植株部分作为繁殖材料用于商业目的时,育种者的权利可扩大到以一般销售为目的而不是繁殖用的观赏植物或其植株部分。利用品种作为变异来源而产生的其他品种或这些品种的销售,均无须征得育种者同意。UPOV 1978文本规定①的育种者权范围基本与 UPOV 1961/1972 文本同。

与公约的前两个文本相比,UPOV 1991 文本规定②的育种者权范围变得扩大很多,同时权利关系也变得更为复杂,其结果就是育种者权的范围得到强化。下面以相关权利指向的不同对象分别进行说明:

(1)繁殖材料。涉及受保护品种繁殖材料的下列活动需要育种者授权:①生产或繁殖;②为繁殖而进行的种子处理;③为销售而提供;④售出或其他市场销售;⑤出口;⑥进口;⑦用于上述目的①至⑥的存储。

(2)收获材料。从事上述①至⑦各项活动时,未经授权使用受保护品种繁殖材料而获得的收获材料,包括整株和植株部分时,应得到育种者授权,但育种者对繁殖材料已有合理机会行使其权力的情况例外。

(3)直接制成的产品。从事①至⑦各项活动时,未经授权使用受保护品种的收获材料直接制作的产品,应得到育种者授权,但育种者对该收获材料已有合理机会行使其权利的情况例外。

(4)可追加的活动。除公约规定的育种者权例外和权利用尽情况,各缔约方可作出规定,除(1)款(a)项中(i)至(vii)各项外,从事其他活动也应得到育种者授权。

(5)实质性派生品种和某些其他品种。上述(1)至(4)款的规定也适用于下列品种:①受保护品种的实质性派生品种,而受保护品种本身不是实质性派生品种;②与受保护品种没有第 7 条所规定的有明显区别的品种;③需要反复利用受保护品种进行生产的品种。

上述①为实质性派生品种(essentially derived varieties,EDV),②和③在欧洲及澳大利亚统称为依赖性品种。当出现下列情况时,一品种被看做为另一品种("原始品种")的 EDV:①从原始品种实质性派生或从本身就是该原始品种的 EDV 产生的 EDV,同时又保留表达由原始品种基因型或基因型组合产生的基本特性;②与原始品种有明显区别;③除派生引起的性状有所差异外,在表达由原始品种基因型或基因型组合产生的基本特征、特性方面与原始品种相同。实质性派生品种可通过选择天然或诱变株、或体细胞无性变异株,从原始品种中选择变异、回交或经遗传工程转化等获得。实质性派生品种的判断和权利行

---

① UPOV 1978 Art. 5.

② UPOV 1991 Art. 14.

使是一个相当复杂的问题,后文将展开专题讨论,这里不作详解。

从 UPOV 1991 文本所规定的育种者权情况看,无论是品种权持有人能控制的行为还是能控制的客体,在 UPOV 1991 文本中都得到极大的拓展,这也正是公约进行修订的目的所在。首先,育种者权可以控制的针对受保护品种实施的行为类型基本与专利权可以控制的行为类型相同①,涉及生产或繁殖、为繁殖而进行的种子处理、为销售而提供、售出或其他市场销售、进口、出口以及用于上述目的①至⑥的存储,而前两个文本仅规定品种权可以控制商业性的生产和销售,以及商业性生产另一品种的重复使用。尤其值得注意的是,UPOV 1961/1972 文本和 UPOV 1978 文本要求的是"商业性的生产/销售"才属于育种者权的控制行为,而 UPOV 1991 文本规定育种者权控制的行为类型时,并没有这一要求。也就是说,"任何生产、繁殖、提供销售、出售或其他市场销售、出口、进口,或为以上目的存货,均须得到育种家的批准"②。公约规定的保护范围扩大到与商业目的无关的所有生产和繁殖,据称这可以避免 UPOV 1978 文本盲目制造"农民特权"的情况。其次,育种者权可以控制受保护品种的繁殖材料、收获材料以及由收获材料直接制成的产品,对收获材料或由其直接制成的产品行使权利的前提是权利人没有机会对相关品种的繁殖材料或收获材料行使权利,而前两个文本仅规定可以控制繁殖材料。UPOV 1991 文本的这一保护规则称为"人工瀑布"规则(cascading principle),提出这一保护规则的想法是,如果育种者未能对受保护品种的繁殖材料行使权利,则只能对收获材料行使权利,如果未能对收获材料行使权利,只能对直接由收获材料制成的产品行使权利。当然,最终能否实现这一权利,取决于相关权利人建立的证据链条,这需要强大的证明能力。再次,UPOV 1991 文本还为各成员国设置了一个开放性的权利控制行为规定,称为"可追加的活动",为某些国家增加新的权利控制行为提供了合法性。

此外,UPOV 1991 文本还突破了植物品种保护的一个主要原则——"独立原则"(principle of independence),根据这一原则,育种者不得反对其他人出于培育其他品种或销售这些品种的需要而利用其受保护的品种,即所有授予这些品种的品种权之间是相互独立的。这是植物品种保护制度与专利保护制度之

---

① 参见中国《专利法》(2008 年修订)第 11 条,发明和实用新型专利权被授予后,除本法另有规定外,任何单位或者个人未经专利权人许可,都不得实施其专利,即不得为生产经营目的制造、使用、许诺销售、出口、进口其专利产品,或者使用其专利方法以及使用、许诺销售、出口、进口依照该专利方法直接获得的产品。外观设计专利权被授予后,任何单位或者个人未经专利权人许可,都不得实施其专利,即不得为生产经营目的制造、许诺销售、出口、进口其外观设计专利产品。

② Barry Greengrass:《国际植物新品种保护联盟 1991 年公约有关说明》,载于国家科学技术委员会农村科技司:《国际植物新品种保护联盟地区研讨会》,中国农业科技出版社 1994 年版,第 54 页。

间的重要区别之一。UPOV 1961/1972 文本和 UPOV 1978 文本明确规定利用品种作为变异来源而产生的其他品种或这些品种的销售,均无须征得育种者同意。UPOV 1991 文本规定原始品种权持有人可以控制实质性派生品种和依赖性派生品种,未经原始品种权持有人的许可,相关的实质性派生品种和依赖性派生品种不得进行商业性利用。由上可见,UPOV 1991 文本为育种者权提供了全方位的系统保护,这种保护的强度完全不亚于专利权对相关发明所能提供的保护。

六、保护期限

关于保护的期限。UPOV 1961/1972 文本[①]与 UPOV 1978 文本[②]规定,相关品种的保护期限不少于 15 年。对于藤本植物、果树及其根茎,林木和观赏树木,保护期最少为 18 年。UPOV 1991 文本规定[③],品种权的最短期限应自授予品种权之日起不少于 20 年,对于树木和藤本植物,该期限应自所述之日起不少于 25 年。

七、育种者权的限制与例外

关于育种者权的限制与例外。确切地说,UPOV 1961/1972 文本与 UPOV 1978 文本没有明确规定所谓的育种者权的限制和例外,而只是规定涉及利用受保护品种时,需要经育种者许可的行为必须是商业性目的的。这一规定意味着所有对受保护品种的非常商业性利用均为合法,从而为"农民特权"、"私人的非商业性活动"、"育种者豁免"、"科研豁免"以及"试验性活动"等提供正当性。稍微不同的是,UPOV 1978 文本专门增加了一条"受保护权利行使的限制"[④],规定各成员国可以出于公共利益考虑,或者广泛推广品种,可以限制相关育种者权的自由行使,但应给予相应报酬。

与前两个文本不同的是,UPOV 1991 文本将需要育种者权持有人许可的所有行为没有限于商业性应用,而是扩展到所有目的的相关行为,然后在此前提下,规定了若干品种权的例外[⑤]:其中强制性例外有①私人的非商业性活动;②试验性活动;③为培育其他品种的活动,除实质性派生品种和依赖性品种外,该其他品种的育种者权独立行使。还有一个非强制性例外,即农民保留种子自

---

① UPOV 1961/1972 Art. 18.

② UPOV 1978 Art. 8.

③ UPOV 1991 Art. 19.

④ UPOV 1978 Art. 9.

⑤ UPOV 1991 Art. 15.

已种植的权利。该项规定交由各成员国国内法自由选择是否制定这一规定。从目前各国实践看,美国在其 1970 年《植物品种保护法》中规定了这一权利,但仅限于有性繁殖的植物,同时在农民保存种子的数量方面,通过判例作了限制;欧盟 1994 年的《欧共体植物品种保护条例》也有这一规定,但更多的是进行了变种,不但限定了农民可以保存种子的作物种类,还规定只有"小农民"(little farmer)才有保存的资格,农民对其可以保存种子作物类别以外的作物种子,如果需要保存的话,可以支付较少的使用费。这是《欧共体植物品种保护条例》的一项创新性的规定。

UPOV 1991 文本还明确了"品种权用尽"的问题[①],规定受保护品种的材料或其实质性派生品种及依赖性派生品种的材料,已由育种者本人或经其同意在有关缔约方领土内出售或在市场销售,或任何从所述材料派生的材料,品种权均不适用,除非这类活动:①涉及该品种的进一步繁殖;②涉及能使该品种繁殖的材料出口到一个不保护该品种所属植物属或种的国家,但出口材料用于最终消费的情况不在此例。这里的"材料"包括:①任何种类的繁殖材料;②收获材料,包括整株和植株的部分;③任何直接由收获材料制成的产品。

UPOV 1991 与 UPOV 1978 一样也规定了"育种者权行使的限制"[②],主要是各成员国可以出于公共利益考虑限制相关育种者权的自由行使,但应给予公平报酬。这里"限制育种者权自由行使"方式可以理解为"强制许可"。但 UPOV 1991 规定从公约的立场上更强调禁止各成员国限制育种者权的自由行使。

八、遗传资源的披露与保护

就植物品种保护中的遗传资源披露问题,UPOV 公约认为其所创建的育种者权制度是一项用以保护新的植物品种的专门制度,其使命在于"为植物品种的创新提供一种有效的保护方式,以鼓励植物新品种的开发和培育,从而为整个社会服务"[③]。根据 CBD 公约执行秘书处的要求,UPOV 公约理事会依据 UPOV 公约的规定会积极考虑有关披露要求的问题,但一个基本一致的观点已经形成,即"遗传资源来源国的披露不应规定为植物品种保护的一项条件,与遗传资源获取与惠益分享有关的法律实施,更为恰当的方式是在植物品种保护制度以外进行"[④]。提出这一观点主要基于以下原因,其中某些原因与无法在专利

---

① UPOV 1991 Art. 16.

② UPOV 1991 Art. 17.

③ 参见 www. upov. int.

④ Jon Santamauro. Reducing the Rhetoric Reconsidering the Relationship of the TRIPs Agreement, CBD, and New Patent Disclosure Requirements Relating to Genetic Resources and Traditional Knowledge. EIPR Iusse,2007:94.

法中实施遗传资源的披露和惠益分享相同。这些原因包括：(1)申请人很难或者不可能确认其在植物品培育中所使用的所有生物材料的确切地理来源；(2)授予育种者权的国家机关无法核实相关信息；(3)有关遗传资源的获取与惠益分享立法在追求的目标上与 UPOV 公约不同等。基于这些原因，UPOV 公约理事会认为应当考虑这些具有不同目标追求的立法应采用不同的形式，然后在一定程度上进行协调和相互支持。

有关 UPOV 公约与遗传资源披露和保护的关系问题，只是目前国际社会正在讨论的遗传资源保护和知识产权保护关系中的一个部分，UPOV 公约也只是进行这种讨论的国际性论坛之一。下面将要探讨的《生物多样性公约》《粮食与农业植物遗传资源国际保护公约》、TRIPs 协议以及世界知识产权组织等都是进行这种对话的国际舞台，因此，能否在 UPOV 公约中落实遗传资源的披露与惠益分享，取决于相关国家和国际组织在所有国际对话中的不断努力。

九、育种者权的发展趋势

从 UPOV 公约的数次修订及其增减内容的对比上，可以很明显看出，为植物育种创新领域创建了独特的育种者权保护制度的 UPOV 公约出现两大发展趋势。

(1)在保护方式的选择上，尽管该公约从一开始就没有为植物育种创新关上专利保护的大门，但一直坚持"双重保护禁止"的原则，直到 UPOV 1991 文本的出台，这表明 UPOV 公约意在为植物育种创新的保护提供一个更为广阔和自由的平台。

(2)在保护范围和保护强度上，UPOV 1991 文本下的育种者权明显强于之前的文本，不但将受保护的植物属和种扩大至所有的植物类别，还将育种者权所能控制的行为类型、客体范围进行扩展，建立了"人工瀑布"规则，而且突破了品种保护独立原则，将原始品种的育种者权延伸至实质性派生品种和依赖性派生品种，以阻止"寄生性"育种方法的应用。UPOV 1991 文本还赋予各成员国为育种者权增加新的控制行为类型的权利。尤为值得关注的是，UPOV 1991文本颠覆了以往文本所遵循的"商业性利用受保护品种"需要权利人许可的基本原则，而采用所有对受保护品种的利用需要获得许可，不管利用的动机和目的如何，除了公约明确规定的例外和限制。

由上观之，UPOV 公约为植物新品种提供保护的立场正在发生着微妙的变化，已经逐渐从专门保护的立场撤退，转向采用专利的保护方式，这是由于育种技术的发展使得植物发明更具有"工业发明"的性质，尤其是市场的竞争和商业的力量将"植物品种的创新"成为真正的"商品"。在这种科技和市场竞争的推动下,植物品种的保护更强调了私权性。UPOV 公约起源于欧洲,欧共体自 20 世纪 80 年代以来在植物领域所进行的一系列有关专利保护和品种权保护的界定活动,可以视为是欧洲国家对 UPOV 创建的植物品种专门保护传统与美国的专利保护传统所作的重新选择过程。这一选择的结果是 UPOV 1991 文本的出台,对于欧盟来说,更为明确的选择就是 1994 年《欧共体植物品种保护条例》以及 1998 年《生物技术发明保护指令》。这两个法律文件可以视为欧盟版的 UPOV,也可能是 UPOV 1991 文本的未来方向。主导这种发展趋势的力量是以美国、欧盟为代表的发达国家,而不是处于育种创新弱势地位的发展中国家。

第九章　与贸易有关的知识产权协议

　　1985 年美国将知识产权保护的议题纳入关贸总协定的乌拉圭回合(Uru-guay Round)的谈判,1994 年最终达成《与贸易有关的知识产权协议》(TRIPs)作为 GATT1994 的附件,要求希望成为 WTO 成员的国家或地区进行签署,并予 1995 年 1 月 1 日正式生效。尽管 UPOV 公约为植物品种提供的知识产权保护的历史远远早于 TRIPs 协议,但 UPOV 公约的重要性在 1994 年达成 TRIPs 协议时,还是明显受到了不小的影响,甚至有些遮住了 UPOV 公约原来的光芒。WTO 下的 TRIPs 协议是迄今第一个也是唯一一个试图在全球范围内,在大部分知识产权领域,包括专利、版权、商标、工业外观设计、集成电路以及商业秘密等,建立最低保护标准的知识产权条约。TRIPs 对植物品种的保护没有给予较多的笔墨,甚至没有提及 UPOV 公约,但"它的实施比任何其他国际条约都更有助于鼓励(各国)为植物品种提供法律保护"①。

第一节　TRIPs 协议对植物品种保护的影响

　　TRIPs 协议对植物品种保护的影响主要可以从以下几个方面进行认识。

---

　　① Laurence R. Helfer (for the Development law Service FAO legal Office). Intellectual Property Right in Plant Varieties: International legal regimes and policy options for national governments. FAO, 2004:33.

一、TRIPs 与其他国际条约的关系

与之前已经存在的知识产权国际条约不同,TRIPs 不是一个仅仅涉及知识产权的独立协议,而是涉及货物与服务贸易、农业、纺织以及进口健康限制等主题的贸易有关协议家族中的一员。所有这些协议都是在 1988—1994 年的乌拉圭贸回合易谈判中,在 WTO 总规则下制定的,TRIPs 协议是其中的全球性一揽子协议之一。该协议在于确保发达国家从发展中国家那里获得为含有知识产权的产品提供最低标准的有效法律保护这一承诺(commitment),相应地,发展中国家从发达国家那里获得向在发展中国家制造的物质和其他产品开放国内市场的承诺。

二、发达国家和发展中国家均普遍遵守 TRIPs

这一全球性谈判(讨价还价)的结果是所有 WTO 项下的协议必须得到广泛遵守,包括其中的 TRIPS。截至 2004 年 7 月,全球共有 147 个国家或关税地区因为是 WTO 成员而必须遵守 TRIPs,而截止到相同期限,共有 55 个国家成为不同文本的 UPOV 公约成员。此外,还有许多没有受 TRIPs 约束的国家,尤其是发展中国家,尽管他们没有参加之前的一些知识产权协议,但正被要求使其国内法与 TRIPs 保持一致。事实上,TRIPs 中包含一个逐步采用程序规则,即 TRIPs 的大部分实体性义务在 1996 年对发达国家产生约束力,而对发展中国家和向市场经济过渡的国家没有约束力,直到 2000 年。最不发达国家得到了最大的过渡期,直到 2006 年才实施 TRIPs 的实体性义务。

三、TRIPs 新型的执行、评价和争端解决机制

除了获得普遍遵守外,TRIPs 的影响力直接源于其富有特色的关于国内知识产权执法程序、TRIPs 理事会监督成员履行义务以及成员国间的争端解决机制(其可以通过贸易制裁相威胁的方式确保相关裁定得以执行)。

（一）执法程序(enforcement)

“TRIPs 的一个很突出的特点,就是和以往的知识产权国际公约不同,它对有关知识产权执法的行政和民事的程序,以及司法救济措施都作了很具体的规定。”[①]也就是说,TRIPs 不仅为不同类型的知识产权明确了最低的实体要求,而且要求成员国在其国内法中采用“有效”(effective)规定允许知识产权人针对侵权者实施其权利,即“成员应保证本部分所规定的执法程序依照其国内法可以

---

① 李顺德:《WTO 的 TRIPS 协议解析》,知识产权出版社 2006 年版,第 151 页。

行之有效,以便能够采用有效措施制止任何侵犯本协议所包含的知识产权的行为,包括及时防止侵权的救济,以及阻止进一步侵权的救济"①。这些执法程序包括详细的司法和行政救济、边境措施和刑事程序。② 以植物品种保护为例,成员国必须确保育种者权持有人在其植物新品种未经许可进行商业性销售时,能够通过民事司法程序获得禁令阻止未经授权的销售行为,并从侵权人处获得赔偿。

(二)监督规定(review)

TRIPs 理事会的一项主要职能就是监督全体成员对本协议所定义务的履行,也就是监督 TRIPs 所覆盖的知识产权领域内各成员国内的法律、法规以及司法判决对 TRIPs 的遵守情况。③ 这一监督机制的实施,可以激励成员政府努力使其国内的法律和实践与 TRIPs 保持一致,从而可以向理事会提供有关的积极信息。通过这种监督也可以向被监督成员和其他成员指出相关法律和实践与 TRIPs 的不符之处。尤其是,理事会的评价可以为公开相关成员的国内法律及实践提供一个重要机会,而这些信息在通常情况下,对其他国家来说是很难获得的。公开本身就是对被监督国家知识产权保护和实施情况的一种很好的监督。

在植物品种保护领域,TRIPs 理事会已经收集和组织了大量的关于各成员政府实践的信息,并于 1998 年 12 月准备了一个关于植物品种保护问题的详细清单,要求已经负有植物品种保护义务的 WTO 成员以国内法提供相关保护的方式对这些问题予以回答,其他成员也被要求尽其努力提供相关信息。理事会后来收到和公布来自 17 个国家和欧盟及其成员的回答。理事会在 2001 年和 2002 年重新提出这些问题,要求没有提供其国内植物品种保护实践情况的 WTO 成员予以回答,有 6 个国家作了回答。有关信息在后文的讨论中将会涉及。

(三)争端解决机制(dispute settlement)

争端解决机制是 TRIPs 的另一重要创新,尽管之前的知识产权国际公约,包括 UPOV 都有规定可以向国际法院针对未遵守条约的一方提起诉讼,但从未有国家选择这一争端解决方式。因为普遍认为这样的起诉是一种不友好的行为,而且耗时耗力,最后还可能导致不执行法院判决的结果。TRIPs 将 WTO 争端解决机制引进知识产权领域,成为最广泛使用和有效的国家间争端解决机

---

①　TRIPS Art. 41.(1).

②　具体参见 TRIPS Art. 41—61.

③　TRIPS Art. 68.

制之一。这一机制的适用为 WTO 成员确保其国内法与 WTO 协议,包括 TRIPs,保持一致的动力,以免自己进入争端解决程序。关于争端解决程序的具体规定参见关贸总协定第 22 条和第 23 条规定的解决争端的规范和程序的谅解协议。

迄今尚未出现采用 WTO 争端解决机制解决与植物品种知识产权保护有关的争端案例。从目前的情况看,关于植物品种保护的知识产权争端会有可能发生,其原因在于,WTO 成员对植物品种提供的法律保护范围存在很大不同,而发展中国家在 2000 年才开始有义务保护植物品种,甚至很多发展中国家在 2000 年之前根本没有提供植物品种保护。来自发达国家的育种者,在发现其受保护的品种未经授权在某些发展中国家由于没有恰当的保护制度正被使用,将有可能要求他们的政府针对这些国家起诉,以强制这些国家履行协议的义务。就植物品种知识产权保护而言,也有一些因素表明目前尚不足以在 WTO 争端解决机制内讨论这一问题。首先,2001 年 11 月开始的多哈回合(Doha Round)贸易谈判已经结束,尽管多哈回合为协调植物品种保护有关的其他国际义务(如 CBD 和 ITPGR 所规定的国际义务)与 TRIPs 的知识产权保护要求提供了机会,但在这一问题上,多哈回合没有取得实质性进展。这会影响成员国采用 WTO 争端解决机制解决与植物品种保护有关的问题。其次,过去的实践表明,WTO 成员一般都是受相关知识产权人的压力才会提起争端诉讼。但对植物育种者来说,目前尚无不确定他们能否有充分的证据证明他们的海外市场因其他国家尚未提供充分的知识产权保护而受到损害。另外,WTO 成员会非常谨慎提起这种争端诉讼,因为无论对于原告还是被告,胜诉的可能性都是非常不明了的。尤为关键的是,TRIPs 中关于植物品种保护的要求是比较不明确的,只要 WTO 成员在其国内法中制定了某种形式的植物品种保护,其他成员就不可能提起这种诉讼,除非有确切的证据证明相关成员违反了 TRIPs。

四、TRIPs 第 27 条 3(b)设置的植物品种保护标准

TRIPs 对植物品种保护予以规定的唯一条款是第 27 条 3(b),具体规定如下:

"成员可以将下列各项排除专利保护:……(b)除微生物之外的植物和动物,以及生产植物和动物的实质上生物的方法;生产植物和动物的非生物方法及微生物方法除外;

但成员应以专利制度或有效的专门制度,或以任何组合制度,为植物新品种提供保护。对本项规定应在'建立世界贸易组织协定'生效的 4 年之后进行

检查。"①

这一条款的意思在 WTO 成员和非政府组织（NGOs）之间引起广泛讨论，讨论涉及的两个问题尤其值得关注。

首先，TRIPs 在这一规定中没有指明也没有结合任何已经存在的知识产权协议，包括 UPOV 1978 文本和 UPOV 1991 文本。这种省略明显与协议中其他领域的知识产权如专利、商标、版权完全不同，这些领域都明确要求 WTO 成员遵守之前已经存在的知识产权条约规定的保护标准，如伯尔尼公约、巴黎公约等。这种省略所引起的后果是 WTO 成员既没有被要求加入 UPOV，也没有被要求制定与 UPOV 其中之一文本一致的国内法，以便符合 TRIPs 规定的义务。尽管 TRIPs 的起草历史也无法解释在植物品种保护领域所产生的这种明显不同，但也似乎可以看出没有要求成员遵守 UPOV 的原因可能是如此少的国家属于 UPOV 成员，并且很多国家不同意采用 UPOV 1978 文本和 UPOV 1991 文本中的一个作为保护标准。

其次，第 27 条 3（b）允许 WTO 成员采用以下中的任何一种作为植物品种的保护方式，专利法或者一种有效的专门制度，或者任何上述两种组合的制度。这样，与 TRIPs 所保护的其他领域不同，第 27 条 3（b）明确授予成员国斟酌选择各自的植物品种保护方式，它也考虑到了这种斟酌将被不同的国家以不同的方式进行行使。这种斟酌和多样性化的结果将导致重要的后果。一方面，TRIPs 没有能够建立和强化已经存在的 UPOV 可以达到的协调效果，通过要求 UPOV 成员制定一种类型的植物品种保护法，要求非 UPOV 成员制定另一种保护方式，可以与前一保护方式相同或不同。总之，这样的规定为植物育种者在不同的司法环境下销售受保护的品种提供了更多的复杂性和不确定性。另一方面，这种多样性的法律保护途径允许 WTO 成员可以根据 TRIPs 在第一部分所明确的、有的已经在其他国际公约中确立的社会目标，在保护植物品种时进行相互平衡。从这一视角看，TRIPs 第 27 条 3（b）的这一规定为成员国政府协调规范和政策的冲突方面提供了更多的"安全空间"，而这种空间在 TRIPs 规定的其他领域是没有的。

五、1999 年开始的关于 TRIPs 第 27 条 3(b)的审查

TRIPs 第 27 条 3（b）最后一句规定"对本项规定应在'建立世界贸易组织协定'生效的 4 年之后进行检查"，根据这一规定 WTO 协议在 1995 年 1 月 1 日生效，这一审查在 1999 年开始实施。这种审查在 1999 年时的确进行了实施，但

---

① TRIPs Art. 27.3(b).

是没有结果,主要是由于发达国家和发展中国家在审查方法的范围上出现争议。成员政府分别在 2000 年和 2001 年向 TRIPs 理事会提交相关信息和建议,但没有采取正式行动。随着多哈回合贸易谈判在 2001 年 11 月的开启,对TRIPs 第 27 条 3(b)的审查重新正式开始。

2002 年 6 月,11 个发展中国家提交了一份详细的关于修改 TRIPs 的建议,"以免在执行 TRIPs 时出现与 CBD 公约全面的冲突"[①]。该项建议意在要求所有 WTO 成员要求与生物技术材料和传统知识相关的专利申请披露某些信息作为获得法律保护的条件。欧盟和瑞士对发展中国家的这一建议提出了一个折中方案,要求进行"a self-standing disclosure requirement",其不具有作为专利保护新要件的功能,但允许成员国对与遗传资源有关的专利申请,获得专利授权后,在全球范围内进行追踪。2003 年 6 月,发展中国家拒绝了这一折中方案,要求在 TRIPs 范围内规定一个更强大的来源披露机制,"不仅要求有关谁提供在专利申请中应用的遗传材料或传统知识,而且要求积极提供利益分享和事先知情同意的证据"[②]。非洲国家也提交了一份关于新的"传统知识的决定",要求纳入 TRIPs。[③]

六、TRIPs plus 双边和地区性协议

在 TRIPs 制定后的 10 年中,美国和欧盟与发展中国家签订的双边和地区贸易与投资协定数目不断增长,这些协定中都包含了与知识产权有关的条款。很多评论家将这些协定称为"TRIPs plus",因为其中包含的知识产权保护标准比 TRIPs 中的更为严格,并要求发展中国家在规定的过渡期之前实施 TRIPs,或者要求这些国家同意/遵守其他多边知识产权协定规定的要求。有研究表明,这些包括其他方面的"TRIPs plus"协定所推动的一体化进程,甚至可能比在 WTO 框架内还要更快。另外,一旦一个发展中国家在其国内法中制定了更高的知识产权保护水平,根据 TRIPs 中的最惠国待遇(MFN)条款,该国将有义务向所有 WTO 成员开放这一保护。因此,双边协定有可能被用于抬高知识产权保护水平,从而超越 TRIPs 所规定的要求。

一些"TRIPs plus"包含了与植物品种保护的有关条款,已经超越了 TRIPs中所明确定的知识产权保护最低水平。例如,在美国实施的一系列美国—中美自由贸易协定(U. S. -Central America Free Trade Agreement)(适用于哥斯达黎加、Ei-Salvador、危地马拉、洪都拉斯、尼加拉瓜等国)、2000 年美国—墨西哥

---

① WTO Doc. IP/C/W/356:11.

② GRAIN,2003,P1;see also WTO Doc. IP/C/W/404:4-6.

③ IP/C/W/404:7-9.

自由贸易协定、2000 年美国—约旦自由贸易协定、2002 年美国—智利自由贸易协定、某些欧洲—地中海联合协议等，以及美国自由贸易协定草案均要求将 UPOV 作为恰当的植物品种保护机制，要求这些国家在规定的时间框架内批准 UPOV 1991 文本。这些协议限制了相关国家本来根据 TRIPs 应享有的自由斟酌权利，原本可以通过国内法达到缓和知识产权保护上的紧张关系这一政策目标。

第二节　TRIPs 协议下的植物品种专利与专门制度保护

TRIPs 第 27 条 3(b)是 TRIPs 协议中有关植物品种保护的关键条款，这也是一条明确而复杂的规定，看似简洁的文本，结合植物品种创新复杂的知识产权保护历史以及 TRIPs 协议对各国知识产权保护欠打的影响力，可以进行多种不确定的解读。

一、植物品种的专利保护

TRIPs 要求其签字国为任何技术领域的发明提供专利保护，只要相关的发明是新的、涉及发明步骤并适于工业应用的，然而对于植物有关的发明，允许成员全部排除"植物"、"用于生产植物的实质上生物方法"以及"植物品种"的可专利性。根据 TRIPs 的字面规定，WTO 成员可以拒绝以专利保护植物品种，只要他们制定一种有效的专门权利为这些植物品种提供保护。毫无疑问，TRIPs 关于采用专利保护植物品种的这一基本理解，以及将这一规定与 UPOV 所规定的育种者权进行比较，是形成这一看法的根本原因。因此，WTO 成员政府最初在其国内法律中考虑如何保护植物有关发明的时候，都忽略专利这一保护形式。

首先，TRIPs 将是否专利保护延伸至植物有关发明或创新领域，为成员国政府保留了一种选择。TRIPs 要求成员为知识产权提供最低保护标准，这明确地指出了 WTO 成员可以为知识产权提供比 TRIPs 规定的更高的保护标准。TRIPS 第 27 条 3(b)特别强调成员国可以通过采用专利，或者将专利与专门制度的结合来保护。一些发达国家的政府，如美国、日本、澳大利亚、新西兰、瑞典和英国已经允许育种者可以获得在新品种上的专利，以鼓励在该领域的投资，只要相关植物发明符合专利授权要件。

其次，由于 TRIPs 没有要求为植物相关发明提供任何专利保护，当然也就没有强制成员国制定任何特定形式的专利保护，而只能允许相关政府选择在现存的发明专利保护植物品种,或者采用独立的法规排他地应用于植物。得出这一结论时,就比较可以理解,TRIPs 中可以用于保护植物品种的专利形式可以有别于传统专利。美国就制定了多种植物品种保护法律,如 1930 年植物专利法是美国用于保护无性繁殖植物的法律,1970 年植物品种保护法则用于保护有性繁殖的植物新品种,自 20 世纪 80 年代后,美国法院和美国专利商标局已经允许植物育种者根据发明专利法,为其植物新品种寻求专利的保护。美国联邦最高法院在 2001 年 11 月确认,育种者可以在同一种品种上应用两种保护方式。① UPOV 1978 文本禁止这种保护方式,而 UPOV 1991 文本则允许,美国是 UPOV 1991 文本的成员。

再次,一些国家很难区别植物品种和植物有关的发明,植物品种通常为专利保护所排除,而植物相关的发明则可以获得专利保护。在欧洲,欧洲专利公约(EPC)第 53 条(b)就禁止对"植物品种"授予专利保护。但欧洲专利局(EPO)可以允许那些广泛地包含"植物"的权利要求,或者可以为一项广于"一个植物品种"的发明授予专利保护,即使这些权利要求可能包含多个植物品种。② 因此,在欧洲,对于植物育种者来说是可能的,通过装饰权利要求(fashion their claims),从而在事实上为他们的植物新品种提供专利保护。

事实上,育种者权和专利这两种保护方式之间存有较大的差别。总的来说,育种者权的授予要件比较容易符合,但由于设置了多种保护例外和限制,权利的保护范围相对较窄。专利法则展现了一种完全不同的平衡,授权要件很难达到,但一旦授予专利保护,就赋予了广泛的权利排除第三方未经许可利用该受保护的发明。根据一国领域内的植物育种工业的发展水平和发展需要,该国政府可以决定采用其中一种或者两种保护方式,为植物相关的发明与创新提供激励。

二、植物品种的专门制度保护

TRIPs 第 27 条 3(b)同样也可以解读为,这是 TRIPs 授权 WTO 成员避开为植物品种/植物提供专利保护的规定,可以采用与之不同的一种"有效的专门保护制度"(effective sui generis system)。TRIPs 没有为其出现在第 27 条 3(b)中的"sui generis system"提供定义,TRIPs 的制定历史也没有能为这一术语的解释提供一些帮助。通常来说,"sui generis"可以理解为"具有自己特色的"、"独特的"意思,因此这一术语没有确定何种独特的法律制度根据协议被认为是符合要求的。这一定义的缺失,引起不同的群体提出关于如何建构专门制

---

① J. E. M. Ag Supply v. Pioneer Hi-Bred, 122 S. Ct. 593, 2001.

② G 0001/98, Novartis II/Transgenic Plant, 2000.

度的建议,这也引起成员国政府在理解和实施 TRIPs 规定义务上的混乱。但总的来说,如果 WTO 成员选择通过与专利不同的"专门权利"(sui generis right)方式为植物品种提供保护的话,他们也必须要求创建一个应用于植物品种的独特知识产权保护制度,这一制度必须与 TRIPs 规定的核心要件和目标相吻合。如果这一专门权利制度没有包括相关的核心要件,或者与相关的目标相冲突,有可能导致相关成员国面临 WTO 争端解决机制的挑战。

有观点认为,如果一个成员国的立法符合 UPOV 1978 文本或 UPOV 1991 文本中的一个的话,就满足了 TRIPs 第 27 条 3(b)规定的要求。那些将 UPOV 1991 文本视为一种恰当的保护方式,是在于其为植物品种提供了更为广泛的知识产权保护,而将 UPOV 1978 文本视为一种恰当的专门权利制度,在于 UPOV 是在 TRIPs 谈判之前就已经生效的了。事实上,这两个公约文本所提供的保护作为一项"有效的专门权制度"是既不是完全必要的也不是完全充分的。之所以"不必要",是因为 TRIPs 第 27 条 3(b)没有要求植物品种保护法必须包含同样的客体、授权要件、排他性权利、保护期限或在两个文本种规定的其他详细要求。说"不充分"是因为 TRIPs 第 27 条 3(b)要求成员国必须建构国内知识产权法,而 UPOV 的这两个文本没有这样的要求。

TRIPs 第 27 条 3(b)的规定为成员国政府制定合理的植物品种保护方式,以协调知识产权保护与其他国际义务和国家目标,提供了重要的灵活性。然而,对于那些已经属于"TRIPs plus"双边或地区贸易与投资协定的发展中国家,由于可以借助这些协定要求他们或者加入 UPOV,或者执行 UPOV 中某一文本的规定。已经承担了这些义务的国家在设计植物品种保护"专门权制度"时,就无法享受没有承担这些义务的国家所能享受的同样灵活性了。

例如,UPOV 1991 文本和 UPOV 1978 文本均规定了国民待遇,相同的原则在 TRIPs 中也被规定,但在 UPOV 下,这样的国民待遇仅适用于其他 UPOV 成员国的国民和居民,以及在这些国家设有机构的法人。但如果 WTO 成员以这种方式进行限制的话,将违反 TRIPs 第 3 条关于国民待遇的规定,应将该国民待遇延伸至所有其他 WTO 成员,不管其是否属于 UPOV 的成员。为了遵守 TRIPs 第 3 条规定,植物品种保护法规定了 UPOV 国民待遇原则的国家可以很容易修改法律,将国民待遇原则延伸给其他国家,UPOV 认可的其他规则也需要一个拓展性的改变。例如,UPOV 1978 文本允许在某些条件下设置互惠要求,这一权利仅限于保护属于那些成员国的国民或居民的新品种,即这些国家也为相关植物品种所属的植物属提供保护。这种互惠原则与 TRIPs 的国民待遇原则和最惠国待遇原则是不相容的。

TRIPs 的起草者没有打算将 UPOV 的任一文本视为唯一的植物品种专门

权利保护制度,因为在 TRIPs 中没有任何地方提及 UPOV。相反,起草者们希望成员遵守之前已经生效的知识产权保护国际协议建立的规则,TRIPs 第 2 条(1)就明确了这一规定。应该说,UPOV 1991 文本和 UPOV 1978 文本中的大多数规定均与"一个有效的专门权利制度"基本符合,并且大多数国家制定的植物品种保护法,事实上与 UPOV 这两个文本的一个相一致。

根据参加 WTO 和 UPOV 的情况,可以将有关国家划分成以下几类:(1)WTO 和 UPOV 1991 文本成员;(2)WTO 和 UPOV 1978 文本成员;(3)UP-OV 1991 文本或 UPOV 1978 文本成员;(4)WTO 成员;(5)没有参加任何与植物品种保护有关的国家条约。通过上述分析,可以认为相关国家政府在制定植物品种保护制度方面的灵活性,以(1)(2)(3)(4)(5)这一顺序逐步增加。但要注意的是,如果某些发展中国家已经批准了"TRIPs plus"双边或地区协定,他们可能被要求遵守 UPOV 1991 文本或 UPOV 1978 文本中的全部或部分规定,即使他们本身不是 UPOV 成员。因此,作为"TRIPs plus"双边或地区协定一方的发展中国家应当仔细考虑和咨询协议文本,以决定这些附加的知识产权义务的精确范围。例如,一个是 WTO 成员的发展中国家,但不是 UPOV 成员,如果其批准了"TRIPs plus"双边或地区协定,将被要求遵守 UPOV 1991 文本的所有规定,这意味着该发展中国家将有义务实施 TRIPs 和 UPOV 1991 文本中的所有强制性规定,那么其在平衡知识产权保护和其他竞争政策上的灵活程度就相应降低了。

第三节　多哈回合谈判中的植物品种保护问题

2001 年 11 月,WTO 成员同意开启新一轮的多年贸易谈判,其中包括审查 TRIPs 中的与植物品种有关的知识产权保护义务。同月,粮农组织大会也通过一个新的《粮食和农业植物遗传资源的国际条约》(International Treaty On Plant Genetic Resources For Food And Agriculture, ITPGR)。这两个重大事件,各国政府在考虑对植物品种和植物遗传资源的知识产权保护的正当性和范围时,值得给予关注。在 WTO 框架内,各国重新审视 TRIPS 第 27 条 3(b),并考虑是否拓宽或缩小相关范围以及是否协调国际层面和国内层面在植物品种保护方面的冲突和多样性。ITPGR 主要是为了建立一个获取植物遗传资源的制度,意在限制可能作为知识产权保护的植物遗传资源的类型。这里仅讨论多哈回合谈判中的植物品种保护问题。

一、谈判历程

WTO 关于 TRIPs 和 CBD 之间关系的工作,首先由世贸组织贸易与环境委员会根据 1994 年 4 月在马拉喀什通过的关于贸易与环境的决定中的授权而开展。2001 年 11 月 4 日,来自 WTO 成员的 142 位贸易部长在多哈会议上宣布开启新一轮的贸易谈判,这些宣布没有明确指出有关植物品种保护的问题,但是他们建议 WTO 在考虑是否或者以何种方式修订现行的 TRIPs 文本时,应对植物知识产权保护与竞争政策目标之间的关系实施一个拓展性的审查。当启动对 TRIPs 中有关动植物发明申请专利的第 27 条 3(b)的审议时,世贸组织中关于这一专题的主要论坛于 1999 年转至 TRIPs 理事会。1999 年,在西雅图举行的 WTO 会议磋商失败之后,发达国家迫切开始一个新一轮的贸易谈判,以解决自 1994 年乌拉圭回合之后出现的多个问题,而发展中国家对这一国际多边贸易体制有所抵制,只有在他们的利益问题上获得实质性让步才能考虑协商新的贸易义务。在植物品种保护方面,发达国家和发展中国家在西雅图会议和多哈会议期间的争论主要围绕 TRIPs 第 27 条 3(b)的审查范围问题。美国和日本认为,应限于审查 WTO 成员已经制定的实施该款规定义务的措施,在决定一个专门的植物品种保护制度是否有效的问题上,UPOV 1991 文本被认为是一个首选的基准。发展中国家,以印度、巴西和非洲国家为首,提出了一个更为广泛的审查方法。他们认为对 TRIPs 第 27 条 3(b)的审查为重新考虑植物和其他生命形式是否应当受到知识产权保护这一问题提供了机会,即使知识产权保护是恰当的,发展中国家也将这一审查看做协调 TRIPs 与 CBD,以及为促进生物多样化、承认农民权利以及保护传统知识和土著民社区的权利等应承担的义务进行协调的一种方式。欧洲国家采用了一种折中态度,认为这种协调不是通过 TRIPs 第 27 条 3(b)审查进行,而是通过国内法实施国际条约的义务进行。

多哈会议部长宣言对 TRIPs 第 27 条 3(b)审查的宣布内容,表明发展中国家关于该条款审查范围的立场大体上获胜。部长会议宣言第 19 段指出了关于该款的评审范围,说"TRIPs 与 CBD、传统知识与民间文艺的保护,以及成员提出的相关的最新发展……在执行该项工作时,TRIPs 理事会应根据 TRIPs 第 7 和 8 条确立的目标和原则,全面考虑所有问题"[①]。TRIPs 第 7 条规定"知识产权的保护与权利行使,应有助于促进技术革新、技术转让与技术传播,以有利于社会及经济福利以及权利与义务平衡的方式去促进技术知识的生产者与使用

---

① "Ministerial declaration", WT/MIN(01)/DEC/120, November 2001.

者互利"①。第 8 条规定允许成员可采取必要措施保护公共健康,促进对社会经济与技术发展有重要作用领域的公共利益。这些条款的引用进一步证实 WTO 成员的部长们打算在更广的角度审查 TRIPs 第 27 条 3(b)。

2003 年 8 月 20 日,WTO 秘书处发布了部分发展中成员关于农业谈判问题联合提案,标志着 G20 成立。同年 9 月,墨西哥坎昆世贸组织第五次部长级会议因新加坡议题、棉花问题及农业谈判模式分歧难以弥合而失败。TRIPs 第 27 条 3(b)的审查无果。

2004 年 8 月,世贸组织总理事会议达成《多哈回合框架协议》,通过关于多哈工作方案的决定("七月套案"),重申关于与执行有关的问题和对关注问题的授权,并开展一个总干事的协商进程。

2005 年 12 月,香港《部长宣言》特别提到 TRIPs 和 CBD 之间的关系(除了扩展地理标识的问题),协商进程将得到进一步增强,总干事将向每一次贸易谈判委员会和总理事会常会报告。② 此后,通过 TRIPs 理事会常会和处理未决的执行问题的磋商进程这两个方面进行处理。TRIPs 理事会常会讨论审议了由印度、巴西和秘鲁等发展中国家小组提出的关于修订 TRIPs 的建议,认为应将专利申请者应披露在专利中使用的生物资源来源、传统知识原产地以及相关的事先知情同意和公平惠益分享证据的义务纳入协定。挪威支持在 TRIPs 中引入披露遗传资源和传统知识出产地或原产国的强制性要求,但认为在专利授权后发现披露问题的不能使相关专利无效。欧盟支持关于披露将涵盖所有国家、地区和国际专利适用的遗传资源和相关传统知识的原产地或出产地的强制性要求,但坚持未能披露的法律效力应在专利体系之外进行解决。后一主张与挪威观点相同。瑞士已经建议在 WIPO 的《专利合作公约》的条例中明确表示,《专利合作公约》各缔约方可以要求专利申请者披露与发明直接有关的遗传物质和传统知识的出产地。美国的立场是,应使用包括合同在内的因地制宜的国家办法足以确保能够实现《生物多样性公约》中有关获取和惠益分享的各项目标,使用专利系统并无好处或助益。一些成员国表示希望在国家经验的基础上进行事实讨论,以便对所涉及的问题进行审查。

2006 年,WTO 在日内瓦总部举行中国加入以来的首次贸易政策审议,"12 方高官磋商"两次会议都没有取得进展,"六方部长会"(美国、欧盟、日本、澳大利亚、巴西和印度)也无果而终,农业和非农谈判均没有达成共识。会谈期间,巴西、中国、哥伦比亚、古巴、厄瓜多尔、印度、巴基斯坦、秘鲁、泰国、坦桑尼亚和

① TRIPs Art. 7.
② "Ministerial Declaration"(DOHA WORK PROGRAMME),WT/MIN(05)/DEC,22 December 2005.

南非提出最新建议拟议对 TRIPs 进行修正,纳入在专利申请中披露生物资源和相关传统知识原产地以及和事先知情同意证据和确保惠益分享的要求。但由于"12 方高官磋商"和"六方部长会"均无果,WTO 总干事拉米建议,多哈回合谈判全面中止,且部位恢复谈判设定时间表。TRIPs 第 27 条 3(b)的审查也陷入中止状态。

2007 年的多哈回合谈判,因巴西印度方与欧盟美国方面在农产品补贴等问题分歧很大,最终谈判破裂。其间,委内瑞拉、非洲集团成员和最不发达国家集团成员在 TRIPs 理事会的会议上,表示了对 TRIPs 进行修正这一建议的支持。

2008 年在日内瓦的多哈回合谈判,主要目标仍然是解决农业补贴、农业关税以及工业品关税的削减方法和削减额度问题,最终没有达成一致意见,TRIPs 的修订仍处在僵局中。到目前为止,这一问题仍未取得任何实质性的成果。2011 年被认为是自 2001 年 11 月启动的多哈回合谈判的"机遇之窗",能够达成何种结果,不得而知。

由上可见,TRIPs 第 27 条 3(b)的修订不仅仅涉及植物品种保护方式的选择与保护义务的强制,更为根本的是涉及能否在 TRIPs 与 CBD 之间建立关联,也就是说,能否将植物遗传资源的披露和利益分享机制与 TRIPs 的知识产权保护机制相衔接。发达国家和发展中国家在这个问题上,各自的利益明显不同。就 TRIPs 协议下的植物品种保护问题,WTO 成员是否采用强制式或选择式的方法保护,不仅取决于 TRIPs 理事会审查与植物遗传资源有关的 TRIPs 第 27 条 3(b)规定,而且取决于在所有 WTO 成员在所有与知识产权问题无关贸易问题上的政治性妥协。[①] 但"《与贸易有关的知识产权协定》和《生物多样性公约》之间的关系是未决的执行问题之一"[②],未来的结果如何要看多哈回合的最终达成的协议。

二、问题实质

总的来说,WTO 项下的 TRIPs 代表了发达国家的知识产权保护立场,尤其是美国的知识产权保护立场。从某种意义上说,"TRIPs 实际上是美国贸易法'特别 301 条款'的国际化和扩大化"[③],甚至可以说,TRIPs 协议的框架和内容完全是在以美欧代表的发达国家操控下完成的,知识产权保护为其形式,市

---

①　Laurence R. Helfer (for the Development law Service FAO legal Office). Intellectual Property Righta in Plant Varieties：International legal regimes and policy options for national governments. FAO, 2004；87.

②　《生物多样性公约》国际一级与获得和惠益分享有关的最新进展的概览执行秘书的说明",UN-EP/CBD/WG-ABS/5/4/Add.1,(2007 年 10 月 8 日至 12 日),蒙特利尔,第 5 页。

③　李顺德:《WTO 的 TRIPS 协议解析》,知识产权出版社 2006 年版,第 24 页。

场竞争规则为其实质。因此,TRIPs 协议目的就是提高 WTO 成员知识产权保护水平以维护其国内知识产权人的相关利益。在植物品种的保护上,TRIPs 协议也同样坚持了这一立场。虽然 TRIPs 规定可以将"植物"排除专利保护,但要求"成员应以专利制度或有效的专门制度,或以任何组合制度,为植物新品种提供保护"。这一规定的总原则是植物品种必须获得知识产权保护。但为何规定植物可以排除专利保护,并且没有明确指明何种专门制度,以及怎样组合等具体问题,这可能是由于在 TRIPs 谈判过程中,美国国内对于植物、植物品种能否获得发明专利保护仍然是一个尚未确定的问题,直到美国最高法院在 J. E. M. 一案中作出明确的合法性认定。而在当时的欧洲,对于植物、植物品种的专利保护问题也尚未达成确定性的看法。因此,TRIPs 协议为植物/植物品种的专利保护问题留下灵活空间。而对于"专门制度"的问题,由于美欧在当时植物品种保护制度上存有差异:美国采用植物专利保护无性繁殖的植物,而采用品种权(植物品种证书)的方式为有性繁殖的植物提供知识产权保护;欧洲则自 1961年缔结 UPOV 公约以来大多数国家选择了品种权(育种者权)的保护方式,并且 UPOV 公约经历了三次修订,分别形成 UPOV 1961/1972 文本、UPOV 1978文本与 UPOV 1991 文本,这三个文本所规定的育种者权范围实际各不相同。因此,TRIPs 协议在当时的情况下,确实无法明确指出所谓的专门制度应当是一个什么样的具体制度。况且,世界各国对于植物这种生命形式能否授予专利保护均存有疑虑。从这一意义上说,TRIPs 第 27 条 3(b)是一个过渡性临时条款,是有依据的。虽然这是一个具有灵活性的"过渡性临时条款",但其牢牢掌握了一个基础,就是应当为植物品种提供知识产权保护。这是以欧美为代表的发达国家对植物品种保护的底线。

在 TRIPs 生效运行后的若干年,也就是 1999 年,发达国家和发展中国家都开始在这一条款的修订上希望获得对自己有利的结果。1999 年正好是 WTO 生效后的第 4 年,TRIPs 第 27 条 3(b)规定的审查期。发达国家基本认为仅在原来条款的基础上再将相关规定具体化即可,而发展中国家坚持认为应将该条款的审查范围扩大至 TRIPs 与 CBD 之间的关系,即要将遗传资源的获取与惠益分享机制纳入 TRIPs 协议之中。根据发展中国家的观点,在保护涉及生物材料(包括遗传资源)相关的知识产权时,应当要求相关权利人(主要是专利权人或植物品种权利人)披露所涉生物资源的来源以及事前知情同意和惠益分享证明,否则有可能导致相关知识产权的无效。这是发达国家所不愿看到的,也是不愿做的事。正是因为如此,从 1999 年开始,或者说从 2001 年开始的多哈回合谈判在这一问题上至今没有取得任何实质性进展。因此,TRIPs 第 27 条 3(b)的修订所引发的发达国家和发展中国之间较量,在实质上不仅涉及各发展中国家能否从属于主权内的遗传资源在提供给发达国家使用后从中获取惠益，而且涉及能否将 TRIPs 与 CBD 以及 ITPGR 相衔接，将 CBD 和 ITPGR 的执行和实施纳入 WTO 规则，并接受 WTO 争端解决机制的威慑，从而在一定程度上扭转发展中国家在 WTO 这一多边贸易机制中的不利地位。

第十章　遗传资源获取与惠益分享
有关国际条约

　　粮食和农业的生物多样性是地球上最重要的资源之一,植物、动物、微生物在整个生态系统中发挥着不可缺失的作用,人类赖以生存的粮食和农业生产既是这一生态系统中的一个部分,也是人类利用、开发和依赖生物多样性的结果。由于各种原因,地球上的生物多样性,特别是遗传多样性,正在以惊人的速度丧失。而现代生物技术的开发和利用,使得人类改变生物多样性的能力大大增强。关于植物新品种的保护、生物多样性以及遗传资源的获取等问题的讨论早已成为国际社会关注的焦点之一,通过国际性的规范和机制为相关利益提供保障势在必行。我们所熟知的 UPOV 公约、TRIPs 协议以及《生物多样性公约》(Convention on Biological Diversity,CBD)与《粮食与农业植物遗传资源国际保护条约》(International Treaty on Plant Resources for Food and Agrivculture,ITPGR)就是在这种背景下达成的国际协调机制。

　　就植物新品种保护而言,UPOV 公约和 TRIPs 协议制定的立场与 CBD 和 ITPGR 的完全不同。前两个条约是从私权的角度要求各成员为植物育种创新行为提供相应的知识产权保护,UPOV 规定为植物育种创新提供育种者权保护,并要求成员国在国内法中实施,TRIPs 要求成员为植物新品种提供专利、特别权制度或者两者结合中的一种保护方式。这种保护主要以私权保护的形式对植物育种创新进行激励,确保相应的"发明人"从其"发明"中获得经济性回报。而后两个条约则立足于确保对粮食和农业遗传资源的保存和可持续利用,以及公正和公平地分享从其利用中产生的惠益。从知识产权保护的角度看,植物新品种是一种智力活动成果,属于一种"发明创造",但从植物学的角度看,其仍然是一种植物遗传资源，与天然的未经人工干预的那些植物遗传资源相比，多了一种人工干预的过程。况且，植物育种创新的过程在很大程度上就是一个处理植物遗传资源的过程。因而，植物新品种的知识产权保护必然要受到规范生物多样性和植物遗传资源的国际条约的影响。"从目前情况看，CBD和ITPGR是规范遗传资源的获取与惠益分享问题的最重要的两大国际法律文件。"[①]因此，要对CBD和ITPGR对植物品种保护已经产生或将要产生的影响进行重点考察。

第一节　生物多样性公约

《生物多样性公约》是一项由联合国环境规划署主持的、经各国政府谈判达成的具有法律约束力的多边环境协定，是国际社会为应对全球生物多样性日益消失以及保持可持续发展方面而进行国际合作的一项行动纲领，"在保护生物多样性、可持续地使用其资源并公平合理地分配使用遗传资源所取得的利益方面，这是一个巨大进步"[②]。该公约对植物品种保护产生影响，主要来自其对遗传资源的取得和惠益分享有关规定，主要涉及 CBD 第 15 条、第 16 条和第19 条。

一、遗传资源的获取

根据 CBD 规定，承认各国对其自然资源拥有主权是遗传资源的取得的前提，缔约国应为 CBD 下的遗传资源获取提供便利，而利用者应当获得相关政府的事先知情同意，然后双方在共同商定的条件下实施这种取得和利用。这就是CBD 关于遗传资源获取（access to gentic resources）的基本规定。当然，要探讨遗传资源的取得问题，首先要解释什么是遗传资源的问题。

（一）遗传资源界定

CBD 对其进行了定义，认为"遗传资源是指具有实际或潜在价值的遗传材料"，而"遗传材料是指来自植物、动物、微生物或其他来源的任何含有遗传功能单位的材料"。根据上述规定，在 CBD 的意义上，遗传资源是遗传材料中有实际或潜在价值的部分，也就是遗传材料的范围要大于遗传资源。根据学者研究，完整的细胞、全部染色体、基因以及 DNA 片段在某种情况下可以看做遗传

---

① 张小勇：《遗传资源的获取和惠益分享与知识产权》，知识产权出版社 2007 年版，第 69 页。
② 《生物多样性公约》导言，第 5 段。

功能单位①(functional unit of heredity)，这是因为上述生物实体携带了生命所必需的所有遗传信息。CBD 专门指出，"为本公约目的，本条以及第 16 条和第 19 条所指缔约国提供的遗传资源，仅限于这种资源原产国的缔约国或按照本公约取得该资源的缔约国所提供的遗传资源"②。"遗传资源的原产国"是指拥有处于原产境地的遗传资源的国家，"提供遗传资源的国家"是指供应遗传资源的国家，此种遗传资源可能取自原地来源，包括野生物种和驯化物种的种群，或取自移地保护(指将生物多样性的组成部分移到它们的自然环境之外进行保护)来源，不论是否原产于该国。综上可知，CBD 所规范的遗传资源仅限于两类：(1)原产国的缔约国所提供的遗传资源；(2)按照本公约取得该资源的缔约国所提供的遗传资源。只有这两类遗传资源的提供者才有资格在 CBD 的框架下分享惠益。③ 也就是说，非法获得相关遗传资源的缔约国没有资格参与 CBD 框架下的惠益分享。

(二)自然资源主权原则

CBD 确认各国对其自然资源拥有主权权利，因而可否取得遗传资源的决定权属于国家政府，并依照国家法律行使。根据有关学者研究④，虽然 CBD 重申了国家对其自然资源(包括遗传资源)拥有主权的原则，但相关国家如何实施有关遗传资源的决定权必须通过国内立法进行解决。这是相关缔约国能够就其拥有的遗传资源获得惠益分享的前提。

(三)遗传资源的便利获取

虽然各国对其自然资源享有主权，但 CBD 规定"每一缔约国应致力创造条件，便利其他缔约国取得遗传资源用于无害环境的用途，不对这种取得施加违背本公约目标的限制"⑤。这既是 CBD 对缔约国提供遗传资源赋予"便利提供"的义务，也是对相关遗传资源用途的一种限制，即应用于"无害环境的用途"。这里的"便利提供"主要是从各国不应对遗传资源的提供设置法律障碍的角度来要求的，而不是从技术角度。这一点从"不对这种取得施加违背本公约目标的限制"这一规定可以看出，这里的限制当然就是缔约国运用国内法律所设置的条件或限制。要理解什么是"违背本公约目标的限制"，首先要理解"公约目标"的含义，根据 CBD 规定，"本公约的目标是按照本公约有关条款从事生物多样性、持续利用其组成部分以及公平合理地分享由利用遗传资源而产生的惠

---

① 张小勇：《遗传资源的获取和惠益分享与知识产权》，知识产权出版社 2007 年版，第 27 页。

② CBD Art. 15(3).

③ 张小勇：《遗传资源的获取和惠益分享与知识产权》，知识产权出版社 2007 年版，第 74 页。

④ 参见张小勇：《遗传资源的获取和惠益分享与知识产权》，知识产权出版社 2007 年版，第 75—76 页。

⑤ CBD Art. 15(2).

益;实施手段包括遗传资源的适当取得及有关技术的适当转让,但需要顾及对这些资源和技术的一切权利,以及提供适当资金"。也就是说,如果相关的遗传资源不是应用于"无害环境的用途",或者相关的取得本身"违背本公约目标"的话,缔约国即不负此种便利获取的义务了。当然,"无害环境的用途"以及 CBD 公约目标的具体含义仍有待各缔约国国内立法予以解释。

（四）共同商定条件

CBD 规定[①],获取经批准后,应按照共同商定的条件并遵照本条规定进行。这里规定"共同商定的条件"意味着遗传资源提供国与潜在的遗传资源利用者之间需要通过谈判达成一个协议,其中可以规定遗传资源提供国应享有的回报和利用者应当遵守的条件。这些条件由双方共同商定,表明这是一种平等的民事行为,而不是遗传资源提供国的政府行为。

（五）事先知情同意

CBD 规定[②],遗传资源的取得须经提供这种资源的缔约国事先知情同意,除非该缔约国另有决定。这是 CBD 对相关遗传资源潜在利用者的一项基本义务,即利用遗传资源之前应履行告知义务,并获得提供国的同意。

二、惠益分享

惠益分享(benefit sharing)是 CBD 制定的最终目的所在,也是缔约国之所以提供遗传资源便利获取的原因。CBD 关于遗传资源的惠益分享规定主要是第 15 条(6)(7)、第 16 条和第 19 条(1)(2)。根据规定,资源提供国所能享受的惠益包括[③]:(1)遗传资源提供国参与基于遗传资源的开发和科研活动[④];(2)公平分享研究和开发成果以及商业和其他相关利益[⑤];(3)利用遗传资源技术的获取与转让[⑥];(4)在公平的基础上优先取得基于其提供资源的生物技术所产生的成果和惠益[⑦]。其中(1)的惠益可以通过缔约国的立法、行政和政策措施实施,(2)(3)(4)的惠益分享需要根据共同商定的条件获得。"根据共同商定的条件获得",即意味着遗传资源提供国家需要在与潜在利用者之间通过谈判,以协定/合同的方式将相关惠益予以确定。

---

① CBD Art. 15(4).
② CBD Art. 15(5).
③ 参见张小勇:《遗传资源的获取和惠益分享与知识产权》,知识产权出版社 2007 年版,第 83—84 页。
④ CBD Art. 15(6),CBD Art. 19(1).
⑤ CBD Art. 15(7).
⑥ CBD Art. 16(3).
⑦ CBD Art. 19(2).

三、波恩准则

由于许多具有争议的问题在 CBD 通过时没有获得实际的解决,因此"后协定谈判"成为 CBD 完善中的重要一步。《波恩准则》(Bonn Guidelines)就是在这种后协定谈判中所取得的有关遗传资源获取与分享主题的重要成果,主要是为履行《公约》第 8(j)条、第 10(c)条、第 15 条、第 16 条和第 19 条等与遗传资源获取与惠益分享相关的规定。《波恩准则》全称《关于获取遗传资源并公平和合理分享其利用所产生惠益的波恩准则》(Bonn Guidelines on Access to Genetic Resources and Fair and Equitable Sharing of the Benefits Arising out of their Utilization)是作为 CBD 最高权力机构的缔约方大会(COP)于 2002 年 4 月召开的第六次会议上通过的,其目标是向提供缔约方和利益有关者一个透明的框架来促进获取遗传资源和公平分享惠益,特别向发展中国家,尤其是最不发达的国家和小岛屿发展中国家提供能力建设,以确保有效谈判和实施获取与惠益分享的安排;加强资料交换所机制;帮助各缔约国建立保护土著社区知识、创新和实践的机制及获取与惠益分享制度。[①]

《波恩准则》明确提出了遗传资源获取和惠益分享过程中的步骤:包括"事先知情同意制度"和"共同商定条件"。《波恩准则》为"事先知情同意制度"明确规定了事先知情同意制度所应遵守的基本原则、基本组成部分、负责给予事先知情同意的主管部门、时间规定和截止日期、具体用途说明以及取得事先知情同意的程序等内容。共同商定条件主要是遗传资源提供方和获取方双方达成的协议,其内容包括制定共同商定条件的基本原则及条件的基本组成、指示性清单(涉及遗传资源的类型、数量、活动的地理区域,对材料用途的可能限制,原产国的主权,能力建设要求,向第三方转让的规定,尊重土著社区的权利,保密资料的处理等内容)以及如何实施分享惠益(具体包括惠益类型、惠益时间性、惠益的分配和惠益分享机制)等。[②]

四、CBD 与 TRIPs 和 UPOV

从上述关于 CBD 对遗传资源的权利界定和获取使用方面的规定可以看出,以坚持各国对其自然资源拥有主权权利的 CBD 从基础上就与以私权保护,尤其是强调知识产权排他性利用的 UPOV 和 TRIPs 之间存在利益上的冲突。

---

① 参见联合国《生物多样性公约》及其《波恩准则》. http://biodiv. coi. gov. cn/fg/gy/xx0401d. htm。

② Bonn Guidelines. Part IV steps in the access and benefit-sharing process. Art, 22—50. http://www. cbd. int/doc/publications/cbd-bonn-gdls-en. pdf.

因为，CBD 坚持应就相关遗传资源的利用要求进行知情同意和惠益分享，而 UPOV 和 TRIPs 中的育种者权和专利权坚持的是国家对育种者/发明人就其培育的品种/相关的生物技术发明提供排他性和垄断性的权利保护。这两个原本基于不同理念形成的利益分配体系，现在通过 WTO 的多哈回合贸易谈判中的 TRIPs 修订议题纠结在一起，到目前为止没有取得任何实质性的进展。

第二节　粮食和农业植物遗传资源的国际条约

2001 年对于植物遗传资源保护来说，是一个非常重要的年份，因为有两件关涉植物遗传资源保护的重大事件均发生在这一年的 11 月份，使得有关植物品种和植物遗传资源知识产权保护的国际法律制度出现了重要变化。一个是 WTO 多哈回合贸易谈判的开启，其中涉及审查 TRIPs 中的与植物品种有关的知识产权保护义务。另一事件是粮农组织大会在修订《植物遗传资源国际约定》的基础上，通过新的《粮食和农业植物遗传资源的国际条约》(ITPGR)。1983 年制定《植物遗传资源国际约定》确认了植物遗传资源是人类共同遗产的基本原则，对该约定进行修改主要原因是，《植物遗传资源国际约定》在 1983 年通过时，大部分发展中国家均签署了约定，而一些主要发达国家却作了保留，并在随后将部分植物遗传资源（培育的新品种或突变体）纳入育种者权或专利保护，但该约定没有提及因植物遗传资源的利用所产生的利益分配问题，也没有为农民在保存、开发和改进粮农植物遗传资源方面所作贡献创设一定的利益分配机制。1992 年 CBD 的通过推动了《植物遗传资源国际约定》在调整上述问题方面的紧迫性，因此粮农组织决定着手修订该约定。[①]

ITPGR 的宗旨与 CBD 相一致，即为"可持续农业和粮食安全而保存并可持续地利用粮食和农业植物遗传资源以及公平合理地分享利用这些资源而产生的利益"，并且"上述宗旨将通过本条约与粮农组织和《生物多样性公约》的密切联系而得以实现"[②]。综观 ITPGR 的主要规定，其中与知识产权有关的涉及植物遗传资源的主要由两大规定：关于农民权利（farmers' rights）以及获取和利益分享多边系统（multilateral system of access and benefit-sharing）的规定。下面先简要介绍这两个规定的具体情况，然后分析其与知识产权保护的关系，以及 ITPGR 与 TRIPs 之间的关系问题。

[①] 具体研究参看张小勇：《〈粮食和农业植物遗传资源国家条约〉与知识产权》，载《中国法学会知识产权法研究会 2008 年会暨实施国家知识产权战略研讨会论文集》，2008 年 11 月，第 539—542 页。

[②] ITPGR 第 1 条"宗旨"。

一、农民权利

ITPGR 中规定的农民权利(farmers' rights)是一个不同于 UPOV 体系中的"农民特权"(farmers' privilege)的概念。粮农组织第 5/89 号决议首先提出农民权利,意指"源于过去、现在和将来的,农民在保护、改进和取得遗传资源中,特别是原产地中心/多样性中心的遗传资源所作出的贡献的权利"。而"农民特权"是指根据国家的植物品种保护法赋予农民享有保存其收获的受保护品种的种子,免费/支付少量费用,用于自己土地的再次耕种的权利。两项权力的形成基础有些许关联,都是基于农民在保存、改进和取得植物遗传资源中的贡献,但农民特权的形成还有另一原因,即 UPOV 1961/1972 文本和 UPOV 1978 文本下的育种者权范围限于商业性利用受保护品种,农民通过种植保存的种子用于再次种植,自然不属于育种者权的控制范围。而 UPOV 1991 文本改变了这一规则,将所有利用受保护品种的行为纳入育种者权的控制,然后规定若干例外,包括所谓的农民特权例外。ITPGR 中的"农民权利"显然没有涉及上述含义。

ITPGR 明确规定,各缔约方应当采取措施保护和加强农民的权利,包括:"(a)保护与粮食和农业植物遗传资源有关的传统知识;(b)公平参与分享因利用粮食和农业植物遗传资源而产生的利益的权利……"[①]而从植物品种保护法相关规定来看,在国内层面,各国的确通过"农民特权"形式给予了农民不同水平的利用受保护品种的优惠。但在涉及植物遗传资源的发明专利方面,尚未考虑农民权利的问题,欧盟 1998 年《生物技术发明保护指令》是例外。在植物遗传资源的跨国利用方面,作为涉及植物遗传资源知识产权保护的两大国际公约:UPOV 和 TRIPs 均没有任何与此相关的规定,也就是说,尚未承认和保护 ITPGR 中的农民权利——粮农植物遗传资源提供国农民就其提供植物遗传资源享有的权利,尤其是参与分享因利用粮食和农业植物遗传资源而产生的利益的权利。

二、获取和惠益分享多边系统

根据之前的介绍可知,CBD 建立了一项有关遗传资源的惠益分享机制,《波恩准则》是关于这一分享机制的重要文件。但这一分享机制是双边性的,即由遗传资源提供国与潜在的利用者构成。ITPGR 在"承认各国对本国粮食和农业植物遗传资源的主权,包括承认决定获取这些资源的权力隶属于各国政府"

---

① ITPGR 第 9 条"农民的权利"。

的基础上,提出要建立"一个高效、透明的多边系统,以方便获取粮食和农业植物遗传资源,并在互补和相互加强基础上公平合理地分享利用这些资源而产生的利益"①。

根据 ITPGR 的规定,其获取与利益分享多边系统包括以下三部分。(1)多边系统的范围:根据粮食安全和相互依存标准列出并尽量将相关的粮食和农业植物遗传资源列入其中。②(2)方便获取:各缔约方应采取措施,通过多边系统向其他缔约方提供获取机会,同时也应根据相关条件向任何缔约方管辖范围内的自然人和法人提供获取机会,方便获取应根据标准的《材料转让协议》予以提供。③(3)利益分享:首先,相关利益包括方便获取多边系统的粮食和农业植物遗传资源、商业利用多边系统的粮食和农业植物遗传资源产生的利益(包括信息交流、技术获取和转让、能力建设以及分享商业化产生的利益)。其次,上述利益应直接或间接流向保存并持续利用粮食和农业植物遗传资源的各国农民,尤其是发展中国家和经济转型国家的农民,以融资战略提供特定援助;以及自愿捐款战略(受益于粮食和农业植物遗传资源的食品加工企业应向多边系统捐款)。④ 通过多边系统的上述操作可以看出,这里的多边系统相当于一个共同的种子资源库,由各国政府在处于公共领域的原地保存或在国家种子库里异地保存的粮食和农业作物,以及由 CGIAR(the Consultative Group International Agricultural Research)异地保存的粮食和农业作物组成。那些从这一多边系统获得植物遗传资源并发展成商品的人/企业,必须向多边系统的管理机构支付一定比例的利润。这些资金将用于促进植物遗传资源的保存与可持续性利用,尤其是保障农民和当地社区为促进遗传资源多样化作出贡献而应享有的权利。由此也可知,ITPGR 的最终目的是为便利种子和其他用于研究、育种的种质资源的交换。

三、ITPGR 中的知识产权问题

ITPGR 建立在开放式获取植物遗传资源的基础上,其必然与对这些资源授予排他性权利的任何法律系统产生紧张关系。在修订该条约的 7 年谈判中,知识产权是其中最容易引起争论的问题。一方面,公约起草者承认该条约不会发生作用,除非私人一方利用从多边系统获取天然遗传材料,生产并商业销售由此派生的产品。只有通过这样的商业化运作才能为条约的利益分享、相关植

---

① ITPGR 第 10 条"获取和利益分享多边系统"。
② ITPGR 第 11 条"多边系统的范围"。
③ ITPGR 第 12 条"多边系统中粮食和农业植物遗传资源的方便获取"。
④ ITPGR 第 13 条"多边系统中的利益分享"。

物遗传资源的保存和可持续性利用提供充足的经济支持。但另一方面,如果植物遗传资源的组成部分可以通过知识产权的授予私有化的话,那么多边系统本身将会受到威胁。① 因此,相关争论的焦点很快集中在,条约是否应当阻止从共同种子库的种质中提取的单独基因或纯化基因获得专利保护? 美国和日本反对这样的禁止,而大多数发展中国家支持这一禁止,欧洲国家采取了一种折中的态度。也正因为此,ITPGR 以 116 票赞成、0 票反对,美国和日本的两票弃权,ITPGR 最终获得通过。WTO 多哈回合贸易谈判的 TRIPs 议题中,同样也涉及这一问题。ITPGR 的最终文本反映了在 FAO 大会上大多数政府的立场,尤其是第 12 条 3(d)规定便利获取多边系统中的植物遗传资源,仅适用于下列条件"……获得者不得以从多边系统获得的粮食和农业植物遗传资源、或其遗传部分或成分的形态,提出限制这种方便获取的任何知识产权和其他权利要求"②。这一规定不仅对 ITPGR 的缔约方具有约束力,而且包括在《标准转让协议》中,这意味着所有从多边系统获取植物遗传资源的私人利用者也均应遵守这一规定。

事实上,第 12 条 3(d)的这一规定直接反映了与持反对意见国家之间的不可融合的关系,其中关键的问题是,从一个种子中提取一个基因/遗传单元的行为,在本质上,是否是一个对种子遗传材料充分改变,使得提取的遗传产品不再是从多边体系获得"形态"? 关于这一问题存有若干观点。一种观点认为,该款所禁止的只是将知识产权延伸到种质原材料,而不是禁止知识产权保护已经独立和提纯、并改变其自然状态的个别基因或 DNA 片断。另一种观点坚持更为扩张的解释,认为该条款允许育种者交换种质资源,提取商业性应用的基因,并将这些基因添加到其他植物品种中,可以对这一新品种或提取的已经适应该品种的基因要求专利保护。根据这一观点,原始的植物材料,包括其遗传成分,将仍然保留在多边系统中,可供其他人自由使用和开发。事实上,上述所有的文本解释以及国家层面的立法均不可能解决这一争论。ITPGR 在 2004 年 6 月生效后,管理机构仍有机会根据条约便利获取植物遗传资源用于特定目的的目标,阐释清楚这一条款的真实意图,也可向 WIPO 和 TRIPs 理事会寻求建议。根据 ITPGR 第 22 条规定,关于这一条款的正确解释争议还可以提交仲裁或提交国家法院解决,只要缔约方接受这样的争端解决方法。管理机构是否打算将

---

① Laurence R. Helfer (for the Development law Service FAO legal Office). Intellectual Property Righta in Plant Varieties: International legal regimes and policy options for national governments. FAO, 2004:88.

② ITPGR Art. 13. 3,"……(d)Recipients shall nor claim any intellectual property or other rights that limit the facilitated access to plant genetic resources for food and agriculture,or their genetic parts or component, in the form received from the multilateral system……"

ITPGR 的解释与其他政府间机构的工作进行协调,在这一点上是不确定的,因为这会引起更大的问题,即如何在创建新的法律规范的过程中协调国际机制之间的合作。

四、ITPGR 与 TRIPs 和 UPOV

不管管理机构最终对第 12 条 3(d)作出何种解释,ITPGR 在事实上已经造成与 TRIPs、"TRIPs plus"协定以及国家的知识产权法律之间的冲突。TPGR的起草者有意在 ITPGR 与其他国际条约的关系上采取模棱两可的立场,认为所有影响植物遗传资源的国际条约"应该共同支持"①,并有意识地避免采用任何与其他条约造成冲突的表达,指出 ITPGR"绝不得解释为可以以任何方式暗示缔约方改变在其他国际条约中的权利和义务","无意在本条约与其他国际条约间划分等级"等②。在 ITPGR 与 TRIPs 的关系上,第 12 条 3(d)和多边系统惠益分享无疑是明显存在冲突的地方。

从目前的 TRIPs 协议内容看,虽然 TRIPs 第 27 条目前排除了对植物和植物品种的可专利性,但其要求为植物品种提供专利、专门制度或两者结合的方式提供知识产权保护。就"TRIPs plus"协定而言,这些协定要求发展中国家承认有关植物或植物品种的专利,以及承认发达国家在其国内知识产权法中将独立和纯化的基因作为可专利发明的做法。因为要求为植物品种提供专利保护是"TRIPs plus"协定的一项标准,并在双边条约中要求发展中国家授予这样的专利。在多哈回合中,如果 WTO 成员要求通过修订 TRIPs 为植物或植物品种授予专利保护,那么这种冲突将很明显地出现在这两个国际条约的成员应履行的国际义务之中。同时,ITPGR 第 12 条 3(d)的规定对于很多国家同样具有冲突,尤其是那些为从自然界独立出来的基因授予专利保护的发达国家。上述对这一条款的扩张性解释很容易证实与国家专利法之间的这种紧张关系,这些国家为那些借助技术手段生产或人的干预而独立出来的植物遗传材料授予专利保护。ITPGR 的批准即意味着这些国家有义务制止对从多边系统获取的种子或其他种质资源中独立的基因授予专利保护。履行这一义务的后果是,这些国家应当修改其国家法律,对从上述材料中独立的基因拒绝给予专利保护③。

多边系统惠益分享规定,那些从多边系统获取遗传资源用于制造产品并商

---

① ITPGR 前言,序言第 9 段。

② ITPGR 前言,序言第 10、11 段。

③ 关于从多边系统获取的植物遗传资源能够申请知识产权保护的问题,根据世界知识产权组织秘书处的知识产权专家吴晓平介绍,实践中通常要看这种获取是否应用进行了商业化,申请知识产权保护意味着进行了商业化运作,这种情况下要考虑惠益分享的问题。如果不进行商业性利用,不申请知识产权保护,可以不进行惠益分享。

业应用的获取者,应当向多边系统支付该产品商业化应得的合理份额。这一规定给生物技术发明专利增加了一项义务,但没有为其他类型的专利规定这样的义务。因此,这有可能与 TRIPs 第 27 条(1)的规定(要求成员为一切技术领域中的任何发明提供专利保护,不得因发明地点不同、技术领域不同以及产品之系进口或系本地制造之不同而给予歧视)产生冲突。这样的一个完全不同的利益分享规则是否与 TRIPs 冲突,在事实上是不确定的。例如在加拿大药品专利保护案(Canada-patent protection of pharmaceutical products/genetic medicine)中,WTO 争端解决机构专家组就拒绝了欧盟的指控,认为加拿大专利法一个表面上中立的规定,在实践中仅适用于医药专利没有违反 TRIPs 第 27 条(1)的相关义务,但专家组拒绝就"限定特定技术领域的措施,仅仅根据事实本身,是否必然构成歧视,或者在某种情况下这些措施是否可以作为专门措施用于调整和恢复所讨论技术领域的公平待遇"①这一问题作出判决。多边系统惠益分享规定与 TRIPs 第 27 条(1)之间的冲突还在于 TRIPs 无处不禁止 WTO 成员对专利权的持有强加费用和税收,除了国家知识产权主管规定的常规性费用。但这是不清楚的,TRIPs 是否要求所有这样的费用必须对所有类别的专利均同等适用。

　　WTO 项下多哈回合谈判所涉及的关于审查 TRIPs 第 27 条 3(b)有关专利和植物品种保护的规定,同样涉及 ITPGR 与 TRIPs 之间的冲突,由于相关问题的最终解决将会受到多哈回合中其他众多与植物遗传资源保护无关的问题谈判的影响,因此很难就最终达成的协议作出预测,只能等待多哈回合的最终谈判结果产生。

五、植物遗传资源应纳入植物品种保护体系

　　与 TRIPs 所坚持的高水平知识产权保护相比,《生物多样性公约》与《粮食与农业植物遗传资源国际保护条约》更侧重承认发展中国家在保存和利用相关遗传资源上的贡献,并努力提供相关的惠益分享,以确保发展中国家从这些利用中获得回报。因为尊重发展中国家的利益,尤其是处于原产地中心和生物多样性中心的农民的权利,是保障世界农业可持续发展和各国粮食安全的基础。国际社会正是意识到生物多样性和植物遗传资源应用的可持续性对于整个人类发展的重要作用,才达成上述这两个公约。但 WTO 项下的 TRIPs/UPOV 1991 所奉行的知识产权保护政策/制度没有将上述惠益分享机制纳入其中,而仅保护 TRIPs 所承认的相关智力活动成果。这是 CBD 和 ITPGR 与 TRIPs 产

---

　　① 具体可以参看 WT/DS114/R,http://www.wto.org/english/tratop_e/dispu_e/7428d.pdf.

生冲突的根源，也是以印度、巴西为首发展中国家在多哈回合中提出修改 TRIPs 议题的根源。无疑，就植物品种保护而言，发展中国家的立场是必须将植物遗传资源保护机制纳入植物品种知识产权保护机制，也就是说将 CBD 和 ITPGR 所建立的惠益分享机制应当纳入以 TRIPs 为代表的知识产权保护机制。

第十一章　其他与遗传资源获取和惠益分享有关的制度安排

　　除了上述 UPOV 公约、《生物多样性公约》、《粮食和农业植物遗传资源的国际条约》以及 TRIPs 协议参与和涉及有关植物遗传资源的获取与惠益分享的讨论外,世界知识产权组织(WIPO)自 2000 年也开始参与相关讨论,一些典型的地区与国家立法,如安第斯共同体《关于遗传资源获取的共同制度》、非洲联盟的《保护当地社区、农民和育种者的权利以及规范生物资源获取的非洲示范法》,以及肯尼亚、印度、澳大利亚等国均已制定的有关植物遗传资源获取与惠益分享的法律法规。这里主要介绍 WIPO 关于植物遗传资源获取与惠益分享的讨论进展以及安第斯共同体、非洲联盟的有关立法,同时简要提及印度、巴西在植物遗传资源的获取与惠益分享问题上的做法。

第一节　WIPO 关于植物遗传资源获取与惠益分享的讨论

　　WIPO 在 2000 年 10 月设立的知识产权与遗传资源、传统知识、民间文艺表达政府间委员会(The WIPO Intergovernmental Committee on Intellectual Property and Genetic Resources, Traditional Knowledge and Folklore, IGC),是进行有关知识产权(IP)与传统知识(TK)、遗传资源、民间文艺表达(TCEs 或 folklore)相互作用的讨论和对话论坛。

　　虽然关于遗传资源问题的讨论是 IGC 组建的原因,但在 IGC 成立之前,WIPO 已经参与了遗传资源与知识产权的问题讨论。1998—1999 年 WIPO 与

UNEP 初步合作研究利用生物资源/传统知识引起的惠益分享中的知识产权作用,该项研究由三个案例研究组成,为知识产权如何支持遗传资源的惠益分享提供经验。① 1999 年 9 月专利法永久委员会(the Standing Committee on the Law of Patents)第三次工作会议也讨论了关于知识产权与遗传资源的问题,委员会要求国际局将在 1999 年 11 月召集的生物技术发明工作组的议事日程中应当包括生物和遗传资源的保护问题,还进一步要求国际局采取措施在 2000 年初召集大多数成员国参加的一个独立会议,讨论这一问题。② 1999 年 11 月,WIPO 生物技术工作组(working group on biotechnology)决定在 WIPO 成员中进行一项问卷调查,收集有关生物技术发明保护有关的信息,包括知识产权与遗传资源的某些问题,秘书处负责问卷的发放和回收,问卷结果将在委员会的第一次工作会议上提交。2000 年 4 月 WIPO 组织知识产权与遗传资源会议,讨论了获取和原产地保存遗传资源与知识产权的关系,一致认为,"WIPO 应当为成员国提供便利的持续性的咨询服务,通过进行法律和技术研究以及在 WIPO 未来工作框架内设立一个适当的论坛,与其他相关的国际组织合作"③。在 2000 年 5—6 月举行的"制定专利法条约(the patent law treaty)的外交会议"之前,有关遗传资源的问题已经进行非正式的磋商,相关的磋商产生了一个基本一致的声明:成员将继续在 WIPO 内讨论有关遗传资源问题,讨论的方式将由总理事在与 WIPO 成员商议后斟酌决定。外交会议之后,成员开始就讨论的方式和内容举行磋商,磋商的结果是决定在 WIPO 内设立一个独立的机构以便利这种讨论。2000 年 9—10 月 WIPO 举行第 26 届成员大会,讨论了遗传资源获取与惠益分享有关的知识产权问题,成员主张建立委员会。

政府间委员会(IGC)工作的一个重要特征是协调和反映 CBD、联合国粮农组织(the Food and Agricultural Organization of the United Nations,FAO)以及联合国环境规划署(the United Nations Environment Programme,UNEP)的工作。尤其是 CBD 缔约方大会和粮农组织关于粮食和农业遗传资源委员会为 IGC 的工作提供重要指导,由于这些组织在遗传资源国际法律和政策框架中担任重要角色。IGC 的工作主要涉及以下三方面④。

(1)遗传资源的防御性保护(defensive protection):采取措施阻止对那些涉及遗传资源但不符合新颖性和非显而易见性要件的专利,WIPO 采取的这些措

---

① 相关案例可以参看 WIPO publication no. 769 (E) "WIPO-UNEP Study on the Role of Intellectual Property Rights in the Sharing of Benefits Arising from the Use of Biological Resources and Associated Traditional Knowledge "。

② 可以参看 document SCP/3/11,paragraph 208。

③ 参见 WIPO/GRTKFIC89:3。

④ 参见 http://www.wipo.int/tk/en/genetic/。

施包括为专利审查员创建改良的搜索工具(improved search tools)和分类系统(classification systems),用于审查对遗传资源提出权利要求的专利。

(2)与获取遗传资源和规范遗传资源利用的合理惠益分享协议有关的知识产权问题:IGC 设立一个数据库作为能力建设工具(a capacity-building tool)并协助通知争论的政策,这些数据库为有关获取和惠益分享达成共同商定的条件提供详细例子说明。IGC 也为合理惠益分享安排中的知识产权问题提供在原则和草案方面的指南,以符合 CBD 缔约方大会的要求。

(3)与遗传资源和传统知识有关专利申请的披露要求:根据 CBD 缔约方大会的邀请,IGC 准备对这一问题进行技术性研究,向其提供更为详细的如何审查这一问题的补充文件。

一、遗传资源的防御性保护

截至 2008 年 10 月 13—17 日,IGC 已经举行了 13 次工作会议[①],有关遗传资源问题的讨论主要集中在专利制度与遗传资源的关系上,尤其是专利申请中遗传资源来源国的披露问题,如披露要求的法律效力,其与专利申请、专利授权以及专利权行使之间的关系。

(一)瑞士建议

瑞士在 2003 年 5 月 19—23 日举行的改革专利合作条约工作组第 4 次会议上最先提出在专利申请中披露有关遗传资源和传统知识来源要求的建议[②]。瑞士认为遗传资源和传统知识的来源披露有助于专利审查员和法官判断某些与遗传资源和传统知识有关发明的现有技术,尤其是便利了在先公开使用的成立,以便发现相关发明缺乏新颖性和发明步骤。有关传统知识的现有技术,一旦披露来源可以简单搜索数据库可以完成审查。因此瑞士建议,修改 PCT 规则,明确要求 PCT 成员要求专利申请 PCT 程序中从国际申请进入国家阶段时,要求披露遗传资源和传统知识的来源,如果该项发明基于这样的资源和知识而作出的话。上述关于 PCT 的修改建议也应用于 WIPO 专利法条约(Patent Law Treaty, PLT)。

(二)欧盟建议

欧盟及其成员在 IGC 第八次工作会议上曾提交标题为"专利申请中的遗传

---

① 参见 http://www.wipo.int/export/sites/www/tk/en/igc/documentation/info_delegates.pdf.

② document PCTRWG4/13(2003).

资源和传统知识来源披露"①,提出:(1)在专利申请中应当引进遗传资源来源国强制披露要求;(2)该要求应在尽可能早的阶段应用于所有国际、地区和国家专利申请;(3)申请人应宣布遗传资源的来源国,如果不知道的话,应提供发明人知道的物理获取的具体遗传资源来源;(4)发明必须根据具体遗传资源直接作出;(5)申请人也有义务披露与遗传资源有关的传统知识的来源,如果申请人知道相关的发明是直接基于这样的知识作出,在这种情况下,有必要对"传统知识"概念进一步展开讨论;(6)如果专利申请人没有或拒绝披露所要求的信息,尽管对这些缺少的信息给予救济机会,但相关申请的程序不能继续进行;(7)如果提供的信息不正确或不完全,必须在专利制度之外设计有效的、恰当的以及劝诫性的制裁措施;(8)应当引入一项简单的通知程序,专利局在每次收到有关披露时应向 CBD(the clearing house mechanism)发送获得的信息。

(三)日本建议

2006 年 4 月,日本也就遗传资源和传统知识问题提出建议,认为专利授权错误的问题可以通过改进存有遗传资源和相关传统知识的数据库得到解决。审查员既可以有效利用这些数据进行现有技术的搜索,也可以利用某些现存的制度体系,如通知规定体系和无效审判体系。日本还提出,一键数据搜索系统(a one-click database search system)将有助于审查员更为有效地搜索与遗传资源和传统知识有关的现有技术。

二、惠益分享问题

IGC 成立的目的是为全面配合和支持 CBD 和 FAO 有关的工作,WIPO 与 CBD 合作时,WIPO 从根据 CBD 要求提供相关问题的分析开始,这些问题包括:(1)知识产权制度对获取和利用遗传资源以及科学研究的冲击;(2)遗传资源来源国披露要求和实现知情同意制度与国际法律义务之间的一致性;(3)遗传资源来源国和事先知情同意披露要求在知识产权申请审查中、在知识产权授予复审中的效力;(4)国际承认的来源系统证明作为事先知情同意和共同商定条件的证据的可行性;(5)口头证据在知识产权审查、授权以及维持程序中的效力;等等。

2004 年 CBD 要求 WIPO 在确保其工作支持而没有违反 CBD 目标的前提下,考虑在知识产权申请中遗传资源获取与披露的相互作用问题,包括:(1)披露要求规定模式的选择;(2)与披露要求有关知识产权申请程序的实际选择;

---

① WIPO/GRTKFIC811. Disclosure of Origin or Source of Genetic Resources and Associated Traditional Knowledge in Patent Applications,2005.

(3)申请人的激励措施选择;(3)确认在 WIPO 管理的不同国际条约中关于披露要求功能的含义;(4)提议形成来源国际证书所引起的知识产权问题;等等。

根据 CBD 请求,IGC 在审查上述问题时,认为下列与披露要求相关的问题不能忽略:

——当相关发明直接或实质性利用了传统知识时,谁是所要求发明的真正发明人?

——什么样的外部环境将影响申请人申请和获得专利授权的资格,尤其是围绕获得和利用发明投入的状况以及任何由此引起的更广范围内的义务?

——当相关发明涉及已经知晓的传统知识和遗传资源,以及生物材料时,所要求的发明是否还真正具有新颖性和创造性?

——当相关发明具有可专利性时,申请人是否应当披露所有与权利要求有关的已知背景知识(包括传统知识)?

——除了申请人外,其他利益主体是否应当被确认? 如源于惠益分享义务引起的所有权利益、许可或抵押利益,或者源于在一项发明中的传统知识持有人地位引起的利益。

——专利制度如何用于监督和批准遵守规制遗传资源和生物材料获取法律,以及遵守规制获取、惠益分享、共同商定条件、允许、许可或其他合同义务的法律或法规,尤其是当这些义务是根据外国司法制度设定的?

——专利制度是获取和惠益分享的恰当方式吗?

——对创新赋予新的披露要求会产生什么样的影响?

——以一种有效方式促进获取和惠益分享披露要求能得以实施吗?

——新的披露要求怎样影响引进这一制度国家的创新?

——鉴于已经存在的可专利性要件,额外的披露要件是否必要?

——国家专利局是否是执行基于遗传资源或传统知识提供者利益的许可或合同的恰当机构?

WIPO 的相关工作已经证实和表明,专利制度与遗传资源之间相互作用相关的问题非常重要,但对这些问题的实践处理方式上仍然没有达成一致。IGC 仍然必须为相关问题的解决继续工作。

三、WIPO 实体专利法条约草案

遗传资源来源国披露是解决关于遗传资源获得的关键,在 TRIPs 协议下对相关问题的讨论仍然有效。但在 WIPO 工作范围内,遗传资源来源国披露问题

也反映在对实体专利法条约(the Substantive Patent Law Treaty,SPLT)①的讨论当中,这一讨论始于 2001 年,该条约旨在协调实体专利法领域的概念目录,但 WIPO 成员至今没有就 SPLT 必须包括的概念目录达成一致:一方面一些成员赞成 SPLT 包括一个较窄的概念范围或者说是有限的概念目录;另一方面,一些国家主张 SPLT 应包括更为宽泛的概念范围。较窄的概念范围主要包括以下概念:现有技术的定义、宽限期、新颖性和发明步骤。较宽的概念范围包括:灵活性的发展和政策空间、可专利性的排除、专利权的例外、反竞争的实践、来源披露、实现知情同意和惠益分享、挑战专利有效性的有效机制、充分披露、技术转移以及促进创新的可选择模式等。对于较宽的概念范围,其中最为重要的是涉及来源披露、实现知情同意和惠益分享,但支持采用较窄概念范围的国家不赞成这一看法,而且一些国家也不赞成 SPLT 必须包括概念目录。WIPO一直试图缩小上述观点的分歧,但至今没有成功。

第二节　安第斯共同体的相关制度安排

对于具有丰富生物多样性的发展中国家来说,规范遗传资源及其与之相关的传统知识的获取的根本原因在于,生物多样性及其具有相对优势的传统知识必须得到保护以免被发达国家不当利用,这种保护使得发展中国家可以更好地参与全球市场并提高经济地位。② 由玻利维亚、哥伦比亚、厄瓜多尔、秘鲁和委内瑞拉组成的安第斯共同体共同分享和占有丰富的生物和遗传资源,其中哥伦比亚、厄瓜多尔、秘鲁属于地球上 12 个生物多样性最为丰富的国家(这 12 个国家拥有地球上已知生物多样性资源的 60%～70%,甚至更多)。此外,安第斯共同体境内还有数量可观的原住民和黑人社区,拥有丰富的传统知识。所有的安第斯共同体成员均签署和批准了 CBD 公约,并且开始制定安第斯共同体的法律,即指令 391 和指令 486 的方式,以实施 CBD 的有关规定,这两个指令分别与1996 年 7 月和 2000 年 12 月生效。

CBD 所建立的与可持续保存生物遗传资源有关的基本原则,包括:承认土著和当地社区通过传统知识发展和保护生物遗传资源方面的基本作用和相关权利、成员国对其遗传资源的利用和开发享有主权、获取这些遗传资源的条件和相关权利、关于商业应用遗传资源及其部分以及由此产生的产品(衍生物)的

---

① "the Substantive Patent Law Treaty"相关信息参见 http://www.wipo.int/patent-law/en/harmonization.htm.

② 参见 WIPOECTKSOF/01/3.13:2.

惠益分享等,在这两个法律中均有体现。《遗传资源获取共同制度》中还规定许多保护传统知识的条款。

一、遗传资源获取共同制度

安第斯共同体指令 391 建立了一项关于遗传资源的获取与惠益分享地区性法律制度,名为《遗传资源获取共同制度》(Common Regime on Access to Genetic Resources),于 1996 年颁布。该项制度涉及遗传资源获取与惠益分享的规定主要如下:

(1)确认共同体国家对其生物和遗传资源的开发和利用拥有主权权利;[1]

(2)通过获取协议就获取的遗传资源确定公平和合理的利益分配条件;[2]

(3)确认了当地人、黑人以及当地社区在保持遗传资源及其衍生品有关的技术秘密、创新以及传统实践方面的作用和权利;[3]

(4)要求促进和加强当地社区和民族的科学、技术能力;[4]

(5)创建一个专门的国家机构负责实施指令 391;[5]

(6)建立了安第斯遗传资源委员会(The Andean Committee on Genetic Resources)以加强成员的合作和实施决定的能力[6],等等。

二、共同知识产权制度

安第斯共同体指令 486 建立了关于遗传资源有关的知识产权保护制度,名为《共同知识产权制度》(*Common Intellectual Property Regime*),于 2000 年颁布。其涉及遗传资源有关的知识产权保护规定主要如下:

(1)将成员国遗传资源与当地原住民、黑人或者当地社区的传统知识结合予以保护;[7]

(2)成员国应承认与传统知识有关的当地原住民、黑人以及当地社区的权利和权力;[8]

(3)有关指令 486 规定的解释和应用不得违反指令 391 的规定;[9]

---

[1] Directive 391 Art. 5—6.

[2] Directive 391 Art. 17.

[3] Directive 391 Art. 7.

[4] Directive 391 Art. 8—9.

[5] Directive 391 Art. 18—21.

[6] Directive 391 Art. 51.

[7] Directive 486 Art. 3(1).

[8] Directive 486 Art. 3(2).

[9] Directive 486 Art. 3(3).

（4）确认任何基于遗传资源或传统知识发明的专利授权申请均应以相关材料的获得符合国际、安第斯共同体以及相关国家的法律为前提；①

（5）含有或者基于某一成员国遗传资源开发的专利申请应当提交一份获取合同的副本，如果可能的话，还要提交一份关于许可利用在专利中利用的与遗传资源有关的传统知识的证明；②

（6）如果被授予专利的申请人没有提交所利用遗传资源的获取合同，以及授权利用相关传统知识的证明文件副本，当这两者均源于某一成员国时，可以根据第三方的请求，使这一专利无效。③

由上述规定可知，指令 391 和指令 486 之间存在一种联系，前者旨在规范遗传资源的获取，后者旨在规范知识产权，尤其是专利的授权，这两个指令显然相互合作地建立了一种遗传资源及相关传统资源的控制与利用机制。根据指令 486 第 3 条规定，安第斯共同体成员有义务确保给予专利中的任何知识产权元素的保护，必须包含首先保护和考虑相关的生物遗传资源以及与遗传资源相关的传统知识，这些知识源于在其境内的原住民、黑人（African-American）以及当地社区。"安第斯共同体范围内的发明专利授予必须建立在这样的前提下，即任何利用源于遗传资源或其相关传统知识的发明首先必须根据国际条约、共同体以及相关国家法律的规定获取这样的遗传材料。"④也就是说，在安第斯共同体范围内，潜在的遗传资源及其相关传统知识的使用者有义务向适格的国家机关提交一份获取合同副本，这是指令规定的事先知情同意原则的具体体现。

第三节　保护当地社区、农民和育种者的权利
以及规范生物资源获取的非洲示范法

《非洲示范法》（*The African Model Legislation for the Protection of the Right of Communities, Farmers and Breeders, and for the Regulation of Access to Biological Resources*, "the African Model Legislation"）是非洲联盟（the African Union, AU，即为非洲联盟组织 the Organization of African Unity, OAU）在 2000 年制定。该示范法前言部分以明确的方式指出该法是为了实施 CBD 的相关规定，尤其是第 15 条遗传资源的获取以及第 8 条（j）关于保存和维

---

① Directive 486 Art. 3(1).

② Directive 486 Art. 26(h)(i), Art. 39.

③ Directive 486 Art. 75(g)(h).

④ WIPOECTKSOF/01/3.13:5.

护原住民和当地社区的知识、创新和实践,并且规定相关的国家及其人民对其生物资源行使主权权利。① 示范法主要根据 CBD 制定,并包含了其中大部分的内容,以及小部分 UPOV 1978 文本和其他相关国际条约的内容,是一个为生物多样性和植物品种均提供保护的杂交系统。"在承认育种者权的基础上以保护农民利益为中心,通过事先知情同意原则和惠益分享制度明确赋予传统社区对其遗传或生物资源的控制。农民权利和特权、社区知识产权以及育种者权在示范法中均作了规定。"②

一、遗传资源的获取与惠益分享

示范法规定,在相关国家或保护区内获取任何生物资源、当地社区的知识或技术,均应具有事先知情同意的申请和书面许可,相关申请应向国家的适格部门提出并由其作出许可,除非另有法律规定。③ 任何获取当地社区的遗传资源、知识或/和技术必须获得国家适格机关和相关当地社区的书面事先知情同意,并确保女性参与决定。没有相关国家或相关社区事先知情同意,任何遗传资源的获取都是无效的,并且应当根据本法或与遗传资源有关的其他法律受到处罚。为了确定是否同意,相关国家适格机构必须与当地社区进行协商。任何没有相关社区协商的获取授权都是无效的,应认为违反本款规定的事先知情同意原则。④ 这些都是事先知情同意必须遵守的要求。

获取许可的授权由国家适格机构实施或者任何根据法律授予权限的个人实施,这一获取许可必须通过一方当事人为国家适格机构和相关社区,另一方为申请人或使用者签订的书面协议进行,只有书面的实现知情同意才有法律效力。⑤ 使用者与相关社区达成的协议必须明确描述对相关国家或社区的补偿方式,因为他们在相关生物资源再生和保存过程中,以及维护相关的创新、实践、知识和技术方面的贡献。另外,在没有来源提供者的事先知情同意情况下,使用者不得就相关生物资源及其衍生部分申请专利,或对共同体的创新、实践、知识或技术要求其他任何知识产权。⑥ 示范法不承认也不能应用于对生命形式和生物方法的专利,因此利用者不得根据本法或其他规范生物资源、共同体创新、

---

① "the African Model Legislation" Preamble Art. 1.

② Dr. Tshimanga Kongolo. Unsettled International Intellectual Property Issues. Kluwer law International BV, The Netherlands, 2008:79.

③ "the African Model Legislation" Art. 3.

④ "the African Model Legislation" Art. 5.

⑤ "the African Model Legislation" Art. 7.

⑥ 参见"the African Model Legislation" Art. 11 相关规定。

实践、知识和技术的其他法律就生命形式和生物方法申请专利。①

国家适格机关要求所有关于生物资源、社区创新、实践、知识或技术的获取申请均获得相关社区的事先知情同意。国际适格机关应根据示范法第 8 条规定的书面协议，依据相关学术和研究惯例、公共机构和政府间习惯决定恰当的获取条件。对于研究目的，获取申请应明确陈述研究的目标和工业应用的关系，在没有签订保留国家/社区优先权的材料转移协议的情况下，不得转移任何样本和相关信息。当本条所指的惯例发生变化并对一项生物资源的商业性利用产生重大影响时，适格国家机关应相应调整获取条件和期限。② 获取许可应规定在相关材料收集之前支付费用，费用的总数应根据收集的资料是否用于商业目的、样本的数量、收集的地域范围、收集的期限以及收集者是否赋予排他性权利等进行决定。国家和相关社区应有权就所收集的生物资源或知识直接或间接产生的产品的利用进行分享。③

当出现下列情形时，适格国家机关可以单边撤回书面获取许可，如有证据表明收集者已经违反本法规定、有证据表明收集者没有遵守达成的条件、没有符合获取条件中的任何一项、损害了公共利益，或者出于环境和生物多样性保护的需要。适格国家机关的任何终止或撤回许可的，应与相关社区协商。④

二、社区权利

非洲示范法为当地传统的社区在遗传资源的获取与惠益分享中明确规定了相应的权利，称为社区权利（community rights）。⑤ 国家承认当地传统社区对其生物资源享有权利，并有权从其生物资源的利用中集体受益，对其数代积累的创新、实践、知识以及技术享有权利，并有权从这些创新、实践、知识以及技术的利用中集体受益，有权利用上述创新、实践、知识和技术进行保存和可持续利用生物多样性，还有可以作为合法的监督者和生物资源的使用者行使集体权利。具体来说，任何生物资源、创新、实践、知识或技术的获取均应以当地传统社区事先知情同意为前提，并且要确保女性全面平等参与决策。当地社区有权拒绝同意获取，也有权撤销获取同意或者为相关的获取同意设置限制条件，但当地社区本身可以根据传统交换系统利用和分享相关的生物资源。示范法规定，国家必须确保 50% 的获益返回当地社区，并且以男女平等的方式惠及相关

---

① "the African Model Legislation" Art. 9.
② "the African Model Legislation" Art. 11.
③ "the African Model Legislation" Art. 11.
④ "the African Model Legislation" Art. 14.
⑤ 具体内容参见"the African Model Legislation"，Part Ⅳ：Community Rights 部分。

社区。示范法还规定了社区知识权利（community intellectual rights），即相关社区的创新、实践、知识或技术的任何一部分，或者对某一生物资源或其他自然资源的特定使用，应当被确定、解释和判定为当地社区根据其习惯和法律所享有的权利，不管这一法律是否为书面形式。任何社区的创新、实践、知识和技术没有登记并不意味着不受社区知识权利的保护。关于一项生物资源及其相关知识和信息的公布或书面或口头的描述，或者相关资源出现在基因库或种质资源库中，或者当地的使用，并不能排除与这些资源相关的社区知识权利的行使。当地社区，包括传统专业群体，尤其是传统实践者的这一权利在任何时候不可分割和转让，并应当受到示范法所建立的保护机制的保护。

三、农民权利

基于世界上所有地区的当地农民共同体（尤其是女性成员），尤其是那些位于起源中心或者作物多样性或其他农业多样性中心的农民共同体，在保存、培育和可持续利用植物和动物遗传资源过程中所作的巨大贡献，这些遗传资源构成了培育粮食作物发展农业生产的基础，因此必须承认和保护农民由于上述贡献所应得的权利，即农民权利（farmers' rights）。①

首先，应当根据已经建立的实践规则和当地农民共同体的习惯承认和保护"农民品种"（farmer's varieties）不管相关的法律是否以书面形式制定。经一个共同体确认的具有特征的品种应以品种证书的方式授予知识权利保护，其不必符合特异性、一致性和稳定性要件。该品种证书授予该共同体排他繁殖、培育、利用或销售该品种的权利，或者在没有损害农民权利的情况下，许可利用该品种。其次，所谓的"农民权利"，主要包括保护与植物和动物以偿还资源有关的传统知识，公平分享由植物和动物遗传资源产生的惠益，参与保存和可持续利用植物和动物遗传资源的决策事务（包括在国家层面），保存、利用、交换和销售用于种植的农民品种的种子或繁殖材料，集体保存、利用繁殖和处理"受保护品种的农民保存种子"（farm-saved seed of protected varieties）等权利，但农民不应在种子产业领域内以商业化规模销售受保护种子的"农民保存的种子/繁殖材料"。再次，某一新品种的育种者权不应对保护食品安全健康，生物多样性以及任何其他农民共同体就某一特定品种的繁殖材料构成限制。同时，示范法还规定，任何源于持续利用某一生物资源的产品应授予相应证明或认证标签，同时源于某一生物资源或知识或技术的相关产品应给予公平贸易的证明，当源于这一产品的利益的重要部分返回了当地所社区时。

---

① 相关内容参见"the African Model Legislation"，Part Ⅴ：Farmers' Rights 部分。

四、植物育种者权利

非洲示范法还规定了植物育种者权为自然人或机构培育新植物品种所付出的努力和投资提供回报，即植物育种者权利（plant breeders' rights）。在相关植物品种具有特异性、稳定性和一致性的情况下①，相关育种者可以就该新品种享有排他性销售，包括许可他人销售该品种的植物或繁殖材料，享有排他性的生产，包括许可他人生产该品种的繁殖材料用于销售。育种者的上述权利不得损害相应的农民权利。② 根据示范法规定③，不管相关植物品种是否存在育种者权，任何人或农民共同体均可以：（1）非商业目的的繁殖、培育和利用相关品种；（2）以食品形式，或者以其他不涉及该品种的繁殖和培育用途销售该品种的植株或繁殖材料；（3）在该品种生长的农场或任何其他地方销售在那个地方的该品种的植株或繁殖材料；（4）利用该品种植株或繁殖材料作为最初变异来源，培育另一个新的植物品种，但重复利用上述受保护品种植株或繁殖材料商业性生产另一品种除外；（5）将受保护品种发芽用作家庭消费食物或市场销售食物；（6）利用受保护品种作为科研或教学目的进行培育；（7）根据利用条件从基因库或植物遗传资源中心获得这一品种。

上述这些对受保护品种的使用统称为育种者权的例外（exemptions to the plant breeders' rights）。示范法还就育种者权的申请、授权、保护期限、争议解决以及侵权等问题进行了相关系规定，这里对相关内容不作详细考察。

通过上述分析可知，非洲示范法将相关遗传资源获取的事先知情同意以及惠益分享，规定为由获取的遗传资源及传统知识等产生成果获得知识产权保护的前提，当遗传资源和相关知识的使用者没有获得事先知情同意或者违反了许可条件时将会导致其知识产权授予的无效。在惠益分享中，示范法尤其强调当地社区的利益遗，要求相关国家确保从相关遗传资源及知识利用中获得惠益的50% 返回相关社区，同时该法还非常强调相关社区中女性成员的参与决策以及全面平等参与惠益分享。示范法分别具体规定了社区权利、农民权利以及育种者权，前两者作为一种具体实施这种惠益的机制，而对育种者权的保护则代表了利用相关遗传资源获得知识产权所应受到的保护和限制。

---

① "the African Model Legislation" Art. 29.

② "the African Model Legislation" Art. 30.

③ "the African Model Legislation" Art. 31.

本编小结：遗传资源保护与知识产权保护

本编比较详细地讨论了涉及植物品种保护的主要国际条约，包括《植物新品种国际保护联盟公约》《生物多样性公约》《粮食和农业植物遗传资源的国际条约》和《与贸易有关的知识产权协议》四项国际公约，以及 WIPO、安第斯共同体和非洲联盟在关于植物遗传资源获取和惠益分享与知识产权保护关系上的制度安排。

与 CBD、ITPGR 和 TRIPs 三项国际条约不同，UPOV 是一个专门的植物品种保护公约，也正是由于这个公约在 1961 年的签订，最终创建了关于植物品种保护的育种者权保护制度，至今已为很多国家所接受和认可。随着经济和社会的发展，尤其是育种技术的发展，UPOV 为了适应更新技术条件下的知识产权保护，至今已经作了三次修订，分别形成的 UPOV 1961/1972 文本、UPOV 1978 文本和 UPOV 1991 文本。这三个文本虽然同称为 UPOV 公约，但在保护范围和保护要求上作了明显不同的规定，总的来说是育种者权的保护范围和保护强度随着修订不断得到加强。这三个文本目前均为有效、相互独立，适用于不同的 UPOV 成员。

《生物多样性公约》和《粮食和农业植物遗传资源的国际条约》，确切地说，并不属于有关知识产权的国际条约，而是有关环境保护的国际公约，它们之所以会与植物品种的知识产权保护产生关联，是因为这两个公约所规定的遗传资源/植物遗传资源正是育种者创造植物新品种的基础。这两个公约从保护生物多样性、促进可持续农业和粮食安全的角度，提出了基于利用相关遗传资源的惠益分享要求，将处于遗传资源原产地中心和生物多样性中心的国家和社区以及农民作为惠益分享机制的权利人，参与商业性应用这些遗传资源获得的利益分享。

而作为为智力创造活动（这里主要是植物育种创新）提供激励机制的知识产权保护，在某种程度上却截断了上述分享的可能性，因为知识产权（这里主要是生物技术发明的专利或植物品种权）所赋予的权利是具有垄断性和排他性的，除法律规定的合理使用外，任何相关的利用行为均应支付相应的费用，否则被视为侵权，应当承担损害赔偿的责任。在大部分国家的现有知识产权制度框架内，还没有为上述利益的分享建立特定的运行机制。作为目前最有影响力的知识产权国家条约——TRIPs 协议，也没有为这一分享机制提供合法性确认。TRIPs 协议是以美国为代表的发达国家主导下的 WTO 项下的全球性一揽子协议之一,其与货物贸易、服务贸易等相关的协议一道,共同组成一个相互影响、紧密合作的全球贸易规则,并且拥有一个强大的可以以所有成员的贸易制裁相威胁的争端解决机制。无疑,这是以美国为首的发达国家控制下的贸易竞技场。其创设的根本目的是要求所有的成员,尤其是发展中国家开放国内市场,不得设置贸易壁垒,而就 TRIPs 而言,其目的是要求所有成员,尤其是发展中国家为来自发达国家的含有知识产权的产品提供保护。CBD 和 ITPGR 所提出的遗传资源惠益分享机制完全突破了 TRIPs 的最初创设目的,因而必然遭到发达国家的反对和抵制。可想而知,这种纳入过程的艰难程度。正在进行的 WTO 新一轮的贸易谈判——多哈回合中有关 TRIPs 修订议题的谈判,就是以美日为首的发达国家阵营与以印度、巴西为首的发展中国家阵营在能否将 CBD 和 ITPGR 中惠益分享机制纳入 TRIPs 协议而展开的较量。

　　尽管 WIPO 自 2000 年就开始设立 IGC 这一政府间委员会用以讨论有关植物遗传资源的获取和惠益分享与知识产权保护的协调问题,但从根本上说,没有取得实质性的进展。IGC 的角色似乎仅限于为 CBD、TRIPs 提供咨询和技术性建议,尽管这种咨询和技术性建议对于 CBD 与 TRIPs 关系的协调具有一定作用,但这种作用不具有强制性效果。WIPO 对植物遗传资源的获取和惠益分享与知识产权保护问题可以发挥积极作用的舞台应该还是 WIPO 实体专利法条约的制定,尤其是瑞士在 2003 年提出在专利申请中披露有关遗传资源和传统知识来源要求的建议,给了未来的专利法合作条约一些处理植物遗传资源的获取和惠益分享与知识产权保护问题的思路。但这些思路能否转化为现实,仍然取决于发达国家和发展中国家在国际论坛上的利益较量。

　　安第斯共同体与非洲联盟对植物遗传资源的获取和惠益分享与知识产权保护问题的协调同样也提供了一定的解决方案,同时还可能提供相关的实践经验。当然,这两个地区的相关立法均代表了发展中国家对植物遗传资源的获取和利用的立场,因而相关立法均将相关遗传资源的获取与惠益分享规定为因此产生的创新获得知识产权保护的前提,同时还在相应的知识产权机制中设置特定的例外,为当地社区的利益提供保护。这些制度安排能否在更为广泛的国际背景下发展为一种潮流和趋势,不但取决于多哈回合中 TRRIPs 议题的谈判成果,也取决于 WIPO、CBD、ILO ①等以及广大发展中国家的团结努力。同时,这些立法的效力仅限于各自的地区或国家范围,不具有普遍约束力,并且做法不一、分享惠益的程度和操作各不相同,尤其是无法在该问题上达成全球性的共识。TRIPs 协议的修订则具有上述立法无法比拟的优势,一旦这种惠益分享机

---

　　① 国际劳工组织管理"International Labor Organization Convention on Indigenous Peoples Rights and Duties"。

制在 TRIPs 中获得认可的话,那么自然也就在 UPOV 和各国国内法中获得了承认。因此,多哈回合中 TRIPs 修订谈判是能否将惠益分享机制实施的关键。当然,一旦发展中国家在 TRIPs 修订谈判中获得机会将惠益分享机制纳入 WTO 机制,也将大大增加发展中国家在未来 WTO 谈判中的筹码。因此,目前植物品种保护国际法律框架中所面临的问题实质是发展中国家争取将惠益分享机制纳入植物品种保护,而发达国家试图保持惠益分享机制和植物品种保护机制的绝对独立。

第四编 中国植物新品种保护制度研究

在如何为植物新品种提供知识产权保护的问题上,美国和欧洲发展出了各自不同的保护模式。美国采用植物专利、发明专利和植物品种证书相结合的方式为育种者提供法律保护,而欧共体则采用欧共体植物品种权和欧洲专利相结合的方式。从欧美的植物品种保护实践看,专利制度已经不同程度地参与植物品种的保护,这是美国和欧共体不约而同地用以激励生物技术产业发展的手段之一。随着生物工程技术的突飞猛进,世界各国普遍意识到植物新品种的保护与生物技术的发展,与全球植物遗传资源、生物多样性保护以及农业和农民,尤其是处于遗传资源原产地中心和生物多样性中心的发展中国家的农民权利问题紧密相关。因此国际社会采取了一系列国际行动,于1992年通过了《生物多样性公约》,2001年通过《粮食和农业植物遗传资源国际条约》,同时以印度巴西为首的发展中国家在2001年开始的WTO多哈回合中提出了修改TRIPs协议,要求将遗传资源的方便获取与惠益分享机制纳入TRIPs框架进行执行,而以美日为首的发达国家则仍然试图在原来的TRIPs框架内加强植物品种保护水平。多哈回合谈判经过近10年的走走停停,至今尚未结束,在TRIPs与CBD和ITPGR的关系上仍未取得实质性进展。

中国的植物品种保护历史相对较短,1997年颁布《植物新品种保护条例》,规定可以为符合授权要件的植物新品种提供品种权保护,1999年加入UPOV 1978文本,承诺在国际机制上保护新品种育种者的权利。与欧美的植物新品种保护制度的产生明显不同,中国植物新品种保护制度的产生不是种子产业推动的结果[①]。根据研究,中国最早提出要求为植物新品种提供保护的是农业科技人员,"1993年4月朱镕基副总理在

---

① 关于中国植物新品种保护制度的产生历史以及公共育种机构在中国植物品种保护中的作用的相关讨论,是在中国青年政治学院张小勇教授的指点后才补充的。

湖南视察期间,在听取了农业科技人员反映立法保护植物新品种的强烈愿望和建议后,对植物新品种保护问题作了批示,要求有关部门开展调研(段瑞春,2001)"①。在这之后,农业部、林业部和国家科委等联合成立植物新品种保护条例立法领导小组和工作小组,就植物新品种保护的相关问题展开调研、论证和修改。当然,不可否认,WTO乌拉圭回合谈判在1994年最终达成《与贸易有关的知识产权协议》(TRIPs)也对中国的植物新品种保护制度的建立产生了积极的影响。除了植物新品种保护的立法推动力量的区别外,与欧美国家相比,中国植物新品种保护制度的另一特点也非常明显。国内申请品种权保护和获得授权的前三位分别为国内科研、国内企业和国内教学,其申请/授权量分别为3315/1602件、2100/958件以及506/244件。② 国内科研和国内教学均属于公共育种者的性质,作为私人育种者的种子企业并不是目前中国植物新品种保护的最大申请者和品种权持有群体,这与欧美的品种权持有状况形成鲜明对比。从这一点也可以间接地印证了中国植物新品种保护制度的产生首先源于政府对植物育种创新的激励,而不是出于私人育种者获得创新激励的渴望这一判断。当然,中国目前的品种权保护结构与中国植物育种产业的历史以及发展机制密切相关。

从植物品种保护的国际趋势来看,UPOV 1991文本的出台意味着植物品种的知识产权保护将向着更为严格的方面进行,欧盟是推动这一趋势的主要力量。在是否运用专利保护植物的问题,中国目前的做法与欧美不同,现行《专利法》已经明确排除了对植物品种授予专利保护的可能性。但在目前的技术发展背景下,专利法的这种排除是否意味着最终的回答,有待实践考验。从国内植物品种保护实践看,《植物新品种保护条例》已经施行了整整12年,中国的育种产业与12年前相比已经发生了巨大的变化。《条例》中的诸多规定需要加以调整和完善是必不可免的,也正因为如此,农业部已经开始酝酿《条例》的修订。

基于上述国际国内背景,本编打算对中国的植物品种保护制度进行较为系统的研究,拟就中国目前面临的是否加入UPOV 1991文本以及中国植物新品种保护制度的完善等问题展开分析。

---

① 吴立增、黄秀娟、刘伟平等:《基因资源知识产权理论》,科学出版社2009年版,第53页。
② 相关统计数据参看农业部植物新品种保护办公室公布的"1999—2010年品种权申请情况汇总表(2010.2.28)",http://www.cnpvp.cn/Detail.aspx? k=721&itemID=1。

第十二章 中国植物新品种保护制度

1997 年颁布的《植物新品种保护条例》是中国植物新品种保护制度的开始，也是这一制度的主要内容。自 1997 年，尤其是 1999 年加入 UPOV 以来，农业部先后发布 8 批植物品种保护名录，受保护的植物属、种达 81 个，林业部发布 4 批植物品种保护名录，受保护的林业植物属、种为 78 种。[①] 到 2009 年 2 月底，农业部制定了 58 种植物的测试指南。为配合品种权审查，农业部在全国建立了 1 个测试中心、14 个测试分中心，组织研制完成了玉米、水稻等 102 种植物新品种测试指南；国家林业局在全国建立了 1 个测试中心、5 个测试分中心、2 个分子测定实验室和 5 个专业测试站。[②] 自 1999 年 4 月 23 日，农业部受理由袁隆平为主要培育人的第一个品种权申请，同时加入国际植物新品种保护联盟，成为第 39 个成员，十多年来，品种权申请与授权呈快速增加。据农业部植物新品种保护办公室提供的数据，截至 2010 年 2 月 28 日，农业部共受理品种权申请 6685 件，授权品种数量 2984 件，其中国外植物新品种申请 379 件，荷兰居首位，为 163 件。[③] 自 2004 年以来，我国植物品种权年申请量一直位居 UPOV 成员国第四位[④]，有效品种权量居 UPOV 成员国前十名。从国内申请单位性质看，国内科研、国内企业和国内教学分别居前三位，申请/授权量分别为 3315/

---

① 相关数据根据发布的"植物品种保护名录"进行统计。

② 参见农业部植物新品种保护办公室，"中国农业植物新品种保护十年取得五大成效"。http://www.cnpvp.cn/Detail.aspx? k＝445&itemID＝26。

③ 相关统计数据参看农业部植物新品种保护办公室公布的"1999－2010 年品种权申请情况汇总表(2010.2.28)". http://www.cnpvp.cn/Detail.aspx? k＝721&itemID＝1。

④ 相关信息参见农业部植物新品种保护办公室公布的"我国农作物品种权总申请数量已跃居 UPOV 成员国前 4 名"(2004 年 12 月 1 日)。http://www.cnpvp.cn/Detail.aspx? k＝29&itemID＝26。

1602件、2100/958件以及506/244件。从国内地区申请量看,四川、山东和河南位居前三位,申请/授权量分别为596/347件、563/272件和547/228件。从授权植物品种的商业化生产看,根据2007年对推广面积10万亩以上的主要粮食作物品种统计,授权品种已占全国水稻播种面积的19.18％,小麦的38.38％,玉米的50.73％。[①] 由此可见,中国植物新品种保护制度的实施效果十分显著,较好地促进了中国植物品种领域的育种创新,而且在育种创新成果的商业化应用上获得十分明显的成就。

第一节　植物新品种保护法律规范

从目前的立法情况看,中国目前直接或间接涉及植物品种保护的法律法规主要包括《专利法》(2008年修正)、《种子法》(2004年修正)以及《植物品种保护条例》(1997年)及其相关的实施细则,还包括最高人民法院作出的有关司法解释;农业部作出的《农业植物新品种侵权案件处理规定》(2003年)和林业部作出的《林业种质资源管理办法》等。

一、专利法

由于中国采取通过品种权制度为植物品种的创新提供知识产权保护,中国现行的《专利法》[②]与目前的植物品种保护实践基本没有直接关联,除了其明确地将"动物和植物品种"排除专利保护,但动物或植物品种的生产方法可以获得专利保护。[③]2010年2月1日起实施的新版《专利审查指南》针对上述规定,在"生物技术领域发明专利申请的审查"部分,界定了"生物材料"的概念,认为其是指任何带有遗传信息并能自我复制或者能在生物系统中被复制的材料,如基因、质粒、微生物、动物和植物等。同时说明,这里的"动物"和"植物"可以是动物和植物的各级分类单位,如界、门、纲、目、科、属和种等。另外,指南还分别详细解释了微生物、基因或DNA片段、动物或植物个体及其组成部分、转基因动物和植物的可专利性问题。

(1)关于微生物[④]。指南认为微生物包括:细菌、放线菌、真菌、病毒、原生动

---

① 参见农业部植物新品种保护办公室,"中国农业植物新品种保护十年取得五大成效"。http://www.cnpvp.cn/Detail.aspx? k=445&itemID=26。

② 书中所称《专利法》在没有特别说明的情况下,均指于2008年修正的新《专利法》,如指向某一文本的旧《专利法》会作出特别说明。

③ 中国《专利法》(2008年修正),第25条1(4)。

④ 参见中国《专利审查指南》(2010年版),第9.1.2.1条。

物、藻类等，微生物既不属于动物，也不属于植物的范畴，不属于《专利法》第 25 条(4)所列的"动物和植物品种"范围，当微生物经过分离，成为纯培养物，并具有特定的工业用途时，微生物本身可以授予专利保护。但未经人类任何技术处理而存在于自然界的微生物，属于科学发现，不能授予专利。

(2)关于基因或 DNA 片段[①]。指南认为，无论是基因或 DNA 片段，其实质是一种化学物质。专利指南所指的"基因或 DNA 片段"，包括从微生物、植物、动物或人体分离获得，以及通过其他制备手段得到的基因或 DNA 片段。人们从自然界中找到以天然形态存在的基因或 DNA 片段，只是一种发现，不能授予专利保护。但如果是首次从自然界分离或提取出来的基因或 DNA 片段，其碱基序列是现有技术中不曾记载的，并能被确切地表征，且在产业上有应用价值，则该基因或 DNA 片段本身及其得到方法，可以获得专利保护。

(3)关于动物或植物个体及其组成部分[②]。指南认为，动物等胚胎干细胞、动物个体及其各形成和发育阶段，例如生殖细胞、受精卵、胚胎等，属于专利法上"动物品种"的范畴，不能授予专利。动物的体细胞及动物组织和器官(除胚胎以外)，不属于"动物"范畴，符合授权条件的，可以授予专利。可以借助光合作用，以水、二氧化碳和无机物合成碳水化合物、蛋白质类维系生存的植物的单个植株及其繁殖材料(如种子等)，属于《专利法》上"植物品种"的范畴，不能授予专利。如果植物的细胞、组织和器官不具有上述特征，则不能被认为是"植物品种"，符合授权条件的，可以授予专利保护。

(4)关于转基因动物和植物[③]。转基因动物和植物是通过基因工程的重组 DNA 技术等生物学方法得到的动物或植物，其本身仍属于专利法上的"动物品种"或"植物品种"，不能授予专利保护。

由上可见，我国《专利法》上的"植物品种"是指所有以植物方式出现的植物形态，可以指向各级分类单位(如界、门、纲、目、科、属和种)下的植物。也就是说，这里的"植物品种"相当于"植物"，其在外延上完全大于 UPOV 1991 文本和《欧共体植物品种保护条例》中的"植物品种"所包括的范围。我国《专利法》排除了任何可以借助光合作用，以水、二氧化碳和无机物合成碳水化合物、蛋白质类维系生存的植物的单个植株及其繁殖材料(如种子等)，以及转基因植物的可专利性。也就是说，所有的植物不得获得专利保护。事实上，我国《专利法》只是在"基因"、"DNA 片段"、"植物的细胞、组织和器官"等视为一种无生命的"物质"时，才给予专利保护的机会。

---

① 参见中国《专利审查指南》(2010 年版)，第 9.1.2.2 条。
② 参见中国《专利审查指南》(2010 年版)，第 9.1.2.3 条。
③ 参见中国《专利审查指南》(2010 年版)，第 9.1.2.4 条。

二、种子法

《种子法》(2004 年修订)主要是规范品种选育和种子生产、经营和使用行为的行政性法律,与所讨论的植物品种保护有关的,主要是其界定了"种子"的概念,认为"本法所称的种子,是指农作物和林木的种植材料或者繁殖材料,包括籽粒、果实和根、茎、苗、芽、叶等"[1],同时该法还确定了"国家对种质资源享有主权"[2]原则。通过这一规定,CBD 的自然资源主权原则在我国的国内法中得到落实。在品种权保护实践中,通常会发现假冒种子和品种权侵权行为存在竞合的情形,由于现有品种权侵权的处罚远不及《种子法》关于假冒种子的处罚力度,因此《种子法》第 59 条和第 60 条也会作为相关竞合行为的处罚依据。

三、植物新品种保护条例及其实施细则

1997 年 3 月 20 日颁布的《植物新品种保护条例》[3]是目前规范中国植物新品种保护的主要法律规范,与之紧密合作的还有两个实施细则《植物新品种保护条例实施细则》(农业部分)(2007 年修订)[4]和《植物新品种保护条例实施细则》(林业部分)(1999 年制定)。根据《条例》的有关规定,国务院农业、林业行政部门共同负责相关植物新品种权申请的受理和审查,并依据规定的程序作出授权。农业部/国家林业局植物新品种保护办公室(以下简称品种保护办公室),承担品种权申请的受理、审查等事务,负责植物新品种测试和繁殖材料保藏的组织工作。

根据《条例》相关规定,一个植物新品种只能授予一项品种权。两个以上的申请人分别就同一个植物新品种申请品种权的,品种权授予最先申请的人;同时申请的,品种权授予最先完成该植物新品种育种的人。审批机关应当在受理品种权申请后的 6 个月内完成初步审查,合格的予以通告,并要求申请人在 3 个月内缴纳审查费;初步审查不合格的,应要求申请人在 3 个月内陈述意见或予以修改,逾期不答复的或仍不合格的,驳回申请。申请人缴纳审查费后,审批机关对品种权申请的特异性、一致性和稳定性进行实质审查。审批机关主要依据申请文件和有关书面材料进行实质审查,必要时委托测试或考察已经完成的试验结果。对符合授权条件的,作出授权决定,对实质审查不符合条件的品种权申请,予以驳回,并通知申请人。申请人对驳回决定不服的,可以自收到通知

---

① 参见中国《种子法》(2004 年修订),第 2 条。
② 参见中国《种子法》(2004 年修订),第 10 条。
③ 下文如无特殊说明,均采《条例》代替。
④ 以下均简称《条例农业细则》。

之日起 3 个月内,向植物品种复审委员会请求复审,委员会应在 6 个月内作出决定。对委员会决定不服的,可以在收到决定 15 日内向人民法院提起诉讼。农业部品种权的审批流程①可用图 12-1 显示。

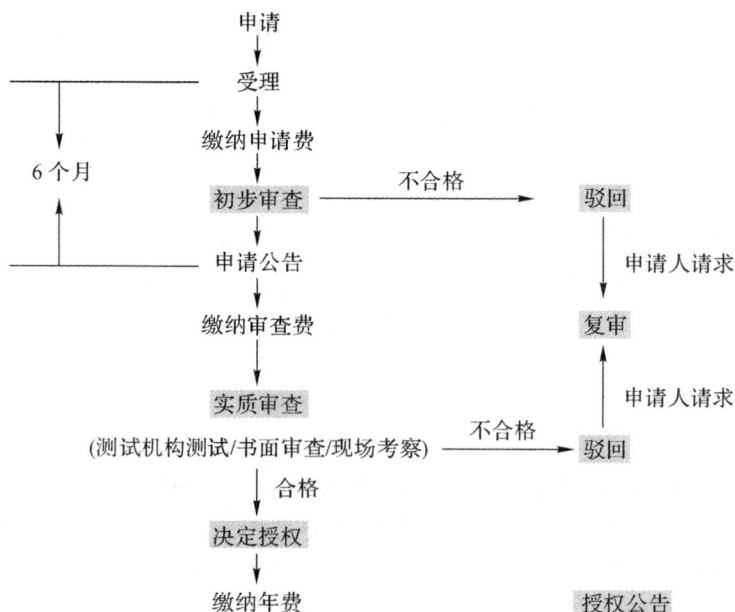

图 12-1　审批流程

品种权人应当自授权的当年开始缴纳年费,并按要求提供用于检测的该授权品种的繁殖材料。根据目前农业部公布的费用数额,品种权申请费为 1000 元/件,审查费为 2500 元/件,第 1—6 年年费为 1000 元/年,第 7 年以后为 1500 元/年。自公告授予品种权之日依据起,植物新品种复审委员会可以依职权或者任何单位或者个人的书面请求,宣告品种权无效,或者予以更名。对于复审委员会的这一决定不服的,可以自收到通知之日起向人民法院提起诉讼。被宣告无效的品种权视为自始不存在,但对于宣告前已经执行/履行的判决、裁定、行政处理决定以及合同不具追溯力,品种权人恶意的除外。

尽管《植物新品种保护条例》实施至今才 14 年时间,但中国植物新品种保护事业所经历的这 14 年,如果从品种权的申请数量和授权数量来看,几乎浓缩了许多欧洲国家近半个世纪的发展历程。与 14 年前的中国相比,有关品种权保护的各种情况均发生了翻天覆地的变化。这就意味着 1997 年制定实施的《条例》确实有修改的必要了。尽管农业部已经进行《农业植物新品种侵权案件

---

① 该图参照农业部植物新品种保护办公室所公布的"品种权审批流程"。

处理规定》《农业部植物新品种复审委员会审理规定》的修订,但这些规定的修订都必须在《条例》《实施细则》的框架下进行,其所能做的调整和完善毕竟有限。当然,《条例》是确定中国植物新品种保护制度整体框架的决定性法律文件,需要综合全面考虑中国植物新品种保护的各个方面,既要考虑中国品种权保护水平与国际的衔接问题,也要考虑品种权保护制度与其他相关制度,如专利制度、商标制度、遗传资源管理制度、种子管理制度等的衔接与协调,同时还要解决近年来《条例》实施中出现的问题,以及因生物技术的飞速发展而给品种权保护带来的问题。这些问题包括,《条例》第 6 条品种权内容规定与第 39 条关于品种权侵权规定的协调,第 11 条品种权强制许可与《细则》(2007)第 12 条之间的协调,关于假冒授权品种行为的界定等,以及实质性派生品种的保护、品种权与生物技术专利间的协调、农业植物遗传资源保护与品种权保护之间的关联等。

四、相关司法解释

自 1997 年《条例》制定后,最高人民法院就审理植物品种的侵权纠纷问题发布了相关的司法解释,分别是《最高人民法院关于审理植物品种纠纷案件若干问题的解释》(法释[2001]5 号)[1]和《最高人民法院关于审理侵犯植物品种权纠纷案件具体应用法律问题的若干规定》(法释[2007]1 号)[2]。最高人民法院还在 2001 年发布了《关于开展植物新品种纠纷案件审判工作的通知》(法[2001]18 号)。上述司法解释和规定分别就植物品种案件的审理范围、司法管辖、侵权认定、损害赔偿的确定等问题作了界定。

五、其他有关行政规范

农业部和国家林业局也分别就植物新品种保护的有关问题颁发了若干规定,如农业部在 2001 年发布《农业部植物新品种复审委员会审理规定》[3],2003 年发布了《农业植物新品种侵权案件处理规定》[4];国家林业局于 2007 年制定的《林业种质资源管理办法》等。

(一)《审理规定》

《审理规定》规定农业部植物新品种复审委员会审理驳回品种权申请的复审案件、品种权无效宣告案件和新品种更名案件,及其所应遵守的相关程序。

---

① 以下简称法释[2001]5 号。
② 以下简称法释[2007]1 号。
③ 以下简称《审理规定》。
④ 以下简称《侵权规定》。

其也间接地为品种权侵权纠纷中,被控侵权人提出品种权无效的抗辩提供了救济途径。为了更好地适应复审案件的数量和类型增加的趋势,农业部已在 2010 年对《审理规定》启动了修改程序,并公布了意见征求稿。从具体内容①来看,其中一项重要的内容就是植物新品种复审委员会复审小组的组成和工作机制的变化。根据现行《审理规定》的规定,植物新品种复审委员会的复审小组是固定的,即复审委员会下设大田作物、果树、观赏植物及草类、蔬菜作物四个复审小组,每个复审小组由若干名复审委员组成,负责复审案件的具体审理工作。征求意见稿规定,复审小组将根据每一复审案件的具体情况,由秘书长报请常务副主任委员决定复审委员 3 人以上单数组成,复审小组通过审理加评议(即合议方式)最终作出复审决定。植物新品种复审委员会工作机制的变化主要是为了适应日益增多的复审案件,原来固定的复审小组形式适合复审案件的集中审理,在过去复审案件较少的时候是比较合适的。随着复审案件数量和类型的增加,采用更为灵活的复审小组能够较好地达到提高工作效率的要求。而且,这种灵活的复审工作机制,可以更灵活地考虑案件的具体情况,选择相关的技术专家、法律专家和行政管理人员组成复审小组进行审理。当然,这种灵活而有效率复审机制也为品种权侵权案件中的品种权无效抗辩提供有力的保障。

(二)《侵权规定》

于 2003 年颁布的《侵权规定》规定了农业行政部门行政性处理相关侵权案件的范围、程序、侵权的认定与救济等问题,是各级农业处理植物品种权侵权纠纷的主要依据。《侵权规定》的出台就是为农业行政主管部门解决日益增加的品种权侵权案件,防止由于《条例》过于原则的规定造成各地执法尺度不一。其对品种权侵权行为如何实施行政保护作了十分具体的规定,包括品种权侵权案件的范围、管辖、行政保护的受理条件、处理程序、侵权的认定与救济,以及对品种权侵权行为的处罚等。为有效处理农业植物新品种权侵权案件,加强品种权的行政保护,促进育种创新,农业部已于 2010 年启动对《侵权规定》的修订,公布了征求意见稿。

从征求意见稿的公布情况看,其涉及的重大修改主要包括以下方面②:

(1)《侵权规定》(征求意见稿)进一步明确品种权行政保护的宗旨是"保护品种权人的合法权益,维护种子市场秩序"。

(2)《侵权规定》(征求意见稿)理顺了品种权侵权案件处理各阶段之间的衔接,强化了处理程序的灵活性与可操作性。首先,征求意见稿仍然坚持不告不

---

① 相关内容参看《农业部植物新品种复审委员会审理规定》(意见征求稿)。
② 相关内容参看《农业植物新品种侵权案件处理规定》(意见征求稿)。

理的原则,只有品种权人请求的情况下,省级农业行政主管部门才能介入对侵权案件的处理,对于其中危害不大、当事人愿意达成调解协议的,可以进行结案。其次,征求意见稿将品种权侵权案件处理程序从书面审理转化为行政处理,丰富了案件处理机关的调查和强制措施手段。再次,征求意见稿对品种权侵权案件处理程序的各个阶段,包括案件查处请求、审查、立案、书面陈述、查封扣押繁殖材料、委托调查、鉴定、调解、撤回请求、赔偿,以及实施行政处罚、申请行政复议和行政诉讼等都作了明确规定,使各个阶段的处理行为有章可循、有法可依,还对相应阶段明确了处理时限。

(3)征求意见稿强化了农业行政主管部门对品种权行政保护的手段和措施。首先,征求意见稿以列举方式明确了品种权侵权的具体类型,为农业行政机关的品种权保护执法提供明确的侵权行为指引。其次,意见征求稿为了打击日益频繁和典型的跨区域品种权侵权行为,建立了跨区域品种权侵权处理机制。再次,意见征求稿坚持尽最大限度保护品种权人合法权益,尊重品种权人的合理处分权,同时强化对种子市场的监管力度。

(4)征求意见稿十分注意保护农民群体的特殊利益。如:意见稿明确,制种农民在不知情并提供委托人的情况下可以不承担赔偿责任。意见稿规定,案件处理机关在采取处罚措施,制止侵权行为时,如果存在无辜农民因侵权行为遭受损失的,应首先责令侵权人赔偿因侵权而给农民造成的损失。

(三)《农业植物品种命名规定》(征求意见稿)

在实践中,申请植物新品种保护、转基因生物安全评价和农作物品种审定的农业植物品种都是独立进行的,因此不可避免地出现一个品种以不同的名称申请植物新品种保护、进行转基因生物安全评价、国家农作物品种审定以及各省的农作物品种审定。这种品种名称不统一的情形,一方面给种子市场的监管和品种权的保护增加了障碍,另一方面也给一些不法之徒制造和销售假冒品种、侵犯品种权提供了便利。从目前的情况看,植物新品种保护和农作物审定程序中的品种名称不统一的情形已经成为实践中套牌销售活动频繁的重要原因。为了根治这一弊端,减少和消灭实践中一个农业植物品种有多个名称的现象,农业部在 2010 年已经着手制定《农业植物品种命名规定》[①],用以规范农业植物品种命名,加强品种名称管理从而保护育种者和种子生产者、经营者、使用者的合法权益。该规定征求意见稿明确,要求一个农业植物品种只能使用一个名称,并且相同或者相近的植物属或种内的品种名称不得相同。对于本规定施行前已取得名称的农业植物品种,可以继续使用其名称。对有多个名称的在用

----

① 相关内容参看《农业植物品种命名规定》(意见征求稿)。

品种,农业部进行品种名称清理,以确保未来的农作物在用品种符合一个品种一个名称的要求。

(四)《林业种质资源管理办法》

《林业种质资源管理办法》明确规定,国家林业局负责全国林木种质资源的保护和管理工作,具体工作由所属的林木种苗管理机构负责。所谓的"林木种质资源",就是指"林木遗传多样性资源和选育新品种的基础材料,包括森林植物的栽培种、野生种的繁殖材料以及利用上述繁殖材料人工创造的遗传材料。林木种质资源的形态,包括植株、苗、果实、籽粒、根、茎、叶、芽、花、花粉、组织、细胞和 DNA、DNA 片段及基因等"[①]。其还规定,"利用从林木种质资源库获取的林木种质资源,申请植物新品种权或者其他专利权的,应当事先与林木种质资源管理单位签订协议,并分别报省、自治区、直辖市人民政府林业主管部门或者国家林业局备查"[②]。

第二节 植物新品种权

根据《条例》规定,完成育种的单位或个人对其授权品种,享有排他的独占权。任何单位或者个人未经品种权所有人许可,不得为商业目的生产或者销售该授权品种的繁殖材料,不得为商业目的将该授权品种的繁殖材料重复使用于生产另一品种的繁殖材料。这就是《条例》对植物新品种权的界定,遵循了知识产权定义的一贯方式,从禁止的角度规定其他人未经权利人许可不得就相关授权品种从事有关行为。对品种权的讨论,就必然要涉及对另一个基本概念"植物品种"的界定。

一、植物新品种界定

《条例》所称的"植物新品种,是指经过人工培育的或者对发现的野生植物加以开发,具备新颖性、特异性、一致性和稳定性并有适当命名的植物品种"[③]。很明显,条例采用的是用"植物品种"的概念来解释"植物新品种",用增加授权条件的方式解释了"新"的含义,但没有就"品种"予以解释。2010 年版的《专利审查指南》对"植物品种"作了一定的界定,即"可以借助光合作用,以水、二氧化

---

① 中国《林业种质资源管理办法》(2007 年制定)第 3 条。

② 中国《林业种质资源管理办法》(2007 年制定)第 17 条。

③ 《条例》(1997 年制定)第 2 条。

碳和无机物合成碳水化合物、蛋白质类维系生存的植物的单个植株及其繁殖材料（如种子等），属于专利法上'植物品种'的范畴[①]，转基因植物也属于"植物品种"范围。很明显，专利法上的"植物品种"与"植物"等同，即指所有以有生命植物方式出现的植物形态，专利指南也作了明确，"植物"可以指植物的各级分类单位，如界、门、纲、目、科、属和种等。按照一般的理解，如果没有特别的说明，条例的"植物品种"概念应与专利法中的"植物品种"概念相一致，也就是说，《条例》的"植物品种"应基本等同于"植物"，这与 UPOV 公约及美国《植物品种保护法》《欧共体植物品种保护条例》中的"植物品种"不能认为是相同含义的概念。

UPOV 1961/1972 文本将"品种"定义为适用于任何用于繁殖的，并满足公约第 6 条(1)有关一致性和命名规定的栽培品种，无性系，品系，类或杂交种。[②] UPOV 1978 文本删除了 UPOV 1961/1972 文本中关于"品种"的定义，也没有给出新的定义。UPOV 1991 文本规定[③]，"品种"系指已知植物最低分类单元中单一的植物群，不论授予品种权的条件是否充分满足，该植物群可以是：以某一特定基因型或基因型组合表达的特性来确定；至少表现出上述的一种特性，以区别于任何其他植物群，并且作为一个分类单元，其适用性经过繁殖不发生变化。美国《植物品种保护法》规定，"品种这一术语意为已知植物最低分类单元中单一的植物群，不论授予品种权的条件是否充分满足，该植物群可以是：以某一特定基因型或基因型组合表达的特性来确定；至少表现出上述的一种特性，以区别于任何其他植物群，并且作为一个分类单元，其适用性经过繁殖不发生变化。一个品种可以表现为种子、转基因植物、植物、植物茎块、组织培养苗以及其他物质"。[④] 由上可见，美国 PVRAJ 基本采用 UPOV 1991 文本的定义，在美国的植物品种/专利保护实践中，"植物品种"概念并没有显示出独特的重要性，因为在植物专利、植物品种证书和专利保护方式的选择上，只要可以区别有性繁殖/无性繁殖即可，专利则为所有的植物，包括特定的植物品种提供保护，并且这些保护可以在同一植物品种上叠加采用。但这些概念明显强调，这里的"植物品种"是指已知植物最低分类单元中单一的植物群，即在"种"的意义上的"植物品种"。

CPVR 条例规定的"品种"(variety)指的是"已知植物最低分类单元中的一个单一植物群(plant group)，不论是否完全符合品种权授予要件，该植物群可

---

① 参见中国《专利审查指南》(2010 年版)，第 9.1.2.3 条。

② UPOV 1961/1972 Art. 2(2).

③ UPOV 1991 Art. 1(Ⅵ).

④ 7 U.S.C. 2401(a)(9).

以是：以某一特定基因型或基因型组合表达的特征来定义；至少表现出上述的一种特性，区别于任何其他植物群，并且应考虑作为一个分类单元的稳定性不因繁殖发生变化。一个植物群体可以由整株植物或者植物的部分构成，只要这样的部分繁殖成整株植物，上述两种合成为"品种组成成分"上述所指的基因型或基因型组合表达的特征，在同一种品种组成成分中既可能不会变化也可能会变化，只要是由该基因型或基因型组合导致的变化程度就属于同一品种"①。与UOPV 和美国 PVPA 中的"植物品种"概念相比，CPVR 条例的概念明显比其他的要更为详细，这是因为在欧共体的植物品种/专利保护实践中，"植物品种"概念的界定具有非常重要的决定保护方式的意义，CPVR 仅为符合相关"植物品种"概念的植物提供保护，除此之外的所有植物，包括指向"多于一个品种"的权利要求在专利法上就可以获得允许。也就是说，CPVR 条例所坚持的运用CPVR 保护"植物品种"一定是符合特异性、一致性、稳定性和新颖性的植物品种。

由上可见，UPOV 公约和美国与欧盟的相关立法对植物品种的界定，首先强调的是植物品种是一种技术概念，然后才从法律的角度判定怎样的植物品种才能获得品种权保护。比如，所谓的新颖性要件，就是一个法律上的判断，而不是一个关于品种的技术标准。目前，我国的相关立法没有对"植物品种"的技术判定和法律判定进行区分，在未来《条例》的修订中，必然要涉及这一问题。其次，UPOV 1991 文本、《欧共体植物品种保护条例》和美国《植物品种保护法》除了强调"植物品种"的技术界定和法律界定外，还考虑到"基因型或基因型组合表达的特征"对界定"植物品种"的重要作用。

《条例农业细则》对目前植物品种的范围作了解释，指出"农业植物新品种包括粮食、棉花、油料、麻类、糖料、蔬菜（含西甜瓜）、烟草、桑树、茶树、果树（干果除外）、观赏植物（木本除外）、草类、绿肥、草本药材、食用菌、藻类和橡胶树等植物的新品种"②。这是因为中国加入的是 UPOV 1978 文本，该文本没有要求成员立即实施对所有的植物属和种进行保护，而是设置了一定时间的过渡期。截至 2010 年 2 月 21 日，中国农业部已经发布八批农业植物品种保护名录，共计 81 个植物属或种提供品种权保护。③ 截至 2009 年底，中国林业部共发布了四批林业植物新品种保护名录，共计 78 个林业植物或属提供植物品种保护。④

---

① (EC)No. 2506. 95 Art. 5(2)(3).

② 《条例农业细则》(2007 年制定)第 2 条。

③ 具体数据来自对农业部植物品种保护办公室公布的历批"农业植物新品种保护名录"的统计，http：//www.cnpvp.cn/? id=32。

④ 相关数据来自对林业部植物品种保护办公室公布的历批"林业植物新品种保护名录"的统计，http：//www. cnpvp. netrooticataview. aspx? id=24。

也就是说,除上述公布的植物属或种外的植物新品种目前在中国无法获得品种权的保护,但随着越来越多的保护名录公布,最终必然会对整个植物王国的所有品种创新实现保护。

二、品种权授权条件

根据条例规定,授予品种权的植物新品种应当具备新颖性、特异性、一致性以及稳定性和适当的名称。对危害公共利益、生态环境的植物新品种不授予品种权。

(一)新颖性

新颖性是指申请品种权的植物新品种在申请日前该品种繁殖材料未被销售,或者经育种者许可,在中国境内销售该品种繁殖材料未超过 1 年;在中国境外销售藤本植物、林木、果树和观赏树木品种繁殖材料未超过 6 年,销售其他植物品种繁殖材料未超过 4 年[①]。这里采用的新颖性判断标准与 UPOV 1991 文本的相同。《条例农业细则》灵活采用了 UPOV 1991 文本关于"新培育的品种"的保护规则[②],规定"列入植物新品种保护名录的植物属或种,从名录公布之日起 1 年内提出的品种权申请,凡经过育种者许可,申请日前在中国境内销售该品种的繁殖材料未超过 4 年,符合《条例》规定的特异性、一致性和稳定性及命名要求的,农业部可以授予品种权"[③]。通过这一规定,农业部对首批列入植物品种保护名录的植物属或种的新颖性要求作了变通的规定,使得这些原本可能丧失新颖性的植物品种成为"新培育的品种"。

《条例农业细则》对条例中"销售"和"育种者许可销售"作了解释[④],认为只要是"以买卖方式"、"以易货方式"、"以入股方式"、"以申请品种的繁殖材料签订生产协议"以及"其他方式销售的情形"均视为进行了"销售"。"育种者自己销售"、"育种者内部机构销售"、"育种者的全资或者参股企业销售"以及"农业部规定的其他情形"均属于条例意义上的"育种者许可销售"。从实践看,《条例农业细则》对"销售"的解释远远不足以解决发生的问题。事实上,《欧盟植物品种保护条例》对"销售"的解释是非常复杂而细致的。所谓的销售,应界定为"在育种者的同意下,以利用该品种之目的出售或转让他人",将品种组成成分转让

---

① 《条例》(1997 年制定)第 14 条。

② UPOV 1991 Art.6(2) :"约方在对以前未实施本公约或先前文本的某一植物属或种实施本公约时,对在申请之日已有的某一品种可以看做符合(1)款规定的新培育的品种,即使其销售或转让他人早于该款规定的期限。"

③ 《条例农业细则》(2007 年制定)第 14 条。

④ 《条例农业细则》(2007 年制定)第 15 条。

给官方机构用于法定目的,或者根据合同或其他法律关系向其他人转让仅用于生产、复制、繁殖、处理或者存储,则不应认为是上述条款意义上的销售或转让,只要育种者持有对这些或者其他品种组成成分的排他性权利,并且没有涉及进一步的转让。但如果这些品种组成成分重复用于一个杂交品种的生产,并且涉及该杂交品种的品种成分或者收获材料的转让,则这样的品种成分转让应当视为上述条款意义上的转让行为。同样地,一个公司将品种组成成分转让给另一个这样的公司,只要其中之一完全属于另一公司或者它们共同完全属于第三个这样的公司,只要不涉及进一步的转让,这样的转让不应视为可以破坏新颖性的转让行为。但这一规定不应适用于合作性的协会之间。该品种的品种成分或者收获材料的转让用于本条例第 5 条(b)实验目的和(c)育种者的培育目的,并且不涉及进一步的复制或繁殖,则这样的转让也不应认为是对相关品种的利用,除非能够证明该转让的目的。随着我国植物育种创新市场的发展和繁荣,实践中有关植物品种新颖性的问题必然备受关注。因此,有必要在《条例》的修订中考虑更为细致和具体的销售判断标准。在这一问题上,欧盟的相关规定无疑值得借鉴。

(二)特异性

特异性是指申请品种权的植物新品种应当明显区别于在递交申请以前已知的植物品种①。这里的"已知品种"是一个非常重要的概念,根据《条例农业细则》解释,"已知的植物品种"包括:品种权申请初审合格公告、通过品种审定或者已推广应用的品种。② 条例规定的特异性与 UPOV 1978 文本的特异性标准即"应具有一个或数个明显的特性有别于已知的任何其他品种",并认为"'已知'的存在可参考以下因素:已有栽培或销售,已经或正在法定注册处登记,已在参考文献中或刊物中准确描述。能够用于确定和区别品种的特性,必须是能准确辨认和描述的"③。上述规定中,均没有明确这种"已知"是仅就申请国内的已知还是所有 UPOV 公约成员范围内的已知。

UPOV 1991 文本认为"如果一个品种在申请书登记之时明显区别于已知的任何其他品种,则这个品种应被认为是特异的",还规定了另一"已知品种"的判断标准,即"在任何国家里,如果其他品种的品种权申请或在法定的品种登记处登记的申请,当获得了品种权或者在法定品种登记处的登记,则应认为从申请之日起,该其他品种便是已知的品种"④。这里多强调了一个"任何国家"。

① 《条例》(1997 年制定)第 15 条。
② 《条例农业细则》(2007 年制定)第 16 条。
③ UPOV 1978 Art.6(1)(a).
④ UPOV 1991 Art.7 .

CPVR 条例规定①的特异性判断更强调一个品种的"基因型或基因型组合产生的特征表达"上的"明显区别",认为如果一个品种在品种权申请日时,在由一个基因型或基因型组合产生的特征表达上,明显区别于任何其他已知的现存品种,那么该品种就应被认为是独特的。在"已知品种"的判断上,CPVR 条例认为,如果在品种权的申请日,该品种已经是一项品种权的保护客体或者已经进入欧共体或任何国家,或者具有相应资格的任何政府间国际组织的植物品种的官方登记名录;或者如果提交了一项要求品种权的授权申请或者进入官方品种名录登记的申请,只要该申请获得了授权或者品种进入名录,该品种在获得品种权授权时或者进入名录时就成为一个已知品种。

从上述比较可知,条例关于植物品种"特异性"的"明显区别"具体含义不够明确,到底应该侧重于是"表型特征"还是"基因型或基因型组合表达的特征"上的比较? 还有,对于"已登在参考文献中或已在刊物中准确描述过"的品种是否属于已知品种? 等等这些问题均有待《条例》的修订进行解决。

（三）一致性

《条例》规定②,"一致性"是指申请品种权的植物新品种经过繁殖,除可以预见的变异外,其相关的特征或者特性一致。《条例农业细则》对此没有细加说明。一般来说,"一致性"强调的是相关品种的同代植株之间必须具有充分的一致性。这里还要注意区分表型同质性和基因型同质性之间的区别。

（四）稳定性

《条例》规定③,"稳定性"是指申请品种权的植物新品种经过反复繁殖后或者在特定繁殖周期结束时,其相关的特征或者特性保持不变。也就是说,"稳定性"强调的是一个品种代之间,如 F1、F2、F3 之间在相关特征表达的传递上具有稳定性。植物品种的这一特性必须经过进一步的繁殖,或者利用新的种子进行培育来证实新长成的植株与品种先前的样本之间在特征表达上保持稳定。

（五）适当的名称

授予品种权的植物新品种应当具备适当的名称,并与相同或者相近的植物属或者种中已知品种的名称相区别④。该名称经注册登记后即为该植物新品种的通用名称。《条例》明确规定,下列名称不得用于品种命名:(1)仅以数字组成的;(2)违反社会公德的;(3)对植物新品种的特征、特性或者育种者的身份等容

---

① (EC)No.2506.95 Art. 7.
② 《条例》(1997 年制定)第 16 条。
③ 《条例》(1997 年制定)第 17 条。
④ 《条例》(1997 年制定)第 18 条。

易引起误解的。《条例农业细则》[①]还规定以国家名称命名的，以县级以上行政区划的地名或者公众知晓的外国地名命名的，同政府间国际组织或者其他国际国内知名组织及标识名称相同或者近似的，属于相同或相近植物属或种的已知名称的，以及夸大宣传的均不得用于品种命名。已通过品种审定的品种，或获得《农业转基因生物安全证书（生产应用）》的转基因植物品种，如品种名称符合植物新品种命名规定，申请品种权的品种名称应当与品种审定或农业转基因生物安全审批的品种名称一致。在品种名称的使用上，不论授权品种的保护期是否届满，销售该授权品种应当使用其注册登记的名称。由于农业部已经开始制定《农业植物品种命名规定》，《条例》在修订时一定要考虑将《农业植物品种命名规定》中的相关内容予以吸收和衔接。

三、品种权内容

《条例》规定，完成育种的单位或者个人对其授权品种享有排他的独占权。任何单位或者个人未经品种权所有人（以下称品种权人）许可，不得为商业目的生产或者销售该授权品种的繁殖材料，不得为商业目的将该授权品种的繁殖材料重复使用于生产另一品种的繁殖材料；但是，本条例另有规定的除外。[②]

（一）品种权行使主体

根据这一规定，享有品种权的主体是"完成育种的单位或者个人"，即"品种权人"。什么是"完成育种的单位或者个人"呢？《条例》首先界定了有关品种权申请人的资格，执行本单位的任务或者主要是利用本单位的物质条件所完成的职务育种，其新品种申请权属于相关单位，非职务育种的新品种申请权属于完成育种的个人，申请被批准后，品种权属于申请人。这里的"执行本单位任务所完成的职务育种"是指下列情形之一：（1）在本职工作中完成的育种；（2）履行本单位交付的本职工作之外的任务所完成的育种；（3）退职、退休或者调动工作后，3年内完成的与其在原单位承担的工作或者原单位分配的任务有关的育种。"本单位的物质条件"是指本单位的资金、仪器设备、试验场地以及单位所有的尚未允许公开的育种材料和技术资料等。委托育种或者合作育种，品种权的归属由当事人在合同中约定；没有合同约定的，品种权属于受委托完成或者共同完成育种的单位或者个人。通常情况下，申请品种权的单位或者个人统称为品种权申请人；获得品种权的单位或者个人统称为品种权人。

《条例》还规定，完成新品种育种的人是指完成新品种育种的单位或者个

---

① 《条例农业细则》（2007年制定）第18条。
② 《条例》（1997年制定）第6条。

人,简称育种者。而完成新品种培育的人员,简称培育人,是指对新品种培育作出创造性贡献的人。仅负责组织管理工作、为物质条件的利用提供方便或者从事其他辅助工作的人不能视为培育人。在实践中,育种者、培育人以及品种权申请人、品种权人之间到底属于何种法律关系呢?

1. "培育人"与"育种者":"红肉蜜柚"案

"培育人"是完成新品种培育的人员,是指对新品种培育作出创造性贡献的人。其一定是自然人,而且是积极实际参与新品种培育过程的自然人,类似专利法上的"发明人"或著作权法上的"作者"。"育种者"是指完成新品种育种的单位或者个人。在职务育种的情况下,育种者就是相关单位。如果是非职务育种,那么此时的"培育人"和"育种者"应同属一人。"育种者"是享有品种权申请资格的主体。

实践中,经常会出现"培育人"的品种权申请资格问题,福建省平和县"红肉蜜柚"案①就是这样一起典型的品种权归属案件。本案中,原告林金山系平和县小溪镇厝丘村的柚子种植户,其在 1998 年秋天发现红色果肉的柚子,当年 11 月嫁接 400 株,存活 200 株,与当地柚农林开祥、林海清共同种植。福建省农科院时任果树所所长陆修闽于 2003 年开始主持"红肉蜜柚"课题,2003 年林金山等进行高接换种。同年,果树所与平和县红柚科技示范场(当地柚农果园)签署科研合作协议,协议写明林金山等为育种人。2005 年,福建省非主要农作物品种认定委员会将之正式命名为"红肉蜜柚"。认定证书所列的主要完成者里不仅有陆修闽、卢新坤,还有林金山、林海清等名字。2007 年林金山和林开祥才知道,"红肉蜜柚"获得农业部新品种权保护。植物新品种权证书列的品种权人为福建省农业科学院果树研究所,陆修闽和卢新坤为共同品种权人,培育人分别为陆修闽、卢新坤、黄新忠、金光、蔡盛华、林金山、林海青、周子坤。② 该品种权于 2007 年以 8 万元转让了 5 年平和县内的品种使用权,致使培育了大量苗木的林金山,因为无法销售,遭受了很大的经济损失。

这里要谈的是,既然在品种认定证书和植物品种保护证书上,已经列明林金山等属于培育人,是根据什么理由来决定他们丧失了品种权和申请所有资格呢?抽象地说,就是"培育人"在植物品种的知识产权保护中应当具有怎样的法律地位。根据条例的规定,在非职务育种的情况下,"培育人"和"育种者"实际

① 本案由福建省福州市中级人民法院受理,截止到 2010 年 3 月 5 日,没有有关审结的消息。参看"争夺'红肉蜜柚'品种权 柚农将省农科院告上法庭"。http://news. xmnn. cnhxxwgsxw/zz/200909/t20090909_1110876. htm,以及"关注'平和红肉蜜柚品种权纷争'——福州中院再度调解未果"。http://www. zznews. cnnewsshizheng/2009-12-2/2009122jd7qd9jxa_105446. shtml。2020 年 3 月 5 日访问。

② 相关信息参见品种权授权公告(2007 年 3 月 1 日 第 2 期(总第 46 期))。

属于同一主体,因而"育种者"当然应当享有品种权申请资格的主体。也就是说,在本案中,除非有证据推翻品种认定证书和植物品种保护证书所列林金山等属于培育人,或者有证明标明林金山等人放弃了品种保护申请的权利/品种权,那么林金山等就应当享有品种权申请的资格。一旦品种权授予,他们也就当然成为共同品种权人之一了。

　　这一案件的发生,令人想起美国《植物品种保护法》的有关规定。在美国PVPA上,所谓的"育种者"(breeder),就是指导育种并培育一个新品种的人或者发现并培育一个新品种的人,如果相关的培育行为是一个代理人根据委托人的利益实施的行为,委托人,而不是代理人是"育种者"。① 很明显,这里的"育种者"实际是条例上的"培育人"。任何有性繁殖或茎块繁殖的植物品种的"育种者",或者育种者的继承人,有权就该品种获得植物品种保护,只要相关品种符合品种权的授权要件。② 根据上述规定,"育种者"及其继承人有权申请品种权保护。同时,PVPA规定,品种权申请应包括"一份关于申请人具有所有权的陈述"③。也就是说,如果在美国申请植物品种权证书的话,申请人必须提供文件证明自己有资格申请品种权,尤其是在非育种者本人申请品种权的时候,申请人应当提供文件证明自己合法取得相关品种的所有权。这些证明文件可以是申请人获得品种转让的合同、或者获得继承的证明,也可以是育种者放弃权利的声明等。这一简单的程序,有时候可以免除一些不必要的纷争,值得借鉴。

　　2."育种者"与"品种权申请人"和"品种权人"

　　根据《条例》规定,植物新品种的申请权和品种权可以依法转让。由此可见,"育种者"与"品种权申请人"和"品种权人"之间的关系是非常复杂的,存在以下几种可能:(1)非职务育种的情况:培育人＝育种者,如果没有转让品种权的申请权,则培育人＝育种者＝申请人,如果没有转让品种权,则培育人＝育种者＝申请人＝品种权人;如果中间出现转让的情况,则培育人＝育种者与申请人、品种权人就不一致了。(2)职务育种的情况:培育人与育种者不同,如果没有转让品种权的申请权,则育种者＝申请人,如果没有转让品种权,则育种者＝申请人＝品种权人;如果中间出现转让的情况,则有可能培育人、育种者、申请人、品种权人分别属于不同的主体。目前《条例》的规定,没有明文为"培育人"规定分享"品种权"的法定权利。在实践中,相关当事人应当尽量通过合同方式使自己的权益得到保障。但作为一项植物新品种保护制度,应当思考作为为相关植物品种主要提供智力创造的主体,为何在知识产权的保护上却没有为他们

---

① 　7 U.S.C.2401(a)(9).

② 　7 U.S.C.2402(a).

③ 　7 U.S.C.2422(5)A statement of the basis of applicant's ownership.

提供分享相关知识产权的权利？

(二)品种权行使范围

根据《条例》规定,任何单位或者个人未经品种权人许可,不得为商业目的生产或者销售该授权品种的繁殖材料,不得为商业目的将该授权品种的繁殖材料重复使用于生产另一品种的繁殖材料;但是,本条例另有规定的除外。由此可见,品种权控制的行为范围限于商业性目的生产、销售以及重复用于生产另一品种的繁殖材料;品种权控制的客体范围是"繁殖材料"。这里的繁殖材料是指可繁殖植物的种植材料或植物体的其他部分,包括籽粒、果实和根、茎、苗、芽、叶等。[①]《条例》规定的品种权行使范围与 UPOV 1978 文本相一致,与 UPOV 1991 文本差距很大。这是《条例》修订应重点考虑的问题,直接关涉中国品种权保护水平的提高与否。我们是否要提高品种权保护水平,是否要将品种权的控制行为从"生产"、"销售"和"重复使用"扩大到"生产、销售、进口、出口为繁殖而进行的处理、存储"等一系列行为,是否要将品种权的保护对象从"繁殖材料"扩展到"繁殖材料、收获材料以及直接由收获材料制成的产品",是否将品种权的范围延伸到原始品种的实质性派生品种? 对于这些问题的回答,除了考虑相应的国际义务外,最重要的因素就是中国种子产业的承受能力。也就是说,对这一问题的回答,并不仅仅是一个法律技术的问题,更多的是一种产业利益的决策。

四、品种权的限制与例外

《条例》还规定了品种权行使的若干限制和例外。在下列情况下使用授权品种的,可以不经品种权人许可,不向其支付使用费,但是不得侵犯品种权人依照本条例享有的其他权利:(1)利用授权品种进行育种及其他科研活动;(2)农民自繁自用授权品种的繁殖材料。[②] 其中,(1)就是通常所指的科研例外或育种者豁免的条款,而(2)指的是农民保存种子种植的权利,也就是"农民特权"条款。

此外,《条例》还规定了植物新品种权的强制许可制度。[③] 有下列情形之一的,农业部可以作出实施品种权的强制许可决定:(1)为了国家利益或者公共利益的需要;(2)品种权人无正当理由自己不实施,又不许可他人以合理条件实施的;(3)对重要农作物品种,品种权人虽已实施,但明显不能满足国内市场需求,

---

① 《条例农业细则》(2007 年制定)第 5 条。

② 参见《条例》(1997 年制定)第 10 条。

③ 具体参见《条例》(1997 年制定)第 11 条,《条例农业细则》(2007 年制定)第 12 条。

又不许可他人以合理条件实施的。申请强制许可的,应当向农业部提交强制许可请求书,说明理由并附具有关证明文件各一式两份。农业部自收到请求书之日起 20 个工作日内作出决定。需要组织专家调查论证的,调查论证时间不得超过 3 个月。同意强制许可请求的,由农业部通知品种权人和强制许可请求人,并予以公告;不同意强制许可请求的,通知请求人并说明理由。取得实施强制许可的单位或者个人应当付给品种权人合理的使用费,其数额由双方商定;双方不能达成协议的,由审批机关裁决。申请农业部裁决使用费数额的,当事人应当提交裁决申请书,并附具未能达成协议的证明文件。农业部应自收到申请书之日起 3 个月内作出裁决并通知当事人。品种权人对强制许可决定或者强制许可使用费的裁决不服的,可以自收到通知之日起 3 个月内向人民法院提起诉讼。

第三节　品种权纠纷的解决机制

　　"品种权纠纷"是指直接涉及品种权的所有纠纷,包括:品种权侵权,品种权的授予、无效和更名过程中产生的纠纷,假冒授权品种等所引起的各种纠纷。这里主要以品种权的侵权纠纷解决为主体展开讨论,从而对中国目前品种权保护制度的实际运行情况有所了解。

一、品种权纠纷类型及解决机制

　　根据最高法院的解释[①],人民法院可以受理的品种权纠纷案件包括:

(一)是否应当授予品种权纠纷案件;

(二)宣告授予的品种权无效或维持纠纷案件;

(三)授予品种权的植物新品种更名的纠纷案件;

(四)实施强制许可的纠纷案件;

(五)实施强制许可使用费的纠纷案件;

(六)植物新品种申请权纠纷案件;

(七)植物新品种权权利归属纠纷案件;

(八)转让植物新品种申请权和转让植物新品种权的纠纷案件;

(九)侵犯植物新品种权的纠纷案件;

(十)不服省级以上农业、林业行政管理部门依职权对侵犯品种权处罚的纠

---

　　① 参见《最高人民法院关于审理植物品种纠纷案件若干问题的解释》(法释[2001]5 号),第 1 条。该司法解释下称法释[2001]5 号。

纷案件；

（十一）不服县级以上农业、林业行政管理部门依据职权对假冒授权品种处罚的纠纷案件。

前（一）至（五）类案件由北京市第二中级人民法院作为第一审人民法院审理。其中是否应当授予品种权、品种权是否无效或维持、具有品种权的品种是否更名的案件，由于必须先经相关行政主管机关复审，因此以行政主管机关植物新品种复审委员会为被告；实施强制许可的纠纷必须先经品种权审批机关的决定，应以品种权审批机关为被告。强制许可使用费纠纷案件应根据原告所请求的事项和所起诉的当事人确定被告，如果原告对审批机关作出的有关强制许可使用费裁决不服，则以审批机关为被告，如果是对双方达成的强制许可使用费数额有争议的，应以对方当事人为被告。

第（六）至（十一）类案件，由各省、自治区、直辖市人民政府所在地和最高人民法院指定的中级人民法院作为第一审人民法院审理。截至 2009 年 7 月底，全国经指定具有植物新品种案件管辖权的中级人民法院达 38 个[①]。其中第（六）至（九）类为民事诉讼案件，最后两类为行政诉讼案件。

"侵犯植物新品种权的纠纷"就是品种权的侵权纠纷。《条例》规定，未经品种权人许可，以商业目的生产或者销售授权品种的繁殖材料的，品种权人或者利害关系人可以请求省级以上人民政府农业、林业行政部门依据各自的职权进行处理，也可以直接向人民法院提起诉讼。省级以上人民政府农业、林业行政部门依据各自的职权，根据当事人自愿的原则，对侵权所造成的损害赔偿可以进行调解。调解达成协议的，当事人应当履行；调解未达成协议的，品种权人或者利害关系人可以依照民事诉讼程序向人民法院提起诉讼。

由于品种权是知识产权，而知识产权为私权，因此当事人也可以就相关的侵权纠纷通过仲裁或调解、或协商的方式进行解决。可以参与仲裁或调解地的非政府机构包括商事调解组织、行业调解组织以及仲裁组织等。经行政机关、商事调解组织、行业调解组织或者其他具有调解职能的组织对民商事争议调解后达成的调解协议都具有民事合同性质，当事人可以申请有管辖权的法院确认调解协议的效力。经法院确认有效后，调解协议一方当事人拒绝履行的，另一方当事人可以依法申请人民法院强制执行。[②] 从目前国内实践来看，据最高人民法院发布的数据，2001—2007 年，知识产权一审结案率由 73.52% 上升到

---

① 这 38 个中级人民法院包括省、自治区、直辖市首府所在地的 31 个中级法院，以及甘肃酒泉、武威、张掖，四川绵阳等中级法院。

② 参见《最高人民法院关于建立健全诉讼与非诉讼相衔接的矛盾纠纷解决机制的若干意见》，法发〔2009〕45 号。

79.9%，一审案件调解撤诉率由 47.45% 上升到 55.48%，平均调解撤诉率达到 57.21%。① 这意味着进入司法审理程序的知识产权侵权案件一半以上是通过法院介入的调解或者劝说使得纠纷得到解决。在植物品种侵权案件领域，近几年的结案方式也以"撤诉、和解居多"②。农业行政管理部门同样非常重视对植物新品种侵权纠纷的行政调解，云南首例植物新品种侵权案件（楚雄州农科所水稻品种楚粳 24 号及楚粳 27 号侵权案件）就是在云南省农业厅的调解下达成和解协议的。③ 农业行政部门介入植物新品种权纠纷调解的做法在中国不是个别现象，而是一种法律赋予当事人的一种救济途径。由于农业、林业行政管理部门本身就是农业植物新品种保护的执法机构之一，在主持植物新品种侵权纠纷调解方面，具有其他机构无法比拟的技术优势和行政权威。从国际实践看，仲裁在欧美等发达国家已经成为一种解决知识产权纠纷的普遍方式，世界知识产权组织也设有专门的仲裁机构。在日本，有关植物新品种权的侵权纠纷也由农业行政部门主持双方当事人予以解决。与诉讼纠纷解决机制相比，通过协商、调解、仲裁等非诉纠纷解决机制解决植物品种侵权纠纷，具有明显的优越性，如当事人自主性强、程序简便、收费低、易于保密等，尤其是植物品种侵权纠纷的技术性强的特点，行业协会介入纠纷解决的空间非常大。

二、品种权纠纷的行政处理机制

《条例》规定④，未经品种权人许可，以商业目的生产或者销售授权品种的繁殖材料的，以及将该授权品种的繁殖材料重复使用于生产另一品种的繁殖材料的，品种权人或者利害关系人可以请求省级以上人民政府农业、林业行政部门进行处理。省级以上人民政府农业行政部门负责处理本行政辖区内品种权侵权案件，请求省级以上人民政府农业行政部门处理品种权侵权案件的，应当符合下列条件：(1)请求人是品种权人或者利害关系人；(2)有明确的被请求人；(3)有明确的请求事项和具体事实、理由；(4)属于受案农业行政部门的受案范围和管辖；(5)在诉讼时效范围内；(6)当事人没有就该品种权侵权案件向人民法院起诉。请求处理品种权侵权案件的诉讼时效为两年，自品种权人或利害关系人得知或应当得知侵权行为之日起计算。侵权认定成立的，为维护社会公共

---

① 2008 年第二次全国法院知识产权审判工作会议公布。http://www. nipso. cnzhdtgndt/200805/t20080522_403299. html。

② 蒋志培、李剑、罗霞：《关于对〈最高人民法院关于审理侵犯植物品种权纠纷案件具体应用法律问题的若干规定〉的理解与适用》，载于蒋志培：《中国知识产权司法保护 2007》，中国传媒大学出版社 2007 年版，第 17 页。

③ 参见云南农业简报 2005 年第 5 期。

④ 《条例》(1997 年制定)第 39 条。

利益,可以责令侵权人停止侵权行为,没收违法所得,可以并处违法所得 5 倍以下的罚款。如果当事人不服对侵犯品种权案件的处罚,可以依法申请行政复议或者向有管辖权的法院提起行政诉讼。期满不申请行政复议或者不起诉又不停止侵权行为的,相关行政部门可以申请人民法院强制执行。就侵权所造成的损害赔偿问题可以根据自愿原则进行调解,如调解未达成协议的,权利人可以根据民事诉讼程序向人民法院提起诉讼。侵犯品种权的赔偿数额,按照权利人因被侵权所受到的损失或者侵权人因侵权所获得的利益确定。权利人的损失或者侵权人获得的利益难以确定的,按照品种权许可使用费的 1 倍以上 5 倍以下酌情确定。[①]

《条例》将假冒授权品种的行为规定由县级以上人民政府农业、林业行政部门依据各自职权负责处理[②],可以责令停止假冒行为[③],没收违法所得和植物品种繁殖材料,并处违法所得 1 倍以上 5 倍以下的罚款;情节严重,构成犯罪的,依法追究刑事责任。在进行上述处理时,相关部门可以根据需要封存或者扣押与案件有关的植物品种的繁殖材料,查阅、复制或者封存与案件有关的合同、账册及有关文件。当事人对县级以上农业、林业行政管理部门对假冒授权品种行为的处罚,可以向有管辖权的法院提起行政诉讼。

三、品种权纠纷的司法救济机制

品种权纠纷的司法救济机制主要是指品种权纠纷的当事人可以通过民事诉讼、行政诉讼以及刑事诉讼的司法救济方式解决相关的品种权纠纷,从而使自己的合法权益得到保障。

(一)民事诉讼

民事诉讼的解决方式主要运用于品种权的侵权纠纷、品种申请权纠纷、品种权权利归属纠纷、转让植物新品种申请权或植物新品种权纠纷以及品种权许可中的纠纷等,民事诉讼有时也会用于解决强制许可使用费纠纷。这里主要以品种权侵权纠纷为例,讨论如何运用民事诉讼解决相关品种权的纠纷。

1.植物新品种的侵权认定

品种权人或者利害关系人认为植物新品种权受到侵犯的可以依法向法院提起诉讼。品种权侵权纠纷案件一般根据侵权行为地或者被告人住所地确定管辖的法院,并且相关法院必须是经指定的具有植物新品种案件管辖权的法

---

① 参看《农业部植物新品种权侵权案件处理规定》(2003 年)。

② 《条例》(1997 年制定)第 40 条。

③ 《实施细则(农业部分)》和《实施细则(林业部分)》分别对假冒授权品种行为作了具体解释。

院,同时还必须遵守最新的《关于调整地方各级人民法院管辖第一审知识产权民事案件标准的通知》规定的级别管辖规则。① 这里所称的侵权行为地,是指未经品种权所有人许可,以商业目的生产、销售该授权植物新品种的繁殖材料的所在地,或者将该授权品种的繁殖材料重复使用于生产另一品种的繁殖材料的所在地。② 这里所称的"利害关系人"包括植物新品种实施许可合同的被许可人、品种权财产权利的合法继承人等,其中独占实施许可合同的被许可人可以单独向人民法院提起诉讼;排他实施许可合同的被许可人可以和品种权人共同起诉,也可以在品种权人不起诉时,自行提起诉讼;普通实施许可合同的被许可人经品种权人明确授权,可以提起诉讼。

关于侵权行为的认定规则。根据相关司法解释的规定③,一般遵循下列规则:(1)未经品种权人许可,为商业目的生产或销售授权品种的繁殖材料,或者为商业目的将授权品种的繁殖材料重复使用于生产另一品种的繁殖材料的,应当认定为侵犯植物新品种权;(2)被控侵权物的特征、特性与授权品种的特征、特性相同,或者特征、特性的不同是因非遗传变异所致的,一般应当认定被控侵权物属于商业目的生产或者销售授权品种的繁殖材料;(3)被控侵权人重复以授权品种的繁殖材料为亲本与其他亲本另行繁殖的,人民法院一般应当认定属于商业目的将授权品种的繁殖材料重复使用于生产另一品种的繁殖材料。综上可知,认定侵权成立的前提必须是被控侵权人具有商业性利用的目的,这一基本原则与 UPOV 1978 文本是一致的。在品种权侵权行为认定的过程中,通常需要就涉及的专门性问题进行鉴定,包括采取田间观察检测、基因指纹图谱检测等方法进行,所有的鉴定结论都必须进行依法质证,认定其证明力。在实践中,法院大多数委托农业部或农科院等专业机构进行鉴定。

2.植物新品种的侵权抗辩

实践中,当相关行为人被指控侵犯品种权并遭到起诉时,其可根据实际情况提出相应的抗辩理由,作为免除或减轻侵权责任的正当理由。一般来说,育种者豁免、科研豁免是比较充分的可以不需要支付使用费的侵权抗辩理由,如

---

① 《关于调整地方各级人民法院管辖第一审知识产权民事案件标准的通知》(法发[2010]5 号),规定高级人民法院管辖诉讼标的额在 2 亿元以上的第一审知识产权民事案件,以及诉讼标的额在 1 亿元以上且当事人一方住所地不在其辖区或者涉外、涉港澳台的第一审知识产权民事案件;上述标准以下的第一审知识产权民事案件,除应当由经最高人民法院指定具有一般知识产权民事案件管辖权的基层人民法院管辖的以外,均由中级人民法院管辖;经最高人民法院指定具有一般知识产权民事案件管辖权的基层人民法院,可以管辖诉讼标的额在 500 万元以下的第一审一般知识产权民事案件,以及诉讼标的额在 500 万元以上 1000 万元以下且当事人住所地均在其所属高级或中级人民法院辖区的第一审一般知识产权民事案件,具体标准由有关高级人民法院自行确定并报最高人民法院批准。

② 法释[2001]5 号,第 4 条。

③ 法释[2007]1 号,第 2 条。

果是农民保存种子再次种植,那么就应当向法庭指出,自己属于"农民自繁自用授权品种的繁殖材料"的情形。另外,"以农业或者林业种植为业的个人、农村承包经营户接受他人委托代为繁殖侵犯品种权的繁殖材料,不知道代繁物是侵犯品种权的繁殖材料并说明委托人的,不承担赔偿责任"①。在专利侵权/商标侵权诉讼的情况下,行为人一般可以在侵权诉讼期间提出专利权/商标无效作为侵权抗辩,法院通常会中止相关案件的审理,等待专利复审委员会/商标评审委员会作出决定后再继续审理,但在侵犯植物新品种权纠纷案件中,被控侵权人在答辩期间内向行政主管机关植物新品种复审委员会请求宣告该植物新品种权是无效的,人民法院一般不中止诉讼②。这一点尤其值得注意。

3. 植物新品种的侵权救济

诉前临时措施是指知识产权人或其利害关系人在起诉前,避免其合法权益受到难以弥补的损害,而要求法院采取一定的措施维护自己的权益,因而也属于侵权救济的一种。诉前临时措施有三项:诉前责令停止侵权、诉前财产保全和诉前证据保全。但在植物品种权侵权领域,对上述三项诉前临时措施的适用有其特殊之处,只有品种权人或者利害关系人向人民法院提起侵犯植物新品种权诉讼时,同时提出先行停止侵犯植物新品种权行为或者保全证据请求的,人民法院经审查可以先行作出裁定。③ 在采取证据保全措施时,鉴于扦取品种繁殖材料需要具备专门技术,因而可以根据案件具体情况,邀请有关专业技术人员按照相应的技术规程协助取证。但专业技术人员并不是强制性要求,不得以此简单否认证据保全的效力。实际操作中的取证样品数量至少为检测所需样品数量的 2 倍。④

根据有关法律及司法解释的规定,侵犯知识产权的民事责任主要有责令停止侵权、赔偿损失、收缴侵权物品等,植物新品种权的侵权人也应承担这些民事责任。在赔偿损失方面,人民法院可以根据被侵权人的请求,按照被侵权人因侵权所受损失或者侵权人因侵权所得利益确定赔偿数额。被侵权人请求按照植物新品种实施许可费确定赔偿数额的,人民法院可以根据植物新品种实施许可的种类、时间、范围等因素,参照该植物新品种实施许可费合理确定赔偿数额。依照前款规定难以确定赔偿数额的,人民法院可以综合考虑侵权的性质、期间、后果,植物新品种实施许可费的数额,植物新品种实施许可的种类、时间、

---

① 法释〔2007〕1 号,第 8 条。

② 法释〔2001〕5 号,第 6 条。

③ 法释〔2007〕1 号,第 5 条。

④ 具体参看蒋志培、李剑、罗霞:《关于对〈最高人民法院关于审理侵犯植物品种权纠纷案件具体应用法律问题的若干规定〉的理解与适用》,载于蒋志培:《中国知识产权司法保护 2007》,中国传媒大学出版社 2007 年版,第 22 页。

范围及被侵权人调查、制止侵权所支付的合理费用等因素,在 50 万元以下确定赔偿数额。① 上述品种权侵权赔偿数额的确定,基本借鉴了专利法(2000 年修订)及其实施细则对专利侵权损害赔偿数额的确定方法。被侵权人和侵权人均同意将侵权物折价抵扣被侵权人所受损失的,人民法院应当准许。被侵权人或者侵权人不同意折价抵扣的,人民法院依照当事人的请求,责令侵权人对侵权物作消灭活性等使其不能再被用作繁殖材料的处理。侵权物正处于生长期或者销毁侵权物将导致重大不利后果的,人民法院可以不采取责令销毁侵权物的方法,但法律、行政法规另有规定的除外。② 省级以上人民政府农业行政部门在处理品种权的侵权案件时,对于侵犯品种权的赔偿数额,按照权利人因被侵权所受到的损失或者侵权人因侵权所获得的利益确定;权利人的损失或者侵权人获得的利益难以确定的,按照品种权许可使用费的 1 倍以上 5 倍以下酌情确定。③

(二)行政诉讼

在品种权纠纷中,可能涉及需要通过行政诉讼程序最后加以解决的纠纷,主要包括是否应当授予品种权纠纷案件、宣告授予的品种权无效或维持纠纷案件、授予品种权的植物新品种更名的纠纷案件以及实施强制许可的纠纷案件,另外实施强制许可使用费的纠纷案件中对审批机关作出的有关强制许可使用费裁决不服的,也应当通过行政诉讼方式获得救济。对于不服省级以上农业、林业行政管理部门依职权对侵犯品种权处罚的纠纷案件和不服县级以上农业、林业行政管理部门依据职权对假冒授权品种处罚的纠纷案件也可以通过行政诉讼获得最终救济。上述案件的管辖等问题已在"品种权的纠纷类型及解决机制"中有所涉及,这里不再赘述。

(三)刑事诉讼

根据《条例》有关规定④,假冒授权品种,情节严重,构成犯罪的,依法追究刑事责任。但目前刑法及其相关的司法解释尚未对假冒授权品种行为规定相应的刑事责任,因此如何追究这一行为的刑事责任仍然有待探讨。

目前也有很多人关注对严重的品种权侵权行为追究刑事责任的问题。从中国的现有知识产权法看,已经规定了侵犯著作权、商标权和商业秘密的犯罪,但是没有侵犯专利权的犯罪。其原因就在于,著作权、商标权和商业秘密的侵

---

① 法释[2007]1 号,第 6 条。
② 法释[2007]1 号,第 7 条。
③ 《农业植物新品种权侵权案件处理规定》(2003 年)第 14 条。
④ 《条例》(1997 年制定)第 40 条。

权,这些侵权行为均涉及公共利益的问题,而专利侵权通常仅与权利人的专利技术相关,侵犯的是一种私人权利,而不是社会公共利益。在对品种权侵权行为追究刑事责任的时候,我们也必须考虑其追究刑事责任的必要程度。品种权在某种程度上,与专利权的性质较为接近,但也有所不同,因为其保护的对象是农业植物品种和林业植物品种,这与一个国家的粮食安全和种子安全密切相关。当然,在一些国家的品种权保护法中,如《日本种苗法》中就有关于品种权侵权追究刑事责任的规定①。但如果我们要借鉴相关规定,还应考虑日本设立此条款的背景和目的,尤其是实践中的应用情况。

---

① 《日本种苗法》(1998 年)第 56 条规定对于品种权侵权行为可以处以 3 年以下有期徒刑或不超过300 万日元。

第十三章　中国加入 UPOV 1991 的可行性分析

　　始于 20 世纪 70 年代的遗传工程(更确切地说是重组 DNA 技术)不但为动植物的培育提供了新的动力,还使得细胞工程、微生物工程、生物制剂的生产等均进入一个全新的阶段,这种发展在 20 世纪 80 年代已广泛渗透到农业、渔业、环保、医药等领域,形成了令人瞩目的生物技术产业。美国、日本等国率先在知识产权的保护政策上对这一产业发展做出回应,1980 年美国联邦最高法院关于 Chakrabaty 案的裁决为生物技术产业打开了华尔街的保险柜。[①] 在美日等国所实施的有关生物技术知识产权政策推动下,欧共体也开始酝酿为生物技术领域的发明提供更为积极的知识产权政策,《欧共体植物新品种保护条例》、《欧盟生物技术发明保护指令》就是在这种背景下开始制定的。美国在 WTO 乌拉圭回合谈判中要求将知识产权议题纳入,并最终达成了 TRIPs 协议,要求 WTO 成员为各领域的知识产权根据 TRIPs 规定的最低标准提供保护,其中保护专利和植物新品种。欧洲各国也在 UPOV 公约框架内掀起修订议题,于 1991 年通过新的 UPOV 1991 文本。1999 年中国加入 UPOV 文本之后,UPOV 1978 文本就不再接受新的成员。无论是美国的专利保护司法实践,还是 UPOV 1991 文本、CPVR 条例和生物技术发明指令的出台,都同样传达了一个信息:生物技术领域发明的知识产权保护进入新的阶段,其中包括有关植物新品种的保护。这种趋势对于实施植物品种保护才十多年历史的中国来说,无疑是一种压力,其中最为直接的就是是否加入 UPOV 1991 文本的问题。无论是欧盟还是美国

---

　　① Martin J. Adelman, Randall R. Rader "Essential Cases of U.S. Patent Law", NPO for Promotion of Research on Intellectual Property, 2007, 11:29.

都在全球范围内通过各种双边/地区投资贸易协议,即前述的"TRIPs plus"协议,要求相关的发展中国家采用 UPOV 1991 文本。

从国际趋势来说,在欧盟主导下的 WTO 项下 TRIPs 主题谈判必然会要求各成员,包括中国在内实施更高的知识产权保护标准,对植物育种创新也是如此。尤其是,如果发展中国家在多哈回合中有关 TRIPs 协议与 CBD、ITPGR 的关系问题上谈判失利,那么这种趋势将很快变为现实。因此,在植物新品种的保护问题上,中国应当做好是否加入以及何时加入 UPOV 1991 文本的应对,其中的关键就是准确了解中国加入 UPOV 1991 文本的利弊。对于这种利弊的判断,必须以经济、技术和法律等多角度的综合考察为基础[①]。这里仅讨论相关的法律制度问题。由于中国已经加入 UPOV 1978 文本,对是否加入 UPOV 1991 文本的判断,从法律制度的角度,所需要考察的就是 UPOV 1991 文本与 UPOV 1978 文本的差别部分。

UPOV 1991 文本与 UPOV 1978 文本的实质性差别主要包括以下部分:UPOV 1991 文本"双重保护禁止"的废除,受保护植物的种和属延伸到所有植物,对育种者权的侵权不再以商业性应用为条件,育种者权的行使范围大大增加,农民特权被规定为非强制性例外等。其中尤为重要的就是育种者权的行使范围大大增加,即"人工瀑布"保护规则的实施、实质性派生品种和依赖性派生品种保护的引入以及农民特权的非强制性例外。

第一节 品种权人工瀑布保护规则

育种者权行使的"人工瀑布"保护规则,是指 UPOV 1991 文本规定受保护品种的育种者权控制范围从繁殖材料延伸至受保护品种的收获材料,以及直接从收获材料制造的产品。这一行使规则的确定,使得 UPOV 1991 文本所规定的育种者权利范围,与 UPOV 1961/1972 文本和 UPOV 1978 文本相比,得到大大增强。

一、UPOV 1991 文本育种者权的行使范围

UPOV 1991 文本第 14 条规定[②]:

[①] 相关研究参见林祥明:《植物新品种保护对我国种业发展的影响研究》,中国农业科学院 2006 年博士学位论文,蒋和平教授指导;吕凤金:《植物新品种保护对我国种子产业的影响研究》,中国农业科学院 2006 年博士学位论文,许越先教授指导;邓武红:《中国农业植物新品种保护制度研究》,西北农林科技大学 2008 年博士学位论文,张宝文教授指导等。

[②] UPOV 1991 Art. 14.

（1）［繁殖材料］涉及受保护品种繁殖材料的下列活动需要育种者授权：（i）生产或繁殖；（ii）为繁殖而进行的种子处理；（iii）为销售而提供；（iv）售出或其他市场销售；（v）出口；（vi）进口；（vii）用于上述目的（i）至（vi）的存储。

（2）［收获材料］从事上述（i）至（vii）各项活动时，未经授权使用受保护品种繁殖材料而获得的收获材料，包括整株和植株部分时，应得到育种者授权，但育种者对繁殖材料已有合理机会行使其权力的情况例外。

（3）［直接制成的产品］从事（i）至（vii）各项活动时，各缔约国可以规定，未经授权使用受保护品种的收获材料直接制作的产品，应得到育种者授权，但育种者对该收获材料已有合理机会行使其权利的情况例外。

（4）［可追加的活动］除公约规定的育种者权例外和权利用尽情况，各缔约方可作出规定，除（1）款（a）项中（i）至（vii）各项外，从事其他活动也应得到育种者授权。

人们通常将上述的（2）和（3）规定在一起，称为"人工瀑布"。通过这一"人工瀑布"权利行使规则，UPOV 1991 文本将保护品种育种者的权利行使范围从繁殖材料扩大到相关的收获材料，以及直接从收获材料制造的产品，以保证相关的育种者一定能从其培育品种的商业化中得到利益。宣传人工瀑布规则的真实意图是，"如果育种者未能对（受保护品种的）繁殖材料行使权利，他只能对（相关的）收获材料行使权利，如果他未能对收获材料行使权利，则他只能对直接由收获材料制造的新产品行使权利"[①]。这样，UPOV 1991 文本中的"育种者权"对受保护品种的材料控制权，从"繁殖材料"扩大到了"收获材料"和"直接从收获材料制造的产品"。当然，这种材料控制范围的扩大也并不意味着育种者可以对受保护品种多次行使权利，而只能也是一次。将育种者权利从繁殖材料延伸至收获材料的前提是他没有机会对该品种的繁殖材料行使权利，同样，将育种者权利延伸至于直接由该品种收获材料制造的产品的前提是育种者没有适当机会对该品种的繁殖材料、收获材料行使权利。

其中第（4）款还赋予了各 UPOV 1991 文本成员在上述（1）款的基础上，为育种者权的控制行为进行增加的权利。这是一项开放性的规定，以便各成员能为育种者权提供尽可能全方位式的保护提供机会。

---

① 　Barry Greengrass：《国际植物新品种保护联盟 1991 年公约有关说明》，秦玉田译。载于国家科学技术委员会农村科技司：《国际植物新品种保护联盟地区研讨会》，中国农业科技出版社 1994 年版，第555 页。

二、UPOV 1978 文本育种者权的行使范围

UPOV 1978 文本规定[1]，授予育种者权的作用在于对受保护品种的有性或无性繁殖材料进行下列处理时，应事先征得育种者同意：以商业销售为目的的生产；为销售而提供；以及市场销售。无性繁殖材料包括整株植物，在观赏植物或切花生产中，当观赏植物或其植株部分作为繁殖材料用于商业目的时，育种者的权利可扩大到以一般销售为目的的、而不是繁殖用的观赏植物或其植株部分。利用品种作为变异来源而产生的其他品种或这些品种的销售，均无须征得育种者同意。育种者及其继承人可以根据自己指定的条件来授权。UPOV 1978 文本的这一规定基本与 UPOV 1961/1978 文本同。由上可知，UPOV 1978 规定的育种者权一般情况下，仅限于受保护品种的有性或无性繁殖材料，只有当特定的产业中，如观赏植物或切花生产中，由于相关的观赏植物或植株部分本身既可以用于销售又可以用于繁殖，因此将育种者权的保护扩大到一般销售为目的的观赏植物或植株部分。UPOV 1978 文本规定的这一权利延伸仅限于观赏植物或切花生产中，在其他领域仅限于受保护品种的繁殖材料。

与 UPOV 1991 文本相比，UPOV 1978 文本规定的育种者权对受保护品种繁殖材料的控制程度也有很大区别，UPOV 1978 文本仅限于三项行为：以商业销售为目的的生产、为销售而提供以及市场销售。而 UPOV 1991 文本育种者权所控制针对受保护品种繁殖材料的行为包括：(i)生产或繁殖；(ii)为繁殖而进行的种子处理；(iii)为销售而提供；(iv)售出或其他市场销售；(v)出口；(vi)进口；(vii)用于上述目的(i)至(vi)的存储，其中涉及的"种子处理"、"出口"、"进口"以及"存储"等行为的控制均为 UPOV 1991 文本所增加，这些所列的行为是一个开放性的规定，各成员可以根据实际情况进行增加。并且，针对相关受保护品种收获材料或者直接由收获材料制造的产品的上述行为，在符合条件的情况下，也将纳入 UPOV 1991 文本规定的育种者权控制范围。

三、中国植物新品种权的行使范围

根据中国《植物新品种保护条例》规定[2]，品种权人对授权品种享有排他的独占权，任何单位或者个人未经品种权所有人（以下称品种权人）许可，不得为商业目的生产或者销售该授权品种的繁殖材料，不得为商业目的将该授权品种的繁殖材料重复使用于生产另一品种的繁殖材料；但是，本《条例》另有规定的除外。根据这一规定可知，中国目前规定的品种权仅限于对受保护品种的繁殖

---

[1]　UPOV 1978 Art. 5.

[2]　《条例》(1997 年制定)第 5 条。

材料,受品种权控制的繁殖材料的行为类型限于"商业目的生产或者销售"以及"重复使用于生产另一品种的繁殖材料"这两类。

四、育种者权行使范围之比较

中国目前品种权保护范围与 UPOV 1978 文本和 UPOV 1991 文本相比,具有哪些实质性的差别呢?

（一）《条例》的品种权与 UPOV 1978 文本的育种者权

虽然中国已于 1999 年加入 UPOV 1978 文本,但比较而言,中国目前的品种权范围仍要稍微低于 UPOV 1978 文本规定的育种者权。

首先,未经品种权人许可,对受保护品种繁殖材料的"为销售而提供"（the offering for sale）行为,在中国有可能被解释为不是侵权行为,如果中国采用狭义上的"销售"概念的话。根据《实施细则（农业部分）》对《条例》第 14 条[①]中的"销售"的解释,"销售"包括:（一）以买卖方式将申请品种的繁殖材料转移他人;（二）以易货方式将申请品种的繁殖材料转移他人;（三）以入股方式将申请品种的繁殖材料转移他人;（四）以申请品种的繁殖材料签订生产协议;（五）以其他方式销售的情形。这一解释所列举的前四项均强调了现实销售的行为,即"繁殖材料转移",第五种是一个未穷尽的列举。如果遵从同一法条中同一概念应作相同意义解释的原则,这里的第五项"以其他方式销售的情形"中的"销售"也应在"繁殖材料转移"的意义上进行解释。如此,对受保护品种繁殖材料的"为销售而提供"行为应该没有在品种权的控制范围内。当然,这一解释有待通过立法或司法解释的方式加以确定,才能作为法院审理/农业、林业行政机关处理案件的依据。当然,这种细微的差别对实践不会产生太大的影响。因为在涉及品种权侵权的行为,很少有人会仅仅实施"为销售而提供"的行为,"为销售而提供"的行为通常是商业性生产或销售一系列行为中的一环。因此,品种权人只要对整个商业性生产或销售的侵权行为追究责任即可,而无需单独针对这一行为追究责任。

其次,从育种者权所能控制的受保护品种的材料范围来说,《条例》规定的品种权仅规定针对受保护品种的"繁殖材料",没有例外情形,而 UPOV 1978 文本针对观赏植物或切花生产作了例外规定,即"当观赏植物或其植株部分作为繁殖材料用于商业目的时,育种者的权利可扩大到以一般销售为目的、而不是繁殖用的观赏植物或其植株部分"。也就是说,在中国,即使观赏植物或其植株部分既可以用作商业销售也可以用作繁殖材料,中国的品种权也只能控制那些

---

① 指的是关于品种新颖性的规定。

用于繁殖目的的观赏植物或其植株部分,而不能控制一般销售为目的的观赏植物或其植株部分。品种权人如果只针对"一般销售为目的的观赏植物或其植株部分"主张权利的话,就必须证明相关的植物或其植株部分用于了繁殖目的。

(二)《条例》的品种权与 UPOV 1991 文本的育种者权

UPOV 1991 文本中的育种者权利范围大大广于《条例》规定的品种权范围。首先在涉及受保护品种的繁殖材料上,UPOV 1991 文本规定生产或繁殖、为繁殖而进行的种子处理、为销售而提供、售出或其他市场销售、出口、进口以及用于上述目的存储均需获得育种者授权,除了上述行为,成员国还可以根据实际将其他行为列入育种者权控制范围;而《条例》仅规定商业目的生产或者销售该授权品种的繁殖材料、为商业目的将该授权品种的繁殖材料重复使用于生产另一品种的繁殖材料的,需要品种权人的授权。再次,UPOV 1991 文本的育种者权可以控制受保护品种的繁殖材料,如果育种者没有合理的机会行使其权利,则可以延伸到受保护品种的收获材料,以及受保护品种的收获材料直接制成的产品。育种者权对收获材料及受保护品种的收获材料直接制成的产品的行为控制类型与对繁殖材料的相同。而《条例》规定的品种权只能控制受保护品种的繁殖材料。

五、"人工瀑布"规则对中国的启示

UPOV 1991 文本之所以引进育种者权的"人工瀑布"保护规则,是因为实践中,通常会出现育种者不能行使权利的情况。这种情况在 UPOV 1961/1972 文本和 UPOV 1978 文本没有要求成员对所有的植物品种进行保护时,容易尤其发生。例如,在 A 国受保护品种 X 的繁殖材料出口到 B 国,或者干脆被窃取到 B 国,该品种在 B 国可能没有列入保护名录,也可能 B 国没有建立植物品种保护制度,B 国的相关行为人将该品种用于繁殖并出售,相关的收获材料或者由该收获材料直接制成的产品,又重新输入 A 国。在这种情况下,如果 A 国的育种者权仅限于控制受保护品种的繁殖材料,那么品种权人就无法针对进口的由其所有的品种繁殖产生的收获材料或者由收获材料直接制成的产品,行使权利了。但如果 A 国的育种者权保护采用了上述的"人工瀑布"规则,那么相关的品种权人仍然可以对进口的由其所有的品种繁殖产生的收获材料或者由收获材料直接制成的产品行使权利。为育种者权设置这种品种权行使规则,除了可以充分保障育种者的品种权利益之外,还为了更有效地打击品种权的侵权行为,促使所有参与受保护品种繁殖材料、收获材料以及由收获材料直接制成的产品的所有行为人,应当尽到相应的注意义务,即确保其经手的产品应当来自合法授权的品种利用。否则,他们在销售和生产相关产品的过程中,将可能遭受侵权指控,并承担相应的赔偿责任。品种权"人工瀑布"规则的实施,还可以有效避免来自国外的因侵权获得相关品种所生产产品的不正当竞争。

这里要注意的是,育种者无论是对相关的收获材料行使权利,还是对直接由收获材料制造的产品行使权利,都必须提供这些收获材料或者相关的产品是通过侵犯其品种的繁殖材料所产生的。这种情况下,如果被控侵权人则必须通过证明这些收获材料或者相关产品是合法获得,是由已经获得育种者授权的繁殖材料产生的,才无需承担侵权责任。

UPOV 1991 文本规定的育种者权"人工瀑布"行使规则对中国的品种权保护以及与之相关产业具有下列启示。首先,"人工瀑布"规则的实施大大扩宽了品种权的保护范围和保护效力,对育种者的植物发明更好的激励作用。自 1999 年中国受理首例品种权申请以来,年申请量在 2004 年就一直位居 UPOV 成员第四位,目前的有效品种权数量已经进入前十位。根据农业部植物品种保护办公室公布的数据,截至 2010 年 2 月 28 日,农业部共受理品种权申请 6685 件,授权品种数量 2984 件,其中国外植物新品种申请 379 件,由此可见,大部分已经授权的品种权均为国内企业或单位所拥有。这些数据表明,中国在植物品种创新方面具有很大的潜力,而且相关的产业也日益成熟,可以适当考虑提高品种权的保护水平,这样有利于维护对外贸易中中国品种权人的利益。其次,中国与植物品种相关产业必须注意其出口产品目的国家是否已经规定了品种权的"人工瀑布"规则。如果相关国家已经制定了这一规则,中国出口方要谨慎注意自己的产品是否由未经允许使用对方国家所保护品种的繁殖材料或收获材料制造而来。如果"是"的话,最好不要将相关的产品回销到对方国家,否则可能遭到侵权指控。

第二节 实质性派生品种保护规则

"独立原则"(principle of independence)是植物品种保护制度的一个主要原则,也是它与专利保护制度之间最重要的区别之一。[①] 根据这一原则,育种者不得反对其他人出于培育其他品种或销售这些品种的需要而利用其受保护的品种,即所有授予这些品种的品种权之间是相互独立的。UPOV 1961 文本第 5

---

① Gert Würtenberger. European community plant variety protection. New York：Oxford University Press，2006：121.

条(3)款和《欧盟植物品种权保护条例》①第 15 条(c)款等就是该原则在植物新品种保护制度中的具体表现。尽管不受限制地利用受保护的植物新品种培育新品种及其开发利用这一规则已经为国际社会接受多年,但近年来这一规则不断遭到质疑。由于植物新品种保护所要求的特异性(distinctiveness)要件比较容易达到,因此相关品种的育种者必须不断培育与其原先品种相似的品种,以免该品种被竞争对手通过轻微的改变,如添加某个不具有重要商业价值但符合特异性的植物特征,转而对这一"新"的品种申请品种保护。为了解决这一问题,UOPV 1991 文本第 14 条(5)引进了一项新的规则,即关于实质性派生品种(essential derived variety,下文简称 EDV)的保护规则,作为上述独立原则的例外。

实质性派生品种是 UOPV 1991 文本新引进的一个概念,其目的是将受保护品种的品种权范围延伸至相关的实质性派生品种,也就是在强调植物育种创新的基础上加大了对品种权人的权利保护。在实践中,由于大部分新品种都采用现存品种(其中很多是受保护的品种)作为育种基础,一旦培育的新品种被界定为 EDV,则该品种只有在获得原始品种权人许可的前提下才能进行商业开发。因此,这一规定将大大增加培育新品种的投资风险。然而,UPOV 1991 文本对于什么是实质性派生品种以及如何判断的问题,并没有给出确定的标准,只是对其条件和产生方法作了非穷尽式的列举。从目前实践来看,鉴于技术的原因,根本无法制定关于 EDV 的统一判断标准。而 EDV 的保护恰恰是关涉植物育种产业发展的重大问题之一,也最容易引起纠纷,因此颇受各国以及相关国际组织的关注。对于中国来说,尽管目前尚未加入 UPOV 1991 文本,没有进入 EDV 的保护实践,然而是否加入 UPOV 1991 文本已经进入论证阶段,EDV保护问题作为 UPOV 1991 文本与 UPOV 1978 文本的一个重要区别,尤其值得论证。因此,详细探讨 UPOV 1991 文本有关 EDV 保护的规定及其相关的国际实践对于中国慎重做出"是否加入"以及"何时加入"UPOV 1991 文本具有十分强烈的现实意义。

一、EDV 保护的理论依据与现实基础

强调实质性派生品种的保护,根本目的在于防止育种者在育种创新上的过度搭便车(freewheeling)以及有效阻止对原始品种(the initial variety)进行"实质性复制"(substantial copy)的植物品种在市场上以不同品种的名义进行销售。事实上,搭便车现象在社会生活中普遍存在,并不完全都应制止,但过度的

---

① Council Regulation (EC) No. 2100/94 (of 27 July 1994) on Community Plant Variety Rights,as amended by Council Regulation (EC) NO. 2506/95(of 25 October 1995).

搭便车却可能扼杀任何领域的创新动力，包括育种者的创新动力。"实质性复制"在知识产权法中同样不是一个新的概念，因为在人类智力成果领域遵循的是"自由抄袭是原则，知识产权保护是例外"[①]的利用规则，大部分知识产权保护对象几乎毫无例外地都是"自由抄袭"的结果，但过度的抄袭则是知识产权法所坚决不允许的。"实质性复制"就是过度抄袭的一种较为隐蔽的表现。正是出于这样的考虑，人们在专利法中设计了有关专利侵权在权利要求上的"等同原则"（doctrine of equivalent），根据这一原则，专利权人的权利范围包括了那些与受专利保护的发明不是完全相同但达到相同技术效果的发明，也就是被控侵权的产品与方法虽然没有落入相关专利权利要求的字面含义范围，"但如果被控侵权物与专利发明中的技术特征之间的差别是非实质性的，被控侵权物仍然可能被认为与发明是'相当的'，从而构成侵权"[②]。在版权法领域，相似的保护规则同样存在。例如，改编、翻译、注释、整理已有作品而产生的作品，可以产生独立的著作权，其著作权由改编、翻译、注释、整理人享有，但行使著作权时不得侵犯原作品的著作权。[③] 甚至"就同一种思想观念的表达来说，后来创作的作品与原有作品相比必须具有实质性的变化，如果没有表述上的实质性变化，就可能是侵犯原有作品的版权"[④]。在植物育种领域，实质性派生品种的保护问题就是智力创造成果"实质性复制"问题的一个具体表现。随着育种技术的不断发展，育种者很容易在现有品种的基础上加以轻微变化，就获得一个新的具有特异性并受育种者权保护的品种，而这一品种几乎完全保留着原始品种在商业开发方面所具有的必要特征。根据 UPOV 1978 文本的规定，后来的育种者可以获得一个新的完全独立的育种者权保护，从而将原始品种权人的发明创造所带来的经济效益据为己有。这种做法等于承认了后来育种者可以通过很小的科研与经济投入占有先前育种者成功品种的合法性，这与植物新品种保护最终目的不符，久而久之必将损害植物育种创新激励机制的作用发挥。

从现实看，目前的育种实践也迫切要求在植物新品种保护上做出有关 EDV 保护的利益安排制度，确保原始品种权人与 EDV 培育人之间的利益得到最大可能的公平分配。对有关 EDV 利益安排制度的迫切要求，从根本上来说，是植物育种技术不断发展促成的必然结果。首先，随着植物新品种数量的不断增加，在原始品种与后来品种之间经常出现纯粹修饰性（purely cosmetic）的植物特异性表现，也就是说，这两个品种之间不存在遗传基因上的差异，只是某些

---

① 李明德：《美国知识产权法》，法律出版社 2003 年版，第 10 页。
② 闫文军：《专利权的保护范围：权利要求解释和等同原则适用》，法律出版社 2007 年版，第 114 页。
③ 中国《著作权法》（2001 年修订）第 12 条。
④ 李明德：《美国知识产权法》，法律出版社 2003 年版，第 147 页。

表型特征上有所差异。其次,各品种间的基因差距越来越小,相关育种者和品种保护授权办公室经常可以发现被描述为"不同"的植物品种在事实上是极为接近的。这种现象在装饰性植物和果树育种领域尤为明显。再次,随着现代生物技术的发展,单个基因在符合专利授权条件的情况下能够获得专利保护,经过该基因修正的植物品种将落入该专利的保护范围。并且,只有单个基因发生变化的这一植物品种仍然可以展示出与原植物相区别的足够特异性,从而可以获得品种权的保护。① 但是,原始品种权人没有权利禁止他人在其培育的品种中嵌入一个或多个基因,也没有权利利用该经基因修正的植物品种。而基因专利权人可以通过基因专利占有原始品种的商业利益。很明显,这对原始品种的育种者来说,是不公平的。

引进 EDV 保护规则是 UPOV 1991 文本对 UPOV 1978 文本的一个重大修改。根据 Barry Greengrass② 先生的说明,进行这一修改的原因是为了"保证那些作为革新者以及在植物界工作的人今后在承担能出品种的活动计划前先达成协议,这些品种主要是由保护品种派生而来的。希望在大多数的情况下能在育种家和/或生物技术学家之间作出和睦的安排"③,并且"这一条款是专为阻止寄生的育种方法而设计的"④。因此,EDV 保护问题的实质就是如何实现原始品种权人与实质性派生品种权人在 EDV 商业利用中的合理利益安排。

二、EDV 保护规则具体内容

UPOV 1978 文本遵守品种保护独立原则,允许任何育种者利用受保护品种培育新的植物品种,并且可以进行自由的商业利益,不管新品种与原始品种之间基因差距的大小,只要该新品种也获得了品种权保护。相反,由于现代育种技术的发展,UPOV 1991 文本则明显限制了这种自由,如果新培育的植物品种是受保护品种(原始品种)的 EDV,那么该 EDV 的商业化利用必须经过原始品种权人的许可并支付相应的许可费。

(一)实质性派生品种的界定

UPOV 1991 文本第 14 条(5)是有关 EDV 保护规则的基本条款,其中(b)

---

① Margaret Llewlyn & Mike Adcock. European Plant Intellectual Property. Hart Publishing, Oxford and Portland, 2006:180—181.

② Barry Greengrass 为国际植物新品种保护联盟副秘书长。

③ Barry Greengrass:"国际植物新品种保护联盟 1991 年公约有关说明",国家科学技术委员会农村科技司:《国际植物新品种保护联盟地区研讨会》,中国农业科技出版社 1994 年版,第 56 页。

④ Barry Greengrass:"什么是植物品种保护",国家科学技术委员会农村科技司:《国际植物新品种保护联盟地区研讨会》,中国农业科技出版社 1994 年版,第 7 页。

规定,"符合下列条件时,该品种即被看做是原始品种的实质性派生品种:(i)从原始品种实质性派生,或者从其本身是该原始品种的实质性派生品种产生,同时保留了表达由原始品种基因型或基因型组合产生的基本特性;(ii)与原始品种有明显区别;(iii)除了派生引起的形状差别外,在表达由原始品种基因型或基因型组合产生的基本特性方面与原始品种相同"①。

由上述规定可知,被判定为 EDV 的品种,既可以从原始品种实质性派生,也可以从原始品种的 EDV 实质性派生,但这种派生首先必须强调 EDV 保留了表达由原始品种基因型或基因型组合产生的基本特性。其次,EDV 必须与原始品种具有明显区别,这意味着 EDV 本身可以成为品种权保护的对象,成为受保护的植物新品种。相反,如果这一派生品种与原始品种没有明显的区别,则该派生品种就不是 EDV。这里的"明显区别",主要是指"相关品种的表型特征上的差别,而不是指它们的基因"②。再次,对于一个品种是否是 EDV,"不但涉及植物显性特征的表达,而且还涉及基因型的评价"③。因此,对于一个"实质性派生"品种的判定来说,仅仅具有可观察到的特征一致是不够的,还必须强调其与原始品种间存在具有因果关系的派生,也就是"相关的特征必须是由(原始品种中的)特定基因型或基因型组合表达出来的"④。由此可见,(i)中所强调的"基本特性"更多的是从植物的表型特征而言,而(iii)中所强调的"基本特性"更侧重于相关植物的基因型评价。

此外,UPOV 1991 文本第 14 条(5)款(c)项对可能产生 EDV 的派生方法,作了非穷尽式的列举,"实质性派生品种可以通过选择天然或诱变株、或体细胞无性变异株,从原始品种中选择变异体、进行回交或者经遗传工程转化获得"⑤。实践中产生 EDV 的最重要派生方式是突变体选择(the selection of mutants)与通过遗传工程获得的变异(the transformation by genetic engineering)⑥。但 Guiard 认为在判断一个品种是否是 EDV 时不应太关注育种方法,育种方法本身不足以宣布一个品种就是 EDV,只是与其他方法相比,某些方法更容易产生 EDV。

---

①　UPOV 1991 Art.14(5)(b).

②　"Essentially Derived Varieties(EDV)", Position of CIOPORA(International Community of breeders of asexually reproduced ornamental and fruit-tree varieties),2008,9.

③　Margaret Llewlyn & Mike Adcock. European Plant Intellectual Property. Hart Publishing, 2006:181.

④　Guy Tritton, Richard Davis, Michael Edenborough, James Graham, Simon Malynicz, Ashley Roughton. Intellectual Property in Europe(Third Edition). London Sweet & Maxwell,2008:612.

⑤　UPOV 1991 Art.14(5)(c).

⑥　Gert WÜrtenberger, Paul Van der Kooil, Bart Kiewiet, Martin Ekvad. European Community Plant Variety Protection. New York: Oxford University Press,2007:124.

（二）实质性派生品种与依赖性品种

UPOV 1991 文本还涉及了一个与 EDV 十分密切的重要概念,即"依赖性品种"(dependent variety,DV)。尽管 UPOV 1991 文本没有明确使用"依赖性品种"这一概念,但它在 UPOV 1991 文本第 14 条(5)(a)中却占了不小的分量。大部分学者都比较关注 UPOV 1991 文本第 14 条(5)(a)(i)所规定的 EDV,而对该款的(ii)和(iii)一般很少关注,事实上在 EDV 定义及其权利范围的界定中将不可避免地涉及依赖性品种的问题。欧洲学者也经常使用"依赖性"(dependency)来描述某些品种之间的关系,甚至明确指出"UPOV 1991 文本对 EDV 及其相关的依赖性品种权概念的引进被看做是加强植物品种权保护的最为重要的措施之一,如果不是最重要的话"①。澳大利亚学者也明确使用"某些依赖植物品种"(certain dependent plant variety)指称 UPOV 1991 文本第 14 条(5)(a)(ii)与(iii)所称的相关植物品种②。澳大利亚 1994 年《植物育种者权利法》(the Plant Breeder's Rights Act of 1994)第 14 条专门就原始品种的品种权在"某些依赖植物品种"上的延伸问题进行了规定。那么什么是"依赖性品种"呢? 其与 EDV 间存在怎样的关系? 根据 UPOV 1991 文本第 14 条(5)(b)与(c)之规定,依赖性品种包括两类:(1)根据 UPOV 1991 文本第七条之规定,与受保护品种没有明显区别的;(2)品种的繁殖需要重复利用受保护品种的。欧盟植物品种权保护条例对于这两类品种的描述与 UPOV 1991 文本采用完全相同的语言描述,澳大利亚 1994 年《植物育种者权利法》则将上述"受保护品种"改为"原始品种"。

对于 EDV,国内一些学者也将其称为"依赖性派生品种"。事实上,将 EDV 称为"实质性派生品种"还是"依赖性派生品种",没有实质差别。关键是在理解 UPOV 1991 文本时,必须对 EDV 和 DV 进行区别,尤其是当使用"依赖性派生品种"概念时,应当注意其与其他国家学者所成的"依赖性品种"予以区别。那么,EDV 与 DV 的实质差别何在? 为何大部分学者仅关注 EDV 的保护规则而很少考虑 DV 的保护规则呢?

根据 UPOV 1991 文本第 14 条(5)(b)与(c)规定可知,DV 包括两种,即与受保护品种没有明显区别的品种以及繁殖需要重复利用受保护品种的品种。由此可知,DV 实际上是不能获得独立品种保护品种,因为"与受保护品种没有明显区别的品种"因无法具备特异性不能获得品种权保护,而未经许可生产"繁

---

① Bart Kiewiet(President CPVO). Plant Variety Rights in a Community Context. Speech made at the occasion of a symposium organized by the "Vereniging voor Agrarisch Recht" on 11 September 2002.

② Mark J. Davison, Ann L. Monotti, Leanne Wiseman. Australian Intellectual Property Law. Cambridge University Press, 2008:571.

殖需要重复利用受保护品种的品种"则是对品种权的侵权行为[①]。也就是说，EDV 与 DV 在法律地位上的最大区别在于能否获得品种权保护，EDV 可以以品种权保护，而 DV 无法获得品种权保护。即 EDV 保护规则是在两个独立品种权之间建立权利控制关系，而 DV 本身仍然属于原始品种权的权利范围。这也是 EDV 保护规则之所以引起重视的关键所在。

（三）原始品种权对 EDV 的权利控制

要理解原始品种权与 EDV 品种权之间的控制关系，必须回到 UPOV 1991 文本的相关规定。UPOV 1991 文本第 14 条是关于品种权利范围的基本规定，如下：

"（1）[与繁殖材料有关的活动]（a）除第 15 条和第 16 条另有规定外，涉及受保护品种繁殖材料的下列行为需要获得育种者授权：（i）生产或繁殖；（ii）为繁殖而进行处理；（iii）为销售而提供；（iv）销售或其他市场买卖；（v）出口；（vi）进口；（vii）为上述（i）至（vi）的目的进行存储。（b）育种家有权附加条件或限制。

（2）[与收获材料有关的活动]除第 15 条和第 16 条另有规定外，从事（1）（a）中（i）至（vi）各项活动，涉及由未经授权使用受保护品种的繁殖材料获得的收获材料（包括整株和部分植株）时，应得到授权，除非育种者已有合理机会对上述繁殖材料行使权利。

（3）[与某些产品有关的活动]除第 15 条和第 16 条另有规定外，各缔约方可以规定，从事（1）（a）中（i）至（vi）各项活动，涉及未经许可使用由应列入（2）规定的受保护品种收获材料直接制成的产品，应得到育种家的许可，除非育种者已有合理机会对上述收获材料行使权利。

（4）[可能的其他活动]除第 15 条和第 16 条另有规定外，各缔约方可以规定，除上述（1）（a）中（i）至（vi）各项活动外，从事其他活动应得到育种家的许可。

（5）[实质性派生品种和某些其他品种]（a）上述（1）至（4）款规定也适用于下列各项：（i）受保护品种的实质性派生品种，而受保护品种本身不是实质性派生品种；（ii）与受保护品种没有第七条所规定的有明显区别的品种；（iii）需要反复利用受保护品种进行生产的品种……"[②]

由上可以看出，UPOV 1991 文本中品种权的控制范围不但涉及受保护品种繁殖材料的生产、销售，为销售而提供、存储、出口、进口等行为，还包括受保护品种的收获材料或者由收获材料直接制成的产品，除非育种者已有合理机会

---

① 具体参看《中华人民共和国植物新品种保护条例》（1997 年）第 6 条，《农业部植物新品种权侵权案件处理规定》（2003 年），以及最高人民法院《关于审理侵犯植物新品种权纠纷案件具体应用法律问题的若干规定》第 2 条。

② UPOV 1991 Art. 14(1) —(5)(a).

对该品种的繁殖材料或收获材料行使权利。人们通常将上述的（2）和（3）规定在一起称为"人工瀑布"保护规则（cascading principle）。宣传人工瀑布规则的真实意图是，"如果育种者未能对（受保护品种的）繁殖材料行使权利，他只能对（相关的）收获材料行使权利，如果他未能对收获材料行使权利，则他只能对直接由收获材料制造的新产品行使权利"[①]。这也是 UPOV 1991 文本与 UPOV 1978 文本的重要差别。同样，根据上述第 14 条（5）之规定，原始品种的品种权也将延伸到受保护品种的实质性派生品种。也就是说，品种权对受保护的原始品种的繁殖材料、收获材料以及直接由收获材料制成的产品的控制，将延伸到该受保护品种的 EDV 的繁殖材料、收获材料以及直接由收获材料制成的产品。将上述规定结合 UPOV 1991 文本 Art. 14（5）（b）关于 EDV 的定义，对受保护的原始品种权的控制链进行如下分析：

首先，受保护品种为原始品种的，其品种权保护范围延及由该原始品种产生的所有 EDV；受保护品种本身为 EDV 的，其品种权不能限制由该 EDV 产生的 EDV 的商业利用。理解 UPOV 1991 文本第 14 条时，要注意到第 5（a）与（b）之间关于 EDV 表述的差异，（a）的规定建立了原始品种权对 EDV 的权利控制，而（b）则是从技术角度对 EDV 予以界定。EDV 从原始品种实质性派生，或者从其本身是该原始品种的实质性派生品种派生。假定 A 为原始品种，A＋、A＋＋和 A＋＋＋均为 A 的 EDV，同时 A＋＋和 A＋＋＋也是 A＋的 EDV，根据 UPOV 1991 文本第 14 条第 5（a），A 品种权将及于 A＋、A＋＋和 A＋＋＋，而 A＋品种权不能及于 A＋＋和 A＋＋＋。

其次，EDV 本身在具备 UPOV 1991 文本规定的授予条件下可以获得独立的品种权保护。根据实践可以发现，尽管 EDV 与原始品种的基因结构方面存在较大相似，但其仍可能满足品种权的授权条件，因此，该 EDV 可以获得新的品种权保护。这表明，EDV 的育种者同样享有 UPOV 1991 文本第 14 条（1）—（4）所规定的权利，根据相应的条件对其繁殖材料、收获材料以及直接从收获材料制造的产品行使权利。但该 EDV 的品种权行使必须经过原始品种权人的授权，因为"主要由保护品种派生的品种仍可以得到保护，但是没有原保护品种育成者的许可，不得使用派生品种"[②]。同时，该 EDV 育种者无法行使 UPOV 1991 文本第 14 条（5）（i）关于实质性派生品种方面的权利，因为已经受品种权

① Barry Greengrass："国际植物新品种保护联盟 1991 年公约有关说明"，载国家科学技术委员会农村科技司：《国际植物新品种保护联盟地区研讨会》，中国农业科技出版社 1994 年版，第 55 页。

② Barry Greengrass："什么是植物品种保护"，载国家科学技术委员会农村科技司：《国际植物新品种保护联盟地区研讨会》，中国农业科技出版社 1994 年版，第 12 页。

保护的 EDV,在法律上无法再次产生能够受其控制的 EDV 了[①]。

再次,只有获得原始品种的育种者授权,该 EDV 的育种者才能对 EDV 进行商业性的开发利用。原始品种权利人对受其限制的 EDV 所行使权利主要是,未经原始品种权人的授权,任何人,包括 EDV 品种权人无权对该 EDV 繁殖材料进行生产或者繁殖,为繁殖而进行的种子处理,为销售而提供,进行销售或其他市场销售,以及进出口,或者出于上述目的而进行的存货等。原始品种权人可以对该 EDV 的收获材料或者直接从该 EDV 收获材料直接制造的产品行使权利,除非证明该 EDV 的生产繁殖或者其收获材料已经获得许可。

由上述权利控制链可以看出,EDV 品种权与原始品种权的区别主要有两点:(1)EDV 的商业性利用必须经原始品种权人许可并交纳许可费,否则构成侵权;(2)EDV 品种权人没有对 EDV 进行控制的权利。对于原始品种权与 EDV 品种权之间的法律关系,UPOV 1991 文本没有直接予以规定,尽管在 UPOV 1991 文本的修订中曾讨论赋予 EDV 育种者向原始品种权人要求强制许可的权利,但最终遭到否决[②]。欧盟 1994 年出台的《欧盟植物品种权保护条例》第 29 条之(5)明确规定了 EDV 权利人对原始品种权利人申请强制许可的权利,这可以看做是欧盟对待原始品种权人与 EDV 品种权人之间利益平衡的态度。从澳大利亚对 EDV 的保护实践看,原始品种权人仅有权阻止未经许可在澳大利亚进行 EDV 的商业开发,但是相关法律没有赋予原始品种权人直接利用该 EDV 的权利[③]。

三、EDV 判定国际实践

实质性派生品种(EDV)保护规则作为 UPOV 1991 文本应对生物育种剽窃的一项有力措施,目前已有包括欧盟、美国、日本、澳大利亚在内的 46 个国家及地区[④]实施该项规则。UPOV 1991 文本与各相关国家限于技术原因,没有就如何判断一个品种是另一个品种的 EDV 制定详细的规则。但由于 EDV 判定问题十分复杂,而且容易引起纠纷,因此颇受各国以及相关国际组织的关注。下面将通过 UPOV 1991 文本公约、欧盟植物品种保护办公室、国际种子联合会

---

① 根据 UPOV 1991 Art.14(5)(a)(i)之规定,"受保护品种的实质性派生品种,而受保护品种本身不是实质性派生品种"。

② Barry Greengrass:"国际植物新品种保护联盟 1991 年公约有关说明",载国家科学技术委员会农村科技司:《国际植物新品种保护联盟地区研讨会》,中国农业科技出版社 1994 年版,第 56 页。

③ Mark J. Davison, Ann L. monotti & Leanne Wiseman. Australian Intellectual Property Law. Cambridge University Press, 2008:571.

④ 参见 http://www.upov.int/en/about/members/。

(ISF)[①]、无性繁殖装饰性植物与果树品种育种者国际共同体(CIOPORA)[②]以及荷兰海牙地区法院对 EDV 判定的解释与实践进行讨论,总结这些国际实践对 EDV 的判定经验,为中国实施 EDV 的保护规则及判定提供借鉴。

(一)UPOV 关于 EDV 判定的规定与讨论

UPOV 1991 第 14 条(5)是有关 EDV 保护规则的基本条款,其分别从法律和技术角度对 EDV 进行界定。EDV 法律层面解决的是原始品种权与 EDV 权的权利依赖关系,体现在该款(a)的规定中。只有"受保护品种的实质性派生品种,受保护品种本身不是实质性派生品种"[③]的情况下,该受保护品种(原始品种)的品种权才能对该受保护品种的 EDV 的商业利用进行控制。如果该原始品种没有申请品种权保护或者不再受品种权保护,那么 EDV 的判定将没有任何意义。

该款(b)规定的是关于 EDV 的技术构成条件。"符合下列条件时,该品种即被看做是原始品种的实质性派生品种:(i)从原始品种实质性派生,或者从其本身是该原始品种的实质性派生品种产生,同时保留了表达由原始品种基因型或基因型组合产生的基本特性;(ii)与原始品种有明显区别;(iii)除了派生引起的形状差别外,在表达由原始品种基因型或基因型组合产生的基本特性方面与原始品种相同。"[④]"实质性派生品种可以通过选择天然或诱变株、或体细胞无性变异株,从原始品种中选择变异体进行回交或者经遗传工程转化获得。"[⑤]从技术层面来说,一个品种是原始品种还是 EDV 是一个纯粹的技术事实,与相关品种的性质及育种技术紧密相关。本文关于 EDV 判定的讨论将主要围绕EDV 的技术判定以及相关认定规则展开。可以看出,UPOV 对于 EDV 构成条件的规定是比较原则性的。EDV 的判定需要更为详细的规则。比如,UPOV办公室过去起草的几份文件曾建议说,在原始品种的后代中选择相关品种根据传统的杂交方案培育所获的品种不会落入"依赖性品种"的范围[⑥],但传统育种技术与变异体选择之间在很多情况下没有明确界限。

UPOV 1991 文本的主要缔造者之一 Joel Guiard 也曾讨论过 EDV 的判定

① International Seed Federation.

② International Community of Breeders of asexually reproduced ornamental and fruit-tree varieties.

③ UPOV 1991 Art.14(5)(1)(i)。

④ UPOV 1991 Art.14(5)(b).

⑤ UPOV 1991 Art.14(5)(c).

⑥ Gert WÜrtenberger, Paul Van der Kooil, Bart Kiewiet, Martin Ekvad. European Community Plant Variety Protection. New York: Oxford University Press, 2007:124.

问题,并进行了总结①。首先,该 EDV 本身必须具有独特性,否则就不能与原始品种进行区别。其次,该 EDV 必须是从一个非 EDV 的原始品种(non-EDV initial variety)培育而来,并且不是原始品种加上另一个品种通过杂交/选择而来。这一要件是非常重要的,有助于避免一个不断向下传递的基因束(gene pool)。这种基因束可能会导致关于 EDV 概念的一个反向的瀑流效果(inverse cascade effect),认为 EDV 也包括一个派生于其本身是 EDV 的品种,而被派生的 EDV 同时又派生于另一个 EDV。这一要件厘清了一个 EDV 必须派生于一个原始品种,而非数个品种。换句话说,就是 EDV 必须是一个品种范围内的植物群进行培育的结果,而不是利用多个品种进行培育的结果。再次,通过品种间特征的接近程度来判定该品种是否实质性派生于该原始品种。这就要求该 EDV 的基因型必须与原始品种实质上一致,所谓的"实质上"一致就意味着这是两个几乎相同的品种,除了因实质性派生所具有的区别性特征。关于两个品种的一致性问题,可以通过两个品种的表型特征或者通过分子技术进行确定。最后,该 EDV 必须实质性派生于受保护的品种。

关于 UPOV 1991 文本第 14 条列举的可能产生 EDV 的育种方法,Guiard 认为在判断一个品种是否是 EDV 时不应太关注育种方法,育种方法本身不足以宣布一个品种就是 EDV,只是与其他方法相比,某些方法更容易产生 EDV。同时,在判定 EDV 时,还应考虑到在实践中并不存在一个统一的具体判断标准,如一个 EDV 应当镜射原始品种多少比例的基因型,99%,90%,80%还是60%? 一个单个的但含有重要特征的基因移植是否足以创造一个 EDV? 所以,对所有品种适用一个统一的 EDV 判定标准是不可能的。派生的判断标准必须根据不同品种来决定,这一判断方法与证明相关品种独特性的方法相吻合,只要该品种在相关的植物群中,在某些基因变化的参数内被证明是具有独特性的,即可认为具有独特性。

(二)欧盟关于 EDV 判定的讨论

欧盟植物品种办公室主席 Bart Kiewiet 认为,如何判定 EDV 的问题仍应依赖于 EDV 的定义,根据这一定义,作为一个 EDV 至少应该符合两个原则性标准:(a)必须存在一个派生行为;(b)除了因派生产生的差别之外,其与原始品种在表型特征方面存有十分重要的相似性。② 实践中,欧盟各成员国对于什么

---

① 参见 Margaret Llewlyn & Mike Adcock. European Plant Intellectual Property. Hart Publishing, 2006:183—184. See *Plant Intellectual Property in Europe and the Wider Global Community*, Sheffield Academic Press, 2002.

② Bart Kiewiet(President CPVO). Plant Variety Rights in a Community Context. Speech made at the occasion of a symposium organized by the"Vereniging voor Agrarisch Recht" on 11 September 2002.

是实质性特征的看法也并不总是一致的,因此对上述判定原则,在实践应用中仍然必须进行解释。

就欧盟来说,由谁来判断一个品种是否属于 EDV?《欧盟植物品种权保护条例》没有明确说明,学者们认为"这应该不是授权办公室的职责"[①]。理由如下:首先,授权办公室关注的是权利的授予,而不是对权利行使的监督,品种的侵权问题通常由法院处理;其次,授权办公室只有能力决定相关品种的独特性,但没有能力比较一个品种与另一个品种之间实质性特征的差别程度;再次,如果授权办公室承担这项工作,将不可避免地增加机构的运行费用,而受益的育种者则是少数。一个品种是否为另一品种的 EDV 只有在侵权情况下才有判断的意义。根据 UPOV "育种者豁免"(breeder's exemption)[②]规定,相关育种者出于私人非商业的目的、试验的目的以及培育其他品种的目的,可以未经授权利用相关的品种,并且 EDV 本身可以独立获得品种权的保护,而申请品种权保护的内容不属于商业利用的范畴。因此,授权办公室只要判断是否符合品种权的授权要件即可,无须关心该授权的品种是否为另一品种的 EDV。

通常情况下,由原始品种的育种者证明被指控的品种是从他的品种实质性派生而来,而不是授权办公室来判定正在申请品种权保护的品种是否为 EDV。当然,在实践中,一个品种可以在欧盟植物品种保护办公室被登记为一个原始品种的 EDV,但必须双方当事人达成协议或者有一个生效判决作为前提。如果有人指控,而 EDV 育种者没有否认,那么该育种者商业利用该 EDV 就应获得原始品种育种者的许可,否则构成侵权。如果被控 EDV 的育种者否认他的品种是 EDV,那他可以请求有关国家的法院确认他的品种是 EDV 还是原始品种。关于如何证明 EDV 的问题,一般来说,将 EDV 的提供证据责任规定为由原始品种的育种者承担,但在实践中会产生很多问题。欧盟的一些国家法院有时会颠覆这一规则,认为由被告,在其公司内部的行政机构帮助下,证明品种之间不存在派生行为显得更为容易。也就是说,法院是判定 EDV 的恰当主体,而关于有原始品种权人还是 EDV 权人举证证明 EDV 更为合适的问题,显然还没有达成共识。

(三)ISF 关于判定 EDV 的行动法则

ISF 作为育种领域非常重要的国际组织,自 UPOV 1991 文本引进 EDV 保护规则后,已经开始积极根据所涉领域的特点,制定有关判定 EDV 的行动法

---

① Margaret Llewlyn & Mike Adcock. European Plant Intellectual Property. Hart Publishing, 2006:182.

② UPOV 1991 Art. 15(1).

则,在自愿基础上用于解决有关 EDV 的争端。尽管法院不受这些法则约束,但各国的育种者非常重视这些在自愿基础上达成的规则。比如,ASSINSEL(国际种子联合会 ISF 的前身)饲料植物部在 1997 年和 1998 年开始研究 EDV 有关的评价工具和评价标准,并于 1999 年提出一个关于多年生黑麦草(Perennial Ryegrass)临时评价标准。

该标准将 7 作为每对植物间欧氏平方距离(the squared Euclidean distance)的临时界限,每植物品种选择 60 种植物和 5 个引物组合(a 5 primer combination)①,同时 ISF 提供一个测试协议以更精确地评价品种间距。2002 年 ISF 达成的黑麦草实质性派生品种行动法则的原则(Principles of a Code of Conduct in Essentially Derived Varieties of Perennial Ryegrass)就是在该标准基础上形成的,由下列四个原则构成。

第一个原则是,当原始品种的育种者怀疑一个新品种实质性派生于一个原始品种,根据该新品种所表现的该原始品种的实质性特征,可以请求测量两个品种间的欧氏平方距离。如果品种间距小于或等于 7,原始品种的育种者可以请求 ISF 进行仲裁,仲裁者可以转移提供证据的责任(the reversal of the burden of proof)。被推定的 EDV 育种者必须证明他的品种没有实质性派生于该原始品种。仲裁者也有权核实该假定的原始品种本身不是在先品种的 EDV。

第二个原则是,该行动法则仅适用于该法则生效后进行商业开发或首次登记的品种,但是那些根据育种项目获得的品种在法则生效时仍没有进行商业开发的,也可以适用这一法则。

第三个原则是,为了鼓励育种公司采用这一行动法则,以便尽可能根据新的分子数据修正判断标准,在行动法则生效后,设定一个五年过渡期(直到 2007 年)。在过渡期期间,接受该法则约束的公司应当遵守:

——在法则生效后 2 年内,不应对首次商业利用或登记的 EDV 要求依赖性权利;

——在随后的 3 年,原始品种权人应当同意对 EDV 商业利用的强制许可,支付该首次商业利用或登记的 EDV 从正常商业运作中获得的许可费的 50%。

第四个原则是,五年期届满后,该评价标准进行重新评估,如有必要,将作修订。之后,该法则继续进行应用,原始品种权人将自由行使根据其国家法律

---

① 英文表述"adopt a provisional threshold, 7 for the squared Euclidean distance between pairs, using 60 plants per variety, with a five primer combination"。

规定的所有权利。①

上述法则实施后普遍受到植物育种者的欢迎,并已成为其他品种解决 EDV 问题的范本。如:利马格兰集团(Group Limagrain)受 ISF 上述法则的影响,发表陈述说,它将毫无保留地支持 EDV 的保护原则,并将在专业水准上执行实质性派生的含义,为了达到有关 EDV 概念在专业上的一致性,它将与其他种子企业合作,寻找公平的解决方法,优先强调同业对 EDV 概念的自由接受和采用,而不是由法院强加。当然,判定 EDV 时,必须意识到决定权应优先给予专家和育种者本身。

该行动法则的一些论点已经基本反映在 ASSINSEL 提出的一些建议中,如 ASSINSEL 建议采用距离系数(distance coefficients)确定基因或其他物质的近似性,分子标记和表型特征标记也可用于检测品种之间的距离,但目前无法证明使用基因标记对因环境变化产生的变异测试是否合适,以及相关的费用情况。这些方法正由 ASSINSEL 各部根据相应的品种进行研究,对于不同品种的距离系数是不同的,因此 EDV 不存在统一的单个标准。2004 年和 2007 年还发布了有关生菜和棉花、玉米、油菜的《实质性派生品种判断准则》,分别确定生菜应大于等于 96%、棉花应大于等于 87.5%、玉米应大于等于 82%、油菜应大于等于 85%作为 EDV 相似程度的界限。②

同时,ASSINSEL 建议育种者应积极利用 EDV 判断规则,在育种过程中更加注意:育种亲本的选择和对某些法律障碍的运用;育种方法的选择,如采用传统方法为基础的单一回交等,有可能比利用现代基因技术更容易产生 EDV;应了解市场上已有品种在表型、分子和生理方面的变异;要注意保存育种笔记,如对相关基因材料的概况、育种历史和与品种获得有关的任何信息,包括亲本和育种方法方面信息的详细记载。

(四)CIOPORA 关于植物品种保护绿皮书

CIOPORA 作为代表无性繁殖装饰性植物和果树品种的国际育种者组织,持有根据 UPOV 授权的近 70%品种,其于 2002 年 11 月公布了关于植物品种保护绿皮书(the CIOPORA Green Paper on Plant Variety Protection)③,其中详细讨论了无性繁殖装饰性植物和果树品种领域 EDV 的产生条件以及判定方

---

① 参看 Margaret Llewlyn & Mike Adcock. European Plant Intellectual Property:186—187,也可参看 Principles of a Code of Conduct in Essentially Derived Varieties of Perennial Ryegrass. www.world-seed.org.

② 参见牟萍:《关于实质性派生品种的三个基本问题》,《电子知识产权》2010 年 04 期。

③ 参见"Essentially Derived Varieties(EDV)",Position of CIOPORA(International Community of breeders of asexually reproduced ornamental and fruit-tree varieties),2008,9.

法,并鼓励所有成员接受相关的标准和判定方法,寻找友好的纠纷解决方式,避免昂贵而无法预测的法庭程序。

1. CIOPORA 对 UPOV 1991 文本中 EDV 三要件的理解

CIOPORA 认为,UPOV 1991 文本第 14 条(5)(b)的三项规定在无性繁殖装饰性植物和果树品种领域,具有独特的含义。首先,关于 b(i)的理解,在无性繁殖领域,如果来自原始品种或者来自原始品种的 EDV 的材料被用于培育一品种,那该品种可以被认为是实质性派生于原始品种。由于变异体(mutants)①、转基因生物(genetically modified organism)②和单性繁殖植物(apomicts),这些品种基因单一地来源于原始品种,并且基因结构被高度保留,因此可以被认定为全部派生于原始品种。对 me-too-variety 品种的情况则很难判断,需结合具体情况判定何种情况下杂交和选择培育的品种实质上派生于其亲本。具体标准要根据争议品种的基因组进行确定。如果基因组的近似程度达到具体品种育种者判断实质性派生品种的界限,相关品种就是 EDV。如果没有确定判断界限,争议双方必须自己寻找解决方案,或者在无法达成解决方案的情况下,由法院根据专家建议决定。

关于 b(ii)的理解,EDV 必须明显区别于原始品种,CIOPORA 认为,该要件在 EDV 与一个在 UPOV 1991 文本第 14 条(5)(a)(ii)意义上不是明显区别于受保护品种的品种之间明确了界限。EDV 是一个可以获得品种权保护的独立品种,而一个与受保护品种没有明显区别的品种不是一个独立品种,其将自动落入受保护品种的范围。在这种情况下,这里的明显区别仅与相关品种的表型特征有关,与基因型没有关系。CIOPORA 强烈支持根据表型特征评估特异性的方法。

关于(b)(iii)的理解,该规定重在强调 EDV 与原始品种间的基因型上的一致,对于无性繁殖的装饰性植物和果树品种来说,更因注重表型特征的考察,如有的品种只要出现颜色变异,而基因未变,就不能作为 EDV。应用化学物质和诱变物质的培育方法也可以达到植物在表型特征上完全不同于母本,但基因及其结构没有很大改变。对于 me-too-variety,如果符合"保留原始品种的实质性特征","仅仅非重要特征出现变化",则就被认为是 EDV。但到目前为止,在无性繁殖装饰性植物和果树品种上的实质性与非实质性特征的区别是不清楚的,这只能由育种者根据每一个品种进行决定。

---

① 变异体是指在植物细胞工程中,用母体培养物反复进行继代培养时,局部组织从同一无性系分离形成两个或多个不同的系列,该系列成为无性系的变异体。

② 经转基因技术修饰的生物体,或者说是遗传基因被改造修饰过的生物体,叫做转基因生物,简称 GMO。

因此,在无性繁殖装饰性植物和果树品种育种领域,可以得出这样的结论,所有的变异体、GMO 和单性繁殖植物,以及 me-too-variety 都是 EDV。找到一个可行的方法证明一个品种是另一个品种的 EDV,才是对装饰和花卉植物育种者的挑战。通常来说,向法院提交并证明其请求的所有事实是原告的责任,但在 EDV 案件中,证明被指控品种是否为"实质性派生于"原始品种是极端困难的。CIOPORA 分别就下面两类 EDV 提出证明方案。

2. CIOPORA 对两类 EDV 的证明方案

(1)关于变异体、GMO 和单性繁殖植物

涉及变异体、GMO 和单性繁殖植物的 EDV 争议中,原告要证明被控品种属于 EDV 几乎没有可能,由于原告通常无法获得被告的内部信息;另一方面,由被告证明其品种不是 EDV,而产生于杂交和选择,又是相当容易的。因此,CIOPORA 认为,如果原告提交的事实合理指明了被控的 EDV 是一个变异体、转基因生物体和单性繁殖植物的话,上述提供证据的责任应该发生转移。具体阐述如下:

(a)CIOPORA 认为,可以通过对比两个争议品种的基因组判定是否属于变异体、转基因生物和单性繁殖植物。如果原告向法庭提交一个可信的 DNA 分析,并证明被控品种与原始品种之间的 Jaccard 相似系数在 0.90 和 1.00 之间,那么其就完成了一个表面上证据确凿(a prima facie proof)的关于被控 EDV 属于原始品种变异体、转基因生物和单性繁殖植物的证明。在这种情况下,被告必须证明他的品种不是原始品种的变异体,转基因生物和无性繁殖植物,或者不是一个实质性派生该原始品种的品种。

(b)但是设置 0.9 这个标准,并不意味着在这个标准以内的所有品种都自动是 EDV。如果一个品种保留另一个品种 93% 的基因型,但它是通过杂交和选择而来的,那么该品种就不属于变异体、转基因生物和单性繁殖植物。因此相关标准的设置仅用于转移提供证据责任,而不是判定一个品种是否是 EDV。

(c)另一方面,这也并不意味着低于这个标准的品种就被排除 EDV 的嫌疑。如果一个变异体仅仅保留原始品种基因型的 88%。它毫无疑问同样被认定为 EDV。但这里就不发生提供证据责任转移的问题了,因此,原告必须完全证明该品种是其原始品种的 EDV。

(d)CIOPORA 选择 0.9 作为提供证据责任转移的标准,是因为 0.9 这个标准对无性繁殖装饰性织物与果树品种领域的变异体、转基因生物、单性繁殖生物与通过杂交和选择获得的品种之间具有很好的分离作用。然而,这一标准不是对每一个特定品种均适用,相关品种的具体标准有待育种者们同意。如果没有具体作物的标准,CIOPORA 强烈推荐将 0.90 作为关于变异体、GMO 和无

性繁殖植物的 EDV 案件中提供证据责任转移的一般标准。

（e）如果被告使用育种记录来证明他的品种不是原始品种变异体、GMO 或单性繁殖植物，当事人应严格审查这些证据，更有有价值的信息将包含在那些由被告提交的、作为被控 EDV 的亲本材料中。在这种情况下，当事人可以运用 DNA 分析技术来证明这些品种是否是该新品种的亲本。

（2）关于 Me-too-varieties

涉及 me-too-varieties 的 EDV 争议，原告想要证明来自其原始品种的材料被用于培育被控 EDV，这同样是非常困难的。因此，CIOPORA 建议，如果原告向法庭提交并证明被控 EDV 与受保护品种之间的基因一致性高于实质性派生存在的界限，并且两者在表型特征上高度一致，那么被告就必须证明他没有使用原始品种或者实质性派生于该原始品种的品种。

CIOPORA 于 2008 年 4 月公布的一份附函[1]中，再次推荐采用 0.9 这一 Jaccard 相似系数作为涉及变异体、GMO 与单性繁殖植物的 EDV 争议案中转移提供证据责任的标准，并根据每年相关育种者同意适用的不同标准的品种目录及其具体适用标准。相关目录包括双方必须提交的有关 EDV 争议的进一步细节，包括 DNA 准备方法（the method of DNA prepartion）、指纹测定技术（the finger print marker）、技术、引物等是否使用恰当。由于相关方法和标记的状态会很快改变，因此为这些方法、技术、引物等设置固定标准是不恰当的，应允许有关专家对这些方法、技术、标准等的使用是否恰当进行判断。CIOPRA 于 2009 年 4 月公布了第一份目录。

（五）Astee Flowers v. Danziger

海牙地区法院于 2005 年审结的 Astee Flowers v. Danziger 案是各国法院第一个解释 EDV 的案例[2]，其涉及的主要问题就是如何判定一个新品种是否属于 EDV[3]。该案例对于今后各国在司法实践中如何判定变异体、芽变和基因修正品种是否属于 EDV 具有重要指导意义。在本案中，Danziger（以色列）是品种 Gypsophila（species）下的 Dangypmini（满天星，Variety）欧共体植物品种权人，Astee Flowers（荷兰）销售品种 Gypsophila（species）下的两个其他品种 Blancanieves 和 Summer Snow（variety），持有这两个品种的欧共体植物品种权。

---

[1]　CIOPORA：Cover letter to the CIOPORA Position Paper on Essentially Derived Varieties，April 2008.

[2]　"荷兰植物品种权实质性衍生品种侵权判例"，载于台湾大学农艺学系种子研究室举办《植物种苗电子报》第 0022 期，第三版，2006－01－25。

[3]　（BIE 2006/60），also discussed in UPOV（2005）"Judgement on Essential Derived Varieties"（EDVs）Newsletter Publication No. 438（E）Issue No. 99，September 2005：9.

Danziger 认为 Astee 所持有的 Blancanieves 和 Summer Snow 是 Dangypmini 的 EDV,根据 DNA 指纹分析显示 Dangypmini 和 Blancanieves 之间具有很强的基因相似性,可以断定 Blancanieves 是 Dangypmini 的变异体,但未检验过 Summer Snow。基于这一检测结果,Danziger 要求 Astee Flowers 停止销售 Blancanieves 和 Summer Snow。Astee Flowers 否认这一指控,向海牙民事法院提起诉讼。

法院在临时判决中裁定,"既然 DNA 测试没有涉及品种 Summer Snow,没有发现该品种为 Dangypmini 的变异体,那么 Danziger 所有针对 Summer Snow 的行为都是错误的"。与 Blancanieves 有关的问题,及 Blancanieves 是否保留了原始品种 Dangypmini 基因型的"实质性特征"[①]。法院认为除两品种基因型上的区别外,根据检验报告,Blancanieves 在表型特征上也具有一些与 Dangypmini 不同的特征,这些特征被认定为是实质性特征,由 Blancanieves 本身基因引起,而 Dangypmini 并没有这样的基因。Danziger 无法向法院说明这些实质性区别与欧盟植物品种条例第 13 条(6)所说的派生有关。因此,法院临时判决 Blancanieves 不是 Dangypmini 的 EDV。

2005 年 7 月 13 日,法院作出最终判决(the final judgment),维持临时判决做出的 Blancanieves 不是 Dangypmini 的 EDV 这一结论。法院阐述说,UPOV 1991 文本第 14 条(5)(b)(i)所说的派生品种必须具有原始品种的基因源头,这一想法在欧盟植物品种条例第 13 条 6(a)中同样有反映,但一个 EDV 不必具有原始品种所有的实质性特征,因为派生出现的特征改变是可以忽略的。根据 UPOV 1991 文本和《欧盟植物品种权保护条例》相关规定,一个被认为是 EDV 一定不会偏离原始品种太大,但也不能仅仅由于新品种在培育中利用过原始品种就推定新品种为 EDV。"实质性"一词表明作为 EDV 的新品种与原始品种的差别是"非实质性的"。在本案中,法院注意到 Blancanieves 和 Dangypmini 在外形上有许多差异,检验的 21 个特征有 17 个不同。审理过程中,法院没有采用 DNA 指纹技术提供的证据,因为对这一案件来说,更为传统的关于植物独特性的判定方法已经为这一判决提供了充分基础。法院还指出,将原始品种的保护范围覆盖相关的 EDV 应该被看做是对植物品种保护独立性原则的例外,应加以限制性解释。

这一判例所传达的有关 EDV 的判定和解释原则对于园艺业来说具有重要意义。首先,原始品种权延及 EDV 保护是植物品种保护制度所遵循的独立性原则之例外,应加以限制性适用。这意味着如果育种者能在关键特征上证明新

[①] As published in UPOV Gazette No. 94, December 2002。

品种有别于原始品种，就不可能被认为是 EDV。其次，在培育新品种的过程中利用过原始品种这一事实并不足以推定新品种即为原始品种的 EDV。本案的判决传递这样的信息：至少在欧洲，在证明植物独特性方面，与外形差别相比，DNA 证据并没有明显占优势。一些学者认为，根据荷兰法院判决启示，澳大利亚开始要求不具有实质性派生关系的两个品种之间的差别必须是非修饰性（cosmetic）的，并在法律中进行了重要特征和不重要特征的区别，实际上，在欧盟法和 UPOV 中均没有使用"cosmetic"这一表达。但是，在切花产业中，这些修饰性特征恰好是证明品种独特性的关键特征。[①]

四、EDV 保护规则对中国的启示

EDV 保护规则是 UPOV 1991 文本新规定的内容之一，也是 UPOV 1991 文本应对生物育种技术发展的一项有力措施。通过 EDV 保护规则，UOPV 1991 文本将原始品种权的保护范围延伸至受保护品种的实质性派生品种，既强化了对原始品种育种者利益的保护，减少了植物育种创新剽窃的发生，也实现了原始品种权人与实质性派生品种权人的利益平衡。根据 UPOV 公布的数据，截至 2011 年 4 月 4 日，在 69 个加入 UPOV 公约的国家中，已有 46 个国家采用 UPOV 1991 文本[②]。这意味着，EDV 保护规则已为 46 个国家所接受，这些国家中的大部分包括美国[③]、日本[④]、澳大利亚[⑤]以及欧盟[⑥]及其成员等，已在国内法中明确规定了 EDV 保护规则。从各国法律实践看，EDV 保护规则已成为激励各国育种创新的一项重要措施。

中国目前的植物新品种保护框架基本与 UPOV 1978 文本一致，没有对 EDV 做出法律规定，也就是说，EDV 一旦被授予品种权，可以获得完全独立的品种权保护，其生产销售无需获得原始品种权人的许可。从国内育种实践看，截止到 2011 年 6 月 30 日，农业植物品种权申请量已达 8262 件，授权量为 3665 件[⑦]，有效品种权量居 UPOV 成员国前十名。中国的植物新品种保护在取得这

---

① ACIPA. Plant Breeder's Rights and Patents for Plants: a Compendium of Key Case Law for the Horticulture Industrial in Australia. 2007:25.

② 参见 http://www.upov.int/en/about/members/。

③ See United States Plant Variety Protection Act Sec. 111(c)(1).

④ See Japan Plant Variety Protection and Seed Act (Act No. 83 of May 29, 1998, as amended by Act No. 49/2007) Article 20(2).

⑤ See Australia Plant Breeder's Rights Act 1994 Sec. 12"Extension of PBR to cover essentially derived varieties".

⑥ (EC) No. 2506/95 Art. 13(5)(6).

⑦ 根据农业部植物新品种保护办公室公布的"1999—2011 年品种权申请情况汇总表（2011-06-30）"。参见 http://www.cnpvp.cn/Detail.aspx? k=831&itemID=1。

些成就的同时,也应该看到其中存在的问题,商业装饰性育种泛滥就是其中之一。根据相关学者的分析,我国目前水稻育种领域"针对培矮 64S、扬稻 6 号、广占 63S、蜀恢 527 等主推品种和亲本进行改造的实质性派生品种可以说不一而足","农业部 2008 年 11 月 1 日发布的《农业植物新品种保护公报》中,24 个水稻植物新品种初审合格公告中有 13 个属于实质性派生品种"[①]。其他作物领域的"模仿育种"、"克隆育种"现象也十分普遍。长此以往,必将严重导致作物育种基础越来越窄,整个国家植物育种创新能力的下降,更严重地将威胁国家的粮食安全。虽然导致相关问题的原因很多,但 EDV 保护规则的缺乏明显有着重要关联。

(一)EDV 保护规则的启示

EDV 保护规则是"随着现代育种技术,特别是分子辅助技术的快速发展而必然要做出的一项法律调整","也是植物新品种保护制度自身的特点所必需的"[②],是国际上不断要求加强知识产权保护的这一趋势在植物育种保护领域的体现。中国目前虽然没有规定 EDV 保护规则,但是否加入 UPOV 1991 文本已经摆在眼前。应该说,UPOV 1991 文本以及美国、日本、欧盟等国家和地区制定 EDV 保护规则应对生物育种剽窃问题,以鼓励真正的育种创新,相关的做法值得作为生物育种后起之秀的中国借鉴。

首先,解决利用商业装饰性育种进行育种剽窃的问题,以及明确基因专利权人与原始品种权人之间的利益分配规则,是品种权保护制度应对生物技术发展必须面临的问题,也是中国未来植物新品种保护中必须面临的问题,即中国未来必须考虑引进 EDV 保护规则,不容回避。

其次,在具体规定方面,可以借鉴 UPOV 1991 文本有关 EDV 保护规则的内容,但在立法技术上则可参考《欧盟植物新品种保护条例》的做法。如规定 EDV 保护制度不适用于《欧盟植物品种权保护条例》生效之前欧盟植物品种办公室就已经授权的品种[③],这一立法技术可以确保 EDV 保护规则生效之前申请的所有植物新品种均可以以原始品种对待。将商业利用 EDV 所必须的原始品种权人许可纳入强制许可范围[④],确保原始品种权人无法滥用相关的许可权利。

再次,对于中国企业来说,应充分利用中国尚未规定 EDV 保护规则的机会,加快培育相关的植物新品种并积极申请品种权保护,尤其是加强原始品种

---

① 陈红、刘平、张新明、吕波、饶智宏、郑金贵、宋敏:《我国建立实质性派生品种制度的必要性讨论》,《农业科技管理》2009 年第 1 期。

② 卢新、刘平、刘明强:《对 UPOV 公约 91 文本的分析与思考》,《知识产权》2010 年 01 期。

③ (EC)NO. 2506/95,Art. 116. 4。

④ (EC)NO. 2506/95,Art. 29. 5。

的培育。同时,相关企业还要注意在对外贸易中,某些 EDV 品种的繁殖材料、收获材料以及由收获材料直接制成的产品是否出口到该 EDV 的原始品种受保护的加入 UPOV 1991 文本的国家或地区,因为在这些国家或地区,未经原始品种权人许可商业利用 EDV 将被视为侵犯原始品种权的行为。

（二）EDV 判定实践对中国的启示

如何判定 EDV 是一项非常艰巨的法律与技术相结合的任务,中国的种子产业及其相关法律技术管理机构必须做好应对。幸运的是,UPOV 1991 文本公约、CPOV、ISF、CIOPORA 以及荷兰海牙法院对 EDV 判定的解释与实践,已经为中国未来建立 EDV 判定机制提供了有效借鉴。

首先,应清楚理解 UPOV 保护规则的基本价值。尽管 EDV 保护规则在事实上加强了原始品种权的保护范围,但其最终目的是为了使 EDV 权人/基因专利权人与原始品种权人在商业利用 EDV 上达成合理利益安排,防止生物育种剽窃[①]。品种权保护独立原则[②]和种质资源的自由获取仍然是育种创新知识产权保护的基础,EDV 保护规则没有对育种者"获取种质资源的自由构成限制"[③]。EDV 保护规则作为品种权保护独立原则的例外,在实践中必须加以限制适用。[④]

其次,EDV 判定必须严格遵守 UPOV 1991 文本关于 EDV 的三项基本要求。可以简单总结如下：(1)EDV 必须派生于受保护的原始品种,同时具有相应的独特性；(2)EDV 必须是利用一个品种内植物群进行培育的结果,而不是利用多个品种进行培育的结果；(3)可以通过品种之间特征的接近程度来判定相关品种是否实质性派生于某原始品种,育种方法本身不足以宣布一个品种就是 EDV。但 EDV 判断标准必须根据不同品种进行确定,无法对所有品种适用统一的 EDV 判定标准。

再次,只有在侵权情况下才有判定一个品种是否是另一品种 EDV 的实际意义。品种权授权机关只负责根据 DUS 测试审查品种权的授权条件,而不是关注一个品种是否是另一品种的 EDV。因此,法院是 EDV 判定的恰当机构。在通常情况下,授权机构可以根据双方关于 EDV 的协议或者根据法院的生效

---

① 参见 Barry Greengrass："什么是植物品种保护",载国家科学技术委员会农村科技司：《国际植物新品种保护联盟地区研讨会》,中国农业科技出版社 1994 年版,第 7 页。

② 根据品种保护独立原则,所有授予品种权保护的品种之间是相互独立的,育种者不得反对其他人出于培育品种或销售授权品种的需要而利用授权品种,育种豁免就是品种保护独立原则的一种体现。

③ "Essentially Derived Varieties (EDV)", Position of CIOPORA (International Community of breeders of asexually reproduced ornamental and fruit-tree varieties), 2008,9.

④ ACIPA. Plant Breeder's Rights and Patents for Plants: a Compendium of Key Case Law for the Horticulture Industrial in Australia, 2007:25.

判决,根据申请者的申请将相关的品种登记为 EDV。法院审理 EDV 案件,应结合特定植物品种确定 EDV 的判定方法和相应的证据提供责任。DNA 判定和植物表型特征判定在证明植物特异性方面各有优势,尤其注意某些修饰性(cosmetic)特征在产业(如切花产业)中成为证明相关品种独特性的关键特征。

最后,相关的育种者协会应为 EDV 判定提供充分的技术支持。如 ISF 为不同品种提供了 EDV 的评价工具和评价标准。CIOPORA 通过绿皮书详细解释了 UPOV 1991 文本有关 EDV 判定的三项条件在无性繁殖植物领域的具体运用,并为两类特殊的 EDV(变异体、GMO 和单性繁殖植物与 Me-too-varieties)提供了详细的证明方案。ISF 和 CIOPORA 的这些解决方案将在自愿基础上用于解决有关 EDV 的争端,对各国育种产业产生重要影响。中国相关育种组织和协会应尽早开展有关 EDV 判定标准方面的研究,充分借鉴 ISF 和 CIOPORA 关于 EDV 判断的研究成果和实践经验,尤其要详细针对具体品种展开研究,为将来 EDV 纠纷的解决提供技术支持。中国政府也应采取政策尽早鼓励相关育种协会组织有关品种 EDV 判定标准的研制,鼓励协会参与有关 EDV 纠纷的解决,尤其通过自愿仲裁的方式解决有关 EDV 利用的利益分配。当然,特定品种的 EDV 判定标准只是用于转移 EDV 证明责任的工具,而不是 EDV 的最终判定标准,因此相关育种者必须保存各自的育种笔记,以证明被控 EDV 的育种方法和材料来源。

第三节　农民留种权利

UPOV 1991 文本将"农民保存种子用于再次种植的权利"(农民留种权利)列为"非强制性例外",规定"各缔约方在合理的范围内,在保护育种者合法权益的前提下,仍可对任何品种的品种权予以限制,以便农民在自己土地上以繁殖目的、使用在其土地上种植受保护品种或者第 14 条 5 款 a(i)或 a(ii)所指品种所收获的产品"①。

一、UPOV 1978 文本非商业利用授权品种的法定豁免

UPOV 1991 文本关于农民留种权利的规定方式与 UPOV 1978 文本有所不同,UPOV 1978 文本没有明确规定这一权利,而是通过育种者权的权利适用范围体现出来的,对"受保护品种繁殖材料"的"商业销售目的的生产、为销售而

---

① UPOV 1991 Art. 15(2).

提供、市场销售"行为需要获得育种者的授权。由此可知，UPOV 1978 文本认为，非商业目的利用受保护品种不属于育种者的权利范围，农民利用自己土地上收获的材料用于再次种植，不是对受保护品种的繁殖材料以商业销售目的使用，因而农民的这一权利天然属于育种者权之例外。但 UPOV 1991 文本的育种者权范围不同，育种者可以控制受保护品种的繁殖材料（收获材料/由收获材料直接制成的产品）的生产或繁殖、为繁殖而进行的种子处理、为销售而提供、售出或其他市场销售、出口、进口以及用于上述目的存储，不管这些行为是否属于商业销售的目的，除了明确规定的例外与限制，未经许可实施上述行为均属侵权。

二、UPOV 1991 文本农民留种权利的"非强制性例外"

UPOV 1991 文本将农民留种权利规定为"非强制性例外"，从法律效果上看，就是允许成员国根据本国实际情况既可以规定也可以不规定这一权利。但对于想要规定这一权利的成员国来说，实际影响并不大，因为这一权利是对成员国农民的保护，而不是对其他成员国农民的保护。举例子来说，如果 UPOV 的 A 成员在其本国法中规定了"农民留种权利"，而 B 成员国没有这一规定，对于 A 成员国来说，B 的做法不但没有坏处，反而有可能获得利益。因为 A 成员国的农民对任何在该国内受保护的品种均拥有留种的权利，包括那些进口到 A 国的 B 国育种者拥有的品种，而 B 国没有规定农民留种权利，那么所有 B 国的受保护品种均不允许 B 国农民留种，也包括那些由 A 国育种者所拥有的品种。正因为如此，即使 UPOV 1991 文本将农民留种权利作为非强制性例外，但欧美等国也并没有完全取消本国的农民留种权利。

三、美国种子作物的"农民留种权利"

美国的"农民留种权利"是在 1970 年《植物品种保护法》中规定的，该法仅用于保护有性繁殖或茎块繁殖的植物品种，植物专利法和发明专利法均没有规定农民有权对受其保护的植物品种进行留种。也就是说，在美国，农民可以留种用于再次种植的权利仅限于有性繁殖或茎块繁殖的植物。美国之所以进行这样的规定，是因为大量的粮食作物属于有性繁殖或茎块繁殖的植物，而无性繁殖的植物如果树、观赏植物、花卉等基本属于完全商业性的植物。

四、欧盟"小型农民"留种权利

《欧共体植物品种保护条例》也同样有关农民留种权利的规定，但其进行了改造：首先，根据种植面积/谷类作物的产量等标准将农民区分为"小型农民"

(small farmer)和"农民",只有小型农民有资格享受"留种权利";其次,即使是小型农民也不是对所有的植物品种均享有"留种权利",而仅限于规定作物范围的植物品种,如饲料作物、谷类作物、土豆以及油料和纤维织物中的具体植物属;再次,小型农民利用规定范围外的植物品种,所支付的权利金少于商业性利用品种的权利金数额,权利金数额可以通过协议决定,如果没有这样的协议,权利金的数量一般是相同品种许可用于生产繁殖材料的通常权利金的50%。由上可见,UPOV 1991文本将"农民留种权利"规定为非强制性例外,主要是为成员国规定农民留种权利的行使程度提供方灵活性,以便成员国根据国内农业(主要是种植业)和育种产业的发展情况进行调整。虽然将"农民留种权利"规定为非强制性例外,在某种程度上体现了育种者权利的扩大,但在 UPOV 1991文本下,这两者之间并不具有直接的关联。

中国《条例》规定"农民自繁自用授权品种的繁殖材料"可以不经品种权人许可,不向其支付使用费,但不得侵犯品种权人依照本条例享有的其他权利。对这一规定的理解是,农民可以对所有受保护的植物品种享有保存种子用于再次种植的权利,只要相关农民能够达到自繁自用授权品种的技术条件。那么这里的"农民"是否有限制呢?条例及其实施细则均没有对农民进行解释。《最高人民法院关于审理侵犯植物品种权纠纷案件具体应用法律问题的若干规定》(法释〔2007〕1号)第8条关于农民代繁侵权品种赔偿责任的免除规定中,也涉及有关"农民"的界定问题。根据法释〔2007〕1号起草者的理解,"为避免实践中可能的滥用,《规定》第八条对农民的范围作了界定,即通常理解的靠农业或林业种植来维持生计的个人、农村承包经营户为限"①。正因为如此,法释〔2007〕1号第8条就形成了"以农业或者林业种植为业的个人、农村承包经营户接受他人委托代为繁殖侵犯品种权的繁殖材料,不知道代繁物是侵犯品种权的繁殖材料并说明委托人的,不承担赔偿责任"这样的表达。但是,法释〔2007〕1号第8条关于"农民"的界定理解能否适用于《条例》关于"农民留种权利"规定中的"农民"呢?随着农业种植的规模化和商业化,我们是否也需要考虑对"农民"进行类似欧盟的分类处理呢?对于那些完全是商业性种植的植物品种,如花卉和果树,都可以考虑不再设置"农民留种权利"呢?所有的这些问题,都有待进一步的研究和考察。

综上所述,对 UPOV 1978文本与 UPOV 1991文本之间的实质性区别之理解,尤其是对"人工瀑布"保护规则、"实施性派生品种"保护规则以及"农民留种

---

① 蒋志培、李剑、罗霞:《关于对〈最高人民法院关于审理侵犯植物品种权纠纷案件具体应用法律问题的若干规定〉的理解与适用》,载于蒋志培:《中国知识产权司法保护 2007》,中国传媒大学出版社 2007年版,第 24 页。

权利"的全面考察,可以看出 UPOV 这两个公约文本之间最重要的差别就在
"人工瀑布"保护规则和"实施性派生品种"保护规则,"农民留种权利"的变化对
UPOV 各成员没有实质影响。也就是说,中国是否要加入以及何时加入 UPOV
1991 文本的关键就看中国育种产业及农业发展对这两项保护规则的承受能力。
从中国近年来的植物新品种保护趋势来看,这两项保护规则对于中国来说,既
是一种来自未来植物品种保护规则的启示,也是对中国目前农业和育种产业发
展的一种挑战。

第十四章　国际植物品种保护实践对中国的启示

　　如果将 1930 年《植物专利法》视为美国植物品种保护历史的开端,1961 年缔结的 UPOV 1961 文本视为欧洲植物品种保护的起源,那么美国至今已经有整整 80 年的植物品种保护实践,而欧洲也已经有近 50 年的保护实践,事实上,欧美对植物品种保护的探索历史远远长于上述时间。在这段不算太漫长保护历史中,欧美各自发展出了很多富有特色的植物品种保护做法,为各自的育种产业,尤其是现代生物技术背景下的植物育种提供了育种创新和发展的动力。自 20 世纪 80 年代以来,国际社会也开始普遍注意到遗传资源的惠益分享在全球生物多样化保护以及全球农业可持续发展中的重要作用。尽管这种分享表面上与现代生物技术发明的知识产权保护政策目标是不相容的,但本质上并无冲突,这种惠益分享机制的建立,有助于促进遗传资源原产地中心和生物多样性中心的发展,确保对粮食和农业遗传资源的保存和可持续利用。因此以印度、巴西为首的发展中国家正试图通过 WTO 下的 TRIIPs 议题谈判将遗传资源的利用与保护,尤其是其中的惠益分享问题纳入 TRIPs 协议确定的知识产权保护机制之中。上述过程中所实施的很多规则、做法以及经验都为中国完善目前植物品种保护机制以及相关产业的发展提供了丰富的启示。

第一节　植物新品种保护的模式

　　综观各国植物品种的保护模式,美国采用发明专利、植物专利和植物品种权三位一体的保护模式,而欧盟选择的是植物品种权与专利互补模式,这两个模式在保护方式的强弱搭配方面值得中国关注。

一、发明专利、植物专利和植物品种权三位一体的美国模式

美国通过植物专利、植物品种权和发明专利为植物品种提供知识产权保护,既有重要的历史原因,又有强烈的现实原因。首先,由于美国政府从 1839 年到 1924 年一直执行主要农作物的种子免费发放项目,种子的科研创新主要依赖政府资助的公共研究机构和种子试验站完成,因此在 1930 年以前美国种子产业的主要目标是争取种子的自由贸易,而不是种子创新的知识产权保护。其次,美国农业部一直反对为植物育种提供知识产权保护,因为其认为大部分农作物的育种创新都是在政府资助下由公共机构完成,因此无需通过专利保护提供激励创新的机制。再次,议会也考虑到当时从事农业种植和生产的农民的利益,一旦将相关的植物品种纳入专利保护,将大大提供农民从事农业生产的成本,从而间接影响美国农业的整体发展。除此之外,当时的育种技术水平也无法达到足以为有性繁殖植物创新提供专利保护的条件。当时的种子公司很大程度上都依靠传统的育种方法(品种的选择与纯化)获得新品种,而有性繁殖基本上无法保持品种的纯化,无性繁殖在当时被认为是保持植物纯种的唯一方法。虽然美国种子产业放弃了对种子获得专利保护的努力,而美国苗圃业却一直没有放弃为植物品种提供专利保护的努力,以 Stark Brothers 苗圃公司为代表的苗圃业一直孜孜不倦地寻求来自各个方面的支持,因为实现对栽培品种的控制是美国苗圃业发展的命脉所在。而无性繁殖的植物或者是观赏性的植物或者是果树,基本属于商业性作物,对这些品种的专利保护基本不会涉及和影响传统农民的利益。在技术上,无性繁殖的植物通过无性繁殖的方式可以保持品种的纯化。正是这些主观和客观原因的集合最终导致了有性繁殖的植物和茎块繁殖的植物被排除出 1930 年《植物专利法》的保护范围。

随着育种技术的发展和普及,到了 1970 年《植物品种保护法》制定的年代,美国种子公司基本已经完成从早期以"简单的选择"和"过滤培育"为特征的育种工作向从事更为严格和科学的品种培育阶段过渡。20 世纪五六十年代种子市场的混乱及恶性竞争本身也急需出现一种有力的育种创新培育机制,为育种公司提供自由培育品种的动力。欧洲各国在当时也在积极探索这样的激励机制,终于在 1961 年缔结了 UPOV 公约。UPOV 公约的出现为美国探索植物品种保护提供了一种全新的思路:其中规定的"农民特权"大大缓解了来自代表农民团体利益的反对,而"育种者例外"和"科研例外"等制度设计平衡了来自要求保持种质资源交换自由的群体的利益。这样,1970 年通过了为有性繁殖的植物育种者提供了不同于专利的品种权保护,这是一种专门为植物育种创新设计的

知识产权保护机制。

到了20世纪80年代,随着生物技术,尤其是基因工程技术的普遍应用,育种公司(主要是有性繁殖的植物育种公司)发现,品种权方式已经无法满足为其作出的相关创新提供充分知识产权保护的要求了,因为育种创新过程中所需要知识产权保护的单位已经不再局限于传统意义上的"品种",而必须进入更深的基因层面,然后由此扩展到相关的植物品种。尤其美国的"品种权"是一项弱保护,由于只是农业部只是通过书面材料审查申请品种权保护的植物新品种,所有授权要件相对较低,保护效力也相对较弱。另外,品种权制度在设计上也为农民保存种子再次耕种、科研行为和育种行为等提供一些例外和豁免,这也大大损害了品种权的保护效力。为了弥补这种对植物育种创新知识产权保护的不足,育种公司在20世纪80年代通过美国专利商标局和相关法院发起了要求为植物育种创新,包括植物新品种提供专利保护的强烈运动,这就是1980年Chakrabaty案、1985年Ex parte Hibberd案出现的背景。与此相关,美国也在全球范围内掀起提高和加强知识产权保护的浪潮,于1987年的WTO乌拉圭回合谈判中要求将知识产权保护议题加入其中予以讨论。就植物品种保护而言,美国最终在2001年通过J. E. M. AG v. Pioneer Hi-Bred一案,为植物品种的专利保护确立了合法性依据。

仔细考察美国植物品种保护制度的组成部分,植物专利、植物品种证书以及发明专利,事实上无论是植物专利还是植物品种证书,其作用范围都比较有限。根据美国专利商标局2009年4月公布的数据,到2008年底共授予植物专利约19400件。[1] 到2000年将近颁布5000个植物品种保护证书,其中包括2001年的495件证书。[2] 在植物品种证书这一保护上,美国一直坚持仅适用于有繁殖的植物,而且坚持规定农民保存种子的权利、私人非商业性目的的利用、在先培育和生产、用于研究的目的作为品种权保护的例外。就发明专利来说,美国始终坚持的是一种强保护政策,专利不但可以适用于所有的植物品种、所有与植物相关的方法提供保护,没有为植物领域的这些发明规定例外,而且专利还可以为那些已经获得植物专利或植物品种证书的植物品种提供专利保护,只要相关的发明符合专利的授权要件。[3] 也就是说,美国对植物品种的保护模式采取的是"弱品种权强专利"的保护模式。这种保护模式在制度上仍然为农

---

[1] 相关数据来自 U. S. Patent and Trademark Office, U. S. Patent Statistics, Calendar Years 1963—2008(available at www. uspto. gov).

[2] John R. Thomas. Plants, Patents, and Seed Innovation in the Agricultural Industry(Report for Congress,Order Code RL31568), 2002,9(13).

[3] 具体参见关于 J. E. M. AG v. Pioneer Hi-Bred 一案的分析。

民保存主要农作物的种子用于再次耕种留下了可能,不过在专利与植物品种证书共同为相关植物品种提供保护的情况下,农民应当如何行使其保存种子权利的问题还需通过相关的司法实践予以证明。

二、品种权与专利形成互补的欧盟模式

与美国通过植物专利保护为无性繁殖的植物创新提供知识产权保护不同,欧洲没有为无性繁殖和有性繁殖的植物分别提供保护,而是通过 UPOV 公约为所有的植物育种创新设计了独特的育种者权保护制度,但没有为植物育种创新关上专利保护的大门。UPOV 公约最初没有要求成员国为所有的植物提供保护,而只是要求为一定数量的植物属和种提供保护,直到 UPOV 1991 文本才实现为所有的植物品种提供保护。究其原因,大概 UPOV 1961/1972 文本和 UPOV 1978 文本修订当时没有对所有植物品种提供保护的必要,同时 UPOV 各成员也没有为所有植物品种提供保护的技术能力。虽然 UPOV 公约没有排除植物品种的专利保护,但其规定了"双重保护的禁止"条款,或许是受这一规定的影响,UPOV 缔结之后的《斯特拉斯堡专利公约》以及《欧洲专利公约》均将"植物或动物品种"排除可专利的范围。但是,欧洲各国一般仅为列入国家品种保护名录的植物品种提供育种者权保护,有的国家如法国和比利时在实践中,同时也为那些没有列入名录的植物品种提供专利保护。在 20 世纪六七十年代,在欧洲的植物品种保护情况是有点混乱的,各国没有形成统一的做法。

到 20 世纪 80 年代,随着生物技术的发展以及美国为微生物、植物提供专利保护司法实践的影响,欧共体也开始考虑如何为生物技术的发展提供更为积极的专利保护政策,以激励生物技术产业在欧洲的发展。欧洲专利局在 Ciba—Geigy(1983 年)、Lubrizol(1988 年)、Harvard Onco-mouse(1989 年)以及 Plant Genetic Systems(1993 年)等案件上进行的探索基本奠定了欧共体对植物品种保护的思路:欧共体植物品种权仅为符合"植物品种"定义的特定植物品种提供保护,除此之外的种子、杂交植物、植物细胞等均可以获得专利保护。1994 年的《欧共体植物品种保护条例》以及 1998 年《欧盟生物技术发明保护指令》就是这种保护思路的证明,尤其是发生在《欧盟生物技术发明保护指令》生效前后的 In re Novartis 案(1997—1999 年,转基因植物)。欧洲专利局在 Novartis 案表明了对植物品种提供专利保护的态度:能够根据植物品种权制度获得保护的植物群适用品种权保护,所有其他的植物材料,包括植物群(不是可以获得品种权保护的),均可以获得专利保护;针对包含植物品种的植物群的权利要求是允许的,只要该项权利要求没有指向单独一个植物品种;针对一项育种方法的方法专利是可以获得允许的,即使根据"一项方法专利的保护可以延及直接由该方

法产生的所有产品"这一规定,相关的植物品种有可能因该方法而获得专利保护。

由此可见,欧盟采取"强品种权"和"弱专利"分别保护植物育种创新中"植物品种"与其他的保护模式。之所以称为"强品种权"是因为 CPVO 在植物品种权的授予审查时,执行的授权标准甚至比 UPOV 1991 文本规定的更为严格,同时也比 UPOV 1991 文本提供了更高的保护水平。这是品种权保护在欧洲比在美国更受青睐的原因之一。尤其是,CPVR 条例改造了 UPOV 中的"农民保存种子权利",将其限定为特定群体的农民以及特定范围的农作物,这是欧共体植物品种权最具特色的地方,也是 CPVR 条例的一项创举。尽管欧共体为"植物品种"以外的所有植物育种创新提供专利保护,这种专利与一般的专利相比,具有一个明显的特征,即该项专利必然包含允许农民自己在其农场上以繁殖为目的利用受保护品种收获产品的授权,这种权利减损的范围和条件与 CPVR 条例规定的"农民保存种子权利"相同。基于此,可以将这种专利称为"弱专利"。同时,在相关的"品种权"与"专利权"之间,设计了一项"交叉强制许可"制度,用以避免不同权利人对同一植物品种的不同权利的消极占有。

由上可见,虽然在美国和欧洲均可以采用"品种权"和"专利"为植物育种创新提供知识产权保护,但这种制度在实践中的结合程度以及各自的保护内容和水平是不同的。美国和欧洲都为植物育种创新领域的"品种权"制度和"专利"制度添加了富有特色的内容,而这些内容正是它们根据各自不同的历史和现实特点而选择的。中国的植物品种保护制度也同样可以根据自己的实践特点在不违反国际义务的前提下,增减相关的规定以及设计相关制度的具体内涵。这是从欧美保护模式的选择中获得的最大启示。

第二节　植物新品种保护的制度设计

欧美的植物品种保护制度除了在植物品种保护模式上颇具特色外,在很多具体的制度设计上也独具匠心,值得探讨。

一、"人工瀑布"保护规则

品种权行使的"人工瀑布"保护规则,首先源于 UPOV 1991 文本,是指受保护品种的品种权控制范围从繁殖材料延伸至受保护品种的收获材料,以及直接从收获材料制造的产品,除非品种权人已有合理机会针对前一植物材料行使权利。上节已经对这一规则进行了详细探讨,其目的是考察中国加入 UPOV

1991 文本的可行性,因为"人工瀑布"保护规则是 UPOV 1991 文本与 UPOV 1978 文本的实质性区别之一,而且这种区别为品种权的保护范围具有深远影响。当然,要慎重考虑的制度并不见得是不好的制度,或者说中国应该避免实施的对中国不利的制度。相反,这是一种尤其值得研究和借鉴制度,关键是中国的植物育种产业发展到一定合适阶段之后。品种权制度的实施是为激励植物育种的创新和相关成果的商业化应用,如果没有强有力的激励机制,必然无法切实推动育种企业从事育种创新和商业应用的决心,而"人工瀑布"保护规则就是为育种者提供的一项强大的权利保障机制。

二、实质性派生品种保护规则

实质性派生品种保护规则是 UPOV 1991 文本与 UPOV 1978 文本的另一实质性区别,是大大增强品种权保护效力的手段之一,与之相关的内容也在上节作了充分探讨。与"人工瀑布"保护规则单纯地拓展品种权保护效力不同,实质性派生品种保护规则还具有防止寄生性育种方法和寄生品种的作用,有助于激励真正的育种创新。同时,从欧盟的实践来说,其明确规定 EDV 保护制度不适用于 CPVR 条例生效之前欧盟植物品种办公室就已经授权的品种[1],同时可以将育种人商业利用 EDV 所必需的原始品种权人许可纳入强制许可范围[2]。

三、欧盟强制交叉许可制度

交叉强制许可是 1998 年《欧盟生物技术发明保护指令》的一项特色规定之一,为植物育种领域因相关专利和品种权分属不同权利人,但必须结合使用才能产生更大经济效益的条件下,及时进行商业利用提供强制性实施的机会。这项制度可以有效避免其中之一的权利人对专利/品种权的消极占有,避免无正当理由的资源浪费,提供有效途径。在品种权和相关基因专利愈加紧密合作的将来,这一制度将会发挥更大的底线作用,确保有效的创新得到及时的商业应用,而不是为了不正当的消极占有。

四、欧美各有特色的"农民留种权利"

UPOV 公约没有为"农民留种权利"规定具体的内容,只是规定成员国可以在合理的范围内限制育种者权的范围,为农民的利益限制品种权的行使。美国和欧共体发展出了具有不同具体内容的"农民留种权利"。美国的"农民留种权

---

[1]　(EC) NO. 2506/95,Art. 116.4,同时参见 Guy Tritton, Richard Davis,etc. : "Intellectual Property in Europe";620.

[2]　(EC) NO. 2506/95, Art. 29.5.

利"仅限于有性繁殖和茎块繁殖的植物。1994 年之前,农民不但有保存自己农场收获种子用于种植的权利,还有将保存的种子出售给邻居种植的权利,1994 年 PVPA 的修订取消了农民向其他农民(邻居)出售种子的权利。关于种子保存的数量,联邦巡回上诉法院在 Winterboer 一案中指出,符合 7 U. S. C. 2543 规定条件的农民可以种植目的出售种子,只要这些种子是其为再次耕种自己土地(相应的英亩数)而保存的。[①] 而欧共体则为农民保存种子设计了一个权利阶梯,只有小型农民可以享有留种权利,在规定的植物品种目录内无需支付使用费,目录之外的需要支付一定使用费。同时,在相关的生物技术发明专利中也同样设计了这样的品种权减损条款。可见,"农民留种权利"在欧美的发展变得各具特色。

五、美国"在先培育和生产例外"和"中介豁免"规则

美国 1970 年《植物品种保护法》中,有一项称为"祖父条款"[②]的规定,即有关 PVPA 的任何规定不得减损在先育种者及其利益继承人繁殖和销售,由其在相关品种保护证书申请日一年之前就培育和生产的品种的权利。这一规定类似于专利法中在先使用,但这一条款作为侵权抗辩时,行为人应当提供在先培育和生产的证据。

第三节   植物新品种保护的实践运作

除了植物品种保护模式和具体保护制度对完善中国植物新品种保护制度具有重要的启示外,欧美以及国际领域在植物品种上的保护实践也有很多值得借鉴的方面。

一、独立创造可以成为植物专利侵权的抗辩理由

美国联邦巡回上诉法院在 Imazio 案[③]中,对地区法院所坚持的"只要专利权人能证明被指控侵权的植物具有与专利植物相同的主要特征就可以证明无性繁殖的发生"这一观点表示不同意,认为只有证明被控侵权的植物是专利植物的无性繁殖后代才足以证明侵权的发生,因为无性繁殖是植物专利制度存在的关键,因此坚持独立创造可以成为植物专利侵权抗辩的恰当理由。这一论述

---

①　参见 Asgrow v. Winterboer, 513 U. S. 179, 33 USPQ 2d, 1430 (1995).

②　7 U. S. C. 2401(d).

③　Imazio Nursery Inc. v. Dania Greenhouse, 69 F. 3d 1560 (Fed. Cir. 1995).

强调了植物专利所保护的范围是说明书中所显示和描述的植物及其无性繁殖后代,因此只有证明被指控侵权的植物是专利植物的一个无性繁殖后代,植物专利的侵权才能成立。这一案例表明了植物专利所保护范围的狭小,同时也体现了植物专利与发明专利在侵权认定上的不同,这种不同是否在品种权与发明专利的侵权认定上也同样有所体现? 实际上,这一问题的回答直接关涉植物品种权的保护范围,以及对于相关"繁殖材料"的解释。

二、实质性派生品种保护原则的限制适用

欧盟在实质性派生品种的判定实践上积累了不少制度借鉴的实践经验。首先,关于 EDV 的判定主体:认为授权办公室只负责判断相关品种是否符合品种权的授权要件,而无须关心该授权的品种是否为另一品种的 EDV,EDV 的判断通常由法院进行。在实践中,在具有生效的协议和判决的情况下,可以将一个受保护品种登记为 EDV,如果因此出现纠纷只能由相关的国家法院予以确定。其次,在判断的方法上,必须借鉴 ISF[①] 与 CIOPORA[②] 制定的相关判定规则,由相关的育种行业组织和协会通过协议仲裁的实施,这是由 EDV 判定所涉及的复杂技术决定的。在此,在判断原则上,EDV 保护是品种独立原则之例外,应当限制适用。

三、植物遗传资源来源披露和惠益分享

为保护生物多样性,可持续地使用其资源并公平合理地分配使用遗传资源所取得的利益,国际社会于 1992 年达成了《生物多样性公约》。该公约首先确认了各国对其自然资源拥有主权权利的原则,在此基础上规定了对遗传资源的便利获取和惠益分享机制。CBD 中规定的惠益分享机制由遗传资源提供国与遗传资源使用者之间根据共同商定的条件达成,属于一种双边机制。2001 年《粮食和农业植物遗传资源的国际条约》将 CBD 中的资源获取与惠益分享的双边机制,发展成一个获取和利益分享多边系统,并将其与知识产权政策挂钩。ITPGR 的相关规定为发展中国家在知识产权保护框架内谋求分享遗传资源,包括植物遗传资源的惠益分享提供了依据。正是基于这两个公约的相关规定,发展中国家在 WTO 下的多哈回合中提出了关于修改 TRIPs 与 CBD 和 IT-PGR 关系的谈判,尽管至今尚无定论,却产生了积极影响。

中国的专利法对此也作了积极的回应。专利法规定"对违反法律、行政法规的规定获取或者利用遗传资源,并依赖该遗传资源完成的发明创造,不授予

---

① 国际种子联合会。

② 无性繁殖装饰性植物与果树品种育种者国际共同体。

专利权"①,"依赖遗传资源完成的发明创造,申请人应当在专利申请文件中说明该遗传资源的直接来源和原始来源;申请人无法说明原始来源的,应当陈述理由"②。《专利法实施细则》对上述规定中的"遗传资源"和"依赖该遗传资源完成的发明创造"进行了界定,认为"专利法所称遗传资源,是指取自人体、动物、植物或者微生物等含有遗传功能单位并具有实际或者潜在价值的材料;专利法所称依赖遗传资源完成的发明创造,是指利用了遗传资源的遗传功能完成的发明创造"③。《专利审查指南》也对上述相关规定作了补充,认为就依赖遗传资源完成的发明创造,申请人应当在申请书中对于遗传资源的来源予以说明,并填写遗传资源来源披露登记表,写明该遗传资源的直接来源和原始来源。申请人无法说明原始来源的,应当陈述理由。对于不符合规定的,审查员应当发出补正通知书,通知申请人补正。期满未补正的,审查员应当发出视为撤回通知书。补正后仍不符合规定的,该专利申请应当被驳回。④ 登记表中的内容不属于原说明书和权利要求书记载的内容,不能作为判断说明书是否充分公开的依据,也不得作为修改说明书和权利要求书的基础。⑤

从上述规定可知,如果国内申请涉及的发明创造依赖遗传资源完成的,专利局将在形式审查阶段进行审查具体的披露要求,如果不符相关要求经补正程序后仍不符合要求或没有补正的,则应驳回该专利申请;如果相关的是国际申请,则申请人应当在国际申请进入中国国家阶段的书面声明中予以说明,并填写国务院专利行政部门制定的表格,如果相关披露不合要求并经补正后仍不符要求的,也应驳回该申请。中国《专利法》没有明文规定那些在形式审查和实质审查阶段均未发现披露不当或不完全的,而在专利授权后发现相关情况的,能否通过专利无效程序撤销相关的专利,但从专利法规定"对违反法律、行政法规的规定获取或者利用遗传资源,并依赖该遗传资源完成的发明创造,不授予专利权"看,应该可以撤销这一专利,因为遗传资源利用的披露不符合《专利法》规定的遗传资源利用披露要求属于"违反法律"的一种。这样的专利既然属于"不授予专利权"的范围,当然可以通过撤销程序予以撤销。

国家林业局颁布的《林木种质资源管理办法》对于从林木种质资源库获取的林木种质资源的使用作了规定,"利用从林木种质资源库获取的林木种质资源,申请植物新品种权或者其他专利权的,应当事先与林木种质资源管理单位

---

① 中国《专利法》(2008年修订)第5条。
② 中国《专利法》(2008年修订)第26条。
③ 中国《专利法实施细则》(2010年)第26条。
④ 中国《专利审查指南》第5.3条,第26页。
⑤ 中国《专利审查指南》第9.5.3条,第305页。

签订协议,并分别报省、自治区、直辖市人民政府林业主管部门或者国家林业局备查"①。根据《专利法》的相关规定,如果有关专利利用了从林木种质资源库获取的林木种质资源,并依赖该种质资源的遗传功能完成了发明创造,但没有履行《林木种质资源管理办法》规定的手续,则应当视为"违反法律、行政法规的规定获取或者利用遗传资源……"应当不授予专利权。

中国《植物新品种保护条例》规定了在品种权申请文件中的说明书应当包括"育种过程和育种方法,包括系谱、培育过程和所使用的亲本或者其他繁殖材料来源与名称的详细说明……"②这里所提的"所使用的亲本或者其他繁殖材料来源与名称的详细说明"有些类似专利申请中的遗传资源来源的披露要求。品种保护办公室将对申请品种的亲本或其他繁殖材料来源是否公开的情况进行审查,品种保护办公室有疑问的,可要求申请人在指定期限内陈述意见或者补正;申请人期满未答复的,视为撤回申请。申请人陈述意见或者补正后,品种保护办公室认为仍然不符合规定的,应当驳回其申请。③ 同时规定,未经品种保护办公室批准,申请人在品种权授予前不得修改申请品种的名称、申请品种的亲本或其他繁殖材料名称、来源以及申请品种的育种方法等④。

由上可见,中国的《专利法》、《植物新品种保护条例》以及《林木种质资源管理办法》等已经在知识产权保护的框架内相关发明/创新为遗传资源的披露提供了制度支持,但是目前尚未涉及惠益分享的问题。而相关遗传资源利用的惠益分享才是 TRIPs 与 CBD 和 ITPGR 关系的核心问题。就植物品种的保护而言,有必要在《植物新品种保护条例》的进一步修订中考虑惠益分享机制的实施问题。

本编小结:中国植物新品种保护制度的选择

本编分别从中国植物新品种的法律规范、品种权的保护和品种权纠纷的解决机制三方面对中国现行的植物品种保护制度进行了勾勒,然后进入中国加入 UPOV 1991 文本的可行性分析,以及欧美植物品种保护制度及相关国际实践对中国植物品种保护的影响和启示。通过考察,认为中国是否加入以及何时加入 UPOV 1991 文本的关键因素就是中国的植物育种产业对 UPOV 1991 文本

---

① 国家林业局《林木种质资源管理办法》(2010 年) 第 17 条。
② 中国《实施细则(农业部分)》(2008 年)第 21 条(三)。
③ 中国《实施细则(农业部分)》(2008 年)第 35 条(二)。
④ 中国《实施细则(农业部分)》(2008 年)第 38 条(一)。

中的"人工瀑布"保护规则和实质性派生品种保护规则的应对能力。本编详细探讨了这两个保护规则的采用所带来的品种权控制体系的变化,但无法仅仅通过制度的分析为"中国是否加入以及何时加入 UPOV 1991 文本"这一问题提供充分证据。对于这一问题的回答,除了需要制度分析之外,还必须进行相应的产业影响评价。美国植物品种保护制度、欧盟植物品种保护制度以及植物品种国际法律框架的详细研究为中国的植物品种保护的制度设计以及保护机制提供了很多的启示,本编的第三部分专门就这些富有特色的问题作了综合陈述,相信这些启示不仅仅是论文的研究心得,还有助于将要进行的《植物新品种保护条例》的修订。如何在 TRIPs 协议和 UPOV 公约的框架下制定富有中国特色的植物品种保护制度? 这是中国植物品种保护制度必须面临的选择。从植物品种保护制度的整体设计来说,必须要考虑以下基本设想。

一、品种权保护制度是植物品种保护的基本制度

以 UPOV 为起源的育种者权保护制度,也就是我们所称的品种权保护制度,是欧洲国家专门为植物育种创新而设计的知识产权保护机制,在近 50 年的保护实践中不断得到完善,同时也对越来越多的国家产生影响。根据 UPOV 公布的数据,截止到 2009 年 11 月 22 日,已经有 68 个国家加入 UPOV 公约,其中 45 个国家采用 1991 文本,22 个国家采用 1978 文本,比利时仍然保留 1961/1972 文本。[①] 美国、日本、欧盟等主要发达国家和地区均已加入 UPOV,中国目前也已经加入了 UPOV 1978 文本。欧盟还专门成立了独立的欧共体植物品种保护办公室,以负责和协调欧盟范围内具有统一效力的品种权授予事宜。相对于专利保护来说,品种权保护是专门针对植物品种发明而设计的,无论是授权要件的设计还是保护范围和内容的安排,都相对贴近植物品种保护的特点。因此,品种权保护制度将继续成为各国植物品种保护的基本制度,UPOV 1991 文本的修订、欧盟自 20 世纪 90 年代以来的实践以及美国对植物品种保护法的修订与完善,都在直接或间接地表明品种权制度在保护植物品种创新上的生命力。

二、专利保护有可能逐步渗入植物新品种保护

随着生物技术的发展,尤其是基因工程技术的发展,植物育种的对象已经逐渐突破品种这一基本单元,而深入到以基因为单元的形状表达层面。完全以品种权制度保护植物育种领域的创新已经难以跟上技术进步的速度,专利制度

---

① 数据参见 http://www.upov.int/export/sitesupoven/about/members/pdf/pub423.pdf。

对深入到基因层面的植物育种创新开始重新发挥作用。品种权所要保护的客体是"植物品种"。用 UPOV 1991 文本的定义来说,"植物品种"是指已知植物最低分类单元中单一的植物群,不论授予品种权的条件是否充分满足,该植物群可以是:以某一特定基因型或基因型组合表达的特性来确定;至少表现出上述的一种特性,以区别于任何其他植物群,并且作为一个分类单元,其适用性经过繁殖不发生变化。而专利的保护客体是发明,包括方法发明和产品发明,既可以为育种方法提供保护,也可以为某一具有特定作用的基因提供保护。也就是说,专利制度能为基因工程技术及其成果提供更为灵活的保护。同时,与品种权保护相比,专利保护需要更为严格的授权要件,同时也为相关的创新提供更为强大的保护效力。而这正是生物技术产业所渴望的。

自 20 世纪 80 年代以来,欧美在生物技术领域的专利保护实践一直在进行着能否通过专利保护植物育种创新,包括由此获得植物的可行性探索,到了 21 世纪初,美国通过 J. E. M. AG v. Pioneer Hi-Bred 案,欧盟通过 In re Novartis AG 案,基本确认通过专利保护植物育种创新的可行性和合法性。只是欧盟采用了不同的发展途径:美国的发明专利将为包括所有植物发明,无论是有性繁殖还是无性繁殖的植物,提供专利保护,只要相关的发明创造符合专利授权要件。在植物专利、植物品种保护证书和发明专利的关系上,美国联邦最高法院在 J. E. M. AG 案中明确指出,这三种保护方式可以同时为同一植物品种提供重复保护,只要符合各自的保护条件。欧盟将专利保护引入植物育种创新领域是通过对"植物品种"概念的不断解释完成的,并最终确立这样的保护规则:欧共体品种权仅为符合特异性、一致性和稳定性的植物品种提供保护,而专利则为其他无法获得品种权保护的植物群提供保护,甚至相关的专利权利要求可以指向"多于一个植物品种",也可以通过育种方法专利延伸到对特定的植物品种保护。

无论美国和欧洲是如何实现专利保护植物育种创新的合法性论证,其结果都表明专利制度为植物育种创新提供保护的必要性。即使在为植物品种创新专门设计了育种者权保护制度的 UPOV 公约,也从未要求成员国对植物育种创新关上专利保护的大门。TRIPs 协议的相关规定也是如此,要求"成员应以专利制度或有效的专门制度,或以任何组合制度,为植物新品种提供保护"。这一切都表明,专利制度将可能在未来的植物品种创新领域发挥更大的激励作用。

三、植物新品种保护制度中应设计植物遗传资源的惠益分享机制

与发达国家生物工程技术的飞速发展相伴的是,国际社会开始普遍意识到

生物多样性保护的重要性,处于遗传资源原产地中心和生物多样性中心的发展中国家、原住民以及农民等群体对保护生物多样性、可持续地利用遗传资源、可持续地发展农业等方面的重要作用。鉴于这样的意识,国际社会努力达成一种惠益分享机制,以确保遗传资源原产地中心和生物多样性中心的国家和地区能真正从遗传资源的利用中获得益处。CBD 和 ITPGR 就是基于这一目的达成的,相对于 CBD 来说,ITPGR 中的惠益分享机制走得更远,试图将惠益分享与各成员的知识产权保护政策挂钩:要求获得者不得针对从多边系统中获得的粮食和农业植物遗传资源、或其遗传部分或成分的形态,提出限制这种方便获取的任何知识产权和其他权利要求。[①] WTO 多哈回合谈判中的 TRIPs 主题也同样涉及这一问题,即 TRIPs 与 CBD 和 ITPGR 之间的关系,更为具体地说,对于涉及遗传资源的专利申请来说,能否将遗传资源的披露要求与惠益分享作为专利授权的一项实质性要件,如果没有符合相关条件,专利授权前可以作为一项驳回专利申请的理由,专利授权后,可以作为一项导致专利无效的理由。

中国作为一个发展中国家,拥有非常丰富的生物资源,无论是从自身利益出发还是从发展中国家的基本立场出发,都应支持将遗传资源的多边惠益机制纳入知识产权保护框架。但目前的《专利法》和《植物新品种保护条例》都只有相关遗传资源的披露要求,没有涉及惠益分享的规定。今后的一段时间,应当积极探讨如何在知识产权保护框架内实施遗传资源惠益分享机制,为未来的法律修订奠定基础。

总而言之,中国未来的植物品种保护必须综合运用品种权制度和专利制度,在这两种制度的结合上,既可以选择美国的重叠保护,也可以采用欧盟的互补保护。从实践来看,美国的重叠保护似乎更为实用,在操作上也更为简单。品种权保护尽管保护效力不如专利强,但授权要件比较低,可以为许多无法获得专利保护的植物品种提供保护;专利保护的要求严格,但授权后可以获得强有力的保护。这两种保护方式的结合可以更好地为不同创新层次的植物发明提供激励。在涉及植物品种的保护上,同时必须引入植物遗传资源的披露与惠益分享机制,以确保那些非正规的参与遗传资源创新的群体从这些遗传资源的商业应用中获得益处。这是确保全球农业和生物技术产业可持续发展的基本措施之一。

---

① 参见 ITPGR Art. 13. 3。

结束语:植物新品种保护的过去与未来

  与专利制度的数百年历史相比,植物品种的保护历史,如果从 1930 年的美国《植物专利法》开始,才不过短短 80 年,如果从 1961 年欧洲国家缔结的 UPOV 公约开始,它的保护历史更为短暂。通过对欧美植物品种保护历史的考察,更加可以明确,即使在美国和欧洲,直到 20 世纪末(美国 2001 年 J. E. M. AG 案,欧盟 1999 年 In re Novartis AG 案),相关司法实践刚刚明确专利制度在植物品种创新保护中的作用。而 2001 年开启的 WTO 多哈回合谈判,在关于 TRIPs 与 CBD 和 ITPGR 关系的谈判议题中,以印度和巴西为代表的发展中国家试图将植物遗传资源保护规则引入涉及遗传资源的知识产权保护中,包括有关植物品种保护中。这一谈判至今没有结束,也同多哈回合主要议题农业问题一样,至今尚无实质性进展。中国的植物品种保护历史开始于 1999 年,正是欧盟法院通过 In re Novartis AG 案确认了专利制度可以用于植物创新的保护的年份,只要相关的植物不属于 CPVR 条例所明确的"植物品种"。对于植物品种的保护方式问题,中国目前的做法是通过 UPOV 1978 文本所确定的独立于专利制度的品种权保护方式,专利法明确排除了对动物和植物品种的保护,同时在目前的专利保护实践中,尚未对任何涉及有生命的有机体本身,除了微生生物给予专利保护外,从 1992 开始对 DNA 片断、基因以及蛋白质等作为化学物质给予专利保护。这意味着有关植物品种创新的知识产权保护仍然在不断地探索中,包括植物品种保护方式的选择和相关权利的保护范围确定。

  无论是在美国还是欧洲,关于植物品种创新的知识产权保护讨论都是从专利制度能否适合于植物品种的创新保护开始的。从 1870 年开始,美国苗圃产业就提出要求为植物新品种提供专利或商标保护的立法建议,美国苗圃业协会也正是在这一年成立。经过将近半个多世纪的努力,美国苗圃业尝试了各种保护植物新品种的方法,通过合同、个人保密、品种登记,甚至试图通过商标保护方式,没有获得比较满意的结果,最后仍然求助于通过专利保护方式控制"品种"。美国苗圃产业一直希望与美国种子产业合作,共同努力将植物品种的创新纳入专利保护范围,直到 1923 年。[①] 美国苗圃产业意识到将有性繁殖的植物,包括土豆纳入专利保护的可能性非常微小,因为有性繁殖的植物大部分为粮农作物,农业部、专利委员会、农庄、农业局等部门以及广大农民坚决反对,而当时的种子协会将主要精力集中于"争取种子贸易的自由化",要求美国农业部停止从 1839 年就开始的免费发放种子项目,使得种子产业获得自由贸易的空间。种子自由贸易是当时美国种子产业发展的瓶颈,相关品种的创新获得专利保护是一种更为奢侈的要求,而且面临的阻碍重重,不仅来自农业管理部门和农民,还有农业研究机构,他们担心种子的专利化将严重限制种质资源的自由交换,而这正是种子科研和创新的命脉。此外,当时的育种技术水平也成为相关立法的一个决定因素。当时的种子生产在很大程度上都依靠传统的育种方法(品种的选择与纯化),人工干预植物育种的成分很小,无性繁殖在当时被认为是保持植物纯种的唯一方法,有性繁殖基本上无法保持品种的纯化。而对于种子产业来说,20 世纪 20 年代杂交技术的发展为种子产业生产的杂交种子提供了一种生物形式的保护。这样,顺理成章地将有性繁殖植物从植物专利的保护范围中删除,[②]同时删除的还有美国最重要的粮食作物土豆。美国 1970 年《植物品种保护法》的制定,毫无疑问与当时美国种子市场的混乱现实和来自欧洲的 UPOV 公约的影响直接相关。美国种子协会曾不断就品种权保护和专利保护进行比较,当时的美国农业部对专利保护有性繁殖的植物品种仍然明显保持敌意,认为有性繁殖的植物品种无法保持纯种使得相关保护无法实施,并且担心专利将限制在科学家之间存在的育种材料与信息自由流通的传统。即使种子产业内部对是否通过专利保护有性繁殖的植物品种仍存有不同立场,尤其是某些粮食加工企业。这样,美国种子协会最终决定提交"植物品种保护法案",通过植物品种证书的方式为有性繁殖的植物提供品种权保护,并将六种关键作物品种(胡萝卜、芹菜、黄瓜、秋葵、胡椒以及西红柿)删除保护范围。直到 1980 年进行植物品种保护法的修订才重新将上述六种作物纳入保护范围。在 20 世纪 80 年代之前,美国基本形成植物专利保护无性繁殖植物品种(土豆除外),植物品种权保护有性繁殖植物的机制。

---

① 参见"植物专利的立法选择"中的"产业利益较量的结果"部分论述。

② Cary Fowler. The Plant Patent Act of 1930: A Sociological History of its Creation. Hein On-line—82 J. Pat. & Trademark off, Society, 2000:635.

欧洲在 1961 年缔结 UPOV 公约之前，各国立法也一直在探索各种不同的植物品种保护方式，包括官方品种名录以及植物品种专门法等。经过国际工业产权保护协会和植物育种者协会的不断努力，经过若干的关于专利是否适合植物品种发明保护的国际讨论之后，在法国政府的支持下缔结 UPOV 之后，欧洲各国对植物品种的保护基本达成比较一致的态度，就是通过育种者权的保护方式，但相关的保护仅限于规定的品种目录，直到 UPOV 1991 文本才将保护品种的范围拓展至整个植物王国。但 UPOV 从未排除专利保护植物品种的可能性，而只是在 UPOV 1961/1972 文本和 UPOV 1978 文本规定了双重保护的禁止。于 1963 年达成的《斯特拉斯堡专利公约》和 1973 年制定的《欧洲专利公约》可能考虑到 UPOV 1961 文本相关规定的缘故，将"植物品种"规定为专利保护的例外。《欧洲专利公约》的作用范围仅限于欧共体层面，虽然对各成员的专利法有一定的影响，但并不是直接的，因此欧洲国家在植物品种是否可以获得专利保护的问题上做法不一，一些国家专利法允许品种名录之外的植物品种授予专利保护。

进入 20 世纪 80 年代以来，随着生物技术及其相关产业的发展，美国和欧洲相继重新开启专利能否作用于植物品种/植物创新的保护这一问题的讨论，美国专利商标局和联邦法院与欧洲专利局以及欧盟法院分别通过相关实践来展示各自的立场。美国联邦最高法院在 1980 年关于 Diamond v. Chakrabaty 案的判决成为美国为生命有机体（微生物）提供专利保护的历史开端。在这一判决的影响下，欧洲专利局技术上诉委员会于 1983 年通过 Ciba-Geigy 案确定了繁殖材料（种子）可以获得专利保护。在此后的若干典型案件中，美国专利商标局通过 1985 年的 Ex parte Hibberd 案，"第一次从专利商标局内部确认了植物可获得发明专利"，并由此开始"专利商标局开放有关植物发明的发明专利申请资格"[①]。美国联邦最高法院在 2001 年通过 J. E. M. AG v. Pioneer Hi-Bred 案确认了植物发明获得发明专利保护的合法性，并且声明"PPA、PVPA 和发明专利法这三部法律提供了重叠保护互不排斥，植物新品种的发明者可以根据每一法律申请保护，同时从每一种保护中受益"[②]。而欧洲专利局则分别通过 1988 年 Lubrizol 案、1995 年 Plant Genetic Systems 案以及 1999 年 In re Novartis AG 案，确立杂交植物、植物细胞以及转基因植物等的可专利性。欧洲专

---

① 李剑：《植物新品种知识产权保护研究》，中国人民大学 2008 年博士学位论文，郭寿康教授指导，第 48 页。

② Kevin M. Baird. Pioneer Hi-Bred International, Inc v. J. E. M. AG Supply: Patent protection of plants grows under the Supreme Court's latest decision. Journal of Law, Technology & Policy [Vol]20, 2002:280.

利局的实践表明植物基因、基因序列、植物、生产植物的方法（只要不是完全的实质上生物方法）、植物群（只要权利要求没有指向一个特定的植物品种，尽管该权利要求可能包括数个植物品种）、来自植物的收获材料以及使用该收获材料制成的产品均可以获得专利保护，唯一的限制是专利保护的授权要件以及不能落入专利保护排除范围（植物品种）。总而言之，美国对植物予以专利保护实践是沿着植物专利法、植物品种保护法以及专利法相关关系的解释展开的，最终确立这三部法律可以为特定的植物发明提供重叠但互不排斥的保护，只要符合各自的保护要件。而欧洲（主要是欧洲专利局以及欧盟）对植物发明赋予专利保护是通过对"植物品种"的概念解释来完成的，最终形成"植物品种"可以获得欧共体植物品种权保护，除"植物品种"之外的植物基因、基因序列、植物以及植物群等可以获得专利保护，只要符合特定的授权要件。

自 1985 年美国将知识产权保护的议题纳入关贸总协定的乌拉圭回合的谈判并于 1994 年达成 TRIPs 协议以来，知识产权保护问题开始纳入世界贸易规则体系，并逐步成为影响各国贸易的重要因素。在这一时期，随着生物技术，尤其是基因工程技术的发展，各国开始意识到全球生物多样性以及遗传资源的可持续利用成为影响全球农业可持续发展的关键因素，因此于 1991 年国际社会达成了《生物多样性公约》，并建立了遗传资源的便利获取与惠益分享机制，2001 年的《粮食和农业植物遗传资源的国际条约》将上述的双边机制发展为多边系统，为处于遗传资源原产地中心/多样性中心的国家、地区以及社区和个人提供参与利用相关遗传资源产生的惠益提供分享权利。《生物多样性公约》和《粮食和农业植物遗传资源的国际条约》与 TRIPs 协议原本属于完全独立的实施机制当中，但在 2001 年开启的 WTO 多哈回合谈判中，以印度、巴西为代表的发展中国家要求将 CBD 和 ITPGR 中惠益分享机制纳入 TRIPs 协议，而美国和日本坚决反对这一提议，欧盟及其成员国则采取相对中立的立场。相关的问题同时也在世界知识产权组织中展开讨论，并在《实体专利法条约草案》制定中讨论遗传资源来源国披露要求与相关专利权获得及效力的关系问题。安第斯共同体的《关于遗传资源获取的共同制度》和非洲联盟的《保护当地社区、农民和育种者的权利以及规范生物资源获取的非洲示范法》这两个地区已经确定遗传资源获取的事先知情同意与惠益分享是相关含有遗传资源的发明获得知识产权的前提。另外，肯尼亚、哥斯达黎加、印度、澳大利亚、菲律宾、美国等国也分别进行了遗传资源获取和惠益分享的立法。尽管 WTO 多哈回合谈判至今尚未取得实质性进展，包括 CBD 和 ITPGR 的惠益分享机制能否纳入 TRIPs 协议这一问题的谈判，但从遗传资源可持续性利用对于全球农业发展的重要作用来看，遗传资源商业利用的惠益分享机制必然与含有遗传资源的相关发明的知识产权保护产生联系。

从目前情况看，通过专利保护植物品种/植物的创新在欧美已经成为不可否定和回避的事实，相关的保护实践也为其他国家和地区探讨运用专利保护植物品种/植物的可能提供借鉴。同时，起源于欧洲的 UPOV 公约所创立的育种者权保护制度，不但是专为植物育种创新的特点而设计，而且也具有相当广泛的国际影响，因此必然继续成为各国保护植物品种创新的制度选择，或者说是一种最为基本的保护制度。国际社会关于遗传资源，尤其是粮农遗传资源的获取与惠益分享机制的创建，也将对未来植物品种/植物创新的知识产权保护产生深远影响。简而言之，品种权、专利和植物遗传资源的惠益分享机制将共同作用于未来的植物品种/植物创新保护。

参考文献

中文著作

[1] 国家科学技术委员会农村科技司.国际植物新品种保护联盟地区研讨会.北京:中国农业科技出版社,1994

[2] 郑成思.知识产权法.北京:法律出版社,1997

[3] 张今.知识产权新视野.北京:中国政法大学出版社,2000

[4] 郑成思.知识产权论(修订版).北京:法律出版社,2001

[5] 张晓都.专利实质条件.北京:法律出版社,2002

[6] 李明德.美国知识产权法.北京:法律出版社,2003

[7] 胡延吉.植物育种学.北京:高等教育出版社,2003

[8] 魏衍亮.生物技术的专利保护研究.北京:知识产权出版社,2004

[9] 经济合作发展组织.主要国家生物技术及产业概况.北京:科学技术文献出版社,2005

[10] 李顺德.WTO 的 TRIPs 协议解析.北京:知识产权出版社,2006

[11] 李顺德.知识产权概论.北京:知识产权出版社,2006

[12] 李明德.知识产权法.北京:社会科学文献出版社,2007

[13] 张小勇.遗传资源的获取和惠益分享与知识产权.北京:知识产权出版社,2007

[14] 侯仰坤.植物新品种权保护问题研究.北京:知识产权出版社,2007

[15] 阎文军.专利权的保护范围:权利要求解释与等同原则适用.北京:法律出版社,2007

[16] 蒋志培.中国知识产权司法保护.北京:中国传媒大学出版社,2007

[17] 农业部植物新品种测试中心、全国植物新品种测试标准化技术委员会.植物新品种特异性、一致性和稳定性审查及性状统一描述总则.北京:中国农业出版社,2007

[18] 吴汉东.知识产权国际保护制度研究.北京:知识产权出版社,2007

[19] 李明德.知识产权法.北京:法律出版社,2008

[20] 蒋志培.中国知识产权司法保护.北京:中国传媒大学出版社,2008

[21] 吴立增,黄秀娟,刘伟平等.基因资源知识产权理论.北京:科学出版社,2009

[22]〔美〕罗斯科·庞德.普通法的精神.唐前宏,廖湘文,高雪原译.北京:法律
出版社,2001

[23]〔美〕阿瑟·R.米勒,迈克·H.戴维斯.知识产权法:专利、商标和著作权
第3版.北京:法律出版,2004

[24]〔美〕Robert P. Merges,Peter S. Menell,Mark A. Lemley,Thomas M.
Jorde.新技术时代的知识产权法.齐筠,张清,彭霞,尹雪梅译.北京:中国
政法大学出版社,2003

中文论文

[1]李 剑.植物新品种知识产权保护研究.中国人民大学2008年博士学位论
文,2008

[2]林祥富.植物新品种保护对我国种业发展的影响研究.中国农业科学院2006
年博士学位论文,2006

[3]吕凤金.植物新品种保护对我国种子产业的影响研究.中国农业科学院2006
年博士学位论文,2006

[4]邓武红.中国农业植物新品种保护制度研究.西北农林科技大学2008年博
士学位论文,2008

[5]林祥明,蒋和平.对我国植物新品种保护制度的评价.农业科技管理,2006
(1)

[6]陈红,刘平,张新明等.我国建立实质性派生品种制度的必要性讨论.农业知
识产权研究电子杂志,2009

[7]姜丹明译.欧盟生物技术发明的法律保护指令.民商法学,1999(7)

[8]邓武红,霍学喜.中国农业植物新品种保护发展的战略选择.哈尔滨工业大
学学报社会科学版,2007(9),3

[9]张小勇.粮食和农业植物遗传资源国家条约与知识产权.中国法学会知识产
权法研究会2008年会暨实施国家知识产权战略研讨会论文集,2008

[10]荷兰植物品种权实质性衍生品种侵权判例.植物种苗电子报,2006-01
-25

[11]康志河,唐瑞勤,吴凤兰.美国植物新品种保护模式及对我国的借鉴.农业
科技通讯,2007,12

[12]宋逊风.美国种业发展新趋势.农民日报,2002-12-19

[13]霍学喜.国外种子产业发展特征及其管理体制.农业经济导刊.http://
www.zjagri.gov.cn/html/gjjl/knowledgeForumView/2006012556957.
html。

[14]Makoto Tabata.世界植物品种保护概况——国际植物新品种保护联盟的发展、保护形式及在各国的执行情况.国际植物新品种保护联盟地区研讨会.北京:中国农业科技出版社,1994

[15]Barry Greengrass.什么是植物新品种保护.国际植物新品种保护联盟地区研讨会.北京:中国农业科技出版社,1994

[16]Barry Greengrass.国际植物新品种保护联盟1991年公约有关说明.国际植物新品种保护联盟地区研讨会.北京:中国农业科技出版社,1994

[17]Dirk Otten.种子托管有限责任公司(STV)——种子经营管理服务.中德植物新品种保护研讨会,2009

中文法律文献

[1]《中华人民共和国专利法》(2008年修订)

[2]中国《专利审查指南》(2010年版)

[3]《中华人民共和国种子法》(2004年修订)

[4]《中华人民共和国植物新品种保护条例》(1997年)

[5]《中华人民共和国植物新品种保护条例实施细则(农业部分)》(2007年)

[6]《中华人民共和国植物新品种保护条例实施细则(林业部分)》(2007年)

[7]《中华人民共和国农业植物新品种保护名录》(共八批)

[8]《中华人民共和国林业植物新品种保护名录》(共四批)

[9]《农业部植物新品种权侵权案件处理规定》(2003年)

[10]《农业部关于植物新品种权侵权案件处理规定起草说明》(科技教育司,2002年12月12日)

[11]《农业部植物新品种复审委员会审理规定》(2001年)

[12]国家林业局《林木种质资源管理办法》(2007年)

[13]《最高人民法院关于开展植物新品种纠纷案件审判工作的通知》(法[2001]18号)

[14]《最高人民法院关于审理植物新品种纠纷案件若干问题的解释》法释[2001]5号

[15]《最高人民法院关于审理侵犯植物新品种权纠纷案件具体应用法律问题的若干规定》(法释[2007]1号)

[16]《最高人民法院关于建立健全诉讼与非诉讼相衔接的矛盾纠纷解决机制的若干意见》(法发[2009]45号)

[17]《关于调整地方各级人民法院管辖第一审知识产权民事案件标准的通知》(法发[2010]5号)

[18] 联合国《生物多样性公约》及其《波恩准则》. http://biodiv.coi.gov.cn/fg/gy/xx0401d.htm

[19]《生物多样性公约》国际一级与获取和惠益分享有关的最新进展的概览执行秘书的说明，UNEP/CBD/WG-ABS/5/4/Add.1,（2007 年 10 月 8 日至 12 日）

外文著作

[1] ACIPA. *Plant Breeder's Rights and Patents for Plants：a Compendium of Key Case Law for the Horticulture Industrial in Australia.* ACIPA，2007.

[2] Cary Fowler. *Unnatural Selection：Technology. Politics. and Plant Evolution.* Gordon and Breach Science Publishers S. A. ,1994.

[3] Cornish. Llewelyn. *Intellectual Property：Patents. Copyright. Trademarks and Allied Rights (Fifth Edition).* London Sweet & Maxwell,2003.

[4] Fitzgerald. *The Business of Breeding：Hybrid Corn in Illinois*（1890—1940). Cornell University Press,1990.

[5] Gert Würtenberger. Paul Van Der Kooij. Bart Kiewiet. Martin Ekvad. *European Community Plant Variety Protection.* Oxford University Press,2006.

[6] Guy Tritton. Richard Davis. Michael Edenborough. James Graham. Simon Malynicz. Ashley Roughton. *Intellectual Property In Europe.* London Sweet & Maxwell,2008.

[7] Grabam Dufield. *Intellectual Property. Biotechnology Resources and Traditional Knowledge .* Earthscan,2004.

[8] Geoff Tansey and Tasmin Rajotte(editors). *The Future Control of Food：A Guide to International Negotiations and Rules on Intellectual Property. Biodiversity and Food Security.* Earthscan in the UK and USA in, 2008.

[9] Laurence R. Helfer. *Intellectual Property Rights in Plant Varieties：International Legal Regimes and Policy Options for National Governments.* Food and Agriculture Organization of the United Nations (FAO),2004.

[10] Margaret Llewelyn & Mike Adcock. *European Plant Intellectual Prop-*

erty. Hart Publishing，2006.

［11］Mark J. Davison. Ann L. monotti &. Leanne Wiseman. *Australian Intellectual Property Law*. Cambridge University Press，2008.

［12］Grabam Dufield. *Intellectual Property*. *Biotechnology Resources and Traditional Knowledge*. Earthscan，2004.

［13］Tshimanga Kongolo. *Unsettled International Intellectual Property Issues*. Kluwer law International BV in The Netherlands，2008.

［14］Johanna Gibson. *Patenting Lives：Life Patents*. *Culture and Development*. Ashgate，2008.

外文论文

［1］Alicia L. Frostick. "Planting a Standard：Propos ing a Broad Reading of In Re Elsner". *Michigan Law Review*，Vol. 104：345.

［2］Bernard Le Buanec. "Protection of Plant-Related Innovations：Evolution and Current Descussion". *IP Strategy Today*，No. 1999－2004.

［3］Bart Kiewiet. "Essentially derived varieties". http：//www. cpvo. europa. eu/documents/articles/EDV _ presentation _ PlantumNL _ March _ 2006 _ BK. pdf.

［4］Bart Kiewiet. "Colloquium Modern Plant Breeding and Intellectual Property Rights". *Einbeck. January*，26th. 2001.

［5］Bart Kieweit. "Plant Variety Rights in a community Context". www. UP-OV. org. ，2002.

［6］Bart Kiewiet. "Principles. procedures and recent developments in respect of the Community Plant Variety Protection System ". *Frankfurt*，February，2004.

［7］Bart Kiewiet. "Developments as Regards The Community PVR System". *Frankfurt*，10 February 2006.

［8］Cary Fowler. "The Plant Patent Act of 1930：A Sociological History of its Creation". HeinOnline—82 J. Pat. &. Trademark off. *Society*，2000.

［9］CPVO. "CPVO Annual report 2008". http：//www. cpvo. eu. int/main/en/home/documents-and-publications/annual-reports.

［10］CIOPORA. "Essentially Derived Varieties(EDV)". *Position of International Community of Breeders of Asexually Reproduced Ornamental and Fruit-tree Varieties*，January 2008.

［11］CIOPORA. "Cover letter to the CIOPORA Position Paper on Essentially Derived Varieties", April . 2008.

［12］Donald G. Daus. "Plant Patents: A Potentially Extinct Variety". 2/7 publication April 18. 1967. http://www. springerlink. com/content/9672785767472408/fulltext. pdf.

［13］Don Brewer. "Understanding the plant variety protection law". *Oregon State University Extension Service Special Report* 724, February. 1985.

［14］Darrell G. Dotson. "The European controversy over genetic-engineering patents". *Houston Journal of International Law*, Vol. 19. 1997.

［15］F. M. Scheer. "the Political Economy of Patent Policy Reform in the United States". http://www. researchoninnovation. org/scherer/Scherer-PoliticalEconomy2009. pdf.

［16］Franz Zimmer. "New Rules Of The European Patent Office For Biotechnological Inventions ". www. grunecker. de/download/publications/biorules. pdf.

［17］Geertrui Van Overwalle. "Patent Protection for Plants: a Comparison of American and European Approaches ". *the Journal of Law and Technology* , 1999.

［18］Hopkins. "Changing Technology and Employment in Agriculture". *U. S. Government Printing Office / USDA Bureau of Agricultural Economics*, 1941.

［19］Hays. "Distributing Valuable New Varieties and Breeds". *Proceedings of the first meeting of the American Breeders' Association held in St. Louis*. Mo. , at a62(ABA. 1905).

［20］John R. Thomas. "Plants. Patents. and Seed Innovation in the Agricultural Industry". *U. S. Library of Congress. Congressional Research Service*. Washington. D. C. U. S. Library of Congress. Congressional Research Service, 2002.

［21］Justin W. VanFleet. " Patenting Plant ". published in Science + Technology in Congress (2002. 10).

［22］Janice M. Strachan. "Plant Variety Protection: An Alternative to Patents". published in Probe Volume 2(2): Summer 1992. http://www. nal. usda. gov/pgdic/Probe/v2n2/plant. html.

［23］Jo Lynn Jeter. "Agricultural Biotechnology: U. S. Policy Regarding Patent

Application". http://www. okjolt. com/articles/2004okjoltrev20. cfm.

[24] Jon Santamauro. "Reducing the Rhetoric Reconsidering the Relationship of the TRIPs Agreement. CBD. and New Patent Disclosure Requirements Relating to Genetic Resources and Traditional Knowledge". *EIPR*, 2007. Iusse 3.

[25] Joseph Straus: "AIPPI and the Protection of Inventions in Plants—Past Developments . Future Perspective". *IIC*, Vol. 20. 1989.

[26] Kevin M. Baird. "Pioneer Hi-Bred International. Inc v. J. E. M. AG Supply: Patent Protection of Plants Grows under the Supreme Court's Latest Decision". *Journal of Law. Technology & Policy*, Vol. 20. 2002.

[27] Keith Aoki. "Malthus. Mendel. and Monsanto: Intellectual Property and the Law and Politics of Global Food Supply". *the Paper at the Malthus. Mendel. and Monsanto Conference*, April 6 2004.

[28] Karen Goodyear Krueger. "Building a Better Bacterium: Genetic Engineering and the Patent Law after Diamond v. Chakrabarty". *Columbia Law Review*, Vol. 81. No. 1. http://www. jstor. org/stable/1122189.

[29] Ladas & Parry LLP. "A Brief History of the Patent Law of the United States". http://www. ladas. com/Patents/USPatentHistory. html.

[30] Michael R. Ward. Morrison & Foerster. "Protecting and Defending Inventions Involving Plants". *The 2nd Annual Spring Meeting of the Business Law Section and the Intellectual Property Section of the State Bar of California*, April 27—29. 2001.

[31] "Legal protection of biotechnological inventions Frequently Asked Questions on scope and objectives of the EU Directive (98/44)". http://europa. eu/rapid/pressReleasesAction. do? reference = MEMO/00/39&format = HTML& aged=1&language=EN&guiLanguage=fr.

[32] Mellin. Hanscom & Hursh. "Plant Patents". *California Avocado Society*, 1951 Yearbook 36: 49—52.

[33] Max Stul Oppenheimer. "the 'Reasonable Plant' Test: when progress outruns the constitution". *MINN. J. L. SCI& TECH*, 417—452(2008).

[34] Martin J. Adelman. Randall R. Rader. "Essential Cases of U. S . Patent Law". *NPO for Promotion of Research on Intellectual Property*, November 2007.

[35] Michael R. Ward and Tomothy Young: "Protecting Inventions Involving

Biofuel Feedstock". *IPLaw* 360. www. law360. com.

[36] Murat Metin Hakki. "European Directive on the Legal Protection of Bio-technological Inventions: Scope. Status and Controversies in a Nutshell". http://www. austlii. edu. au/au/journals/MurUEJL/2004/4. html.

[37] Phillip B. C. Jones: "Scope of Plant Patent Protection Blooms". *ISB News Report published by Information Systems for Biotechnology*, December 1998. http://www. isb. vt. edu/news/1998/Dec98. pdf.

[38] Task Group on Public Perceptions of Biotechnology. "Patenting in Bio-technology". *European Federation of Biotechnology*. Briefing Paper 1 Second Edition. September, 1996. http://www. efb-central. org/images/uploads/Patenting_in_Biotechnology_English. pdf.

[39] Richard Seth Gipstein. "The Isolation and Purification Exception to the General Unpatentablity of Products of Nature". *Columbia Science and Technology Law Review*, 2002.

[40] UPOV(2006): "The Impact of Plant Variety Protection". http://www. wipo. int/wipo_magazine/en/2006/04/article_0004. html.

[41] U. S. Patent and Trademark Office. U. S. Patent Statistics Calendar Years 1963—2008. available at www. uspto. gov.

[42] U. S. Patent and Trademark Office Electronic Information Products Division/ PTMT. "Plant Patents January 1. 1977—December 31. 2008".

[43] U. S. Patent law committee. "Amendments to the plant patent act of 1930: H. R. 121". http://www. aipla. org.

[44] Vincente. Garlock. the Internet And Intellectual Property Committee On The Judiciary United States House of Representatives on H. R. 5119. the "plant breeders equity act of 2002", September 19. 2002.

[45] White. "A Century of Service: A History of the Nursery Industry Associations of the United State". *American Association of Nurserymen*, 1975.

[46] Wiejun Zhao. " American Seed Legislation and Law Enforcement". http://www. amseed. com/docs/CFDarticle4. doc.

[47] WIPO. "WIPO-UNEP Study on the Role of Intellectual Property Rights in the Sharing of Benefits Arising from the Use of Biological Resources and Associated Traditional Knowledge ". *WIPO publication*, No. 769 (E).

[48] Ruiz. J. J. . Holtmann. M. and Nuez. F.. "International trends in plant patent and plant breeder's rights ". http://www. actahort. org/books/

524/524_5. htm.

[49] Richard H. Kjeldgaard and David R. Marsh. "Recent Development in the Patent Protection of Plant Based Technology in the United States". *EIPR*, 1997. 1.

[50] Rainer Moufang. "Protection for Plant Breeding and Plant Varieties — A frontier of Patent Law". *IIC*, Vol. 23. No. 3/1992.

[51] Robin Nott. Herbert Smith. "Patent Protection for Plant and Animals". *EIPR*, 1992. 3.

外文法律文献

[1] the Paris Convention：Paris Convention for the Protection of Industrial Property(1883)

[2] UPOV(1961/1972. 1978. 1991)：the International Union for the Protection of New Varieties of Plants(1961/1972. 1978. 1991).

[3] Strasbourg Convention：Convention on the Unification of Certain Points of Substantive Law on Patents for Invention(1963)

[4] EPC：the European Patent Convention(1973)

[5] EPC Rule：Implementing Regulations to the Convention on the Grant of European Patents(2004).

[6] TRIPs：Agreement on Trade-Related Aspects of Intellectual Property Rights(1995).

[7] CBD：Convention on Biological Diversity(1992).

[8] Bonn Guidelines：the Bonn Guidelines on access to Genetic Resources and the Fair and Equitable Sharing of the Benefits Arising from Their Utilization(2002).

[9] ITPGR：The International Treaty on Plant Genetic Resources for Food and Agriculture(2001).

[10] Directive 391：Common Regime on Access to Genetic Resources of Andean Community(1996)

[11] Directive 486：Common Intellectual Property Regime of Andean Community(2000).

[12] "the African Model Legislation"：the African Model Legislation for the Protection of the Right of Communities. Farmers and Breeders. and for the Regulation of Access to Biological Resources(2000).

［13］PPA：The Plant Patent Act of 1930

［14］Act of Sept. 3. 1954. Pub. L. No. 83－775. 68 Stat. 1190.

［15］H. R. 1197：Plant Patent Amendments Act of 1998

［16］H. R. 5119：Plant Breeders Equity Act of 2002

［17］H. R. 121：Plant Breeders Act Equity of 2005

［18］PVPA：the Plant Variety Protection Act of 1970

［19］H. R. 999：the Plant Variety Protection Act Amendments of 1979. 1980

［20］H. R. 2927：the Plant Variety Protection Act Amendments of 1993

［21］United States Code Title 35—Patents

［22］37 CFR-Code of Federal Regulations-Title 37：Patents. Trademarks. and Copyrights

［23］CPVR：the Council Regulation on Community Plant Variety Right（（EC）No. 2100/94/（EC）No. 2506. 95）（1994）.

［24］EC/98/44：Directive on the Legal Protection of Biotechnological Inventions（1998）.

案例目录

美国部分

［1］Asgrow v. Winterboer. 513 U. S. 179. 33 USPQ 2d. 1430 (1995).

［2］Bourne v. Jones. 114 F. Supp. 413(D. C. Fla. 1951).

［3］Cole Nursery Co. v. Youdath Perennial Gardens. Inc.. District Court N. D. Ohio E. D. May 1936.

［4］Diamond v. Chakrabarty. 447 U. S. 303 (1980).

［5］Delta and Pine Land Co. v. Peoples Gin Co. . 694 F. 2d 1012 (5th Cir. 1983).

［6］Delta and Pine Land Company v. The Sinkers Corporation. 177 F. 3d 1348. 50 USPQ2d. 1749 (Fed. Cir. 1999).

［7］Ex parte Moore. 115 USPQ 145(Pat . Off. Bd. App. 1957).

［8］Ex parte Solomons. 201 USPQ 42 (Bd. Pat. App. & Interf. 1978).

［9］Ex parte Hibberd. 227 U. S. P. Q. 443(1985).

［10］Ex parte Thomson. 24 USPQ 2d 1618 (BPA 1992).

［11］Ex p. C.. 27 U. S. P. Q. 2d 1492 (P. T. O. Bd. App. & Inter. 1992).

［12］Ex parte Walter Beineke. Application 10/919. 902. Appeal 2007－4215. Decided：July 31. 2008.

[13] Festo Corp v. Shoketsu Kinzoku Kogyo Kabushki Co. . 234 F 3d 558 56 U. S. P. Q. 2d 1865(Fed. Cir. 2000).

[14] Frazer v. Schlegel. 498 F. 3d 1283. 1287(Fed. Cir. 2007).

[15] Heart Seed Co. Inc. v. Seeds Inc. . 4 U. S. P. Q. 2d 1324. 1325 6 (E. D. Wash. 1987).

[16] In re Arzberger. 112 F. 2d. 834 (1940).

[17] In re LeGrice. 133 USPQ 365 (CCPA 1962).

[18] In re Yardley. 493 . 2d 1389. 181 USPQ 331 (CCPA 1974).

[19] In re Bergy. 563 F. 2d 1031. 1033. 195 U. S. P. Q. (BNA)344. 346(CC-PA. 1977).

[20] In re John Walker. 40 Agric. Dec. 1017(1981).

[21] In re Donohue. 766 F. 2d 531. 226 USPQ 619 (Fed. Cir. 1985).

[22] In re Goodman. 11 F. 3d 1046 (Fed. Cir. 1993).

[23] In re Sigco. 48 F. 3d 1238 36 U. S. P. Q. 2d 1380(Fed. Cir. 1995).

[24] In re Elsner. 72 USPQ2d (Fed. Cir. 2005).

[25] Imazio Nursery Inc. v. Dania Greenhouse. 69 F. 3d 1560 (Fed. Cir. 1995).

[26] J. E. M. AG Supply. inc. v. Pioneer Hi-Bred International. Inc. 534 U. S. 124. 122 S. Ct. 593. 151 L. Ed. 2d (2001).

[27] Graham v. John Deere Co. . 383 U. S. 1. 86 S. Ct. 684. 686. 15 L. Ed. 2d 545(1966).

[28] Monsanto Company v. Homan Mcfarling. 363 F. 3d 1336 (Fed. Cir. 2004).

[29] Monsanto Company V. Scruggs. 04−1532. 05−1120. −1121(Fed. Cir. 2006).

[30] Syngenta Seeds. Inc. and Syngenta Participations Ag v. Delta Cotton Co-Operative. Inc. No. 3:02-CV-00309 (E. D. Ark. July 5. 2005).

[31] Yoder Brother Inc. v. California—Florida Plant Corp. . 537 F. 2d 1347 (5th Cir. 1976).

欧盟部分

EPO(欧洲专利局):

[1] Case T_0049/83−3. 3. 1 [1983. 07. 26] OJ EPO 112. Ciba—Geigy:Propagating material.

[2] Case T_0320/87−3. 3. 2 [1988. 11. 10]. 1990 OJ EPO 71. Lubrizol:Hy-

brid plants：Hybrid Plants(1988). 21 IIC361(1990).

［3］Case T_0019/90－3. 3. 2［1990. 10. 03］. Harvard / Onco-mouse. Examining Division［1989］OJ EPO 451. Board of Appeal［1990］EPOR 501. Examining Division［1991］EPOR 525：Onco—mouse/Animal(1989).

［4］Case T_0356/93－3. 3. 4［1995. 02. 21］. Greenpeace Ltd v. Plant Genetic Systems N. V.. et al：Plant Cell(1995).

［5］T_1054/96－3. 3. 4［1997. 10. 13］. In re Novartis AG：Transgenic Plant (1997).

［6］Case G_0001/98-EBA［1999. 12. 20］. Novartis AG Novartis II/Transgenic Plant (1999).

ECJ(European Court of Justice. 欧盟法院)：

［1］Case c-305/00. Christian Schulin v. Saatgut-Treuhandverwaltungsgesellschaft mbH.

［2］Case T-187/06. Ralf Schräder v. CPVO. (SUMCOL 01). 2008/11/19(CFI).

［3］Case T-95/06 Federación de Cooperativas Agrarias de la Comunidad Valenciana v. OCVV-Nador Cott Protection（Nadorcott）. OJ C 64. 8. 3. 2008. 31. 1. 2008.

CPVO(欧共体植物品种办公室)：

［1］Case No 515/2002. Weltevrede Nursery（Pty）Ltd v. Keith Kirsten‘s (Pty) Ltd and Another.

［2］Cases A 5－6/2003. Van Zanten Plants BV v. Sunglow Flwers Pty Ltd. 28 Sep. 2004.

［3］Cases A 5/2005. SARL Nador Cott. 28 Nov. 2005.

［4］Case A 1/2004. Keith E. Kirsten(Pty)Ltd.

［5］Case A4/2004. Ambroggio Giovanni v. Vegetal Progress s. r. l (Ginpent/ Gynosemma Pentaphyllum).

［6］Appeal A 009/2008. Vicente Barber López v. Plantones Certifi cados S. L and CPVO(Barberina) . 2008/12/2.

荷兰

BIE 2006/60. Astee Flowers v. Danziger(Essential Derived Varieties).

南非

Case No 515/2002. Weltevrede Nursery（Pty）Ltd v. Keith Kirs

后　记

本书是在我博士论文的基础上经过补充和修改形成的。原本以为，相关的修订工作早在 2011 年初就能顺利完成，却不知拖到了 6 月底仍然觉得时间紧迫。细算起来，距离 2010 年进行博士论文的答辩时间，整整过了一年零二十天。这一年多的时间中，我一边学习如何教学、如何与学生交流，一边继续着我的知识产权法学习之路。最强烈的感觉是"匆匆"。因为，我发现再也没有机会像研究生阶段那样，拥有长时段的完整时间，让自己在知识产权法的理论与实践中漫游。我必须学会充分利用所有分散的短小时段，为自己添加前行的"燃料"，必须学会老师们持之以恒的研究精神，而不总是想着研究成果的一蹴而就。当然，在这里，最想要表达的还是感谢。

2010 年 7 月，我来到北京联合大学应用文理学院开始我的教师生涯。无论是教学工作，还是学生工作，都得到了领导和同事们的大力支持，使我顺利地度过了传说中的工作"适应期"，坚定了我继续从事教学和科研的信心。在此感谢他们对我的大力支持和帮助。在中国社科院知识产权中心的学习是我生命中最为重要的一页，在那里，我找到了值得一生奋斗的事业。这里的所有老师，尤其是"我的"两位李老师，是指引我在学业上不断进取的灯塔。尽管我已经毕业，但仍然享受中心所有的在校"待遇"，包括来自老师们的鼓励和督促。本书的出版就是两位李老师不断督促的结果，其中不少问题的修改都是在老师的指导下完成的。师恩重如泰山，难以言语表达，唯有不断学习和进取。感谢宋敏教授、林祥明先生、李芬莲编辑、向常艳编辑以及我诸多的师兄弟，尤其是张小勇、尹锋林、姚洪军等对我的帮助和支持。感谢中国社会科学院与宁波市政府的合作项目为本书的出版提供资助，以及浙江大学宁波理工学院董玉鹏老师和浙江大学出版社朱玲编辑、魏文娟编辑为本书出版投入的大量时间和精力。还要感谢家人多年的默默支持,我的成长浸透了他们无私的关爱,让我的生活永远充满进取的力量。

最后,想用李明德老师在《美国知识产权法》中讨论"自由竞争和知识产权保护"关系所总结人类智力成果利用公式,即"自由抄袭是原则,知识产权保护例外",来表达我对本书的总体看法。我不得不说,本书对所有问题的讨论与解决都不能算是严格意义上的创新研究,而是"自由抄袭"前人研究成果和借鉴国外立法或国际条约的结果。在出版前最后一次通读本书的时候,我仍然被美国和欧盟以及国际条约中所闪现的关于解决植物新品种保护问题的智慧,以及学者分析问题的逻辑深深吸引。当然,限于我的学识,书中必有许多不足之处,恳请各位读者和专家不吝赐教,以便加以改正。

李菊丹

2011 年 6 月 20 日于北大承泽园

图书在版编目（CIP）数据

国际植物新品种保护制度研究／李菊丹著. —杭州：
浙江大学出版社，2011.12
ISBN 978-7-308-09340-8

Ⅰ.①国… Ⅱ.①李… Ⅲ.①植物—品种—知识产权
保护—国际条约—研究 Ⅳ.①D997.1

中国版本图书馆 CIP 数据核字（2011）第 241668 号

国际植物新品种保护制度研究

李菊丹 著

丛书策划	朱　玲
责任编辑	朱　玲
文字编辑	魏文娟
封面设计	北京春天
出版发行	浙江大学出版社
	（杭州市天目山路 148 号　邮政编码 310007）
	（网址：http://www.zjupress.com）
排　　版	杭州中大图文设计有限公司
印　　刷	杭州日报报业集团盛元印务有限公司
开　　本	710mm×1000mm　1/16
印　　张	25.5
字　　数	472 千
版 印 次	2011 年 12 月第 1 版　2011 年 12 月第 1 次印刷
书　　号	ISBN 978-7-308-09340-8
定　　价	50.00 元